Über dem Nebelmeer

Für meine Kinder Uta und Mathis
und meine Enkel Valentin, Henriette, Nikolaus,
Konrad und Augustin

Hans Joachim Neidhardt

Über dem Nebelmeer
Lebenserinnerungen

SANDSTEIN

Vorbemerkung

Jene Zeitsekunde, während der wir im Strom der Jahrmillionen ein Stück mitschwimmen dürfen, haben wir uns nicht gewählt. »Denn ein Gott hat jedem seine Bahn vorgezeichnet« (Goethe). Das zielt auf die Schicksalhaftigkeit unseres Geworfenseins in Zeit und Raum. Wir können uns Ort, Umstände und Zeitpunkt unserer Geburt nicht aussuchen.

War auch meine frühe Kindheit in der Weimarer Republik durchaus behütet und unbeschwert, so wurde sie doch mit Beginn der braunen Diktatur in wachsendem Maße belastet und eingebunden in zwanghafte gesellschaftliche Strukturen und Entwicklungen, aus denen es kein Entkommen gab. Als ich vierzehn Jahre alt war, begann der Zweite Weltkrieg, der mit mörderischer Brutalität das Leben von Millionen Menschen bestimmte oder sogar auslöschte. Niemand in Deutschland konnte sich aus der Katastrophe heraushalten. Ich entkam ihr, durch eine Gewehrkugel schwer verwundet und körperlich auf Dauer geschädigt. Nach Kriegsende folgten die Jahre des Hungerns und andauernder schwerer Krankheit. Ich fiel zu Boden und stand wieder auf, fiel erneut und erhob mich wieder.

Und es kam über uns die neue Unfreiheit der roten Diktatur, die wir nicht gewählt hatten. Doch will ich nicht vergessen, dass ich der Solidargemeinschaft, die auch eine Seite dieser »Sozialistischen Ordnung« war, manches Gute verdanke, wie meine lang dauernde ärztliche Behandlung und Pflege in Krankenhäusern und Heilstätten, aber auch Hochschul- und Universitätsstudium, das dem völlig Mittellosen ermöglichte, Bildung zu erwerben. Andererseits blieb mir in jener Gesellschaft versagt, was man eine Karriere nennt, weil ich ihr Credo nicht annehmen konnte. Dennoch: Es waren wertvolle Lebensjahre, die trotz aller Beschränkung sinnvoll gefüllt werden wollten. Und es gab Freuden, auch in Leidenszeiten. Ich empfing sie dankbar – die Schönheiten der Schöpfung in der Natur und der Werke menschlicher Kreativität, die Wunder der Töne und der Farben, die Gaben des Lesens, des Lernendürfens und des eigenen Gestaltenkönnens –, denn die Sonne schien auch im Osten.

Nach 1960 war die Zeit persönlicher Heimsuchungen vorüber. Es folgten Jahre gesundheitlicher Konsolidierung. Die Jahrzehnte meiner Lebensmitte waren eine Zeit der Bewährung im Käfig DDR zwischen der selbst verordneten Verpflichtung im Dienst der Kunstvermittlung und der Verweigerung ideologischer Unterwerfung. Dienstreisen mit Kunstwerken oder ganzen Ausstellungen boten Möglichkeiten der Kontaktpflege mit der »Freien Welt«.

Seit der internationalen Öffnung der DDR nach der Helsinki-Konferenz 1975 wurden Kunstwerke und Künstler zu Botschaftern des Friedens und der Verständigung. Das kulturelle Erbe von Jahrhunderten, das wir zu bewahren hatten, war ein unteilbar europäisches. So wurde Kulturaustausch zwischen Ost und West für mich zum politischen Bekenntnis: Das abgetrennte Stück Deutschland zwischen Dresden, Erfurt und Stralsund mit seiner Geschichte und Kultur gehörte zu diesem Europa. Waren wir auch gezwungen, in dieser DDR eingeschränkt zu leben, so war es doch möglich, auch hier ein sinnvolles, verantwortungsvolles Leben zu führen. Es konnte erfülltes Leben sein.

Als uns aber die »Friedliche Revolution« 1989 die ersehnte Freiheit brachte, als die trennenden Mauern fielen, als wieder zusammenwachsen durfte, was zusammengehörte, da waren endlich auch wir in Europa angekommen.

H. J. N.

Teil I

Und stand wieder auf
Die frühen Jahre

Indem wir auf unser Leben zurücksehen und es in Gedanken rekapitulieren, so genießen wir es zum zweyten male, und indem wir es aufzeichnen bereiten wir uns ein neues Leben in und mit andern.

Johann Wolfgang von Goethe

Der Mensch lebt nicht nur sein persönliches Leben als Einzelwesen, sondern bewußt oder unbewußt auch das seiner Epoche und Zeitgenossenschaft.

Thomas Mann

Aufziehende Gewitter

> Ich wusste nun, dass ein Mensch nicht fremd sein kann auf seinen Wegen, weil die Spur seiner Geleise hinter ihm herläuft, rückwärts bis zu dem Beginn seiner Kindheitsträume. Daß das Sichtbare sich wandelt, aber niemals das Unsichtbare, und daß das Kind uns niemals verstößt, aus dem wir aufgewachsen sind.
>
> Ernst Wiechert, *Wälder und Menschen*

Wie die Zeiten waren

Als ich an einem kalten Wintertag des noch jungen Jahres 1925 in Gohlis, einem der nördlichen Vororte von Leipzig, das Licht der Welt erblickte, war diese keineswegs in Ordnung. Deutschland lag sieben Jahre nach dem verlustreichen, verlorenen Ersten Weltkrieg am Boden. Im Freistaat Sachsen, dem industriellen Kernland des Deutschen Reiches, hatte eine von den Sozialdemokraten geführte Koalitionsregierung das Sagen. In jenem Jahr schrieben die Siegermächte die im Friedensvertrag von Versailles diktierten engeren Grenzen im Pakt von Locarno fest. Die Unterschriften aller am Krieg beteiligten Mächte schufen aber auch die Grundlage für ein neues, gleichberechtigtes Miteinander der europäischen Staaten. Für das verarmte Deutschland begann mit dem Zufluss amerikanischen Kapitals nach jahrelanger Wirtschaftskrise eine Phase wirtschaftlicher Erholung.

Stefan Zweig sah in dem knappen Jahrzehnt zwischen 1924 und 1933 »trotz allem […] eine Pause in der Aufeinanderfolge von Katastrophen«. Gleichzeitig mit dem Wirtschaftsaufschwung begannen jene Jahre, die man später die »Golden Twenties« genannt hat. Ihr Symbol war der Charleston, ein amerikanischer Modetanz, dem sich die jungen Leute beineverrenkend und mit Leidenschaft hingaben. Wirklich »golden« war diese Zeit freilich nur für Wenige.

Diese hoffnungsvollen Aspekte sollten sich indessen alsbald als Täuschung herausstellen. Rückschauend registriere ich sechs Wochen nach meinem unmaßgeblichen Erscheinen in der Nordgohliser Nachkriegsszene zwei verhängnisvolle Ereignisse, die das deutsche Volk in die größte Katastrophe seiner Geschichte führen sollten: Am 27. Februar 1925 gründete in einem Hinterzimmer des Münchner Bürgerbräukellers Adolf Hitler die 1923 schon einmal verbotene Nationalsozialistische Deutsche Arbeiterpartei neu. Auf einem Zeitungsfoto sieht man den späteren Diktator in dunklem Anzug mit weißem Hemd und Krawatte vor Hakenkreuzfahnen und -standarten stehend, umgeben von seinen Getreuen, darunter die Judenhasser und -mörder Himmler und Strasser, bei einer seiner ekstatischen Reden.

Danach zeigte er sich seinen zahlreichen Sympathisanten. »Als Hitler erscheint, umjubeln ihn die Anhänger […]«, heißt es in einem Pressebericht.

Einen Tag später stirbt Friedrich Ebert, der verdienstvolle erste Präsident der Weimarer Republik. Die französische Zeitung »Temps« kommentierte, Ebert sei der letzte Wall der Republik gegen den Ansturm der Nationalisten gewesen, der Deutschland erneut in eine Politik der Abenteuer hineinzutreiben drohe. Sein Tod könne für die künftige Entwicklung in Europa sehr ernste Folgen haben. Wie recht der Kommentator hatte, zeigte sich schon drei Monate danach bei der Neuwahl des Reichspräsidenten. Die Deutschen entschieden sich für den alten kaiserlichen Schlachtenlenker des Ersten Weltkriegs Generalfeldmarschall von Hindenburg. Das war kein Signal zur Versöhnung und friedlichen Nachbarschaft.

Die Neidhardts

Leipzig, der alte Handels- und Messeplatz, war damals nach Berlin, Hamburg, Köln und München die fünftgrößte Stadt des Deutschen Reiches. Der Vorort Gohlis, ursprünglich ein Bauerndorf am Rande des idyllischen Rosentals, war erst 1890 der wachsenden Großstadt eingemeindet worden. Hier ließen sich etwa ein Jahrzehnt später meine Eltern an seiner nördlichen Grenze nieder. Der hoch gelegene Stadtteil hatte damals bereits 20 000 Einwohner und galt als sauber, freundlich und – vornehm. Dieses letzte Attribut beruhte wohl auf der Tatsache, dass seit den Gründerjahren mit Vorliebe auch wohlhabende Kaufleute, Verleger und Universitätsprofessoren in dem industriearmen Vorstadtviertel Wohnung nahmen.

Was den 22-jährigen ungelernten Arbeiter Otto Neidhardt zusammen mit seiner drei Jahre jüngeren Braut Hedwig Starke im Jahre 1902 veranlasst hat, aus dem thüringischen Residenzstädtchen Gera in die aufstrebende sächsische Industrie- und Handelsmetropole zu ziehen, kann man nur vermuten. Wahrscheinlich haben die besseren Existenzbedingungen eine Rolle gespielt. Auch erwartete das junge Fräulein Starke ein Kind von ihm, und man war noch nicht verheiratet. Das war in einer Kleinstadt damals höchst anrüchig. Da hatte wohl ihr älterer Bruder Werner, der bereits in Gohlis lebte, zur Übersiedlung geraten.

Otto hatte eine schwere Jugend gehabt. Er war als uneheliches Kind zur Welt gekommen und war gerade mal zehn Jahre alt, als seine Mutter starb. Der Vater, ein Herr Lobenstein, hatte die beiden sitzen lassen und war nach Russland entwichen, wo er später in Odessa geheiratet und Thüringer Bier gebraut haben soll.

Hedwig stammte aus einer soliden Familie von Bauhandwerkern. Ihr Vater war Maurer, ihr Großvater Zimmermann gewesen. Alle hatten in der Umgebung von Greiz und Gera gelebt. Des Vaters Vorfahren aber kamen aus Münchenbernsdorf, einem Ort 30 km südlich von Schleiz. Die in dieser Landschaft heute vorhandene Konzentration evangelischer Familien unseres Namens scheint zurückzugehen auf eine Gruppe von Exulanten, die unter dem Druck der Gegenreformation Ende des 16. Jahrhunderts Oberösterreich verlassen und in Schleiz, das zu den lutherisch-kursächsischen Landen gehörte, Zuflucht gefunden hatte. Was die weitere Ausbreitung der Neidhardts nach Sachsen betrifft, so soll im Leipziger Adressbuch von 1905 noch keine zweite Familie des Namens verzeichnet gewesen sein.

Nein, ich war sicher nicht, was man ein Wunschkind nennt. Das Elternhaus, in dem ich nach neunzehnjähriger Geburtenpause erschien, geriet durch mich in nicht geringem Maße in Verlegenheit. Es heißt, dass meine Mutter meinem Vater ziemlich böse gewesen sein soll über die von ihm verursachte Aufregung. Meine ungeplante Ankunft war ihr ein wenig peinlich gegenüber den schon erwachsenen Kindern und den Nachbarn. Niemand hatte damit gerechnet, dass sie so spät noch einmal schwanger werden würde. Meine drei Geschwister waren rund zwanzig Jahre älter als ich. Dennoch war mein Debut im Hause Treitschkestraße 22 offenbar von vorwiegend freudigen Emotionen begleitet. Freilich soll es auch misstrauisch tuschelnde Nachbarn gegeben haben, die es meiner Kinderwagen schiebenden Mutter nicht abnehmen wollten, dass das plärrende Bündel in dem hochrädrigen Gefährt ihr eigener Nachzügler sei. Sie vermuteten vielmehr, ich sei das uneheliche Kind meiner 19-jährigen Schwester Ilse.

Treitschkestraße

Die Familie, in die ich da, sozusagen versehentlich, geraten war, gehörte nicht zu den besserverdienenden und war nicht mit Glücksgütern gesegnet. Der Vater arbeitete als angelernter Monteur bei einer Gohliser Fabrik für mechanische Musikinstrumente wie elektrische Klaviere und Konzert-Orchestrions. Leipzig war damals ein berühmtes Produktionszentrum solcher Musikapparate, die man in alle Welt exportierte. Im Auslandsdienst, der ihn bis nach Russland und Kleinasien geführt hatte, war Otto vor dem Ersten Weltkrieg ganz gut gefahren, aber in den zwanziger Jahren wurde er, wie Millionen anderer Männer, infolge des Konkurses seiner Firma in der globalen Wirtschaftskrise arbeitslos.

Meine drei Geschwister hatten, sobald sie das vierzehnte Lebensjahr erreichten, schnellstens einen Beruf erlernen müssen, um Geld zu verdienen. Auch meine Mutter ging schon während der Kriegsjahre 1914 bis 1918 und vor allem in den schlechten Zeiten danach zu gutsituierten Familien in Gohlis arbeiten, um mit Putzen und Wäschewaschen die schwächelnde Haushaltskasse durch ein paar zusätzliche Mark aufzubessern. Als junge Frau war sie eine schlanke, dunkelhaarige Schönheit gewesen. Ich aber kannte sie nur als früh gealterte Frau im Zustand ständig gehetzter, aufgeregter Betriebsamkeit.

Der Vater dagegen war von ruhiger Natur. Er besaß musische Interessen, die zu pflegen ihm seine Arbeitslosigkeit Gelegenheit bot. Musikalisch hochbegabt, spielte er Klavier. Ohne Noten lesen zu können, griff er die Akkorde aus dem Gedächtnis. Und er konnte wunderbar improvisieren und fantasieren. Dazu war er ein talentierter Schauspieler und Rezitator. Das Forum, das seinen künstlerischen Fähigkeiten Entfaltung bot, hieß »Vorwärts«

und war ein gemeinnütziger Bildungsverein für kulturbeflissene Gohliser Bürger. Hier pflegte man den Chorgesang, spielte Theater und veranstaltete Vortragsreihen. Mein Vater war überall organisierend und agierend dabei.

Viele Stunden jede Woche widmete er der Ordnung und Pflege der vereinseigenen Leihbücherei, die in Räumen der »Concordia-Festsäle« in Untergohlis untergebracht war. Dorthin nahm der Vater mich kleinen Jungen öfters mit, wo ich mit Staunen die vielen Bücher in den hohen Regalen bewunderte, in denen ich, besonders wenn sie bebildert waren, gern blätterte.

Alljährlich am Himmelfahrtstag zog eine bunte Vereinstruppe bei Ziehharmonika- und Gitarrenklang durch das grünende Rosenthal und die Elsteraue hinaus zu einem Landgasthof in dem Dorf Hänichen, wo es bei Kaffee und Kuchen, Bier und Schnaps fröhlich zuging. Im Sommer gab es stets ein großes Heimatfest mit Kinderveranstaltungen und Schlussfeuerwerk. Stolz war ich, wenn ich als Lützower Jäger mit geschulterter Muskete

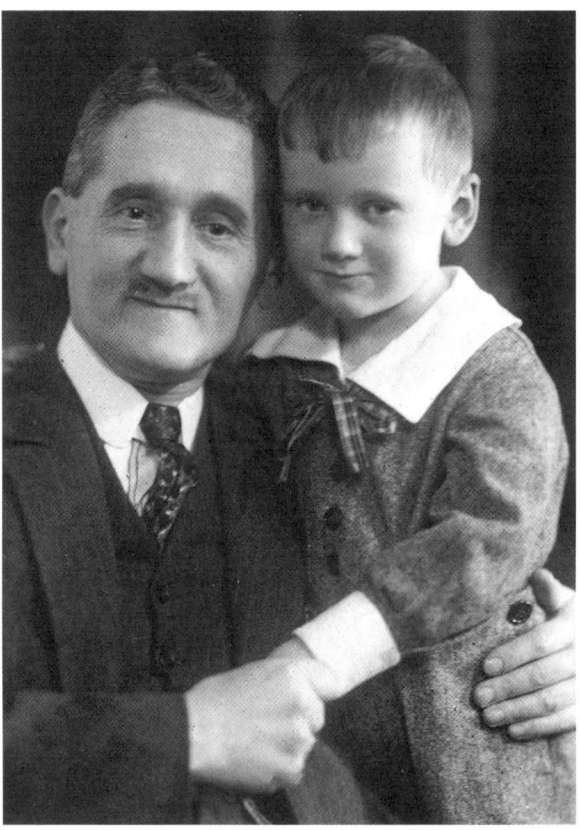

Der Vierjährige mit Vater Otto

oder als kleiner Biedermeierkavalier im Festzug mitmarschieren durfte, dem der Vater als indischer Maharadschah auf einem vom Zoo ausgeliehenen Kamel voranritt.

Im Übrigen lebten wir damals, Anfang der dreißiger Jahre in Obergohlis noch recht geruhsam. Von den politischen Turbulenzen nahm ich als sechsjähriges Kind überhaupt nichts wahr. Das Haus, in dem wir zur Miete wohnten, gehörte einem Wohnungsbauverein, welcher um 1910 seine neuen Häuserblöcke auf billigem Bauland am Stadtrand errichtet hatte. Und tatsächlich begann hinter der Planitzstraße, zweihundert Meter von unserem Wohnhaus entfernt, schon das freie Feld.

Gegenüber unserer Häuserzeile lag hinter hohen Mauern ein Kasernenareal aus gelben Backsteinen, das bis zur Wiedereinführung der allgemeinen Wehrpflicht 1936 leer stand. Auf der basaltgepflasterten Straße ratterte ab und zu ein Pferdefuhrwerk, seltener ein Automobil vorüber. Die fünf gleichartigen Häuser dieses Bauvereins waren rückseitig durch einen mit Ziegeln gepflasterten Hof verbunden, welcher der fröhlichen Kommunikation der hier lebenden Kinder zustattenkam. Auch ein Spielgarten mit Sandkasten gehörte zu der familienfreundlichen Anlage. So lebten wir trotz städtischer Miethausblockstruktur in behüteter Abgeschlossenheit und vergnügten uns mit den harmlosen Freuden, die der Kreislauf des Jahres bot; im Frühling sammelten wir Maikäfer in Zigarrenkistchen, im Herbst die braun glänzenden Kastanien. An heißen Sommertagen liefen wir barfuß eine Stunde bis zum Wackerbad und im Winter mit unseren Rodelschlitten zum Scherbelberg im nahen Stadtwäldchen Rosental, der einzigen nennenswerten Bodenerhebung im Stadtgebiet. Der hätte eigentlich »Scherbenberg« heißen müssen, denn die Leipziger hatten ihn aus ihren Abfällen aufgeschüttet und begrünt.

Alljährlich Anfang Oktober gab es für die Kinder ein besonderes Fest, den sogenannten »Tauchscher«. Das war so etwas wie Kinderfasching, nur ein wenig martialischer. Der Name hing auf uns unbekannte Weise mit dem Städtchen Taucha nordöstlich von Leipzig zusammen. In Gohlis herrschte dann Ausnahmezustand. Wir Jungen zogen als kakao-getönte Indianer oder von Old Shatterhand inspirierte Trapper in Horden durch die Straßen, knallten mit unseren blechernen Zündhütchenrevolvern und erschreckten die Mädchen mit Knallerbsen. Waren wir dann durch Bandenkämpfe und Verfolgungsjagden hungrig, erbettelten wir uns beim Fleischer Otto eine Handvoll Wurstzipfel oder beim Bäcker Kiel eine Tüte Kuchenränder.

Obwohl es mir trotz der bescheidenen familiären Verhältnisse an Nahrung, Kleidung und Frischluft durchaus nicht fehlte, war ich immer recht mager und blaß. Luftwechsel, meinte der alte Hausarzt Doktor Rüts, würde mir guttun. Und so schickte man mich mehrmals zwecks Gewichtszunahme und Stabilisierung meines physischen Zustands in Kindererholungsheime; einmal in die sächsische Oberlausitz, ein andermal bei strengem Winterfrost auf die ferne Insel Norderney und später, als ich schon zur Schule ging, in das Ostseebad Graal-Müritz. Den stärksten Eindruck hinterließ indessen ein Landaufenthalt in einem vogtländischen Dorf namens Hammerbrücke, das damals einsam inmitten ausgedehnter Fichtenwälder lag. Fremde, hilfsbereite Leute hatten mich im Rahmen einer Hilfsaktion für erholungsbedürftige Großstadtkinder in ihrem bescheidenen Häuschen aufgenommen. Ich war damals sieben Jahre alt und erlebte verwundert das naturnahe, einfache Dasein der Dörfler. Da sah ich zum ersten Mal mit kindlichem Erstaunen, woher die Milch kam, die für mich so gut sein sollte, und wie sie aus den Kühen und Ziegen abgemolken wurde, war Zeuge, wie man Pferde anschirrte und weißbemehlte Brote in den großen Backofen schob. Fasziniert aber war ich von den Webstühlen, die in jedem zweiten Haus klapperten.

Vom Spaß des Lernens

»Oh Donna Clara, ich hab' dich tanzen seh'n, oh Donna Clara, du bist wunderschön!« Ich kann ihn noch heute singen, jenen damals brandheißen Schlager, den mein Freund Walter und ich aus voller Kehle schmetterten. Damals, an einem Apriltag des Jahres 1931, als wir beiden Knirpse, gefolgt von unseren Müttern, frohen Mutes zur Schuleinführung nach Untergohlis marschierten. In der Schule mussten wir dann freilich singen: »Summ, summ, summ, Bienchen summ herum«.

Mir machte das Lernen Spaß. Es forderte meinen Ehrgeiz heraus. Enttäuscht war ich später darüber, dass Jungen und Mädchen in getrennten Klassen unterrichtet wurden, zwischen denen jegliche Kommunikation verboten war. Diese unsinnige Abgrenzung der Geschlechter blieb bis zum Ende meiner Schulzeit bestehen und ist wohl mit Schuld an jener Befangenheit, die mir noch bis in meine Studentenjahre den lockeren Umgang mit der Weiblichkeit erschwerte, so sehr ich mir solchen auch wünschte. Denn da das für die spätere Partnerwahl so wichtige Kennenlernen weiblicher Art und Psyche dem jungen Menschen aus sogenannten moralischen Gründen verwehrt wurde, konnten recht unrealistische, krause Vorstellungen wuchern. So blieben Mädchen und junge Damen für mich lange Zeit andersartige, geheimnisvolle Wesen, die mir einerseits ungeheuer anziehend, zugleich aber auch nicht ungefährlich erschienen.

Dazu kam, dass ich von meiner Veranlagung her ein eher introvertierter Junge war und zu Hause als Einzelkind aufwuchs, denn meine Geschwister waren längst Erwachsene, die tagsüber zur Arbeit gingen und überdies schon bald das Elternhaus verließen. In Vater und Mutter aber fand ich nicht die Gesprächspartner, die auf meine neugierigen kindlichen Fragen hätten eingehen mögen. Sie glaubten wohl ehrlich, mit der Sicherung von Nahrung, Kleidung und Wohnung sei das Menschenmögliche für mich getan.

Aus den frühen Jahren meiner Schulzeit ist mir nur ein Lehrer noch in der Erinnerung geblieben. Er hieß Kretzschmar und erschien öfters unrasiert. Auch hatte er eine feuchte Aussprache und hinkte stark beim Gehen. Nicht zuletzt wegen dieser Eigenheiten war er wohl Junggeselle geblieben. Wir nannten ihn mit kindlicher Gnadenlosigkeit nach dem holzbeinigen preußischen Helden von Kolberg »Nettelbeck«. Streng und gütig zugleich, unterrichtete er nach altväterischer Sitte. Stets begann der Unterricht mit dem gemeinsamen Gesang eines frommen Chorals wie »Wach auf, mein Herz und singe«. Gegen freche, faule oder pflichtvergessene Schüler kam der gelbe Rohrstock zum Einsatz. Solche Strafpraxis aber machte uns erst recht renitent. Lehrer Kretzschmars besondere Liebe galt der Musik, an die er uns heranzuführen suchte. Doch wir dummen Knaben honorierten ihm das nicht. Auf einem Klassenausflug ins nahe Störmthal wollte er uns in der schönen alten Dorfkirche mit einem Vorspiel den wunderbaren Klang der berühmten Hildebrandt-Orgel nahebringen. Wir aber trieben lieber Unfug in der Sakristei und steckten Knöpfe in die Kollektenbüchse.

Als ich zehn Jahre alt war, stand eine erste Weichenstellung für meinen weiteren Bildungsweg an. Die begabteren Schüler hatten die Möglichkeit, in einer höheren Abteilung einen besseren Unterricht zu genießen, der das Erlernen der englischen Sprache einschloss. Da der Besuch eines Gymnasiums von meinen Eltern wohl auch wegen des nicht aufzubringenden Schulgeldes gar nicht erwogen wurde, besuchte ich aus eigener Entscheidung von da an diesen gebührenfreien Unterricht.

Hier machte ich zwischen meinem 12. und 14. Jahr zum ersten Mal die gute Erfahrung, von einem erwachsenen Menschen in meiner sich entwickelnden Individualität wahr- und ernstgenommen zu werden. Es war unser damaliger Klassenlehrer Siegfried Kühn, der uns mitten in der rauen Nazizeit eine Ahnung davon vermittelte, was hohes Menschentum ist, welche Schätze der Literatur und Kunst für uns junge Leute zur Aneignung bereitstanden. Wenigstens einmal im Jahr, so warb er, sollte der gebildete Mensch Schuberts Unvollendete oder Beethovens Neunte Sinfonie hören und ein klassisches Drama sehen. Kühn war von hoher, schlanker Gestalt. Kluge Augen blickten hinter starken Brillengläsern hervor. Er hatte die sympathische Ausstrahlung gelassener Ironie. Autorität musste er sich nicht durch Strafmaßnahmen verschaffen. Er war eine, und wir alle liebten ihn und freuten uns auf seine Unterrichtsstunden, besonders im Fach Deutsch.

Meine vom Vater geerbte musikalische Begabung blieb unausgebildet. Niemand beachtete sie, und für Klavierunterricht war zwar ein Instrument in unserer Wohnung vorhanden, nicht aber das Geld für die Unterweisung. Dabei hätte ich gern musiziert.

Das meiste Vergnügen bereiteten mir die Schulaufsätze, zumal Illustrationen erwünscht waren. So hatte ich mich als 13-Jähriger an einem Aufsatzwettbewerb beteiligt, den die Sächsische Handwerkskammer für Schüler veranstaltete.

»Mensch, Neidi, du stehst in der Zeitung!«, riefen mir eines Morgens Mitschüler entgegen, als ich ahnungslos unser Klassenzimmer betrat. Ich hatte den vor Wochen eingereichten Aufsatz längst vergessen. Daher war ich höchst überrascht, denn mit meiner Arbeit war ich Sachsen-Sieger geworden. Ein Erfolgserlebnis für mich nicht nur wegen des »Ruhmes«, sondern besonders wegen des Preises. Ich erhielt ein nagelneues Fahrrad, mein erstes.

Die neue Mobilität war ein großer Gewinn. Mein Aktionsradius wuchs sprunghaft. Einmal sogar bis ins Fränkische. Dazu tat ich mich im Frühjahr 1941 zu einer Fahrtenplanung mit meinem Schulkameraden Harry zusammen, den ich wegen seiner Zeichenkünste bewunderte.

Es war ein herrlicher Frühlingstag, als wir ohne genaues Endziel in Richtung Südwesten aufbrachen. Mittelalterliches im Fränkischen zu suchen, wie vor Zeiten die Romantik-Jünglinge Tieck und Wackenroder, lag uns Ahnungslosen wohl nicht im Sinn, doch die Route gefiel uns sehr. Durch das Saaletal fuhren wir über Naumburg und Jena nach Saalfeld. In dieser Gegend übernachteten wir in einer Scheune und erreichten anderntags den Frankenwald. Vom barocken Innenraum der Wallfahrtskirche Vierzehnheiligen war ich beeindruckt. Und als wir in dem vieltürmigen, malerischen Bamberg einfuhren, wussten wir, dass wir hier an unserem Ziel waren.

Unterwegs hatten wir nicht viel gezeichnet. Jetzt aber stürmten die herrlichsten Motive auf uns ein. Wir hatten Aquarellausrüstung mit und unsere kleinen Feldstühle. Harry war viel begabter als ich und ging mächtig in die Farbe. Meine Begeisterung war groß, doch mein Können noch höchst unzulänglich. Daher gerieten meine Wasserfarbenbilder von der Alten Hofhaltung und vom malerischen Ufer Klein-Venedigs recht hölzern und laienhaft. Auch das barock überformte Rathaus aus dem 14. Jahrhundert begeisterte und inspirierte uns zum Malen. Die Bamberger Bürger, denen der Bischof dafür kein Land geben wollte, hatten es listig auf hunderten von Eichenpfählen in die Regnitz hineingebaut.

Bedeutsam indessen war der Ertrag dieser Reise für meine geistige Bildung. Zum ersten Mal war ich der sakralen Baukunst des hohen Mittelalters und der kulturellen Kraft und Formfantasie des süddeutschen Barock begegnet.

Wenige Jahre zuvor hatten mich zwei familiäre Ereignisse stark bewegt: die Hochzeit meiner Schwester Ilse und der Tod meines Vaters. 30-jährig galt meine Schwester damals als »alte Braut«. Der Bräutigam war ein tüchtiger Gärtner aus der Nachbarschaft. Die feierliche Trauung erfolgte in der neuerbauten Obergohliser Versöhnungskirche, die wegen ihrer funktionalistisch nüchternen Gestalt im Volk »Seelensilo« genannt wurde. Man fuhr in gemieteten Pferdekutschen vor, und die Nachbarschaft nahm lebhaften Anteil. Ich hatte einen neuen Matrosenanzug bekommen und musste meiner Schwester die lange, tüllgardinenartige Schleppe hinterhertragen, wobei ich mich höchst unwohl fühlte. Nach dem Kaffee hatte ich dem Brautpaar ein Gedicht aufzusagen und als Liebessymbole zwei junge Tauben in einem Korb zu überreichen. Ich fand das alles schrecklich, machte aber mit, um den Erwachsenen den Spaß nicht zu verderben.

Ein Jahr später starb mein Vater an Kehlkopftuberkulose. Er konnte zuletzt nichts mehr essen und muss sich sehr gequält haben. Da er während meiner Knabenjahre als Erzieher und pater familiae nicht besonders eindrucksvoll in Erscheinung getreten war, kam ich über den Verlust offenbar schnell hinweg. So hatte sich unser häuslicher Familienkreis mit einem Mal stark verkleinert, und ich war mehr noch als zuvor auf mich selbst zurückgeworfen.

Als ich 14 Jahre alt war, wollte meine Mutter, dass ich einen Beruf erlerne, so wie meine drei älteren Geschwister das getan hatten. Doch wir waren völlig ratlos, welche Tätigkeit ich denn zum Zweck des Broterwerbs ausüben sollte. Auf dem Amt für Berufsberatung, das wir aus diesem Grund aufsuchten, hielt man mich für sehr geeignet, das ehrenwerte Handwerk des Kupferstechers zu erlernen und schickte mich zur Druckerei Giesecke & Devrient, wo Banknoten, Briefmarken und Landkarten hergestellt wurden und wo man mich gern als Lehrling angenommen hätte. Mutter war gleich einverstanden, ich aber zögerte und wollte mir die Sache vorher doch erst einmal ansehen. Bei Giesecke führte man uns in einen großen Saal, wo hinter pultartigen Arbeitstischen ältere Männer mit Lupen vor den Augen saßen, die mit spitzen Griffeln feine Linien in Metallplatten ritzten. Ich stellte mir vor, dass ich ab sofort jahrein, jahraus und täglich acht Stunden gleichfalls mit der Lupe am Auge an solch einem Pult sitzen müsste – und weigerte mich ganz entschieden, die vakante Lehrstelle anzutreten. Viel lieber wollte ich zwei weitere Jahre die Mittelschule besuchen.

Man schrieb das Jahr 1939, und die Welt stand vor dem Ausbruch des Zweiten Weltkriegs.

Die braune Verführung

An dieser Stelle muss ich – in der Zeit um einige Jahre zurückgreifend – von den gravierenden und letztlich verhängnisvollen politischen Entwicklungen reden, die unser aller Leben entscheidend bestimmen sollten. Niemand kann sich heute noch eine Vorstellung davon machen, mit welcher Demagogie die nationalsozialistische Bewegung Anfang der dreißiger Jahre die durch Verelendung, Arbeits- und Hoffnungslosigkeit niedergedrückten Volksmassen für sich und ihre Heilslehre zu gewinnen vermochte. Allen versprach Hitler Arbeit und Brot und vor allem die Wiedergeburt eines starken, mächtigen Deutschen Reiches, das die Demütigungen des Friedensvertrags von Versailles abwerfen werde und auf das wir alle wieder stolz sein könnten. Wer hätte das damals nicht gewollt? Wer schon von den Millionen, die dem Führer Adolf Hitler wie einem Messias zujubelten, hatte so viel politische Bildung und Erfahrung, soviel Durchblick, um ihn und seine Demagogie zu durchschauen? Da die schwache Weimarer Republik mit ihrem demokratischen System so offenkundig gescheitert war, glaubten die Massen nun an die Effizienz und Handlungsstärke des autoritären Führerstaates, an eine »Politik der starken Hand«.

Dabei waren die Nationalsozialisten nicht etwa durch einen Putsch, sondern parlamentarisch legal an die Macht gekommen. Offiziell etabliert wurde die Hitler-Diktatur aber erst durch das Ermächtigungsgesetz, das im März 1933 mit 82 Prozent der Stimmen des deutschen Reichstags angenommen wurde. Das war unglaublich. Merkte doch nur eine kleine Minderheit, dass ihr Votum den Anfang vom Ende der Demokratie und damit der Freiheit der Deutschen bedeutete. Jetzt gab es nur noch Befehlen und Gehorchen. Wenige nur, vor allem Kommunisten, erkannten schon damals hinter der imponierenden Fassade der großen Aufmärsche und Massendemonstrationen die Fratze des mörderischen Faschismus.

Mein großer Bruder Erich war als junger Mann begeistert und ahnungslos dem vaterländischen Massenwahn verfallen. Ich war damals fünf

Jahre alt und bewunderte ihn in seiner schmucken Uniform. Bestätigt fühlte er sich, als 1933 auf einer Woge von Fahnen, Musik und Massenjubel Hitler und seine Partei an die Macht gekommen waren.

Bald gab es auch Kinder- und Jugendorganisationen, die es schon kleinen Knaben und Mädchen ermöglichte, sich »einzureihen in die große nationale Bewegung«. So lautete die Sprachregelung. Ich konnte es kaum erwarten, endlich das vorgeschriebene Eintrittsalter von zehn Jahren zu erreichen und Mitglied des Deutschen Jungvolks mit Ausweis und Passbild zu werden. Schon am Weihnachtsfest zuvor hatte ich mir Braunhemd, Schulterriemen und Fahrtenmesser gewünscht. Das war mir wichtig, um als »großer Junge« zu gelten. Schon ein Jahr später wurde die Mitgliedschaft in den Jugendorganisationen – genau wie die Schulpflicht – für alle Kinder und jungen Menschen gesetzlich festgeschrieben. Jetzt musste jeder mitmachen, ob er wollte oder nicht, denn nun war es staatlicher Zwang.

Wenn ich mich richtig erinnere, so imponierte uns Jungen damals vor allem die Ernsthaftigkeit eines straff organisierten Dienstes und die Einbindung des Einzelnen in eine große Gemeinschaft, die für ein »hohes Ziel« wirkte. Jetzt mussten wir nicht mehr kindisch Soldaten spielen, denn wir waren selbst junge Soldaten des Führers. Man legte Wert auf uns, und so war auch uns alles wichtig: die Disziplin, die Aufgaben und die Befehle, die zu befolgen waren im Rahmen unserer Erziehung zur »Treue und Härte« für unser Volk. Denn Deutschland brauchte ja junge Kämpfer. Die sollten »zäh wie Leder, hart wie Kruppstahl und flink wie Windhunde« sein, um den Feinden des Reiches die Stirn zu bieten; so hatte es Adolf Hitler auf einem der Nürnberger Parteitage gefordert. Der Geist dieses »Jungen Kampfordens« leitete sich her aus einem völkischen Mythos von »Blut und Boden« und einer langen, natürlich ruhmreichen nationalen Geschichte.

Vermittelt und eingehämmert wurde uns dieses Ideengut mit den Liedern und Sprüchen, die wir in den Heimabenden lernten. Es bestimmte auch die Namensgebung der militärisch gegliederten Formationen. Im Leipziger Jungvolk huldigte man besonders den alten Germanen, den heldenhaften Völkerwanderern und Römerbezwingern, den mutigen Seefahrern und Landeroberern. Nach Cheruskern und Goten, Normannen und Wikingern, unseren »Heldenahnen«, waren wir benannt.

Fahnen, Wimpel und Koppelschlösser trugen die altgermanische Siegrune, denn zum Siegen waren wir ja angetreten. Nur wussten wir zunächst noch nicht über wen, da ja – wie es hieß – die inneren Feinde Judentum und Bolschewismus bereits besiegt waren und das neue Dritte Reich sich vorerst nach außen noch friedfertig gab, was die Olympischen Spiele 1936 in Berlin eindrucksvoll beweisen sollten.

Doch lernten wir auch, dass wir Deutschen zu wenig Lebensraum hätten, den wir uns im dünn besiedelten Osten erobern müssten. Hans Grimms Roman »Volk ohne Raum«, den wir alle gelesen hatten, zielte in jene Richtung. Die dazu passenden Marschliedertexte hießen: »In den Ostwind hebt die Fahnen« und »Nach Ostland geht unser Ritt« Noch deutlicher enthüllten andere Lieder, worauf und wozu wir jungen Menschen vorbereitet wurden. So hatten wir zu singen: »Ich habe Lust, im weiten Feld/zu streiten mit dem Feind«.

Mit solch verlogener Landsknechts- und Soldatenromantik wurden wir ständig gefüttert. Was hätte man in dieser Zeit, in jenen Jahren, wo das Gedächtnis am frischesten, aufnahmefähigsten ist, stattdessen an Gutem und Nützlichem lernen können. Doch es war das Ziel nationalsozialistischer Erziehung, ihre perverse Ideologie »unauslöschlich in das nachgiebige Material der werdenden Seele einzuprägen«, wie es der Philosoph Theodor Litt später formulierte.

Auf eine besonders eindrucksvolle Weise schlimm waren Text und Melodie des sogenannten Fahnenliedes der Hitlerjugend, bei dessen hymnischer Intonation mir stets ein Schauer von Ergriffenheit den Rücken hinunterlief. Reichsjugendführer Baldur von Schirach hatte es selbst gedichtet:

»Unsre Fahne flattert uns voran, unsre Fahne ist die neue Zeit. Und die Fahne führt uns in die Ewigkeit. Ja, die Fahne ist mehr als der Tod.«

Ewig und heilig aber war Deutschland, das als allerhöchstes Gut an die Stelle Gottes gesetzt war, wie es im Liede hieß: »Deutschland, heiliges Wort, Du, voll Unendlichkeit, über die Zeiten fort seist du gebenedeit!«

Der Einzelne galt nichts vor dieser Gottheit, die unser aller Opfer forderte, auch das des Lebens. Mit markanten Sprüchen wie »Du bist nichts, dein Volk ist alles!« wurde uns das eingehämmert. Eine andere Denkweise, andere Ideale konnten wir uns überhaupt nicht vorstellen. Uns war es selbstverständlich, in Reih und Glied zu stehen, in der Kolonne zu marschieren und des »Jungführers« Befehle widerspruchslos auszuführen, ohne über ihren Sinn oder Unsinn nachzudenken. Ich glaubte als Junge blind an die Richtigkeit dieser militanten Erziehung.

Niemand war da, weder zu Hause noch in der Schule, der den Knaben einmal an die Hand genommen und ihm gesagt hätte, dass jeder einzelne Mensch auf dieser Erde seine unveräußerliche Würde besitzt, dass man auch anders denken und leben könne, als im Geiste des Völkerhasses, nämlich in dem der Menschlichkeit, der Toleranz, der Versöhnung und Völkerverständigung, dass die Ausbildung kritischen Denkens und Urteilsvermögens erstrebenswerter sei als blinder Gehorsam und Unterordnung. Kurz: Durch diese kollektive Erziehung, der ich zwischen meinem zehnten und vierzehnten Lebensjahr ausgesetzt war, ohne mich dagegen wehren zu können, nahm ich Schaden an meiner Seele. Und Millionen deutscher Jungen und Mädchen ging es damals genauso. Auch Bundespräsident Richard von Weizsäcker, der Dichter Günter Grass und Papst Benedikt XVI. marschierten wie ich als Kinder im Jungvolk hinter der schwarzen Runenfahne mit.

Dieser Schaden relativiert sich nicht, wenn ich mich daran erinnere, dass das Leben in der Jugendorganisation für den Knaben auch positive Wirkungen zeigte. So war durch die harten Leistungsanforderungen auf langen Märschen und Fahrten, bei Geländespielen und Sport eine deutliche Kräftigung meiner körperlichen Konstitution zu vermerken. Auch das Erlebnis der Gemeinschaft, das den Einzelnen aus häuslicher Isolierung befreite, hatte für mich, der ich zu versponnener Eigenbrötelei neigte, zunächst einen günstigen Effekt.

Eine den Elfjährigen besonders berührende Begegnung war die mit einem etwa 15-jährigen Jungen. Werner Kästner wurde damals mein Jungenschaftsführer, und er nahm mich – was so nicht üblich war – als Gegenüber ernst. Der Sohn eines Studienrats war hochbegabt und gebildet. Er konnte locker zeichnen und hatte pädagogisches Geschick. Später zum Führer unseres »Fähnleins der Goten« aufgerückt, machte er aus dem Felix-Dahn-Roman »Ein Kampf um Rom«, der die Geschichte des Germanenstamms der Goten betrifft, eine dramatische Bühnenfassung. Das Stück wurde von uns Jungen an einem Elternabend mit Begeisterung aufgeführt. Ich las den dicken Wälzer mit glühenden Wangen. Mögen wir heute Dahns völkische Verklärung der germanischen Recken, die im Kampf gegen Römer und Byzantiner so tragisch untergehen, belächeln; uns Knaben hat das alles damals emotional stark bewegt. Betraf es doch ein wichtiges Kapitel unserer frühen Historie, zu der wir auf diese Weise eine Beziehung bekamen. Ich ahnte in jener Zeit noch nicht, wie auch die Geschichte von den Nationalsozialisten zum Aufheizen eines nationalen Chauvinismus missbraucht wurde, der letztlich in den Krieg münden sollte. Der spätere Medizinstudent Werner Kästner starb neunzehnjährig als Soldat an der Ostfront in Russland.

Das größte Abenteuer brachten stets die Sommerferien. Da hatten die überregionalen Jugendlenker Zeltlager organisiert. Immer im Monat Juli marschierten dann eines Morgens die Kolonnen unter Trommel- und Fanfarenklang mit schwerem Gepäck zum Hauptbahnhof. Lange Sonderzüge brachten uns an die Zielorte. Sie lagen im Bayerischen Wald, im Erzgebirge, in der brandenburgischen Kurmark und im Riesengebirge. Das waren wunderbare Landschaften, die ich sonst damals wohl kaum kennengelernt hätte.

Auf grüner Wiese bauten wir die Zelte auf. Wir hausten und schliefen darin, in unsere Decken gehüllt auf Strohschütten – Schlafsäcke gab es noch nicht – und ich erinnere mich noch heute an das wohlige Gefühl von Geborgenheit, wenn der Regen auf die Zelthaut trommelte.

Das Lagerleben folgte einem militärisch straff geregelten Dienstplan, der aber auch Raum ließ für Freizeit und Spiele. Wanderungen wurden als »Geländestreifen« militarisiert, und es gab feldmäßige Übungen mit Anschleichen an einen imaginären Feind oder »Zurechtfinden im Gelände« mit Hilfe von Kompass, Landkarte und Sonnenstand. Und natürlich hatte am Lagertor neben aufgezogener Fahne immer einer Wache zu stehen. Dieses Pfadfinderleben unter den primitiven Verhältnissen eines Feldlagers sollte abhärten und das Gemeinschaftsgefühl stärken. Und freilich hatte solcherart Landsknechtsdasein für uns Großstadtkinder auch seine eigene Romantik.

Aber die Erinnerungsbilder erweisen sich als verklärt, wie vieles, was wir in der Kindheit und Jugendzeit als abenteuerlich erleben. Fast habe ich mein immerwährendes Leiden unter dem ständigen Druck einer Gehorsamspflicht vergessen. Wie ein großer, gefährlicher Drache liegt auch Angst über dieser Kindheit bis hinein in die Militärzeit. Da war die ständige Furcht, den Erwartungen, die das Heldenklischee für den deutschen Jungen vorgab, nicht gewachsen zu sein. Denn ich war von meiner Veranlagung her ein eher sensibles, nach Innen gekehrtes Kind und hasste im Geheimen den Gruppenzwang und die laute Brutalität des Militärischen aus tiefster Seele. Ich war schon etwa 15 Jahre alt, als mir das bewusst wurde.

Begegnung mit Buch und Bühne

Von da an versuchte ich, mich vor den Diensten zu drücken, Nischen zu suchen und mich auf kaltem Weg vom Jungvolk zu verabschieden. Um nicht in die Hitlerjugend, die Organisation der 14- bis 18Jährigen, übernommen zu werden, was die Regel war, führte ich noch einige Zeit die Funktion des Kulturwarts aus, bis ich auch diese Tätigkeit einschlafen ließ. Immerhin besaß der Kulturwart das von mir kräftig ausgenutzte Privileg, Theaterkarten zwecks Verteilung stets aus erster Hand zu bekommen, denn: Wer es darauf abgesehen hatte und sich darum bemühte, konnte auch selbst noch während des Krieges dem anderen, dem besseren, dem humanistischen Deutschland begegnen, zum Beispiel im Theater.

Die großen dramatischen Bühnenwerke lernte ich, so kurios das klingt, eigentlich erst durch das Angebot der Hitlerjugend-Vorstellungen zum Vorzugspreis von 50 Pfennigen kennen. Teure Theater- oder Opernbesuche hätte ich mir gar nicht leisten können. Spielorte waren das kleine Alte Theater am Richard-Wagner-Platz, wo ich als Kind Erich Kästners Bühnenfassung von »Emil und die Detektive« atemlos verfolgt hatte, und das etwas größere Schauspielhaus auf der Sophienstraße in Leipzigs Süden. Dass mir die Bühnenklassiker, dass mir Goethe und Schiller, Lessing und Kleist, aber auch Shakespeare und Goldoni nicht nur Lernstoff blieben, sondern zum Erlebnis wurden, verdanke ich zum guten Teil dieser wohlfeilen, vorzüglichen Bildungsmöglichkeit.

Nur weniger Schauspieler kann ich mich noch erinnern, auf jeden Fall aber des urwüchsigen Albert Garbe und zweier ganz Großer, die später nach München gingen: Peter Lühr und Agnes Fink.

Das bombenbeschädigte Schauspielhaus hatte man schon kurz nach dem Kriege wieder hergerichtet. So wurde mir 1946 Lessings wegen seiner Toleranzpredigt von den Nazis verbotener »Nathan der Weise« mit Ludwig Anschütz in der Hauptrolle und Eva Kupfer als Recha zu einem unvergesslichen Erlebnis.

Die Anstöße zur Beschäftigung mit der Literatur kamen mir vor allem von der Schule. 1939 hatte ich sie gewechselt und fuhr nun täglich mit dem Fahrrad von Gohlis durch das Rosental in die Innenstadt zur Mittelschule, die ich nach zehnjähriger Schulzeit mit der Mittleren Reife beendete. Hier hatte ich ausgezeichnete Lehrer, und es gab neben Englisch und Französisch auch das Fach Literaturgeschichte, das mich besonders interessierte.

Bis dahin waren meine Begegnungen mit der Literatur eher fragmentarisch gewesen. Freilich hatte mir mein Vater schon frühzeitig Coopers Lederstrumpf-Erzählungen und ähnliche Abenteuerschriften aus der Leihbibliothek mitgebracht, und ich hatte diese Bücher als Achtjähriger mit Begeisterung verschlungen. Später durfte ich mir den einen oder anderen

Band aus dem Bücherschrank meines Bruders nehmen, der ein großer Büchernarr und Mitglied der Büchergilde Gutenberg war. Die belieferte ihn mit Belletristik bester Qualität nach seiner Wahl. Erichs schlichter, rosa angestrichener Schrank erwies sich für mich als wahre Schatztruhe. Dort standen immerhin Tolstois gesammelte Werke, von denen ich »Anna Karenina«, »Die Kreuzersonate« und das große Epos »Krieg und Frieden« las. Damals begeisterten mich aber vor allem die Bücher John Knittels, die heute wohl kaum noch lesbar sind. Da mir niemand sagte, was gut oder schlecht war, las ich ziemlich wahllos, natürlich auch die Weltkriegsromane von Edwin Erich Dwinger und Werner Beumelburg sowie Gorch Focks »Seefahrt ist Not«.

Eine viel bewegendere Rolle als heute spielte der Film. Manche Produktionen und ihre Hauptdarsteller sind unauslöschlich in meinem Gedächtnis gespeichert. Tief beeindruckt hat mich damals »Der große König« mit Otto Gebühr, der Schiller-Film »Triumph eines Genies« mit Horst Caspar und Heinrich George und leider auch der hetzerische Veit-Harlan-Film »Jud Süss«. Unvergessen ist »Die goldene Stadt« mit Kristina Söderbaum, die sich am Ende, schwanger und verlassen, in der Moldau ertränkt. Schon gegen Ende des Krieges kam »Große Freiheit Nr. 7« mit Hans Albers auf die Leinwand. Da ging es in St. Pauli hoch her. Minister Goebbels wollte den Film wegen »Herabwürdigung des deutschen Seemanns« verbieten und ließ ihn deshalb nur kurze Zeit laufen.

Kriegsjahre

> Ruchloser zu sein als die andern, das war sein einfacher Trick gewesen. Damit hatte er die Macht erst über Deutschland, dann über Europa gewonnen. Schließlich wurde die Welt so ruchlos wie er, gegen ihn und gegen das Volk, das er sich zum Instrument seines Willens gefügig gemacht hatte.
>
> Die Soldaten schlagen sich, weil ihnen nichts anderes übrigbleibt; die Offiziere kennen ihre Pflicht. Das Sich-Ausschließen und Sabotieren ist gegen die menschliche Natur; es gehören dazu sehr starke Charaktere. Wohl oder übel will man das Schicksal der andern teilen. Der Krieg als hingenommenes, allgemeines Schicksal, als Aufgabe, an der die Nation sich zu bewähren hat, gleichgültig, wie und warum sie gestellt wurde – so wurde er erfahren, nicht von allen, aber wohl von den meisten. Als eine im letzten unpolitische Sache.
>
> Golo Mann, *Deutsche Geschichte des 19. und 20. Jahrhunderts*

Härteprüfung auf dem Bau

Als am 1. September 1939 mit dem Einmarsch deutscher Truppen in Polen der Zweite Weltkrieg begann, machten die Alten, die den ersten schon erlebt hatten, bedenkliche Gesichter. Als aber nach wenigen Wochen Polen besiegt war, als im Jahr darauf Dänemark, Norwegen, Belgien, Holland und der »Erbfeind« Frankreich in sogenannten Blitzkriegen niedergeworfen waren und im Frühjahr 1941 deutsche und italienische Truppen in schnellen Feldzügen Jugoslawien und Griechenland besetzten, da stand es für uns Jungen fest: Die deutsche Wehrmacht ist unbesiegbar. Sie ist die stärkste der Welt. Des Jubelns und der Siegesfeiern war kein Ende. Wir Deutschen waren wahrhaftig die Größten. Wir besaßen nicht nur die besten Soldaten, sondern auch die leistungsstärksten Sportler, die genialsten Erfinder, die klügsten Ingenieure, die gigantischste Rüstungsindustrie, welche die modernsten Waffen herstellte. Wir hatten die fähigsten Generäle und – an der Spitze dieses fleißigsten und tüchtigsten aller Völker – ihn, den Führer, den größten Feldherrn aller Zeiten, ein Genie, um das uns die ganze Welt beneidete. Nur ein einziger Feind war noch zu bezwingen: Das unbelehrbare England, das trotz gewaltiger See- und Luftkriegsverluste nicht aufgeben, ja nicht einmal mit uns verhandeln wollte. Seine Niederwerfung per Invasion konnte nur noch eine Sache von wenigen Monaten sein.

So sah unser Weltbild aus, als wir zu Ostern 1941 als Sechzehnjährige nach bestandenen Prüfungen die Mittelschule verließen. Es war das diktatorisch Vorgezeichnete und speiste sich täglich aus den Berichten und Kommentaren der gleichgeschalteten Zeitungen und den Sendungen des Großdeutschen Rundfunks, wie sie ununterbrochen aus dem schwarzen »Volksempfänger" tönten, den der Volksmund – nach dem großmäuligen Propagandaminister – »Goebbelsschnauze« nannte. Da wurde den Deutschen täglich eingehämmert, dass sie nun eine große Kampfgemeinschaft seien. In den beliebten, vom Rundfunk übertragenen Wunschkonzerten fühlten Front und Heimat sich verbunden. Waren nicht alle gerührt, wenn der Schmalzbariton Wilhelm Strienz röhrte: »Glocken der Heimat, tragt ihr mir Grüße zu« oder »Tapfere kleine Soldatenfrau, warte nur, bald kehren wir zurück«? Eins jedenfalls galt uns als sicher: Unser Geburtsjahrgang würde für diesen Krieg zum Kämpfen nicht mehr gebraucht werden. Manche Jungen bedauerten das. Ich hoffte es.

Vor mir aber stand jetzt erst einmal die Notwendigkeit der Wahl des Lebensberufs. Doch ich war mir weder über meine Fähigkeiten und Eignungen, noch über die aktuellen beruflichen Möglichkeiten im Klaren. Ich wusste einfach nicht, was ich machen sollte. Ein wohlmeinender Berufsberater hatte immerhin den Eindruck gewonnen, dass ich für eine schöpferische Tätigkeit geeignet sei, zum Beispiel für den Architektenberuf. Er zeigte mir Fotos von Monumentalbauten des Dritten Reichs, die Albert Speer und Wilhelm Kreis entworfen hatten, und fragte mich, ob ich nicht auch dergleichen machen möchte. Die Bauwerke auf den Bildern beeindruckten mich sehr, und so sagte ich, ja, so etwas möchte ich schon machen und fragte, wie denn der Weg dahin sei. Ich müsse, so die Antwort, zunächst einen Bauberuf von der Pike auf erlernen, um später dann die Staatsbauschule besuchen zu können. Das behagte mir gar nicht. Doch ich verstand: Diese Kröte musste ich erst einmal schlucken, um später zu den lichten Höhen baukünstlerischer Genialität aufsteigen zu können. Per aspera ad astra!

Und so geschah es denn, dass ich als Maurerlehrling in die Gohliser Baufirma Albin Neumann eintrat und ziemlich unsanft von meinem selbstgefälligen, kleinen Thron intellektuellen Hochmuts in die Niederungen gemeiner Muskelarbeit gestoßen wurde. So jedenfalls empfand ich damals als einer, der immerhin die Weihen der Mittleren Reife soeben empfangen hatte, meinen Wechsel von der gehobenen Schulbank in die harte Realität des Baustellendrecks.

Der Bauunternehmer Albin Neumann, wegen der früheren Beschäftigung billiger polnischer Arbeitskräfte bei den Leuten als »Polacken-Neumann« bekannt, erhielt seine Aufträge unter den Bedingungen der Kriegswirtschaft vor allem von der Deutschen Reichsbahn. Daher befanden sich seine Baustellen im Gelände der Vorortbahnhöfe Leipzig-Leutzsch und Leipzig-Wahren, später auch im Bahnbetriebswerk Engelsdorf südöstlich der Stadt.

Die eineinhalbjährige Lehrzeit auf dem Bau war eine harte Schule und mir im Grunde höchst zuwider. Da musste ich lernen, wie man Wände aufmauert und Ziegelflächen verfugt. Wochenlang hatte ich Bewehrungseisen für Betondecken zu schneiden und zu biegen, Beton zu mischen und zu schütten. Nach tagelangem Entladen und Stapeln von Mauerziegeln bluteten abends die durchgescheuerten Fingerspitzen, oft auch schmerzte der Rücken, zitterten die Knie nach dem Abladen zentnerschwerer Zementsäcke aus einem Bahn-Güterwagen.

Im strengen Winter 1941 zu 1942 mussten wir noch bei Frostgraden im Freien arbeiten. Und selbst bei 15 Grad Kälte hatten wir morgens halb sieben auf dem Bau in Engelsdorf anzutreten, um im dortigen Heizhaus Steinkohle zu schaufeln, denn Neumann hatte uns an die Reichsbahn vermietet. Da klingelte um fünf bei mir der Wecker, und dann fuhr ich mit meinem Fahrrad fast eine Stunde durch das luftschutzverdunkelte Leipzig zur Arbeitsstelle ganz am anderen Ende der Stadt, wo ich halb erfroren ankam.

Es war der Winter der furchtbaren Schlacht um Stalingrad. An jenem Tag im Januar, an dem ich 17 Jahre alt wurde, fand in Berlin die berüchtigte Wannsee-Konferenz statt, auf der man nach Hitlers Willen die sogenannte Endlösung, die physische Ausrottung der europäischen Juden, beschloss. Doch davon wusste ich damals nichts.

Unsere handwerkliche Ausbildung war bei alldem Nebensache. Für Neumann waren wir vor allem billige Arbeitskräfte mit einem Wochenlohn zwischen fünf und sieben Mark. Die Arbeitszeiten wie die Pausen waren auf die Minute genau einzuhalten und wurden durch Trillerpfeifensignale des Poliers markiert. Verboten war es auch, sich bei der Arbeit zu unterhalten oder auch nur einige Minuten zu verschnaufen. Glücklicherweise waren wir Lehrlinge meist zu zweit oder zu dritt auf einem Bau eingesetzt. Das gab uns Mut zu passivem Widerstand gegen diese offensichtliche Ausbeutung. Im zweiten Lehrjahr trauten wir uns schon Einiges. So trafen wir uns oft an stillem Ort zu einer Zwischenpause, was dem scharfen Polier, der alles im Blick hatte, sehr missfiel.

Rau waren die Sitten auf dem Bau, doch die meist älteren und deshalb nicht zur Wehrmacht eingezogenen Bauleute waren freundlich zu uns. Dafür, dass sie uns als zugehörig akzeptierten, mussten wir freilich ihren rüden Tonfall annehmen. Wie zählte ich täglich die Stunden bis zum Feierabend-Abpfiff des Poliers. Denn nur widerwillig verrichtete ich die schwere und mich geistig unterfordernde körperliche Arbeit. Doch lernte ich während dieser Zeit einiges über das Leben.

Wenige Monate vor Beendigung der Lehre entsandte man uns fünf Neumann-Lehrlinge zwecks Vertiefung unserer Ausbildung zu einem Kursus nach Dresden. Für sechs Wochen nahmen wir Quartier auf der Lehrbaustelle, einem Barackenlager im Stadtteil Wilder Mann. Das halbmilitärische Gehabe ließ ich über mich ergehen. Für mich zählte Anderes, Wichtigeres: meine erste Bekanntschaft mit großer Architektur. Die Stadt bezauberte mich. Nur in Bamberg hatte ich bisher vergleichbar Schönes gesehen. Noch immer erinnere ich mich an das Glücksgefühl, das mich an einem sonnigen Sonntagmorgen im Zwinger bei sprudelnden Wasserspielen inmitten der heiterprächtigen Pavillons mit ihren steinernen Göttinnen und Göttern, Heroen und Putten überkam. So etwas gab es in Leipzig nicht. Eine erste Ahnung von der Möglichkeit eines Lebens mit der Kunst stieg damals in mir auf.

An einem anderen Tag muss ich wohl nach Pillnitz hinausgefahren sein. Eine datierte Bleistiftskizze belegt meine erste Begegnung mit der faszinierenden Barockexotik des Sommerschlosses. Sie zeigt das Bergpalais mit den Fenstern, hinter denen ich viele Jahre später würde wohnen dürfen.

Damals in Dresden hatte ich auch mein erstes Opernerlebnis. Mein Geld reichte gerade für den billigsten Platz im Stehparkett des glanzvollen Hoftheaters. Man spielte »Martha« von Friedrich von Flotow. Die eingängigen Melodien kreisten noch wochenlang als Ohrwürmer in meinem Kopf herum, bis sie durch Wagners rauschhaft betörende Musik verdrängt wurden, dessen »Meistersinger von Nürnberg« mich kurze Zeit später im Leipziger Opernhaus am Augustusplatz zutiefst ergriff.

Staatsbauschule

So war der Herbst 1942 herangekommen. Leichten Herzens verabschiedete ich mich von Hammer, Kelle und Wasserwaage und zog als stolzer Student der Bauwissenschaften in die hellen Übungs- und Hörsäle der Leipziger Staatsbauschule ein. Welch ein Hochgefühl war es für uns 17-jährige junge Herren, nun als geachtete Studiosi zu Füßen bekannter Kapazitäten der Architektur und Technik sitzen und mit ihnen vertraute Gespräche führen zu dürfen. In blütenweißen Arbeitskitteln saßen wir hinter unseren Reißbrettern und hantierten bald souverän mit Maßstab, Winkel, Reißschiene und Rechenschieber. In der Rückschau erscheint mir dieses eine kurze Jahr des Studiums zwischen Maurerlehre und Militärzeit als das schönste meiner Jugend. Das mag absurd klingen, denn der Krieg nahm in jenem Jahr für Deutschland albtraumhafte Züge an. Man hätte in ständiger Angst und Sorge sein müssen um uns, um dieses Land und seine Menschen. Wir aber wollten leben. Wir lernten und arbeiteten mit Eifer und waren dabei immer voller Witz und guter Laune. Freilich merkte ich bald, dass mir bestimmte Fächer Unbehagen, andere dagegen reine Freude machten. Besonders quälte ich mich mit den exakten Wissenschaften der Mathematik und Physik, und statische Berechnungen waren mir eine höchst lästige, vertrackte Angelegenheit. Die Beherrschung dieser Fertigkeiten aber gehörte unabdingbar zum Beruf des Bauingenieurs oder Architekten. Dagegen machte mir Freihandzeichnen großes Vergnügen. Wir wurden dabei vom alten Baurat Blüthgen, einem warmherzigen Ludwig-Richter-Typ, angeleitet. Er ging mit uns in die Natur oder auf den alten Johannisfriedhof, um vor dem Motiv zu arbeiten.

Das Zeichnen und Aquarellieren hatte ich seit meiner späteren Schulzeit autodidaktisch betrieben. Einiges hatte ich mir von Harry Ilgner, dem Gefährten meiner Frankenreise, abgeschaut, ein ernsthaftes künstlerisches Studium aber nie in Betracht gezogen. Während der bedrückenden Maurerlehre war es nun jene bescheidene zeichnerische Betätigung, die mir zuweilen Erhebung über den tristen Alltag, aber auch ein gewisses elitäres Selbstgefühl verschaffte. Sie half mir inmitten einer gleichgültigen, banalen und nivellierenden Umgebung, mich als Individuum zu behaupten. Konnte ich doch etwas, was die meisten anderen nicht konnten: die Welt auf meine persönliche Weise wahrnehmen und meine Eindrücke zu Papier bringen. So hielt sich mein ungefestigtes, unsicheres kleines Ich an einem Bleistift fest. Etwas anderes zum Festhalten war nicht da.

Das Kriegsgeschehen hatte sich gewendet. Der Winter 1942 zu 1943 stand im Zeichen der für Nazideutschland katastrophalen Schlacht um Stalingrad. Dort am fernen Wolgastrom war im mörderischen russischen Winter eine ganze deutsche Armee von den Russen eingeschlossen und vernichtet worden. Und auch der 1940 großmäulig von Hitler befohlene Luftkrieg gegen England und seine Zivilbevölkerung begann jetzt auf uns zurückzuschlagen. Gewaltige Flugzeuggeschwader flogen fast jede Nacht ins Reichsgebiet ein und griffen deutsche Städte an. Schon waren Bomben auch auf Leipzig gefallen. Meist erst gegen Mitternacht heulten dann die Alarmsirenen, rissen uns aus dem ersten Schlaf und trieben uns in den feuchten, kalten Keller, wo man freilich auch nicht sicher war. Da saßen wir dann mit unserem vorgeschriebenen Luftschutzgepäck zusammen mit den anderen Hausbewohnern auf engem Raum zusammengedrängt und warteten, bis der Flugzeuglärm und das Flak-Schießen draußen aufgehört hatten und der langgezogene Sirenenton Entwarnung signalisierte.

Seit dem Eintritt der Amerikaner in den Krieg Ende 1941 hatte sich die Luftmacht der Alliierten vervielfacht. Jetzt diktierten sie das Gesetz des Handelns. Zugemauerte Kellerfenster, Kisten mit Sand, Wassereimer und Feuerpatschen auf den Dachböden waren eher lächerlich und kein Ersatz für die schwache deutsche Luftabwehr.

Mit achtzehn in den Krieg

Ich hatte das zweite Studiensemester an der Bauschule gerade beendet, als ich Anfang Juli 1943 wie alle meine gleichaltrigen Kommilitonen den Einberufungsbefehl zur Wehrmacht erhielt. Wir Leute vom Bauwesen wurden in der Regel zu den Pionieren eingezogen. Obwohl wir damit gerechnet hatten, waren wir nun doch recht bedrückt. War uns doch klar, dass jetzt harte Zeiten für uns anbrachen, denn schlimme Nachrichten über schwere Kämpfe, Rückzüge und hohe Verluste kamen von allen Fronten.

Am 25. August hatte ich mich mit minimalem Gepäck am Leipziger Kristallpalast einzufinden. Auf dem Freiladebahnhof wurde das neue, junge Kanonenfutter in Viehwaggons verfrachtet. Als sich die Räder zu drehen begannen, war mir hundeelend. Da beschloss ich für mich, eisenhart zu werden, um diese Herausforderung zu bestehen. Man hatte uns eingehämmert: »Deutschland muß leben, auch wenn wir sterben müssen!« Nein! Das akzeptierte ich nicht. Ich wollte nicht für Deutschland sterben, sondern leben. Und Härte gegen mich selbst war von nun an tägliches Lebensgebot. Wer in die Knie ging, war verloren.

Wegen schwerer Luftangriffe der Alliierten auf den Berliner Raum brauchten wir einen Tag und zwei Nächte, um von Leipzig nach Schwedt an der Oder zu gelangen. Vierzig Stunden waren wir vierzig Mann ohne Licht und ohne Stroh in einem Viehwaggon eingepfercht. Das vorpommersche Städtchen war die traditionelle Garnison des 12. Pionierbataillons, dem wir zugeteilt waren. Hier blieben wir jedoch nicht lange, sondern wurden erneut verladen und in tagelanger Bahnfahrt über Stettin und Danzig nach Graudenz an der Weichsel gebracht. Bei strömendem Regen marschierten wir durch die schmutzige deutsch-polnische Kleinstadt zur Kaserne, in der wir vier Monate lang für den Kriegseinsatz ausgebildet werden sollten. Über dem Eingangstor stand in großen Buchstaben ihr Name: »Unverzagt-Kaserne«. Warum wohl?

Graudenz

Graudenz, das heute Grudziądz heißt, liegt im Gebiet der Ostexpansion des Deutschen Ritterordens, von der die Ruine einer Burg über der Weichsel heute noch Zeugnis ablegt. Die von mächtigen Quadern gefügte preußische Festung aus dem 18. Jahrhundert trug den Namen Courbières, ihres heldenhaften Verteidigers gegen das Heer Napoleons.

Die Schinderei der Ausbildung war schrecklich, und doch konnte sie uns nicht lange genug dauern, denn danach, das wussten wir, würden wir in die Hölle der Ostfront geworfen werden. Morgens halb sechs begann jeder Tag mit dem aus tiefem Schlaf schreckenden Schrillton einer Trillerpfeife. Sie gehörte dem Unteroffizier vom Dienst. Von da an bis zum Abend ließ uns der berüchtigte preußische Drill nicht mehr zur Ruhe kommen. Anstelle der anfänglichen Exerzier- und Schießübungen trat bald die harte Kriegspraxis einer Pioniertruppe, die das Errichten von Schnellbrücken aus schweren Stahlträgern, das Überqueren eines Flusses auf Schlauchbooten und das Zuwasserbringen von stählernen Pontons einzuüben hatte. Dass dabei mancher – so wie auch ich – mit voller Ausrüstung in die kalten, lehmigen Fluten der Weichsel rutschte, war kaum zu Vermeiden. Bei so gefährlichen Übungen hatten wir in der Kompanie einen Schwerverletzten und einen Toten zu beklagen. Das galt offenbar als normaler Verlust bei dieser harten Ausbildung. Keiner der Vorgesetzten sprach weiter darüber.

Um uns in gute Kondition zu bringen, gab es endlose Nachtmärsche über knöcheltiefe Sandwege mit Sturmgepäck und aufgesetzter Gasmaske. Und am Ende hatten wir, schon total erschöpft, noch Panzerdeckungsgräben oder Schützenlöcher auszuheben: Gelobt sei, was hart macht!

Als im November das Wetter kalt, regnerisch und stürmisch wurde, holte ich mir eines Tages beim Gefechtsdienst hinter der alten Festung eine starke Erkältung. Schnupfen, Halsschmerzen und Fieber setzten mir so zu, dass ich am nächsten Morgen beim Trillerpfiff nicht hochkam und einfach im Bett liegenblieb. Zwei Tage später zeigten sich rote Flecken am ganzen Körper. Der Revierarzt stellte Scharlach fest, eine für Erwachsene nicht ungefährliche Infektionskrankheit. Schon eine Stunde später war ich mit heißem Kopf und weichen Knien unterwegs zum Graudenzer Militärlazarett. Meine bisherigen Stubenkameraden kamen in Isolier-Quarantäne auf die

Festung Courbière. Ich aber erhielt ein weiß bezogenes Bett in einem gut geheizten Krankenzimmer. Einige Tage lang hatte ich hohes Fieber, doch schon eine Woche später war die Krankheit abgeklungen.

Endlich hatte ich Zeit zur Besinnung. Es war Adventszeit, draußen fielen Schneeflocken, und ich fühlte mich im Stübchen recht wohl. Da ich wegen verordneter Sperre nicht auf Genesungsurlaub fahren durfte, blieb ich über Weihnachten und Neujahr im Lazarett. Der leitende Stabsarzt, ein schon älterer, weißhaariger Herr, muss wohl etwas wie Mitleid mit mir Ostfront-Himmelfahrtskandidaten gehabt haben, denn als er mich endlich hätte entlassen müssen, fragte er mich augenzwinkernd, ob ich denn nicht noch irgendein anderes kleines Leiden hätte, das behandelt werden müsse. Ich verstand, dachte nach und erinnerte mich meiner häufigen Stirnhöhlenbeschwerden.

Da schickte er mich mit einem Überweisungsschein zu einem HNO-Spezialisten nach Thorn, das 100 km weiter südlich ebenfalls an der Weichsel liegt. Es war noch dunkel und bitterkalt im Zug, als ich in Graudenz abfuhr. Der Mond schien durchs Fenster. Neben mir saß eine hübsche kleine Polin. Wir beide, allein im Abteil, verständigten uns durch Lächeln und Zeichensprache, rückten eng zusammen und erwärmten uns durch erfreuende Annäherungen. So verging die Fahrt rasch. Der Abschied von meiner Schönen war leicht, und als ich in Thorn ausstieg, lagen die alten Backsteinbauten aus den Glanzzeiten des Deutschen Ritterordens und der Hanse in der Morgensonne. Der Thorner Spezialist stellte wirklich einen kleinen Befund fest, und so konnte mich mein freundlicher Stabsarzt noch einige Wochen länger im Lazarett verwahren. Es war Ende Januar geworden, als ich endlich, gut erholt und genährt, aus diesem Buen Retiro wieder in die schreckliche Kaserne zurückkehren musste. Mein Ausbildungsbataillon war inzwischen auf dem Weg nach Russland, an die Ostfront.

Ich wurde dem Nachkommando zugeteilt und musste nun erneut die harte Gefechtsausbildung über mich ergehen lassen. Doch nach einigen Tagen geschah Unerwartetes. Vor angetretener Abteilung erschienen einige junge, schneidige Offiziere. Auf einem Ärmelstreifen trugen sie die Inschrift einer preußischen Garnisonstadt. Die Division, der sie angehörten, sagten sie, sei eine Formation des Oberkommandos des Heeres und diesem direkt unterstellt. Sie erklärten uns die besondere Art und Aufgabe ihrer Einheit und warben um »Freiwillige« mit Pionierausbildung. Da war von Spezialeinsätzen mit modernsten Waffen in Afrika und Griechenland und ähnlichen abenteuerlichen Aktionen die Rede. Nach einem Intelligenztest wählten sie sechs Leute von uns aus, darunter auch ich. Die Freiwilligkeit war natürlich eine Farce. Ich hatte nur eine einzige Frage: Wohin man von hier aus in Bewegung gesetzt werde. Die Antwort war: Zum Standort der Truppe im Reich. Da stimmte ich der Versetzung zu aus dem einzigen Beweggrund, Zeit zu gewinnen, die mir vielleicht das Leben retten könnte. Am folgenden Tag erhielten alle anderen den Marschbefehl an die mörderische Ostfront, ich aber fuhr westwärts.

Von Brandenburg auf den Balkan

Es war ein gutes Gefühl, wieder zurück ins Reich zu kommen und damit dem drohenden Verderben ein Stück ferner, dem Kriegsende aber ein Stück näher zu kommen. In der alten Garnisonsstadt Brandenburg blieben wir nicht lange. Mitte Februar rüstete man uns mit neuen Uniformen und Waffen aus und verlud uns in einen langen Personenzug. Wieder einmal fuhr ich quer durch Deutschland, diesmal aber von Norden nach Süden. Die Fahrt ging über Berlin, Frankfurt/Oder und Breslau nach Wien. Als wir ausstiegen las ich auf dem Bahnhofsschild »Baden«. Das klang gut. Wir marschierten durch den kleinen Kurort und ein verschneites Waldtal, vorüber an Hotels und Sanatorien zu einem stattlichen Schloss im Stil des Neubarock namens Weilburg. In seinen Mauern befand sich die Divisionsnachschubstelle Südost. Hier bezogen wir Quartier und wurden wieder anders ausgerüstet, diesmal als Gebirgsjäger.

An jenem ersten März 1944, als wir von Baden aufbrachen, wussten nur unsere Offiziere, wohin genau wir nachgeschoben werden sollten. Sicher war nur, dass unser Einsatzgebiet auf dem Balkan lag. Warum wir dort Krieg führten, wussten wir damals nicht mehr. Es hatte wohl mit einer militärischen Hilfsaktion für die in Nordafrika und den Südländern der Balkanhalbinsel operierenden verbündeten Italiener im April 1941 begonnen. Man wollte damals, so hieß es, einer Invasion Griechenlands durch die Engländer zuvorkommen. Der Weg der deutschen Truppen nach Athen aber führte durch Jugoslawien, das im sogenannten Balkanfeldzug rasch niedergeworfen worden war, denn es war gespalten in deutschlandfreundliche und -feindliche Kräfte.

Jetzt, drei Jahre später, ahnte ich nicht, was auf uns zukam, hoffte aber, dass es so schlimm nicht werden würde. Auf dem Wiener Ostbahnhof verlud man uns in Güterwagen. Der Zug fuhr in Richtung Ungarn. Wir hatten einen eisernen Kanonenofen im Waggon, den wir mit Holz und geklauter Lokomotivkohle heizten, denn die Nächte waren noch empfindlich kalt. Durch die flache Puszta rollte unser Zug südwärts. Irgendwann überquerten wir die Donau und fuhren nach Jugoslawien hinein.

Eines Mittags hielten wir im Gleisgewirr des Hauptbahnhofs von Belgrad. Einer verdorbenen Wurstkonservendose wegen, die ich in der Wehrmachtverpflegungsstelle des Bahnhofs umgetauscht hatte, wäre mir hier um ein Haar meine Truppe davongefahren. Gerade noch konnte ich rennend das Ende des schon fahrenden Zuges erreichen und mich – in einer Hand die neue Konservendose – auf das Rangiertreppchen des letzten Bahnwagens schwingen. Über eine Stunde musste ich in dieser ungemütlichen Position verharren, überquerte die breite Save, fror jämmerlich und konnte mich endlich beim nächsten Halt bei meinen Leuten zurückmelden. Die hatten schon nicht mehr mit mir gerechnet.

Auf dem Schild des kleinen Bahnhofs stand »Bosanski Brod«. Hier endete die mitteleuropäische Normalspur der Eisenbahn. In einem ländlichen Vorort wurden wir bei deutschstämmigen Bauern einquartiert und konnten uns endlich wieder einmal waschen. Tags darauf bestiegen wir kleine Waggons einer Schmalspurbahn, die in die bosnischen Berge hineinführte. Ausgebrannte Eisenbahnwagen und zerrissene Lokomotiven an der Strecke zeigten an, dass wir jetzt durch Partisanengebiet fuhren und mit Feindberührung zu rechnen hatten. Wir luden unsere Gewehre durch und hielten sie griffbereit. Auf den kleinen Stationen, die wir passierten, kamen Kinder mit Körben voll Backwerk an den Zug, und verschleierte Frauen in Pluderhosen boten Nüsse und Äpfel zum Kauf an. Hohe, dunkle Tannen ragten dicht neben der Bahnstrecke empor, und im Hintergrund erhoben sich schneebedeckte Berge. Unsere Nerven und Sinne waren gespannt. Doch nichts passierte.

Unser Ziel war das bosnische Gebirgsstädtchen Travnik, wo wir den Zug verließen. Als wir nach langem Marsch durch hohen Schnee die Unterkünfte jenes Gebirgsjägerbataillons erreichten, dem wir künftig zugehören sollten, war die Einheit gerade verlegt worden. Wieder bestiegen wir einen Kleinbahnzug und fuhren jetzt in Gegenrichtung. Ich fragte mich, ob wir bei diesem Such- und Verwirrspiel die Truppe jemals erreichen oder nicht schon vorher mit unserer Eisenbahn in die Luft fliegen würden.

Der Ort, wo wir nach langer Fahrt schließlich unsere Waggons verließen, hieß Nova Pazova. Er lag 25 km westlich von Belgrad im serbischen Banat, dem deutschen Siedlungsgebiet der Banater Schwaben. Es regnete vom grauen Himmel. Junge, verwegen aussehende Offiziere in langen Regenmänteln nahmen uns in Empfang und verteilten uns auf ihre Kompanien, die im nahen Dorf in Quartier lagen. Neupasua war ein schönes Dorf mit großen, stattlichen Höfen, deren weißgetünchte Giebelfronten an der breiten, sauberen Dorfstraße aufgereiht waren. Wir bezogen in der Schule Quartier und wurden unseren neuen Einheiten zugeteilt. Unter den Alten waren harte, kampferfahrene Typen, die sich schon in Griechenland und Mazedonien herumgeschlagen hatten und die ein wenig mitleidig auf uns ahnungslose, heimatverwöhnte Neulinge blickten. Solch ein rauer, doch nicht herzloser Landsknecht war der Unteroffizier Paul Zink, unser Gruppenführer. Der gebürtige Ostpreuße meinte es gut mit uns unerfahrenen Jünglingen, die wir uns jetzt »Jäger« zu nennen hatten.

Neugierig auf unsere hier nicht vermuteten »Volksgenossen«, klopfte ich am Abend zusammen mit meinem Kameraden Weissmann an das Tor eines großen Bauernhofs. Die biederen Leute begrüßten uns herzlich in einem uns schwer verständlichen Banaterschwäbisch. Sie zeigten eine rührende Verbundenheit mit dem Reich und bewirteten uns auf das Üppigste mit den Produkten ihrer Landwirtschaft. Wenige Monate später sollte sich der Deutschenhass der Sieger gegen sie wenden, und es muss ihnen schlimm ergangen sein.

Intermezzo Budapest

Unser Bataillon war vollmotorisiert und somit schnell beweglich. An einem frischen Märzmorgen rollte unser langer Fahrzeugkonvoi über die weite Ebene des Banat. Wir fuhren den ganzen Tag, und als es dunkel wurde, wickelten wir uns zum Schlafen in unsere Mäntel. In der Nacht wurde irgendwo an einer Bahnrampe gehalten, und unsere Autos rollten auf flache Eisenbahnwaggons. Nun fuhren wir wieder nordwärts. Es war noch dunkel, als der Zug hielt und wir mit unseren Fahrzeugen die Palettenwagen verließen. Wir befanden uns 50 Kilometer südlich von Budapest.

Jetzt erst wurde uns der Einsatzbefehl verlesen. Da begriffen wir, warum wir in Neupasua scharfe Munition und Handgranaten empfangen hatten: Wir sollten an diesem Morgen im Handstreich die Budapester Burg, den Regierungssitz des ungarischen Staatschefs Horthy, besetzen. Das kam überraschend, und ich war betroffen. Kämpfte Ungarn nicht als treuer Verbündeter an Deutschlands Seite? Etwas Schlimmes musste geschehen sein. Später erfuhren wir, dass Horthy, der realistischen Einschätzung der strate-

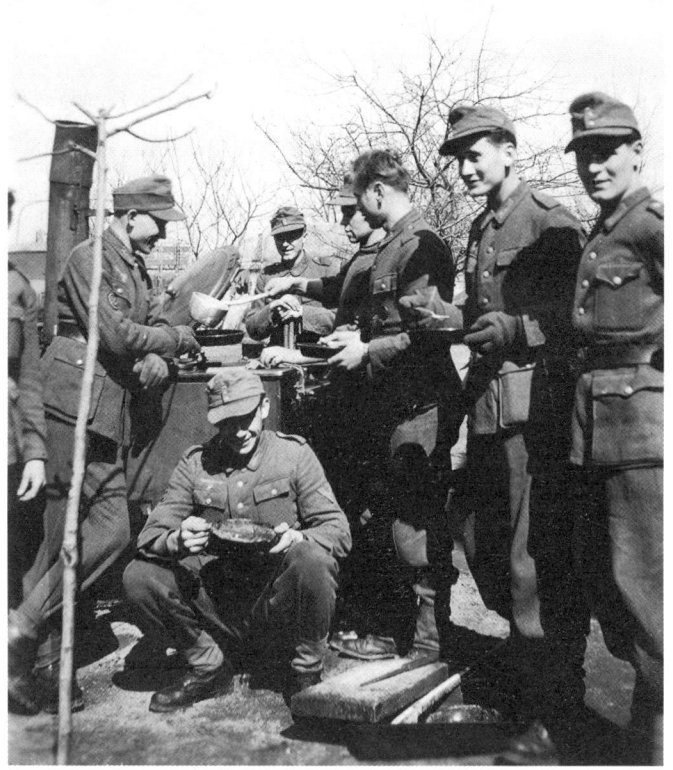

An der Gulaschkanone in Kispest, März 1944

gisch-politischen Lage folgend, sein Land noch rechtzeitig vor der Katastrophe in das Lager der Alliierten hatte führen wollen. Es hieß, er habe eigenmächtig mit der Sowjetunion über einen Waffenstillstand verhandelt.

Mit größter Geschwindigkeit fuhren wir nun auf glatter Einfallstraße vom Südosten auf Budapest zu. Der Morgen dämmerte, wir setzten unsere Stahlhelme auf und nahmen die Gewehre zur Hand. Die Spannung wuchs, je mehr wir uns dem Stadtzentrum näherten. Ich fürchtete, dass in zwanzig, dreißig Minuten etwas Schreckliches passieren würde und hatte ein flaues Gefühl im Magen. Plötzlich aber stoppte unsere Kolonne. Wir bogen von der Hauptstraße ab, fuhren durch Vorortgassen mit niedrigen Häusern und hielten vor einem Schulgebäude, wo wir abstiegen. Was war geschehen? Wir erfuhren es erst viel später. Der Einsatz militärischer Gewalt war im letzten Moment abgeblasen worden. Die Deutschen hatten Horthy gefangengenommen und ins Führerhauptquartier geflogen. Er wurde anschließend in Bayern interniert.

Wir aber lagen in der Vorstadt Kispest in Quartier und warteten zehn Tage – in meinen Augen gewonnene Tage – auf neue Einsatzbefehle. Ausgang gab es nicht. Nur einmal besuchten wir mit unserer Kompanie eines der schönen Thermalbäder auf der Margareten-Insel und sahen im Durchfahren flüchtig etwas von der herrlichen Donaustadt.

Ein serbischer Frühling

Es war April geworden, und Ostern stand nahe bevor, als wir den neuen Kampfauftrag erhielten. Gegen die längst gut bewaffnete und gut organisierte jugoslawische Partisanenarmee des Josip Broz Tito – sie war damals bereits 400 000 Mann stark – sollten wir antreten. Die Alten, die an dieser gnadenlosen Front schon gekämpft hatten, fluchten und sagten schlechte Zeiten für uns voraus. Wieder einmal rollten wir mit unseren Fahrzeugen südwärts bis nach Belgrad, wo die Truppe auf einen Zug verladen wurde. Vier Tage und Nächte fuhren wir bei schönstem Sonnenschein durch die frühlingsfrische Landschaft. Genau am Ostersonntag erreichten wir den befohlenen Einsatzort in Serbien.

Der hieß Kraljevo und bestand aus niedrigen, teils mit Schindeln, teils roten Ziegeln gedeckten Häusern, die von einer kleinen Kirche mit weiß getünchtem, zwiebelförmigem Turm überragt wurde. Immerhin hielt unser aus Österreich stammende Kompaniechef so etwas wie eine Osteransprache. Und es gab sogar Geschenke: weiße Wollsocken und Schokolade. Ich setzte mich in den kleinen Geländewagen des Chefs und machte eine Skizze von der friedlich in der Morgensonne liegenden Hauptstraße.

Doch der österliche Friede war trügerisch. Ein Spähtrupp war auf einen bewaffneten Partisanenverband gestoßen. Sogleich brachen wir ins Gebirge auf und kamen von da an sieben Wochen lang nicht mehr zur Ruhe. Am Ostermontag erhielt ich die sogenannte Feuertaufe – wie man das perverserweise im militärisch-kriegerischen Umfeld zu nennen pflegte. Als wir eine bewaldete Anhöhe erklommen, wurde von oben her auf uns geschossen.

Plötzlich pfiffen mir die Kugeln um die Ohren, doch es gab im Gelände kaum Deckung. Ich presste mich eng an den flachen Waldboden. Partisanen sah ich nicht. Die Kugel, die du hörst, kann dich nicht mehr treffen, tröstete einer der alten, erfahrenen Krieger. Es war ein schwacher Trost.

Titos Kämpfern auf den Fersen

Von jetzt an lauerte der Tod für uns täglich im Hinterhalt. Unsere Fahrzeuge des Typs Opel-Blitz waren unsere Operationsbasis. Während der folgenden Tage waren wir ununterbrochen auf den Beinen. Der Kampfauftrag hieß: Verfolgung größerer Partisanenverbände im Grenzgebiet zwischen Serbien und Montenegro. Da bestiegen wir wieder unsere Fahrzeuge und fuhren über weite Hochebenen und durch lange Gebirgstäler bis zu einem Ort, der uns von der Heereseinsatzzentrale durch Funk übermittelt worden war. Da verließen wir unsere Autos, und es begann erneut ein strapaziöser Fußmarsch. Fünf Tage und Nächte dauerte dieser erste Großeinsatz. Bergauf und bergab hasteten wir bei strömendem Regen durch die verschlammte Bergwildnis, Waffen, Munitionskästen und Proviant schleppend, keuchend und schwitzend bis zur Erschöpfung. Die gesuchten Partisanen fanden wir nicht. Irgendwo im Gebirge trafen wir wieder auf unsere Fahrzeuge. Sie brachten uns südwärts zurück in jene große Ebene, die von der breiten Morava durchflossen wird. Parallel zum Fluss zog sich eine gute Fahrstraße nach Westen. Auf der rollten wir durch Kraljevo, Cacak, Pozega bis zur Stadt Uzice.

Dort war gerade Markttag, und so boten die zur Stadt ziehenden Bäuerinnen und Bauern in bunten Trachten mit ihren bepackten Mauleseln ein friedliches Bild.

Wir bezogen Quartier in einer Schule, konnten endlich wieder einmal uns und unsere schmutzige Wäsche waschen, am Ufer des eisig kalten Flusses Djetinja in der Sonne liegen und sogar im deutschen Soldatenheim ein Bier trinken. Doch nach wenigen Tagen schon brachen wir erneut ins Gebirge auf. Zur Bandenbekämpfung, wie es hieß. Auf einer Straße, die von Uzice nach Süden führt, rollten wir in Richtung Montenegro. Von jetzt an sollten wir wochenlang nicht mehr zur Ruhe kommen. In den Schwarzen Bergen waren wir Titos Verbänden auf den Fersen. Obwohl auf den Bergkämmen noch Schnee lag, brannte die Sonne schon heiß auf uns herab. Mehrmals hatten wir Feindberührung, wie es in der nüchternen Militärsprache hieß. Erste Opfer waren zu beklagen. Als wir eines kühlen Morgens auf kurvenreicher Talstraße durchs Gebirge fuhren, pfiffen uns plötzlich Kugeln um die Ohren. Über einen steilen Hang hinauf mussten wir angreifen. Oben auf dem Berg hoben sich aus dem Nebel einige schindelgedeckte Holzhäuser, aus denen uns Maschinengewehr- und Gewehrfeuer entgegenschlug. Ich lag hinter einem Gartenzaun und drückte mich eng an den Boden. »Angreifen!«, brüllte der Kompaniechef. Wir erhoben uns aus unserer Deckung und Handgranaten wurden vor uns in den Nebel geworfen. Die Häuser wurden im Nahkampf genommen, die Partisanen zurückgedrängt. Dann lagen wir hinter dem Dorf auf einer nach vorn abfallenden Wiese unter Beschuss eines tackenden Maschinengewehrs, das auf dem gegenüberliegenden Hang postiert war. Ich suchte nach einem Kugelschutz und sprang hinter einen flachen Baumstumpf. Vom Wiesentau durchnässt, mit steifen Gliedern, versuchte ich zu schießen. Man hatte mir – in völliger Verkennung meiner Fähigkeiten – ein Schnellfeuergewehr zugeteilt. Doch meine klammen Finger bekamen das Schloss nicht auf, und als ich endlich abdrückte, sprang das Magazin davon und die zehn Patronen fielen ins nasse Gras. So kam es, dass ich durch Gottes gütigen Ratschluss davor bewahrt wurde, zum Mörder zu werden. Danach geriet ich zum Glück nie wieder in die Lage, auf einen Menschen schießen zu müssen.

Den besetzten Hang nahmen nun unsere Maschinengewehre und Granatwerfer unter Beschuss. In einer Feuerpause erhob sich unser Zugführer, ein blutjunger Feldwebel. Da fiel ein einzelner Schuss. Mit einem gurgelnden Laut sank er tot vornüber. Er war ein immer fröhlicher, blondhaariger Mensch gewesen. Nach Stunden zogen sich die Tito-Leute fluchtartig zurück. Wir hatten drei Tote und sieben Verwundete zu beklagen.

Mit ihnen versuchten wir, so schnell wie möglich unsere Fahrzeuge wieder zu erreichen, die unten im Tal standen. Wenig später fuhren wir weiter, dem nächsten Kampf entgegen, der uns viele Tage durch die Berge hasten ließ.

Eines Tages hatten wir unsere Fahrzeuge wiederum verlassen, um einen von unserer Aufklärung per Funk gemeldeten Feind im Gebirge aufzuspüren, waren aber bereits nach einer Stunde Marsch wieder zu unserem Ausgangspunkt zurückbeordert worden.

Damit hatten die bei ihren Autos zurückgebliebenen Fahrer nicht gerechnet. Sie hatten sich mit Wein und Sliwowitz volllaufen lassen und das aus Angst verheimlicht.

Wir sollten aber per Befehl schnellstens einen neuen Einsatzort erreichen, saßen hintenauf, und bald raste die Kolonne mit großer Geschwindigkeit eine Talstraße entlang. Unser sonst zuverlässiger Fahrer aber fuhr in befremdlichem Zickzackkurs. Mal fuhr er fast auf den vorausfahrenden LKW auf, mal schnitt er die Kurven, dass uns angst und bange wurde. In einer Rechtsbiegung hatten wir plötzlich keine Straße mehr unter den linken Rädern. Das Fahrzeug kippte ab und überschlug sich. Ich machte einen Überschlag nach hinten, es gab einen fürchterlichen Krach, und ich spürte eine zentnerschwere Last auf meinem Kreuz. Dann war es still und finster. Nach drei Sekunden setzten Schmerzens- und Hilfeschreie meiner Kameraden ein. Ich lag eingeklemmt und konnte kein Glied rühren. Nach einer Ewigkeit hörte ich Rufe und die Stimme des Kompanieführers. Die Nachfolgenden hatten unser einen Hang hinabgestürztes Fahrzeug, das da mit den Rädern nach oben an der Böschung lag, entdeckt und versuchten, es anzuheben. Ich bemerkte einen sich vergrößernden Lichtspalt. Man zog mich heraus. Eine schwere Munitionskiste hatte auf mir gelegen, doch wie ein Wunder hatte ich außer einigen Prellungen keine Verletzungen erlitten. Anderen war es schlimmer ergangen. Vier Kameraden waren schwer verwundet und mussten nach Cacak ins Lazarett überführt werden. Beim

Aufrichten des Autos fand man eine Handgranate mit zerknicktem Stiel. Unser betrunkener Fahrer wurde in eine Strafkompanie versetzt.

So fuhren wir Tag für Tag, Woche um Woche, ohne Rast und Pause immer weiter nach Süden, hinein in die Gebirge Montenegros, die zwischen den Flüssen Uvac und Lim Höhen bis zu 1700 Metern erreichen. Auf steilen Serpentinen wanden sich unsere Fahrzeuge da hinauf. Bald bedeckte sie eine weiße Schicht von Straßenstaub. Er legte sich auch auf unsere Kampfanzüge und Gesichter. Oben überquerten wir einen Pass. Straßensperren aus Felsbrocken wurden von uns gesprengt, mächtige, über der Straße liegende Baumstämme beiseite geräumt, eine zerstörte Flussbrücke rasch wieder instandgesetzt.

An anderer Stelle brach die Straße am Fluss ab. Eine Behelfsbrücke musste in aller Eile gebaut werden. Die sich in höhere Regionen zurückziehenden Partisanenverbände hatten alles versucht, um unser Nachrücken zu verzögern. Endlich war ein Weiterfahren nicht mehr möglich. Wir mussten die Fahrzeuge zurücklassen und begannen den Aufstieg ins Hochgebirge zu Fuß. Diesmal hatten wir requirierte Maultiere dabei, die unsere mittelschweren Waffen und die Munitionskästen trugen.

Kroatische Nationalmilizen, sogenannte Tschetniks, waren zu unserer Verstärkung zu uns gestoßen. Mit ihren lang wallenden Haaren sahen die Krieger abenteuerlich aus, hatten aber den unschätzbaren Vorteil, dass sie das unwegsame Gelände und die Taktik des Gebirgskrieges besser kannten als wir.

Offenbar noch besser beherrschte diese Taktik der schlaue Tito mit seiner Volksbefreiungsarmee, welche nachts marschierte und sich tagsüber versteckt hielt. Sie vermied den offenen Feldkampf, den sie nicht gewinnen konnte und bevorzugte den Überfall aus dem Hinterhalt. Wir hatten nie eine direkte Konfrontation mit dieser gut bewaffneten, immer stärker werdenden Armee, die von den Engländern aus der Luft mit Waffen, Munition und Verpflegung versorgt wurde und die den deutschen Besatzungs- und Kampftruppen immense Verluste zufügte. Auf diesem Kriegsschauplatz, der keine Frontlinie kannte, wurde der Kampf grausam und mit aller Härte geführt. Der Feind war überall. Jederzeit waren wir in Gefahr, aus dem Hinterhalt erschossen zu werden oder mit unserem LKW auf eine Straßenmine zu fahren und in die Luft zu fliegen. Eine Etappe gab es nicht.

Als wir einmal wieder in Uzice für einige Stunden in Quartier lagen, wurden wir durch einen Alarm aufgeschreckt. Ein eben erst hier abgefahrener Urlauberzug, so hieß es, sei von Partisanen überfallen worden. Mit den Waffen im Anschlag, fuhren wir entlang der Schmalspurbahn, die nach Belgrad führte, auf der Straße nach Pozega. Wir waren kaum 15 Kilometer gefahren, als wir den Ort des Schreckens erreichten. Eine umgestürzte, lichterloh brennende Lokomotive lag neben den aufgerissenen Gleisen. Die wenigen Waggons waren aus den Schienen gesprungen und von Maschinengewehrgarben und Granaten zerfetzt. Neben den Gleisen und an der Straßenböschung lagen mehr als zwanzig tote deutsche Soldaten, entkleidet und ohne ihre Waffen. Die Partisanen waren längst über alle Berge.

Mitte des Monats Mai, der in diesem Jahr besonders heiß war, operierten wir im Grenzgebiet zwischen Serbien und Montenegro. Am Rande einer Talschlucht machte unsere Kompanie Halt. Mit unserem Spähtrupp von zwanzig Mann machten wir uns auf über den Fluß Lim, und wären um ein Haar nicht mehr zurückgekehrt. Unser Auftrag war es, zu erkunden, ob das Gebiet jenseits des Tals feindfrei sei. Wir stiegen also steil hinab in die Schlucht, in der der Fluß mächtig rauschte. Wir überquerten ihn und kletterten in der Hitze des späten Vormittags auf der anderen Seite wieder bergan. Als wir schweißgebadet das jenseitige Plateau erreicht hatten, zitterten uns die Knie vor Erschöpfung. Oben fanden wir einige Bauernhäuser, deren Bewohner uns auffallend freundlich Auskunft gaben: »Nema, nema Partisana!« Tito-Leute, sagten sie, hätten sie seit vielen Tagen hier oben nicht mehr gesehen. Sie gaben uns Schafsmilch zu trinken, und wir schritten unbesorgt weiter in Richtung Westen.

Es war Nachmittag geworden, als wir auf einer kleinen Erhebung in Stellung gingen, um zu beobachten. Vom Feind war keine Spur zu entdecken. Gerade hatten wir diese Nachricht über unser Tornister-Funkgerät zu unserer Kampfeinheit durchgegeben, als es plötzlich haarscharf über unsere Köpfe zischte. Und jetzt sahen wir plötzlich auf dem Bergkamm links von uns unzählige wimmelnde schwarze Gestalten gegen den Himmel, zwischen denen ununterbrochen Mündungsfeuer aufblitzte. Die Geschosse schlugen zwischen uns ein und warfen kleine Erdfontänen auf. »Einzeln zurücklaufen zum Talkessel!«, schrie der Zugführer. Dieser Kessel, an dessen oberem Rand wir entlanggelaufen waren, lag zwischen uns und der Lim-Schlucht, in die wir wieder hinunter mussten. Ich band mir einige Maschinengewehr-Munitionsgurte um den Bauch, warf den Blechkasten weg, sprang auf und lief durch das Zirpen und Detonieren der Geschosse nach hinten. Unser Rückweg führte zuerst über einen gepflügten Acker ohne jede Deckung. Ich stolperte, stürzte, raffte mich wieder auf, rannte ein Stück durch das dichte Maschinengewehrfeuer und fand in einer Ackerfurche ein wenig Schutz. Ein Schuss zerstörte das Funkgerät auf dem Rücken des neben mir liegenden Kameraden. Nun konnten wir nicht einmal mehr Hilfe oder Feuerschutz herbeirufen. Wir rannten um unser Leben, wohl wissend, dass die Partisanen keine Gefangenen machten. Am Rande des Talkessels sammelten wir uns. Ich dachte, hier hätten wir endlich Deckung. Als aber der Beschuss nicht aufhörte, merkte ich mit Entsetzen, dass sie nun auch von rechts auf uns schossen und von hinten, wo wir gerade noch gelegen hatten. Am oberen Rand des steilen Kessels entlanglaufend, versuchten wir rutschend und stolpernd, nach hinten und den Seiten schießend, zum rettenden Fluss zurückzugelangen. Unsere zwei Maschinengewehrschützen gaben uns Feuerschutz, schossen im Stehen, die Waffe manchmal auf eine Astgabel auflegend oder auf die Schulter eines Kameraden, auf die nachdrängenden Partisanen, die jetzt fast alle Ränder des Talkessels besetzt hatten. Darin konnten sie uns nun bequem abknallen wie die Hasen. Mit keuchenden Lungen taumelten wir weiter. Kamerad Lemmer erhielt einen Bauchschuss. Ich verband ihn notdürftig, und wir schleppten ihn in einer Zeltbahn weiter.

Als Hilferuf an unsere zurückgebliebene Kompanie schossen wir Leuchtkugeln und begannen den Abstieg zum Lim. Die einbrechende Dunkelheit war unsere Rettung, denn sie hinderte unsere Gegner am gezielten Schießen. Als wir schon im Finstern endlich auf das uns zu Hilfe kommende Entsatzkommando stießen, führten wir zwei Tote und drei Verwundete mit uns.

Zwei Tage danach ging die ganze Kompanie mit 200 Mann noch einmal hinüber. Den Bauern, der uns in die tödliche Falle gelockt hatte, erschossen sie, nachdem sie seine Hütte angezündet hatten. Wir fünfzehn vom Spähtrupp Übriggebliebenen mussten an der Strafaktion nicht teilnehmen. Gott sei Dank.

Als ich tags darauf wieder auf der Nordseite des Flusses am Rande unseres Lagers einsam auf Wache stand, vernahm ich von der Brandstätte drüben die monotone Totenklage der Frauen und Kinder leise herüberwehen. Das ging mir nah, und da wurde ich sehr nachdenklich. Zum ersten Mal stiegen in mir Zweifel hoch an der Richtigkeit unseres Handelns und der Gerechtigkeit unseres Krieges, den wir nun schon fünf Jahre lang führten. War dieser Bauer nicht ein serbischer Patriot gewesen, so wie alle diese einfachen Menschen, die gegen uns, die Eindringlinge, kämpften? Vorher waren mir solche Gedanken noch nie gekommen. Ich behielt sie für mich.

Jajce

In der Luftlinie sind es weniger als 400 Kilometer zwischen dem serbischen Uzice und Jajce in Bosnien. Wenn man aber diese Entfernung auf schlechten und kurvenreichen Straßen fährt, muss man gut die doppelte Wegstrecke rechnen. Wir fuhren mit dem ganzen Bataillon drei Tage lang bis zu unserem neuen Einsatzort. Am zweiten Tag erreichten wir Bosniens Hauptstadt Sarajevo, wo wir in einer alten Kaserne aus den Zeiten der Habsburger Monarchie übernachteten. Die zahlreichen Minarette erinnerten an die vergangenen Zeiten jahrhundertelanger türkischer Herrschaft. Am folgenden Tag erklommen wir mit unseren in langer Kolonne fahrenden Fahrzeugen einen Bergkamm. Dahinter dehnte sich eine weite, kahle Hochebene, über die wir in schnellem Tempo dahinrasten. Umgestürzte, ausgebrannte deutsche Militärfahrzeuge säumten die Straße, daneben, weit verstreut: deutsche Stahlhelme, Munitionskästen, halb verweste Leichen und bleichende Menschenknochen in dem dürren, gelben Gras. Brennende, kugeldurchsiebte Fahrzeuge der Waffen-SS, Zeugen eines Tieffliegerangriffs, wurden von uns überholt. Am Nachmittag erreichten wir das Städtchen Travnik und passierten endlich bei einbrechender Nacht die kleine Flußbrücke über den Vrbas in Jajce, wo wir Quartiere bezogen.

Das Städtchen, umgeben von dunklen, bewaldeten Bergen und überragt von der alten Türkenfestung, erhebt sich malerisch am langgezogenen Hang über dem Fluss. Hier, wo einst die bosnischen Könige residiert hatten, war noch bis vor wenigen Monaten das Hauptquartier des gefürchteten Partisanenmarschalls Jozip Broz Tito gewesen.

Unsere Gruppe war als Straßen- und Brückenposten am westlichen Ortsausgang eingeteilt, wo sich auch der kleine Bahnhof befand. Auf den Gleisen standen einige leere Güterwaggons, die uns Deckung boten. Es war der zweite Pfingstfeiertag. Auf kleinen Holzfeuern zwischen den Schienen brieten wir uns Kartoffeln. Da stießen plötzlich, flach über einen Bergrücken herandonnernd, mehrere amerikanische Doppelrumpf-Kampfflugzeuge auf uns herunter und beschossen uns aus allen Rohren ihrer Bordkanonen und Maschinengewehre. In panischer Angst warfen wir uns mangels anderer Deckungsmöglichkeiten unter unseren Waggon und pressten uns eng an die Schienen. Durch das Bersten und Krachen der Einschläge hörte ich neben mir einen furchtbaren Aufschrei. Mein guter Kamerad wälzte sich in seinem Blut. Ein Explosivgeschoss hatte ihm den linken Arm zerfetzt. Bevor ich etwas tun konnte, setzten die amerikanischen Doppelrumpf-Lightnings zu neuem Anflug an. Noch viermal wiederholten sie ihren Angriff und zersiebten die Waggons über uns mit ihren Geschossen. Endlos dehnten sich die Sekunden. Dann blieb ihr Donnern aus. Die Lightnings kamen nicht

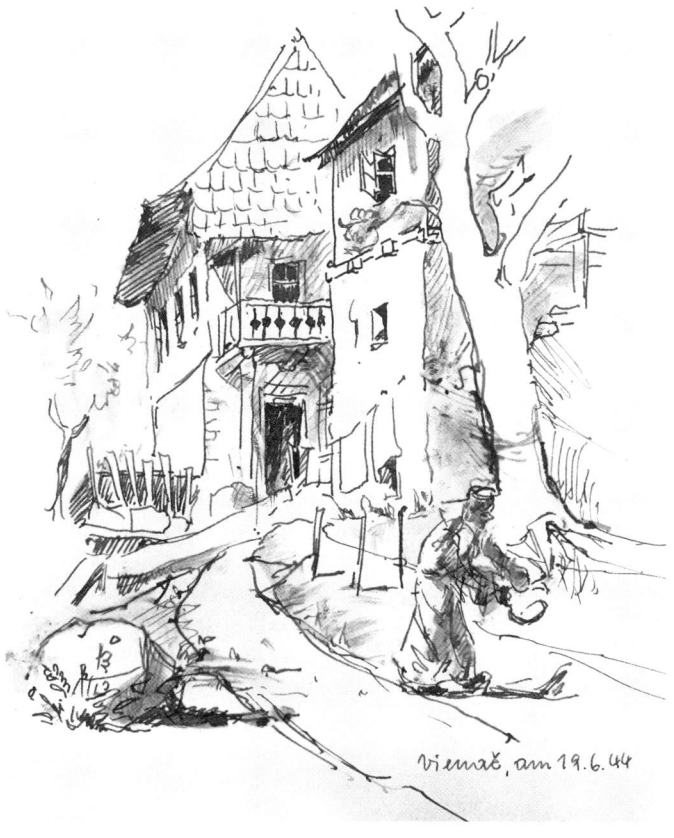

Hans Joachim Neidhardt, Alte Häuser in Vienac, 1944

wieder. Jetzt erst konnte ich dem kreidebleich und zitternd neben mir Liegenden, aus dessen Armschlagader hellrotes Blut pulste, den Oberarm mit einem Hosenträger abschnüren. Das Ganze hatte keine fünf Minuten gedauert; danach war es wieder totenstill und die Sonne schien strahlend vom blauen Himmel.

Nach diesem Tieffliegerüberfall erhielten wir einen anderen Sicherungsposten am südlichen Ortsausgang, wo sich eine Brücke über den Fluss spannte. Nachts mussten wir eine Maschinengewehrstellung über der hier ankommenden Eisenbahnlinie besetzen. Mitte Juni wurde die Stadt zur Verteidigung eingerichtet. Jetzt gehörte ich zu einem Kommando, das einen Vorposten an der Straße nach Donji Vakuf, etwa zehn Kilometer vor Jajce, einzunehmen hatte. Die kleine Siedlung am Fluss Vrbas hieß Vienac. In einem der schindelgedeckten Häuschen hatten wir Quartier bezogen und unterhalb eines kleinen Felsens eine Maschinengewehrstellung eingerichtet. An diesem idyllischen Ort am rauschenden Fluss genossen wir frühsommerlich-heiße Tage. Wir tummelten uns nackt in den eiskalten Fluten, fischten mit Handgranaten die zarten Forellen und saßen in den Kirschbäumen, deren Äste sich unter der Last der Früchte bogen. Für eine kurze Zeit leuchtete die Vision des Friedens auf. Wir hatten Glück: Die Partisanen griffen uns nicht an, überfielen aber wenige Kilometer entfernt eine Kolonne der Waffen-SS. Wir hörten den nächtlichen Kampflärm und fanden am nächsten Tag die Leichen deutscher Soldaten und ausgebrannte Militärfahrzeuge an der Straßenböschung.

Von Zeit zu Zeit gab es auch wieder gezielte Bandeneinsätze. Dann zogen wir schwerbewaffnet mit Maultieren und großer Streitmacht tagelang durch dicht bewaldetes Gebirge, verbrachten die kalten Nächte irgendwo im Freien und lieferten uns verlustreiche Gefechte mit Partisaneneinheiten. Immer wieder entzogen sich die Divisionen Titos unserem Zugriff, waren plötzlich verschwunden, in den Wäldern untergetaucht.

Eines Tages im Juli sollten wir Versorgungskolonnen des Gegners überfallen, die sich nachts durchs Gebirge bewegten. Abends brachen wir auf. Der Himmel verdunkelte sich und ein mörderisches Gewitter brach los. Blitze zuckten aus schwarzen Wolken und erhellten für Sekunden die hohen Nadelbäume um uns. Krachende Donnerschläge wurden grollend von den hohen Bergen zurückgeworfen. Regen prasselte nieder und durchnässte uns bis auf die Haut. Wir rutschten, stürzten über Wurzeln und fielen in den Schlamm des steilen Waldpfades, der auch unsere Waffen verklebte. Nach einer Stunde hörte ich erregte Rufe: Wir hatten Weg und Steg und den Anschluss zu den vor uns marschierenden Kameraden verloren und standen nun mit 20 Mann ohne Karte und Kenntnis des Weges mitten in einer stockfinsteren Gebirgswildnis. Auf gut Glück stiegen wir auf dem eingeschlagenen Pfad weiter nach oben. Völlig erschöpft erreichten wir in den frühen Morgenstunden einige Bauernhäuser, in denen wir Männerstimmen hörten. Vorsichtig schlichen wir uns heran. Es waren unsere Leute. Da ließen wir uns erleichtert, fast schon schlafend und total erschöpft, auf die harten Dielenbretter niederfallen.

Mein Schicksalstag: 25. August 1944

Unser Auftrag war an jenem Tage ein ganz unkriegerischer: Wir sollten Brennholz für unsere Feldküche holen. Es lag in Stapeln an der Straße nach Donji Vakuf. Schon morgens um fünf fuhr wir los, fröstelnd und noch halb im Schlaf. Vierzig Mann auf drei Mannschaftsfahrzeugen und ein Panzerspähwagen als Begleitschutz. Dichter Nebel lagerte über Fluss und Straße. Wir fuhren schnell im Tal entlang, und nach einer halben Stunde brach die Morgensonne durch den Dunst. Da begannen wir zu singen.

Aber dann pfeifen plötzlich Kugeln um unsere Köpfe. Von den Hängen zu beiden Seiten des Tals kommt mörderisches Gewehr- und Maschinengewehrfeuer. Zu sehen ist niemand. Die Partisanen liegen gut getarnt im Hinterhalt. Unser Fahrzeug bremst, was ein großer taktischer Fehler ist. Jetzt bieten wir den Tito-Leuten ein ideales Ziel. Ich klettere auf die Holzbrüstung des LKWs, um hinunterzuspringen. Da schleudert mich ein Schlag gegen die rechte Schulter vom Auto hinab. Ich liege auf der Straße und fühle meinen Arm nicht mehr. Paul, mein Gruppenführer, kriecht herbei und zieht mir den blutigen Mantel aus. Nicht weit von mir detoniert eine Handgranate. Ich sehe und höre alles wie durch eine dicke Glasscheibe. Ich denke nur eins: Wenn du hier liegen bleibst, bist du verloren. Dann raffe ich mich auf, renne über die Straße zum Fluss und werfe mich zwischen die dichten Büsche der Uferböschung. Dort liegt schon Witt. Er hat einen Hüftschuss, aber hilft mir dennoch, die Jacke auszuziehen, um an die Wunde zu kommen. Mit der linken Hand reiße ich mir das Hemd herunter. Aus einer talergroßen Schulterwunde strömt Blut klebrig über meine Finger. »Witt«, rufe ich durch das Hämmern und Krachen der Detonationen, »binde mir mit meinem Koppel den Arm ab!« Ich befürchte, dass die große Schlagader zerrissen ist. Aber Witt wimmert nur: »Ich kann nicht!« Mir wird schwarz vor den Augen. Doch ich weiß, dass ich ein toter Mann bin, wenn ich jetzt das Bewusstsein verliere. Ich liege in einer Blutlache, die sich in meinem khakifarbenen Hemd gebildet hat. Ein Taschentuch ist eng um meinen Oberarm geknotet, und ich bemerke, dass der Blutstrom nachlässt. Wir kriechen beide tiefer unter das Buschwerk, das uns den Blicken des Feindes entzieht. Durch das Gezweig vor mir sehe ich das lehmig gelbe Wasser des Vrbas, auf dessen Oberfläche immer wieder kleine Geschossfontänen aufspritzen. Oben auf der Straße haben sie unser Fahrzeug in Brand geschossen. Apathisch liege ich auf dem Rücken und starre in das grüne Blattwerk. Träge rinnen die Sekunden. Die Wunde schmerzt jetzt unerträglich. Ich möchte schreien, beiße aber die Zähne zusammen. Endlich hat unser Begleitpanzerwagen den jenseitigen Talhang unter Beschuss genommen. Da lässt der Kugelhagel der Partisanen nach.

Unsere Fahrzeuge versuchen, auf der engen Straße zu wenden. Das ist mühsam, aber es gelingt. Wenn sie uns jetzt hier vergessen und zurücklassen, werden wir sterben, denn die Partisanen machen keine Gefangenen. Witt und ich sind die Böschung zum Straßenrand hinaufgekrochen und machen uns durch Schreien bemerkbar. Irgendjemand lädt uns auf den noch schwelenden LKW. Als sich die Kolonne anschickt, zurückzufahren, beginnen die Partisanen erneut gezielt zu schießen. Kugeln pfeifen über unsere Köpfe. Ich reagiere nicht mehr darauf, bin nur noch Schmerz und Durst.

Plötzlich rutscht das vor uns fahrende Auto die Böschung hinunter in den Fluss hinein. Der Fahrer ist mit einem Kopfschuss über dem Steuerrad zusammengesackt. Die Besatzung watet durch den Fluss zurück zur Straße und klettert auf unser Fahrzeug. Nach einigen Minuten Fahrt sind wir endlich dem Feuerbereich der Tito-Leute entkommen. Die Kolonne macht kurzen Halt. Eine bosnische Bäuerin reicht mir einen Becher Milch. Kurz darauf liege ich bleich und vor Kälte zitternd im Feldlazarett zu Jaice. Ich habe sehr viel Blut verloren. Man spritzt mir eine Kochsalzlösung und erwärmt mich mit einer Heizsonne. Von den zwölf Mann unserer Gruppe sind sieben teils schwer verwundet.

Der lange Weg nach Hause

Als ich zwei Tage später zusammen mit drei anderen Schwerverwundeten in einen Sanitätskraftwagen der Wehrmacht – kurz SANKA genannt – verladen wurde, ahnte ich noch nicht, dass das der Beginn meiner lang dauernden Rückreise in die sächsische Heimat sein würde. Unser Ziel war zunächst das große Militärlazarett in Sarajevo. Unser SANKA fuhr inmitten eines langen, gut gesicherten Konvois auf jener Straße südostwärts, die wir drei Monate zuvor mit dem ganzen Bataillon in umgekehrter Richtung passiert hatten.

Es war ein heißer Tag, die Straßen waren miserabel und das Fahrzeug schlecht gefedert. In Travnik wurde deshalb Pause gemacht. Freundliche Bewohner brachten uns etwas zu trinken und Gebäck. Nicht zum ersten Mal erlebte ich, dass die deutschen Soldaten bei der Bevölkerung auch Sympathien genossen. Ein Sanitätshubschrauber vom Typ Fieseler Fi 156 Storch war angefordert worden. Doch als der nach vier Stunden noch immer nicht eingetroffen war, setzten wir die Fahrt auf dem Landweg fort. Sie wurde zum Martyrium, denn die tiefen Schlaglöcher, mit denen die Straße perforiert war, verursachten uns große Schmerzen, lösten vor allem bei den beiden Bauchverletzten ein fortwährendes Schreien und Stöhnen aus. Wenngleich angeschnallt, wurden wir zuweilen buchstäblich von unseren Liegen hochgeschleudert. Als wir gegen Mitternacht in Sarajevo eintrafen, hatte einer von uns Vieren die Fahrt nicht überlebt, ein zweiter starb am Tag darauf.

Vor Erschöpfung muss ich lange geschlafen haben. Als ich erwachte, fand ich mich in einem weichen, weiß bezogenen Bett wieder, das in einem lichtdurchfluteten Krankensaal mit hohen Fenstern stand. Eine freundliche junge Schwester in hellgrauer Ordenstracht schwebte herbei und fragte nach meinem Befinden.

Ich hatte Fieber. Meine Verwundung war schwer, aber nicht lebensgefährlich. Ein Geschoss war von hinten durch die Schulter gedrungen, hatte den Gelenkkopf des Oberarms durchschlagen und war vorn wieder ausgetreten. Man legte mir zur Ruhigstellung einen Thoraxgips bei abgewinkeltem Arm an, der mich lange Zeit am Schlafen hinderte.

Doch die Vision friedlicher Geborgenheit war eine Täuschung. Für die deutsche Besatzung schien die Lage in Sarajevo von Tag zu Tag kritischer zu werden. Die Partisanenarmeen zogen den Ring um Bosniens Hauptstadt enger. Schon hatten sie die Bahnlinien unterbrochen und die Zufahrtsstraßen blockiert. Unser Fahrzeugkonvoi war mit viel Glück gerade noch durchgekommen.

Eines vormittags vernahmen wir dumpfes Brummen, das in donnerndes Dröhnen überging. Geschütze begannen zu schießen. Dann trieb uns das höllische Krachen detonierender Bomben aus unseren Betten, auf die vom Luftdruck geplatzte Fensterscheiben stürzten. In panischem Schrecken rannten wir barfuß in unseren Krankenhemden über kalte Steinstufen in den Keller. Bald gab es Entwarnung. Kaum lagen wir wieder in den Betten, da wurden schon die schmutzigen, blutigen, wimmernden Opfer des Angriffs in unseren Saal getragen. Es waren zumeist Angehörige der Flugzeugabwehr (FLAK), der dieser Luftschlag vor allem gegolten hatte.

Inzwischen war es schwierig geworden, aus der blockierten Stadt herauszukommen. Aber wir besaßen noch den Flughafen. Es muss kurz vor dem 10. September gewesen sein, als ich, inzwischen fieberfrei, auf eine Liste der Auszufliegenden geriet. An jenem Spätsommertag standen auf dem Flugplatz von Sarajevo im Morgengrauen drei silbergraue Transportmaschinen des Typs JU 52 mit großen roten Kreuzen an Rumpf und Tragflächen bereit. Trotzdem hatte jedes Flugzeug in der hinteren Rumpfkanzel ein Bordmaschinengewehr zur Abwehr von Angriffen. Auf Tragelegen wurden wir in stählerne Stellagen geschoben. Dann heulten die Motoren auf. Die Maschine gewann an Fahrt und hob nach ein paar Hopsern vom Boden ab. Als wir nach einer dreiviertel Stunde Flug landeten, lag Morgensonne auf der taunassen Landepiste von Nagybecskerek. Der Ort liegt im westlichen, noch serbischen, jedoch deutsch besiedelten Banat an der rumänischen Grenze und besitzt Anschluss an die wichtige, über Budapest nach Wien führende Bahnlinie.

Als am nächsten Tag unser langer Lazarettzug mit hunderten von Verwundeten den Bahnhof verließ, konnten wir nicht ahnen, dass nur wenige Tage später die Stadt in die Hände der Partisanen fallen würde, welche unter den Deutschstämmigen ein Blutbad anrichteten.

Wir bewegten uns nordwärts und verließen nach einer Stunde Jugoslawien. Über Debrecen fuhren wir nach Ungarn hinein, das noch immer mit Deutschland verbündet war. Budapest bot ein grauenhaftes Bild der Zerstörung: Vor wenigen Tagen war die Donaumetropole von alliierten Kampfverbänden angegriffen worden. Das Bahngelände, das wir langsam auf dem einzigen wiederhergestellten Gleis passierten, war von Bomben umgepflügt. Trichter reihte sich an Trichter, verbogene Schienen ragten in die Luft, und unzählige umgestürzte, zerrissene, ausgebrannte Waggons lagen umher.

Am Abend des dritten Tages hieß es plötzlich: »Alles fertigmachen zum Aussteigen!« Niemand wusste genau, wo wir uns befanden. Vor Stunden hatte ich noch die Türme von Wien in der Ferne gesehen. Quietschend blockierten die Räder. Der Zug hielt, wir wurden auf unseren Liegen ausgeladen und im Finstern auf einem zugigen Bahnsteig abgestellt. Auf einem schwach erleuchteten, schmutzigen Bahnhofsschild buchstabierte ich das Wort »Olomouc«.

Das Lazarett, in dem ich mich am nächsten Tag wiederfand, war ein umfunktioniertes, großräumiges katholisches Mädchenpensionat, das ehemals zum Nonnenkloster Repschein (Repcin) gehört hatte. Das wiederum war eine Dependance des großen deutschen Militärlazaretts im Kloster Hradisch (Hradisko). Die ganze barocke Anlage befand sich am Rande der alten mährischen Stadt Olmütz.

Hier fühlte ich mich nach all den Bedrohungen der letzten Monate endlich wieder entspannt und sicher, denn im Reichsprotektorat Böhmen und Mähren wurden zivile Ziele von den Bombergeschwadern der Alliierten verschont, waren doch die Tschechen 1938 die ersten Aggressionsopfer Hitlers gewesen.

Mein Gips wurde erneuert und besser ausgepolstert. Doch die Wunde heilte nicht und begann zu eitern. Ende Oktober bekam ich plötzlich hohes Fieber. Über mein Röntgenbild schüttelte Assistenzarzt Dr. Fell bedenklich den Kopf. Eines späten Nachmittags Anfang November holten sie mich in den Operationssaal, angeblich zu einer Punktion. Dann schnitten sie mir den Thoraxgips vom Körper. Ein dicker Strahl von Eiter und Blut schoss aus der verheilt geglaubten Rückenwunde. »Aha«, brummte der Chirurg, »da haben wir's«. Und schon wurde mir eine weiße Stoffmaske über das Gesicht gestülpt. Ich solle, sagte der Arzt, langsam bis hundert zählen. Dieser widerliche Geruch von Äther! Ich hörte meine Stimme, als sei es nicht meine, gerade noch »Siebzehn« zählen.

Als ich wieder zu mir kam, war es morgens um zwei. Eine Schwester saß an meinem Bett. Mein Kopf war schwer und schmerzte. Ich hatte fürchterlichen Durst. Mein Arm lag auf meiner Brust, die Schulter war dick verbunden. Am Vormittag kam der Assistenzarzt zur Visite und erzählte, was mit mir geschehen war. Das Schultergelenk sei vom Geschoss und vom Eiter zerstört gewesen. Wegen der hochgefährlichen Sepsis habe man es operativ entfernen müssen. Doch er hatte auch eine gute Nachricht: »Für dich, mein Junge, ist der Krieg vorbei«.

Die Operation war schwer, ja lebensbedrohlich gewesen und hatte mich sehr mitgenommen. Ich hatte wieder viel Blut verloren, und die Äthernarkose war mir auf den Magen geschlagen, sodass ich noch tagelang nichts bei mir behalten konnte. Ich bekam eine Bluttransfusion und einen neuen Gips. Eine erfreuliche Sonderverpflegung brachte mich indessen bald wieder auf die Beine. Kurz vor Weihnachten war mir endlich der schwere Gipspanzer abgenommen worden. Der abgemagerte Arm wurde nun physiotherapeutisch behandelt. Ich trug ihn jetzt in einem schwarzen Dreieckstuch. Zum Weihnachtsfest war ich schon wieder recht mobil.

Anfang November hatte mich ein Brief meines alten Unteroffiziers Paul Zink erreicht. Er berichtete Schlimmes. Im Oktober war unser Bataillon gegen »den Russen« eingesetzt worden, der bei Belgrad mit Panzern durchgebrochen war. Sie hatten die sowjetischen Truppen zwar zunächst weit zurückgedrängt und verfolgt, waren aber dann selbst eingekesselt worden. Unter Zurücklassung der Fahrzeuge mussten sich unsere Leute einzeln durch die russischen Linien über die Berge nach Westen bis über die Save durchschlagen und konnten gerade das nackte Leben retten. Die Verluste waren hoch gewesen. Der Unteroffizier nannte viele Namen mir bekannter Kameraden. Es war die letzte Nachricht von meiner Truppe. Später erfuhr ich, dass nach dieser Schlacht bei Belgrad durch Russen, aber vor allem von Tito-Partisanen an deutschen Soldaten, die sich ergeben hatten, sowie an Krankenschwestern, Nachrichtenhelferinnen, an Schwerverwundeten eines deutschen Lazarettzugs sowie an Volksdeutschen aus der Banater Region ein grauenvolles Massaker verübt worden war, dem über 70 000 Menschen zum Opfer gefallen waren. Das geschah zwischen dem 16. und 20. Oktober 1944, vier Wochen nachdem ich selbst im Lazarettzug Belgrad passiert hatte. Ein Verbrechen an Wehrlosen! Sühne für eine deutsche Kollektivschuld?

Ich konnte es kaum fassen: Meine Verlegung in ein Heimatlazarett nach Leipzig war genehmigt worden. Der 6. Januar, an dem ich zusammen mit einer Handvoll weiterer Invaliden das Olmützer Lazarett verließ, war ein kalter Wintertag. Der überfüllte Zug verließ die mährische Stadt morgens gegen fünf und fuhr sehr langsam. In das Abteil, in dem wir dicht gedrängt saßen, war in Bratislava ein Unteroffizier mit einem abgeschossenen amerikanischen Flugzeugpiloten zugestiegen. Über mein Schulenglisch kam ich mit ihm etwas mühsam ins Gespräch. Er äußerte die Meinung, dass Deutschlands Untergang besiegelt sei und die Wehrmacht in wenigen Monaten besiegt sein würde. Als ich das den anderen im Abteil übersetzte, reagierten sie mit ungläubiger Heiterkeit. Wie verblendet wir waren!

Über Prag, wo der Zug lange hielt, erreichten wir am frühen Nachmittag bei Herrnskretschen (Hrensko) die sächsische Grenze. Der Elbstrom, im Böhmischen noch unter einer festen Eisschicht, war ab Bad Schandau von treibenden Schollen bedeckt. An diesem trüben Wintertag grau und träge zwischen den hohen Sandsteinfelsen der Sächsischen Schweiz hinströmend, begleitete er uns bis nach Pirna. In Dresden überquerten wir auf der Marienbrücke den winterlichen Fluss. In der Abenddämmerung grüßte die wunderbare Silhouette der Elbfront. Ein Bild von fast schmerzlicher Schönheit. Nur sechs Wochen später würde es dieses Bild nicht mehr geben; dann würde diese Perle abendländischer Kultur ausradiert und 30 000 Menschen unter den Trümmern ihrer Häuser erschlagen, verbrannt oder erstickt sein.

Es war stockfinster, als der Zug im Leipziger Hauptbahnhof einfuhr. Mir schlug das Herz bis zum Hals. Aber wo war der Hauptbahnhof, das sächsische »Tor zur Welt«, der Stolz aller Leipziger? In der Dunkelheit erkannte ich die Silhouette riesiger, bizarrer Mauerfragmente. Verbogenes Stahlgestänge ragte gespenstisch in den Nachthimmel. Große Betonblöcke lagen, wie von Giganten geschleudert, auf dem einstigen breiten Querbahnsteig, über dem man den gestirnten Himmel erblickte. Wie betäubt trat ich auf den Bahnhofsvorplatz. Wo einst flimmernde Lichtreklamen an den Fassaden der Hotels und Messehäuser den Ankömmling grüßten, zeichneten sich die schwarzen Umrisse ausgebrannter Ruinen ab. Hier musste Furchtbares geschehen sein. Es war schwierig, nach zehn Uhr abends nach Gohlis zu gelangen, denn die gewohnten Straßenbahnlinien waren verlegt. Endlich stand ich mit meinem Pappkoffer vor der Haustür Treitschkestraße 22. Das Haus war unversehrt. Ich drückte die Klingel. Meine gute Mutter öffnete die Tür.

Letzte Kriegsmonate in Leipzig

Welch ein Glück! Der Militärarzt des Reservelazaretts, in dem ich mich zu melden hatte, erlaubte mir, als Ambulantpatient zu Hause zu wohnen. Nur zwei Mal wöchentlich musste ich zum Verbinden und zur physiotherapeutischen Behandlung meines Armes hinüber wandern ins nahgelegene Eutritzsch, wo sich in einer ehemaligen Schule das Militärkrankenhaus befand. Der freundliche Medicus teilte mir mit, dass ich nach der Heilung meines Armes als »arbeitsverwendungsfähig« aus der Wehrmacht entlassen werden sollte. Das würde bedeuten, dass ich mein 1943 abgebrochenes Studium fortsetzen könne, meinte er.

Sofort machte ich mich auf den Weg nach Connewitz zur Staatsbauschule. Sie stand noch. Der Lehrbetrieb lief mangels Schülern auf Sparflamme. Einige zum Wehrdienst Untaugliche und eine Handvoll Kriegsinvaliden bildeten die Studentenschaft. Ich wurde mit Freuden aufgenommen und fuhr nun wieder täglich mit der Straßenbahn in den Leipziger Süden. Das Zeichnen am Reißbrett ging freilich mühsam. Doch was ein armamputierter Kommilitone konnte, nämlich einhändig zu arbeiten, gelang mir nach einiger Zeit auch.

An einem trüben Februarvormittag ertönten während einer Statikvorlesung die Luftschutzsirenen. Das geschah fast täglich. Aber der Alarm pflegte meist nach einer halben Stunde vom langgezogenen Entwarnungston entschärft zu werden. Deshalb nahmen wir die Situation auch diesmal nicht allzu ernst und schlenderten in kleiner Gruppe die abschüssige Kaiserin-Augusta-Straße hinunter. Als wir aber ein fernes Brummen wie von vielen Motoren und das Grollen schießender Fliegerabwehr vernahmen, kehrten wir um. Das Brummen schwoll an zum Dröhnen über unseren Köpfen, doch die tiefliegende Wolkendecke verbarg die anfliegenden Flugzeugverbände. Jetzt begannen wir aber doch zu rennen und erreichten unsere Schule, als die erste Angriffswelle schon über uns hinweggeflogen war. Der Luftschutzraum, in den alle, Lehrer und Studenten, schon geflüchtet waren, lag entlang der Gebäudeaußenwand zu ebener Erde und bot wenig Schutz. Sicher fühlten wir uns da keineswegs. Als die zweite Welle über uns hinweg dröhnte, wurden die meisten sehr blass. In der Ferne hörte man das Krachen von Einschlägen. Nun war allen klar, dass dieser Angriff unserer Stadt galt.

Da schwoll der Motorenlärm wieder bedrohlich an, und jetzt war auch das Pfeifen und Rauschen niedergehender Bomben direkt über uns zu hören. Donnernde Detonationen kamen näher und immer näher. Der ganze Keller schien zu schwanken. Würde die nächste Bombe unser Gebäude treffen? Da brüllte es neben uns auf, ein, zwei, drei Einschläge folgten dicht aufeinander. Ich warf mich zu Boden, Putz platzte von der Decke, Glas splitterte, die Scheiben der Kellerfenster flogen herein und zerschellten auf dem Betonfußboden. Dann war alles vorbei. Das Krachen entfernte sich. Wir lebten noch. Niemand von uns war verletzt. Wir drängten ins Freie. Das Schulgebäude über uns stand noch; doch einige Dachbalken brannten. Alle Fenster und viele Türen waren vom Luftdruck zerstört. Aber ringsum bot sich ein Bild des Grauens. Auf der Kaiserin-Augusta-Straße, die wir noch vor Minuten entlang geschlendert waren, reihte sich ein Bombentrichter an den anderen. Wie mochte es zu Hause in Gohlis aussehen, und wie sollte ich dahin gelangen?

Aus der Innenstadt Flüchtende berichteten, dass am Peterssteinweg alles in Flammen stehe und kein Durchkommen sei. Ich musste also versuchen, das Stadtzentrum südöstlich in weitem Bogen zu umgehen. Hinter dem Bayerischen Bahnhof drang ich über den breiten Gleiskörper und das Areal der Universitätskliniken in Richtung Hauptbahnhof vor. Brennende Wohnhäuser strahlten unerträgliche Hitze aus. Der erzeugte Sturm trieb mir Rußteilchen in die tränenden Augen. Dicker, beißender Rauch nahm den Atem. Brennende Balken und Mauerteile waren auf die Straße gestürzt. Ein dichter Funkenregen ging auf mich nieder und versengte Kleidung und Haare. Zuweilen war das Flammenmeer so dicht, dass ich umkehren und einen anderen Weg suchen musste. Eingestürzte Häuser lagen quer über der Straße; Stahlträger und Holzbalken ragten aus Trümmerbergen. Hier waren anscheinend nur Sprengbomben gefallen. Endlich, nach Stunden, erreichte ich den Hauptbahnhof. Von hier strebte ich weiter nach Norden. Riesige Bombentrichter verhinderten das Weiterkommen. Zerstörte Straßenbahnwagen standen umher. Vor einem Fuhrwerk lag, noch angeschirrt, ein totes Pferd. Verstörte Menschen, blutverschmiert und schmutzig, irrten umher, manche räumten ihre Habe aus den zerbombten Häusern auf die Straße. Die Toten und Verletzten hatte man offenbar schon geborgen. Endlich kreuzte ich die Bahnlinie nach Halle und erblickte von Ferne unser Wohnviertel: kein Rauch, kein Flammenschein. Es war unbeschädigt geblieben.

Durch die schweren Luftangriffe waren die Wasser-, Gas- und Stromversorgung zusammengebrochen. Wochenlang mussten wir uns das Trinkwasser mit Handwagen in Wannen und Eimern aus den drei Kilometer entfernten Einquartierungshäusern holen. Seit Anfang April flogen täglich amerikanische Aufklärer und Tiefflieger über die Stadt. Niemand hinderte sie daran. Die deutsche Luftabwehr war schwach. Eines sonnigen Frühlingstages griffen tieffliegende Bomberstaffeln das nördlich von Gohlis liegende Bahn- und Industriegelände entlang der Strecke Halle-Leipzig an. Sie flogen in geringer Höhe über uns hinweg. Zwei ihrer Maschinen wurden abgeschossen. Ein Yankee pendelte am Fallschirm langsam zur Erde.

Die Zeitungen hatten ihr Erscheinen eingestellt, dafür brodelte die Gerüchteküche: Die Amerikaner seien bereits bis zur Saale vorgestoßen. Leipzig sei zur »offenen Stadt« erklärt worden, hieß es einerseits, andererseits baute der Volkssturm Barrikaden am Flutkanal, und im Rosenthal hoben Knaben und alte Männer Schützenlöcher aus. Das Völkerschlachtdenkmal, so war zu hören, würde zu einer Festung ausgebaut. Endzeitstimmung griff um sich.

Auf Sonderabschnitte der Lebensmittelkarten wurden Nahrungsmittel aufgerufen. Vor den Läden bildeten sich Menschenschlangen. Die Leute verbrannten ihre Hitlerbilder und Hakenkreuzfahnen. Die ausgehungerten Volksgenossen zogen los, um Lebensmittelmagazine und Kühlhäuser zu plündern. Aus westlicher Richtung war in der Ferne Geschützdonner zu vernehmen.

Mir kam zu Ohren, dass die Verpflegungsdepots der benachbarten Kasernen noch gut gefüllt seien. Sie würden vielleicht schon morgen den Amerikanern in die Hände fallen. Falls es in Leipzig zu Kämpfen käme, gäbe es wahrscheinlich für die Bevölkerung für längere Zeit nichts Essbares zu kaufen. Ich musste versuchen, etwas zu beschaffen. So zog ich meine Uniform an und versteckte einen großen Mehlsack in meinem schwarzen Armtragetuch (das mir überall einen Bonus sicherte, obwohl der verwundete Arm inzwischen schon wieder ganz gut funktionierte).

So zog ich zum Kasernentor des Verpflegungsamtes auf der Heerstraße. Ein Stabszahlmeister hielt mit gezogener Pistole die andrängende Menge in Schach. Wie konnte ich dort hineingelangen? Von der Straße her näherte sich ein Pferdefuhrwerk mit Plane dem Tor. Auf dem Kutschbock saß ein Uniformierter. Es hielt kurz vor dem Kaserneneingang. Diesen Halt benutzte ich, um den Wagen von hinten zu erklettern. Da fuhr er schon wieder los und ohne weiteren Halt bis vor die Brotbäckerei, wo er offenbar beladen werden sollte. Ich sprang ab und reihte mich in dem großen Durcheinander in die Soldatenkolonne ein, welche das Fahrzeug mit frischgebackenen Kommissbroten belud. Unbeachtet kletterte ich dann wieder hinauf, und während der Planwagen zum Kasernenausgang fuhr, füllte ich meinen Mehlsack mit Broten. So gelangte ich wieder ins Freie, wo ich mit meinem vollen Beutel nach hinten absprang. Die ganze Aktion war nicht ungefährlich für mich. Aber die Mutter war glücklich über mein Raubgut. Wir aßen wochenlang von diesem Vorrat und konnten auch noch den Nachbarn davon abgeben.

Am nächsten Tag zogen wir unter Mitnahme unserer wenigen Wertsachen und einer Notausrüstung zum Überleben in den Keller unseres Hauses. Es hieß, mit Kampfhandlungen sei zu rechnen, und wir waren uns nicht sicher, ob die uns benachbarten Kasernen nicht doch militärisch verteidigt werden würden. Über den Drahtfunk vernahmen wir im Radio, dass die Amerikaner mit Panzern an den südlichen und westlichen Einfallstraßen nach Leipzig zum Angriff bereitstünden. In der Nacht gab es »Panzeralarm«: Die Sirenen gaben einen langen Fünfminutenton, und dann informierte im Rundfunk ein Sprecher: »Die Panzerkolonnen im Raum Fuchshain-Threna haben sich in Richtung Leipziger Südvorstadt in Bewegung gesetzt.«

Am Nachmittag des 19. April preschte ein Jeep mit amerikanischen Offizieren die Treitschkestraße hinauf zu den Kasernen. Später wurden die Offiziere und Soldaten der Garnison, die sich kampflos ergeben hatte, in langem Zug an unserem Haus vorbeigetrieben. Ich war neugierig und wollte wissen, wie es in der Stadt aussah.

Das war ziemlich leichtsinnig. Mit meinem Fahrrad und natürlich in Zivilkleidung fuhr ich ins Zentrum, wurde aber in der Petersstraße von einem langen Amerikaner mit Maschinenpistole gestoppt und zusammen mit vielen anderen Neugierigen in einem Hof eingesperrt. Ich hatte ganz vergessen, dass die Militärregierung Sperrzeiten mit Ausgehverbot verordnet hatte. Als man uns am Nachmittag wieder freiließ, war mein Fahrrad verschwunden, und ich musste zu Fuß nach Hause laufen.

Es kam, was ich befürchtet hatte: Eines Tages Ende April hatten sich alle ambulant behandelten Militärangehörigen im Eutritzscher Reservelazarett einzufinden. Das Tor schlug hinter uns zu, und wir waren Kriegsgefangene unter der milden Aufsicht zweier bewaffneter Amerikaner. Freilich hatten wir Invaliden nichts auszustehen. Im Gegenteil: Um die Beschaffung des täglichen Brotes brauchten wir uns jetzt nicht mehr zu kümmern, sondern wurden aus amerikanischen Armeebeständen sehr gut verpflegt und von fröhlichen Schwestern betreut. Die Sonne schien frühlingswarm, und Bäume und Sträucher vor unserem Lazarett trieben triumphierend ihre neuen Blätter und Blüten aus.

Unterdessen tobte nördlich von uns die furchtbare Schlacht um Berlin, und das Reich lag in den letzten Todeszuckungen. Die Ereignisse überschlugen sich. Ich nahm die Nachrichten darüber mit einer gewissen dumpfen Betäubung zur Kenntnis, registrierte das alles wie einer, den das nichts mehr angeht. Denn ich konnte ohnehin nichts tun als zu warten, ich war Gefangener, andere verfügten über mich. Eines Tages, es war der 8. Mai, hieß es, im Radio sei verkündet worden, dass der Krieg zu Ende ist. Da überkam mich bei aller Ungewissheit, wie es weitergehen würde, eine stille, dankbare Freude darüber, dass ich die blutige Katastrophe überlebt hatte.

Mit der Nachricht von diesem weltgeschichtlichen Ereignis konnten wir erst mal überhaupt nichts anfangen. Wir wussten doch gar nicht mehr, wie das ist: Frieden. Und die Zukunft lag sowieso wie ein schwarzer Tunnel vor uns. Doch etwas scheinbar Unwesentliches erschütterte mich am Abend dieses denkwürdigen Tages fast zu Tränen: Als ich aus dem Fenster unseres Lazarettzimmers schaute, erblickte ich die gegenüberliegende, bisher schwarze Häuserzeile in der festlichen Illumination erleuchteter Fenster. Die Verdunkelung war aufgehoben. Ich wusste gar nicht mehr, wie schön das aussehen konnte.

Gefangenschaft

Der letzte Akt meiner verfluchten Militärzeit begann, soweit ich mich erinnere, am 14. Mai 1945. Da mussten wir zum bitteren Ende doch noch an uns erfahren, was es heißt, Besiegte zu sein. Die Sieger gingen nicht zimperlich mit uns um. Aus dem Lazarett brachten sie uns ins Leipziger Kasernengelände und sperrten uns in einen Keller ein. Alles, was wir bei uns trugen, hatten wir abzugeben. Dann verluden sie uns auf Mannschaftsfahrzeuge der US Armee. Die Fahrer waren dunkelhäutige GIs. Eng gedrängt wie Heringe im Fass standen wir auf der Ladefläche, und los ging die Fahrt mit uns unbekanntem Ziel. Ab Schkeuditz auf der Autobahn preschten sie mit uns südwestwärts. In Weißenfels die Saale kreuzend, erreichten wir gegen Abend die alte Domstadt Naumburg. Vor einer zerschossenen Kaserne wurden wir ausgeladen.

Neben den Gebäudeblocks hatten die Amerikaner ein Gefangenenlager eingerichtet, in das wir hineingetrieben wurden. Der Anblick, der sich uns bot, war erschütternd und ließ das Schlimmste befürchten. Umgeben von hohen Stacheldrahtzäunen vegetierten auf diesem Gelände in Dreck, Schutt und Schlamm zehntausende deutscher Kriegsgefangener. Auf engstem Raum zusammengepfercht, hockten oder lagen sie hier unter freiem Himmel wie Tiere in der Koppel. Manche hatten sich aus Pappkartons oder alten Zementsäcken primitive Schutzdächer gegen den Regen gebaut. Zerlumpt, schmutzig, hohlwangig und unrasiert grinsten sie uns Ankömmlingen entgegen.

Auch wir Invaliden samt Amputierten und Schwerverwundeten wurden in einen dieser Pferche gestopft zu den tausend anderen, die schon jeden Fußbreit Boden besetzt hielten. Nur neben der primitiven Latrine waren noch einige Meter schlammigen, von Urin aufgeweichten Bodens frei. Dort konnten sich wenigstens die Beinamputierten hinsetzen. Wir anderen mussten stehen. In der Nacht wurde es sehr kalt, und wir besaßen weder Mäntel noch Decken. An Schlaf war nicht zu denken. Wir hatten nichts zu essen bekommen, und erst am nächsten Morgen gab es einen Schlag Suppe, allerdings nur für diejenigen, die ein Gefäß besaßen. Wir hatten nichts dergleichen. Einige schlürften die Suppe aus ihrer Mütze. Ich aber konnte mir für zehn durchgeschmuggelte Zigaretten bei einem alten Lagerhasen eine angerostete Konservenbüchse kaufen. Die war meine Rettung. Dreimal täglich gab man diese Suppe, die freilich von Mal zu Mal dünner wurde, an uns aus. Ruhr und Typhus forderten denn auch ihre täglichen Opfer. Nachts erhellten Scheinwerfer das Lager. Die amerikanischen Posten schossen bei der geringsten Bewegung in der Nähe des hohen Drahtzauns.

Nach drei endlos scheinenden Tagen und Nächten kam die Erlösung aus dieser Hölle. Wir sollten registriert werden und wurden zu diesem Zweck in einen unzerstörten Kasernentrakt gebracht. Wir waren durchnässt und froren jämmerlich, denn in der letzten Nacht hatte es geregnet. Die Zeit des Wartens wollte kein Ende nehmen. Doch hier waren wir wenigstens im Trockenen. Endlich war ich an der Reihe. Man gab mir wie allen anderen Fragebögen zum Ausfüllen, die Licht in meine kurze Vergangenheit bringen sollten. Schließlich musste ich einen kleinen Raum betreten, in dem ein schwarzhaariger US-Offizier saß, der mir in fließendem Deutsch einige gezielte Fragen stellte. Man wollte offenbar politisch Belastete, also Nazis und Kriegsverbrecher, herausfinden.

Jetzt ging es uns besser. Wir konnten duschen, wurden entlaust und in einem kahlen, aber einigermaßen sauberen Zimmer untergebracht, das freilich bereits überfüllt war. Immerhin hatten wir jetzt ein Dach über dem Kopf. Es hieß, dass wir uns hier im Entlassungscamp befänden und Hoffnung haben dürften, bald frei zu kommen. Jetzt wurde die tägliche Wassersuppe noch dünner, und der Hunger wühlte mir im Gedärm. Manche kochten sich auf kleinen Reisigfeuern Gras oder Unkraut, das in der Nähe des

Drahtzauns spärlich wuchs, und schlangen den Brei hinunter. In nervtötender Langsamkeit flossen die Stunden und Tage dahin. Doch eines abends geschah, was ich kaum noch gehofft hatte: Unter den Namen, die täglich verlesen wurden, hörte ich den meinen.

Es waren mehrere tausend Mann, die am folgenden Morgen ihre Entlassungsscheine erhielten: die ersehnten Pässe in die Freiheit. Viele Stunden warteten wir dann, in langen Kolonnen unter glühender Sonne auf dem Kasernenhof stehend, auf die angekündigten Fahrzeuge, die uns zurück nach Leipzig bringen sollten. Als um die Mittagszeit das Gerücht umlief, die Fahrzeuge kämen heute überhaupt nicht mehr, fasste ich zusammen mit einem Kameraden den Entschluss, diese letzte Quälerei durch einen Coup zu beenden. Wir stahlen uns aus der Kolonne und liefen rasch zum Lagertor. Dem Posten präsentierten wir lässig unsere Entlassungspapiere. Der warf einen kurzen Blick drauf und – ließ uns tatsächlich passieren. Wir triumphierten. Es hatte geklappt. Wir waren nicht mehr Gefangene und konnten unser Glück kaum fassen. Ein Naumburger Bürger wies uns zu einer nahen Betreuungsstelle des Deutschen Roten Kreuzes. Dort gab es Kaffee und ein Marmeladenbrot. Nie im Leben hat mir je eine Bemme besser geschmeckt.

Mit einem Autobus gelangten wir bis Weißenfels, wo die Linie endete. Hier saßen wir erst einmal fest, denn die Bahnstrecke nach Leipzig war zerstört. In der Hoffnung, dass sie an irgendeiner Stelle wieder intakt sein würde, beschlossen wir, zu Fuß weiterzumarschieren. Es war Anfang Juni. Die Felder und Wiesen prangten in frischem Grün, die Lerchen sangen, und die Sonne strahlte vom Himmel. Jetzt störte uns die Hitze nicht mehr. Auf schmalen Feldwegen wanderten wir immer an der rauschenden Saale entlang nach Osten. Wir waren jung und hatten nichts mehr zu verlieren. Aber wir waren frei. Das war ein neues, ungewohntes Gefühl. Vor Großkorbetha gab uns ein Bauer große Schmalzstullen zu essen.

Interessant für uns war: Der Ort besaß einen Bahnhof. Ein Bummelzug sollte noch am Abend nach Leipzig fahren. Er kam nach einer Stunde. Die Abteilfenster hatten keine Verglasung mehr, doch die Fahrtluft war angenehm. Als wir am Haltepunkt Möckern ausstiegen, war es dunkel und die von der US-Militärregierung verordnete Sperrstunde längst angebrochen. Es kümmerte mich nicht. In zwanzig Minuten würde ich zu Hause sein, endlich wieder zu Hause.

Zeit der Prüfung

> Nur in der Erfahrung der Grenze ergreift der Mensch seine
> wahre Bestimmung […] Um uns für Gottes Kraft zu öffnen,
> müssen wir zunächst an das Ende unserer eigenen Kraft geraten. Mit einem Wort: Wir müssen an uns selber scheitern.
>
> Heinz Zahrnt, *Der Mensch an der Grenze*

> Es scheint demnach, daß unter verwirrenden Bedingungen
> die menschliche Hilflosigkeit eher geneigt ist, die Zeit
> in starker Verkürzung zu erleben, als sie zu überschätzen.
>
> Thomas Mann, *Der Zauberberg*

Ums Überleben

So war ich nun wieder heimgekehrt in die kleine Wohnung im alten Mietshaus auf der Treitschkestraße, in der die Mutter seit der Einberufung meines Bruders zur Wehrmacht ganz allein lebte. Von ihren beiden älteren Söhnen fehlte seit langem jede Nachricht. Erst Monate später meldeten sie sich aus der Gefangenschaft: Erich aus England, Herbert aus Sibirien.

Waren wir Leipziger über das kleinere Übel der amerikanischen Besatzung recht froh gewesen, so war unser Entsetzen groß, als die Yankees eines Tages im Juli mit ihren Fahrzeugen wieder abrückten und zwei Tage später die Rote Armee in unsere Stadt einzog: Da kamen asiatisch aussehende Gestalten in lehmbraunen Uniformen, auf Panjewagen sitzend, die von kleinen, zottigen Pferden gezogen wurden, über unser Basaltpflaster geholpert und besetzten die verlassenen Kasernen. Den Grund dafür lasen wir in der Zeitung: Gemäß dem zwischen den Siegern geschlossenen Potsdamer Abkommen mussten sich die Amerikaner aus dem von ihnen besetzten Westsachsen und Thüringen bis hinter die Werra zurückziehen. Wir aber ahnten, dass wir nichts Gutes zu erwarten hatten.

Es wurde Herbst, und es gab nichts zu essen. Täglich ergossen sich große Scharen von Städtern wie Heuschreckenschwärme über die Dörfer in Leipzigs Umgebung. Alle versuchten sie, Wertsachen, die der Krieg ihnen noch gelassen hatte, bei den Bauern gegen Lebensmittel einzutauschen. Da wanderten Teile alten Tafelsilbers, Meißner Porzellanvasen und Perserteppiche in die Bauernhäuser. Geld wollte niemand haben. Es war nichts mehr wert. Wir aber hatten Hunger.

So fuhr ich denn hinaus auf die Dörfer und quälte mich mit einem Gefühl der Scham und Erniedrigung im Hals von Hoftor zu Hoftor, bot Zigaretten oder irgendein entbehrliches Küchengerät an und bettelte um einige Kartoffeln, Möhren oder Krautköpfe. Meist wies man mich mehr oder weniger barsch ab. Ich sei ja heute schon der Dreißigste oder der Fünfzigste, sagten die Bauern. Glücklich waren wir, wenn ich abends mit einigen Pfund dieser Feldfrüchte im Rucksack nach Hause zurückkehrte. Dann kochte die Mutter eine schlierige Suppe aus Kartoffeln, die sie mit Nährhefe verdickte. Dazu gab es eine Scheibe Brot. Das blieb noch die nächsten zwei Jahre unser tägliches Hauptgericht.

Anfang November wurden auf den weiten Feldern der Leipziger Tiefebene Zuckerrüben geerntet. Die großen weißen Knollen waren heiß begehrt. Die Städter erbeuteten sie zumeist illegal. In Jutesäcken schleppten wir sie nach Hause, und wochenlang wurde dann in der Küche daraus Sirup gekocht, der einzige Brotaufstrich in jener Zeit. Die älteren Leipziger kannten diese Notselbstversorgung und die Technologie der Verarbeitung noch aus den Hungerjahren des Ersten Weltkriegs.

Zu einem denkwürdigen Tauscherfolg führte das Verscherbeln eines Fahrrads, das ein früherer Schulkamerad irgendwo aufgetrieben hatte. (Ich fragte wohlweislich nicht nach der Herkunft des wertvollen Stücks.) Er bot mir die Hälfte des Erlöses an, wenn ich ihm helfen würde, das kostbare Vehikel gegen Getreidekörner zu tauschen. Das gelang durch meine Verbindung zu einer befreundeten Familie in Bad Düben an der Mulde. Wir erhielten einen Zentner Körner, den wir in einer Mühle sogleich gegen Mehl eintauschten. War das ein Jubel, als ich damit nach Hause kam.

Das von Wald und Feldern umgebene Landstädtchen wählte ich im Sommer 1946 als Stützpunkt für meine Aktionen zur Beschaffung von Nahrungsmitteln. Dabei aquarellierte ich eher nebenbei eine der alten, verwinkelten Gassen. Und da ich auch Geld brauchte, hatten unsere Dübener Freunde die Idee, das Bildchen im Schaufenster ihres Hutgeschäfts auszustellen. Als ich sie nach einiger Zeit wieder besuchte, war es an den Besitzer eines der dargestellten Häuser verkauft.

Das brachte mich auf den Gedanken, einige der Bauernhöfe in der Dübener Umgebung zu malen. Und meine Rechnung ging auf. Kaum saß ich mit meinem Klappstuhl vor dem Motiv, kam auch schon irgendeine neugierige Person aus dem Hause, um zu sehen, was ich denn da triebe. Zeigten sich die Leute am Erwerb des Bildes interessiert und fragten sie gar nach dem Preis, hatte ich gewonnen. Nur gegen Naturalien war ich bereit, mich von dem »Kunstwerk« zu trennen. Mit einigem Erstaunen bemerkte ich, dass meine unschuldigen Bildchen den Leuten gefielen.

Da überlegte ich, wie ich meine Fertigkeiten noch effektiver zum Broterwerb nutzen könnte. Dafür gab es mehrere Gründe. Einmal war an eine Fortsetzung meines Studiums wegen der andauernden Schließung aller höheren Bildungseinrichtungen in der Ostzone nicht zu denken. Andererseits musste ich versuchen, von der minimal belieferten Lebensmittelkarte »Für Sonstige« wegzukommen, mit der man nur verhungern konnte. Mit der Karte »Für Angestellte und freiberuflich Tätige« war man etwas besser versorgt. Um die zu erhalten, musste ich freilich eine entsprechende Tätigkeit nachweisen. Das einzige, was ich konnte, war aber jenes unprofessionelle Aquarellieren von Landschafts- und Architekturmotiven. Der Gedanke, als freischaffender Künstler zu arbeiten, war mehr als verwegen und entsprang der Verzweiflung. Die zuständige Ausgabestelle für Lebensmittelkarten verlangte dafür nichts weniger als den Nachweis meiner Mitgliedschaft im Leipziger Künstlerverband. Dessen Vorsitzender war der berühmte, mir aber damals noch unbekannte Maler und Illustrator Max Schwimmer. Nur ein reiner Tor wie ich es zu dieser Zeit war, konnte so naiv sein, diesem großen Künstler eine Mappe meiner anfängerhaften Arbeiten zu präsentieren.

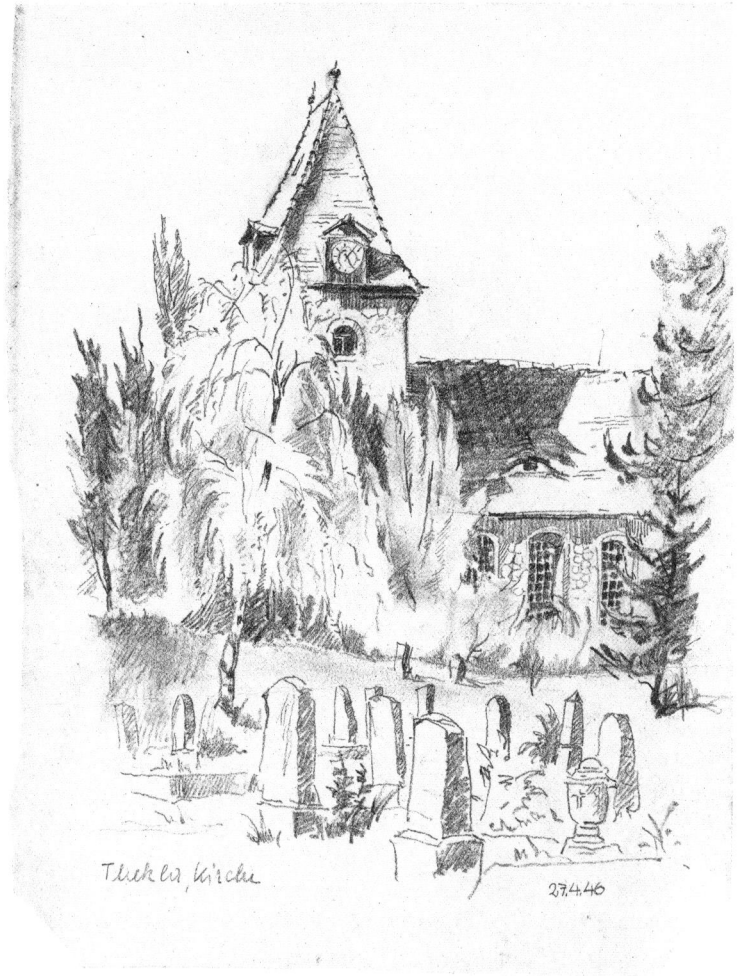

Hans Joachim Neidhardt, Kirche in Thekla, 1946

Doch wunderbarerweise – wahrscheinlich, weil ich halb verhungerter Typ ihm leid tat – unterschrieb Schwimmer das entsprechende Aufnahmeformular, und ich erhielt die ersehnte Lebensmittelzuteilungskarte.

Im September erkrankte meine Mutter schwer an einem Nierenleiden und gefährlicher Anämie. Da sie infolge ständiger Unterernährung stark abgemagert war, verlor sie schnell an Kräften und war nach einer Woche so schwach, dass sie kaum noch sprechen konnte. Ich pflegte sie und führte den Haushalt so gut ich konnte, stellte mich für Nahrungsmittel an und kochte Mittagessen. Nachts saß ich am Bett der Fiebernden und machte ihr kalte Umschläge. In solchen Stunden, da der Tod mit im Zimmer saß, fühlte ich mich ungeheuer einsam. Endlich wurde ein Bett im örtlichen Krankenhaus für sie frei. Später verlegte man sie in die Krankenanstalten Hochweitzschen. Dort blieb sie vier Monate lang und überlebte. Sie war damals 63 Jahre alt.

Femme Fatale

In diesem schlimmen Jahr traf ich sie wieder. Das dunkelhaarige, braunäugige Mädchen aus der Tanzstunde stand eines sonnabends madonnenhaft vor einem Gewölbepfeiler der Thomaskirche und lauschte hingegeben einer Bach-Kantate. Wir kamen ins Gespräch; ich durfte sie wiedertreffen.

Sie war ein Naturkind mit spontanen, unverstellten Gefühlen, liebte auf eine elementare Weise Musik und Poesie. Ihre Mutter, eine hellhäutige, schwarzhaarige Frau von etwa vierzig Jahren, litt an Lungentuberkulose im fortgeschrittenen Stadium. Sie wusste, dass sie nur noch kurze Zeit zu leben hatte. Aus mütterlicher Sorge nahm sie mir auf dem Sterbebett das Versprechen ab, die Tochter nicht zu verlassen. Als sie bald darauf verschied, fühlte ich mich an mein gegebenes Wort gebunden.

Durch dieses Mädchen erhielt mein Leben eine grundlegend neue Dimension. Bis dahin hatte das weibliche Element für mich kaum eine Rolle gespielt. Das spartanische Kriegsregime in der Heimat und danach die harte Militärzeit in fremden Ländern hatten Begegnungen mit dem anderen Geschlecht nicht eben gefördert. Meine Mutter war für mich von Kindheit an eine gleichsam geschlechtslose, disziplinierende Instanz mit dem Antlitz einer alten Frau gewesen, die mir Wärme und Zuwendung nicht hatte geben können. Jetzt trat mit dieser jungen Frau das Weibliche als etwas Elementares, Überwältigendes in mein Leben. Es war wie das endliche Finden jenes anderen Pols, auf den hin menschliches Leben von seiner Bestimmung her angelegt ist, nach dem es bewusst oder unbewusst hinstrebt, um Ergänzung und Erfüllung zu finden: Der sich immer wiederholende Traum junger Menschen. Jetzt, im erstmals erlebten Status zugewandter Zweisamkeit, erkannte ich erst, wie einsam ich all die Jahre gewesen war. Wir flüchteten zueinander vor der Kälte und dem Elend der Nachkriegsjahre und vor der Teilnahmslosigkeit der mit ihren eigenen Nöten beschäftigten Mitmenschen. Wir bauten unser kleines Glück gegen das Meer von Unglück, das uns umgab.

Chemnitz – der Kollaps

Noch immer war die Leipziger Staatsbauschule nicht wieder eröffnet. Mich aber drängte es, endlich weiter zu studieren, wenn nicht hier, dann eben anderswo. An den gleichrangigen Anstalten von Höxter, Holzminden, Hildesheim und Chemnitz war der Lehrbetrieb längst wieder im Gange. Dorthin schickten wir beide – mein alter Freund aus Maurerlehrlingsjahren Lothar Richter und ich – unsere Studienbewerbungen und erhielten sogleich Zusagen. An uns war es, zu wählen. Drei der Orte lagen ziemlich weit entfernt in den deutschen Westgebieten, damals schon von uns getrennt durch die militärisch bewachte Zonengrenze. Das Hinüberwechseln konnte Abschied von der Heimat für immer bedeuten, denn Wiedereinreise war nicht möglich. Ich fühlte Verantwortung für meine alte, gebrechliche Mutter. So entschieden wir uns für Chemnitz. Wir ahnten nicht, dass es die wohl folgenschwerste Entscheidung für unser künftiges Leben war.

Mit Koffern, Kisten, Kochtöpfen und Reißbrettern zogen wir zum Frühjahrssemester 1947 in die sächsische Industriestadt, fanden auf dem Kaßberg ein möbliertes Zimmer mit Küchenbenutzung und stürzten uns voller Arbeitswut ins dritte Semester der Fachrichtung Hochbau. Die Akademie für Technik und Bauwesen war eine traditionsreiche Anstalt von gutem Ruf und hohen Ansprüchen. Wir mühten uns redlich und fleißig um den neuen Einstieg in unser vor vier Jahren abgebrochenes Studium, schufteten bis tief in die Nacht über Reißbrettern und statischen Berechnungen und kamen vor Hunger und Schwäche früh kaum auf die Beine. Ich war mager wie ein Ziegenbock und wog noch ganze 110 Pfund. Lothar begann als erster zu husten und musste vier Wochen vor Semesterende wegen aktiver Tuberkulose abbrechen. Ich konnte immerhin noch die begehrte Zwischenprüfung ablegen und kehrte im Juni nach Leipzig zurück.

Zehn Wochen später hatte ich blutigen Husten. Der Röntgenbefund war eindeutig: Lungentuberkulose. Ich stellte einen Kurantrag und sah wieder einmal einer »Einberufung« entgegen.

Die böse Nachricht aus der Lungenfürsorgestelle hatte mich wie ein Keulenschlag getroffen. Hatte ich mich bei der Mutter meiner Freundin angesteckt? Wir beschlossen, trotz allen Unheils, das über uns hereingebrochen war, ja gerade deshalb, zusammenzubleiben. Und da das Wohnungsamt meiner jungen Gefährtin drohte, ihr wegen Unterbelegung der elterlichen Wohnung eine Familie zuzuweisen und sie anderswo in einem Zimmer unterzubringen, traten wir die Flucht nach vorn an und begaben uns in aller Eile zum Standesamt. Da war ich 23 Jahre alt, sie zwei Jahre jünger. Jetzt hatten wir wenigstens eine sichere Bleibe, in die ich nun mit meinen wenigen Habseligkeiten einzog. Eine Woche später hatte ich mich im Leipziger Eitingon-Krankenhaus einzufinden.

Zauberberg I: Reiboldsgrün/Albertsberg

Der Luftkurort Bad Reiboldsgrün, einst ein Privatsanatorium für Tuberkulosekranke, liegt, umgeben von dichten Fichtenwäldern, auf einer Hochfläche östlich von Auerbach im sächsischen Vogtland. Kaum einen Kilometer davon entfernt befindet sich die Dependance Albertsberg. Zusammen mit dem naheliegenden Carolagrün wurde das Sanatorium in den 1890er Jahren unter der Ägide des sächsischen Königshauses als Volks-Lungenheilanstalten gegründet. Den Namen der hohen Ehegatten entsprach die geschlechtertrennende Belegung der wohltätigen Einrichtung. Der Kurort hatte im letzten Krieg als Wehrmachtslazarett gedient und war jetzt, unter dem Druck einer epidemischen Ausbreitung der heimtückischen Krankheit, wieder seiner ursprünglichen Bestimmung zugeführt worden.

Als ich nach langer Fahrt mit Eisenbahn und Autobus an einem Vorfrühlingstag Anfang März mit meinem Köfferchen in Albertsberg ankam, war mir zum Sterben elend zumute. Hier oben lag noch Schnee. Glasklar und würzig war die Luft. An der Straße stand ein Warnschild: »TBC-Krankenhaus. Infektionsgefahr!« In einem großen Schlafsaal mit zwölf Betten, Nachtschränkchen, Kleiderspinden und Waschbecken wurde mir eine Liegestatt zugeteilt. Der Schlafsaal befand sich in einer steinernen Baracke, die nachts zugeschlossen wurde. Ich erhielt ein Handtuch, zwei braune Decken, eine tönerne Wärmflasche und ein blaues Glasfläschchen mit Schraubverschluss. Letzteres sei, so lernte ich, der »blaue Heinrich«, bestimmt zum Sammeln des gehusteten Auswurfs.

Ich wusste wenig von der Tuberkulose der Lunge. Früher hatte die Schwindsucht als Armeleutekrankheit gegolten, da Hunger, Schmutz und lichtlose Wohnungen ihre Verbreitung begünstigten. Sie war, sagte man, zwar unheilbar, jedoch tröstlicherweise zu stoppen. Schwindsüchtige hatten keine Schmerzen, magerten aber ab, husteten sich die Lunge aus dem Leib und starben nach qualvollen Monaten oder Jahren meist an einem Blutsturz oder erstickten einfach an Sauerstoffmangel. So, wie es Thomas Mann in seinem Roman »Der Zauberberg« treffend beschreibt.

Dass die Lungentuberkulose seit Jahrtausenden bekannt war und gleichsam zur Menschheitskultur gehörte, machte sie mir nicht sympathischer. Schon an ägyptischen Mumien hatte man ihre Spuren gefunden. Der große Friedrich Schiller, der Maler Ernst Ludwig Kirchner und viele junge Künstler der Romantik waren daran gestorben, Puccini hatte sie in seiner Oper »La Bohème« ergreifend thematisiert. Ich musste also nicht den Makel des Asozialen annehmen, sondern befand mich durchaus in kultivierter Gesellschaft. Das war freilich kein Trost, und ich ahnte damals nicht, dass mich der bösartige Bazillus fast ein Jahrzehnt lang nicht wieder aus seinen Klauen lassen würde.

Im Nachkriegsdeutschland fand die TBC – so die ärztliche Kurzformel – gute Bedingungen und massenhafte Verbreitung. Sie trat jetzt wie die Epidemien des Mittelalters, Pest und Cholera, als Volksseuche auf und forderte ihre Opfer. Die vielen rasch eingerichteten Heilstätten waren zugleich Isolierstationen, in denen die ansteckenden Kranken, vom gesunden Teil der Bevölkerung getrennt, unter Quarantäne gehalten wurden.

Bald merkte ich: Hinter mir war eine Tür ins Schloss gefallen. Mein Leben war nun wieder fremdbestimmt. Der Tageslauf folgte einem festen Plan im Korsett einer strengen Hausordnung. Alles war den Zwängen der Krankheit und den Geboten ihrer Behandlung unterworfen. Ich verstand, dass das gut für mich war.

Als ich nach all den Turbulenzen der vergangenen Monate endlich dazu kam, meine Gedanken zu ordnen und meine Situation zu überdenken, fand ich mich lang ausgestreckt auf einem bequemen Liegestuhl aus Rohr, in Decken gehüllt, in die eine sorgende Krankenschwester mich kunstvoll verpackt hatte. Rechts und links von mir lagen in der roh gezimmerten, hölzernen Liegehalle noch etwa zwanzig meist ebenfalls jüngere Männer. Ich blickte auf eine Reihe hoher, dunkelgrüner Tannen. Die Vögel zwitscherten, und es duftete nach Harz. Der Frühling kam mit Macht. Aus einem Lautsprecher tönten Balalaikaklänge. Die Liegekur in frischer Luft war zu jener Zeit, als es noch keine Tuberkulosebehandlung mit Antibiotika, auch »Kurzzeitchemotherapie« genannt, gab, die wichtigste Heilmaßnahme für Lungenkranke.

Die Sterblichkeitsrate war hoch in Reiboldsgrün und Albertsberg, und die schöne Natur, in der wir uns bewegten, ließ uns den stets gegenwärtigen Schatten des Todes umso schmerzlicher empfinden.

So war nun mein Lebensschiff, kaum dass ich das erste Segel gesetzt hatte, schon wieder auf Grund gelaufen. Eine unsichtbare Mauer trennte uns hier oben von der Welt, die uns ausgeschieden hatte. Für die drei-, vierhundert Menschen, die hier inmitten der Wälder hausten, galten ihre Gesetze nicht. Der tägliche Lärm der Weltgeschichte drang nicht bis hierher. Hier gingen die Uhren anders. Ein Tag galt nichts. Der Monat war die kleinste Zeiteinheit, mit der man rechnete. Unter einem halben Jahr gelangte kaum jemand aus diesem »Zauberberg« wieder hinaus in die Freiheit. Man tat also gut daran, sich den hier herrschenden Gesetzen anzupassen und die Denkkategorien der Welt da draußen abzulegen. Am besten fuhr man, wenn man sie für einige Zeit ganz vergaß, denn jegliche Aufregung – so sagten die Ärzte – wirke sich auf den Heilungsprozess schädlich aus. Wer ein dickes Fell, keine Eile und in diesem Leben nichts Besonderes mehr vorhatte, war da besser dran als die Dünnhäutigen, Sensiblen, Ungeduldigen und Tatendurstigen, zu denen ich nun einmal gehörte.

Wie konnte ich mit dieser neuen Situation fertig werden? Schlechte Startbedingungen und Bildungsdefizite in der Kindheit, harte Lehrjahre auf dem Bau, Ausbildungsquälerei beim Militär, Strapazen, Dreck, Blut und Verstümmelung im Krieg, gnadenloser Überlebenskampf gegen Hunger und Kälte, zermürbendes Warten auf Fortsetzung des Studiums und endlich die schlimme Zeit in Chemnitz: Alle diese Widrigkeiten hatten meinen Lebensmut, meinen Tatendrang nicht brechen können. Jetzt aber hatte mich ein übermächtiges Schicksal zu Boden geworfen. Doch ich rebellierte dagegen und gab mich nicht geschlagen. Ich nahm diese Krankheit einfach nicht an und täuschte mich über ihre Schwere hinweg. Andererseits aber war ich hilflos der Angst davor ausgeliefert, dass sie ja auch fortschreiten und mich töten konnte.

Qualen bereitete mir der Gedanke an meine junge Gefährtin, die ich eine Woche nach der Eheschließung allein und ungesichert hatte zurücklassen müssen und der ich in ihrer Verlassenheit, in die sie sich gestoßen sah, immer wieder Mut und Hoffnung zusprechen musste wie einem Kind. Hatte sie doch, wie ich aus ihren Briefen las, durchaus irreale, ja infantile Vorstellungen von einer Lebenspartnerschaft und träumte von einem romantischen Miteinander nach dem Wunschbild »Hand in Hand durchs Märchenland«. Doch die Welt, in der wir lebten, war alles andere als ein Märchenland und ich kein Märchenprinz, sondern ein gescheiterter armer Lazarus. Sicher war es falsch gewesen, sie durch eine Eheschließung an mich zu binden. Ich ahnte es bald.

So verging der Sommer. Ich hatte mich dem verlangsamten Zeitenfluss und der vorwiegend liegenden Lebensweise angepasst. Der Tagesrhythmus wurde von den Mahlzeiten bestimmt. Schnelles Laufen war verboten, der gemächliche »Kurschritt« vorgeschrieben. Man war auf eine vertrackte Weise zur Tatenlosigkeit verurteilt. Wohl konnte ich mich beschäftigen, durch Lesen und Englisch lernen meine Allgemeinbildung verbessern. Doch alles war im Grunde ohne Sinn und Ziel. Im August zeigte mein Röntgenbild eindeutige Heilungstendenzen. Ich hatte an Körpergewicht zugenommen und fühlte mich gut. Mitte September wurde ich entlassen.

Intermezzo: Versuch Kunstgewerbeschule

Endlich war ich wieder zu Hause und genoss das gemeinsame Leben in unserer Schönefelder Wohnung. Allerdings hatten mich die Ärzte noch nicht zur Arbeit fähig geschrieben. Ich sollte mich noch schonen, viel liegen und gut essen. Letztere Empfehlung musste freilich im Winter des Jahres 1948 irreales Wunschdenken bleiben. Auch empfahl sich unsere Wohnung im dritten Stock eines alten Miethauses an einer Verkehrsstraße mit ratternden Straßenbahnen nicht eben als der rechte Ort für eine erholsame Nachkur. Täglich fünf Uhr dreißig weckte uns jeden Morgen das Kreischen der elektrischen Knochensäge eines Fleischers im Untergeschoss unseres Hauses. Zum Glück hatte meine junge Partnerin eine Arbeit in der Stadtverwaltung gefunden. Ihr geringer Lohn und meine kleine Invalidenrente mussten zum Leben reichen.

Längst hatte ich mir Gedanken über den Fortgang meiner Ausbildung gemacht. Schon in Albertsberg war mir klarg eworden, dass der Beruf des Bauingenieurs für mich wohl doch nicht der richtige sein würde. Zuwider war mir die Statik-Rechnerei, die mit jedem Projekt verbunden war, während mich andererseits das Gestalterische des Entwerfens schon interessierte. Da erfuhr ich, dass in Leipzig eine Kunstgewerbeschule ihre Pforten geöffnet hatte, an der man Innenarchitektur studieren konnte. Mir erschien das als ein denkbarer Kompromiss und für mich gangbarer Weg. Ich bewarb mich mit Erfolg und begann im März mit dem Studium. Es ging da um das Entwerfen von Wohnzimmerschränken, Betten und Sitzmöbeln. Ich gab mir viel Mühe, aber sehr bald wuchs in mir die Erkenntnis, dass mir zu diesem Studium unerlässliche Voraussetzungen fehlten, nämlich handwerkliche Fertigkeiten und Materialkenntnisse.

Solche besaß hingegen ein großer, blonder, blauäugiger Mitstudent, dessen Vater in Obergohlis eine Tischlerei mit Möbelgeschäft betrieb. Dieser sympathische junge Mann beeindruckte mich durch seine klare, gefestigte Art. Er hatte ein Charisma, das offenbar aus Quellen gespeist wurde, die mir unbekannt waren. Während der vielen Gespräche, die wir führten, stellte sich heraus, dass er als bewusster Christ lebte und zur Freikirchlichen Gemeinde gehörte. Ihn schien das zunehmende Propagandatöse der Kommunisten ebenso wenig zu beeindrucken wie die vulgäre Vergnügungssucht der meisten jungen Leute, wie sie sich auf einem orgiastischen Faschingsfest der Kunsthochschulen widerwärtig geäußert hatte. Hans Kuper gab mir theologische Literatur und nahm mich mit in den Gottesdienst seiner Baptistengemeinde. Ich staunte und las und lernte Manches, woran ich bis dahin überhaupt nicht gedacht hatte. Aber ich blieb kritisch, skeptisch und distanziert.

Zauberberg II: Reiboldsgrün

Als ich eines Tages im Monat Mai des Jahres 1949 am Klavier saß, überkam mich ein Hustenanfall. Es war eine Lungenblutung. Bleichen Gesichts starrte ich auf mein hellrot gefärbtes Taschentuch. Meine junge Gefährtin gab mir Salzwasser zu trinken, bettete mich aufs Sofa und legte mir einen kalten Wickel in den Nacken. Sie kannte das wohl von ihrer Mutter. Ich brachte kein Wort hervor, der Schreck saß mir in den Gliedern. Wir wussten beide, was das zu bedeuten hatte und konnten unsere Tränen nicht zurückhalten.

Von Stund an galt ich wieder als kranker Mann und musste Tag und Nacht das Bett hüten. Kaum sechs Wochen hatte ich der Belastung des Studiums standgehalten. Es folgte eine Zeit voller Sorgen und Ängste. Was sollte nun werden? Wie ein mächtiges, böses Tier lag die Krankheit auf meinem Leben, das uns alle Hoffnung auf Zukunft nahm. Ich fühlte mich ohnmächtig einem blind und brutal zuschlagenden, grausamen, unendlich dummen Schicksal ausgeliefert. Dazu peinigten mich Selbstvorwürfe wegen der Frau, die ich so leichtfertig an mich, einen Verlorenen, gebunden hatte. Andererseits war ich froh, dass ich wenigstens diesen einen Menschen hatte, der in meiner trostlosen Lage trotz allem zu mir hielt.

Aber die soziale Not, in der wir steckten, ließ wenig Hoffnung auf eine baldige Stabilisierung meines Zustands zu. Wir hatten nicht genug und nicht das für mich Notwendige zu essen. Meine junge Frau war inzwischen arbeitslos geworden, und wir wussten nicht, wie es mit uns weitergehen sollte. Sie versetzte unsere wenigen wertvollen Bücher im Antiquariat und verkaufte tapfer ihre besten Kleider und Schuhe. Diesmal dauerte es lange, bis der neue Heilkurantrag bewilligt war. Erst nach fünf Monaten erhielt ich die erneute Einberufung in das Zentralkrankenhaus, dort aber nach wenigen Tagen die Fahrkarte zur Heilstätte. Der Zielort hieß wiederum Bad Reiboldsgrün.

Es war ein trauriger, fahler Oktobertag, als wir am Zug nach Auerbach erneut für eine lange, ungewisse Zeit Abschied nahmen. In der Nacht zuvor hatte mich eine fieberhafte Grippe erwischt. Ich fühlte mich so schwach, dass mir meine Partnerin auch noch den Koffer zum Bahnhof tragen musste. Mühsam schleppte ich mich neben ihr her, Verzweiflung im Herzen.

Jetzt kam ich nicht mehr als ahnungsloser Novize zur Heilkur. Hatte ich doch schon im Jahr zuvor die niederen Weihen des makaberen Ordens der »Mottenbrüder« empfangen. So betrat ich den vogtländischen Zauberberg im Herbst 1949 als ein Eingeweihter und Leidgeprüfter. Die Welt hatte gerade die Gründung des sowjetischen Satellitenstaats »Deutsche Demokratische Republik« zur Kenntnis genommen: Ende aller Hoffnungen auf ein »einig Vaterland«. Man legte mich in ein Dreibettzimmer des sogenannten Wiesenhauses. Das stand in einer Reihe mit zwei anderen, ähnlichen schiefergedeckten Gebäuden älterer Bauart, hatte knarrende Holztreppen mit weißlackierten Geländern und empfing mich sauber und mit der personifizierten Freundlichkeit einer Schwester Martha, die mich mit gütigen Augen hinter starken Brillengläsern betrachtete und in ihre beruhigende Obhut nahm. Jetzt machte ich mir keine Illusionen mehr über die Länge meines bevorstehenden Aufenthalts und richtete mich gleich auf eine wenigstens halbjährige Verweildauer ein.

Aber auch sonst war ich nicht mehr derselbe wie vor einem Jahr. Etwas war mit mir geschehen. Die Gespräche mit dem Leipziger Freund, die

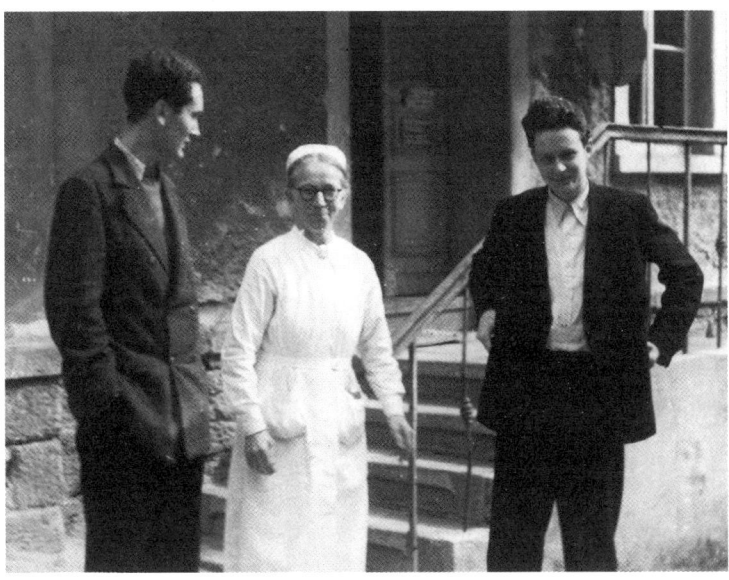

Mit Schwester Martha und Eberhard Pflüger vor dem Wiesenhaus in Bad Reiboldsgrün, 1949

Lektüre theologischer Literatur und jenes berührend-geheimnisvollen Buches der Bücher hatten etwas in mir verändert. Am stärksten aber hatte mich eine kleine Schrift des Leipziger Universitätstheologen Alfred Dedo Müller mit dem Titel »Prometheus oder Christus. Die Krisis in Menschenbild und Kulturethos des Abendlandes« beeindruckt und zum Nachdenken gebracht. Ich verstand die große weltgeschichtliche Wahrheit dieses modernen Votums für eine christozentrische Weltethik gerade vor dem Hintergrund der nationalsozialistisch-chauvinistischen Katastrophe wie auch der neuen Hybris der marxistischen Heilslehre: Prometheus war gescheitert, und er musste immer wieder scheitern.

Ein anderes Bändchen, das in Reiboldsgrün in meine Hände gelangte, projizierte diese Problematik auf unser individuelles Leben. Es trug den Titel »Der Mensch an der Grenze« und stammte vom damaligen Kieler Studentenpfarrer Heinz Zahrnt. Da war die Rede von der Erfahrung, »daß unsere Kraft nicht ausreicht, daß fremde Mächte über uns verfügen und unsere Existenz in enge Grenzen zwingen«. Ich hatte hier etwas für mein Leben grundlegend Wichtiges erkannt: Der auf die eigene Kraft vertrauende Mensch stößt bald an seine Grenzen und scheitert. Er ist verloren, wenn er sich nicht mit bedingungslosem Urvertrauen in Gottes Hand gibt. Ich hatte gelernt und lernte es täglich neu, dass ich kein Starker, sondern ein Schwacher war. Auf die betende Klage des kranken, geschundenen Paulus aber hatte Gott geantwortet: »Laß dir an meiner Gnade genügen, denn meine Kraft ist in dem Schwachen mächtig«.

Damit schienen die Wertmaßstäbe der Welt völlig auf den Kopf gestellt. Konnte ich mich darauf einlassen? Ich musste es. Mir blieb keine andere Wahl, wenn anders ich mich nicht am nächsten Fensterkreuz aufhängen sollte. Hier streckte sich mir, dem Gescheiterten, eine Hand entgegen, und ich wagte es, sie zu ergreifen. Ich ließ die Welt einfach los, an der ich gehangen hatte »mit klammernden Organen« und warf alle meine Sorgen auf IHN. Ich war ein Mensch an der Grenze, und jenseits dieser Grenze war der göttliche Urgrund alles Seins, den die Evangelien als ein personales, liebendes Gegenüber schildern. Die Gestalt des Revolutionärs Jesus von Nazareth und das Geheimnis, das ihn umgab, faszinierten mich.

Anders als im Vorjahr dachte ich jetzt auch über die sinnvolle Nutzung der mir bevorstehenden erneuten Zwangspause nach, die wiederum vorwiegend liegend zu verbringen sein würde. Das Dilemma war, dass mir mein berufliches Ziel nun völlig abhandengekommen war und ich nicht wusste, in welche Richtung ich autodidaktisch lernen sollte. Groß aber war mein Bedürfnis nach fundamentalen Kenntnissen und Erkenntnissen, das durch die existenzielle Krise aufgebrochen war. Vieles war mir genommen, aber eines war mir geschenkt worden: Zeit zum Nachdenken.

Vor allem brannten mir die mit dem christlichen Glauben verbundenen Probleme auf den Nägeln. An einem Vormittag im Eitingon-Krankenhaus war mir das Evangelium in einem spontanen Erkenntnisakt als rettende Wahrheit erschienen. Jetzt aber meldeten sich rationale Bedenken und Vorbehalte. Keinesfalls wollte ich als geistiger Hinterwäldler gelten und etwas akzeptieren, was im Widerspruch mit den Ergebnissen der neuesten Naturwissenschaft stünde. Um mir aber ein eigenes Urteil bilden zu können, musste ich mich erst einmal informieren. Und da merkte ich, dass ich herzlich wenig wusste und ein riesiges Bildungsdefizit hatte.

Damals kam mir die Erkenntnis, dass eigentlich erst derjenige sich Mensch nennen dürfe, der über sein Woher und Wohin, seine Befindlichkeit, das Wunder seiner Existenz und den Sinn seines Daseins nachdenkt. Denn erst indem er darüber reflektiert, erhebt er sich über das stumpfe Dahinvegetieren des Tieres. Schaute ich mich aber im Kreis meiner Mitpatienten um, so musste ich feststellen, dass selbst hier, unter dem Zeichen existenzieller Bedrohtheit, kaum einer der schwer Erkrankten tiefergehende Fragen stellte. Sie wollten nicht nachdenken und verdrängten lieber das Prekäre ihrer Situation. Alle wollten sich nur die Zeit vertreiben, und sie schlugen sie tot mit Skatspielen oder belanglosem Gewäsch. Bis dahin war ich immer bestrebt gewesen, mich dem Gruppenverhalten anzupassen. Jetzt musste ich mich absondern, um mein eigenes geistiges Leben zu retten und zu führen. »Wir bringen unser Leben zu wie ein Geschwätz«. Dieses Wort des Psalmisten hatte sich in mir festgehakt, und ich erkannte plötzlich, wie kostbar jede Stunde der von Gott geschenkten Zeit ist.

Ich wollte nun »Ja« sagen auch zu dieser mir verordneten Phase äußerer Untätigkeit und verantwortungsvoll mit ihr umgehen. Was war nun verlorene, was gewonnene Zeit? Vielleicht war Verlust letztlich Gewinn? Waren nicht diese dem »Weltleben« geraubten Jahre zugleich eine Zeit, die mir geschenkt wurde, um über Gott, Welt und Menschen nachzudenken, um zu reifen und mich selbst zu finden? So las und studierte ich, was immer mir an naturwissenschaftlicher, theologischer und philosophischer – auch marxistischer – Literatur irgend erreichbar war. Besonders bewegte mich das Problem des Verhältnisses von moderner Naturwissenschaft und christlichem Glauben.

Und immer auch fand ich geistesverwandte Gefährten, die mich teilnehmend und hilfreich ein Stück meines Heilstättenlebens begleiteten. In Albertsberg war es der Romanistikstudent Klaus Friedrich gewesen, mit dem ich mich austauschen konnte. Jetzt, in Reiboldsgrün, trat ein Mann in meinen Gesichtskreis, der mir dadurch auffiel, dass er auf seinen Spaziergängen – so wie ich – nie einen Begleiter hatte. In einen dunklen Pelz gehüllt, das mächtige Haupt vornübergebeugt, stapfte er, asthmatisch schwer atmend, auf einen Stock gestützt über die steinigen, gefrorenen Waldwege. Diese imposante Gestalt war der Pfarrer Helmut Naumann aus dem vogtländischen Mylau. Mit ihm, dem wohl zwanzig Jahre Älteren, konnte ich gute Gespräche führen, die mir, dem Suchenden, wichtig waren. Am Heiligabend hielt er vor wenigen interessierten Patienten im Speisesaal des Kurhauses eine Weihnachtsandacht. Dazu spielte ich mit drei Fingern auf dem vorhandenen Flügel »O du fröhliche«. Es war eine private Initiative, aber man hatte uns erlaubt, am großen Christbaum die Kerzen anzuzünden. Dann wanderten wir beide im Dunkeln unter klarem Sternhimmel durch den verschneiten Winterwald. Da war mir die frohe Botschaft der Heiligen Nacht sehr gegenwärtig.

Im Januar, wenn dicke Schneepolster auf den Fichtenästen lasteten, wenn morgens der von Pferden gezogene Schneepflug den Weg zum Kurhaus bahnen musste, wenn wir bei Kältegraden, bis an die Nasenspitze warm eingepackt, in unseren Stühlen lagen und die scharfe Frostluft atmeten, wenn uns die weiße Stille ganz umhüllte – dann fühlte ich mich wie außerhalb der Welt. Weit unten, hinter den Wäldern, lagen die großen, lauten Städte, wo die Menschen lebten, mit denen wir uns einst auseinanderzusetzen hatten. Sie schienen mir unendlich fern gerückt. Ihre Probleme waren nicht die unseren. Die Meldungen aus Berlin, Moskau oder New York, die atomare Rüstung und der Ost-West-Konflikt, das alles interessierte uns kaum. Die Nachrichten, die uns wichtig waren, kamen aus dem Labor des Kurhauses. Sie betrafen Blutbild, Sputum und Röntgenbefund und entschieden über unser Schicksal zwischen Leben und Tod.

Im Frühjahr kam ein bemerkenswerter Neuzugang ins Wiesenhaus: Ein blutjunger, abgemagerter Mensch mit schmalem Gesicht, einem sensiblen Mund und lebhaften, braunen Augen. Eberhard Pflüger hatte eine schwere, doppelseitige Tuberkulose, die mit einem Pneumothorax in Schach gehalten wurde. Was ihn quälte, war ein Exsudat im Brustfellraum, das seine Lungen zusammendrückte, sodass der Arme vor Atemnot kaum laufen und sprechen konnte. Die lebensbedrohliche Erkrankung hatte er sich im sowjetischen Speziallager Nr. 1 Mühlberg zugezogen, wo die Russen den 15-Jährigen kurz nach Kriegsende wegen des bloßen Verdachts der Mitgliedschaft im Jugendkampfverband »Werwolf« drei Jahre lang eingesperrt

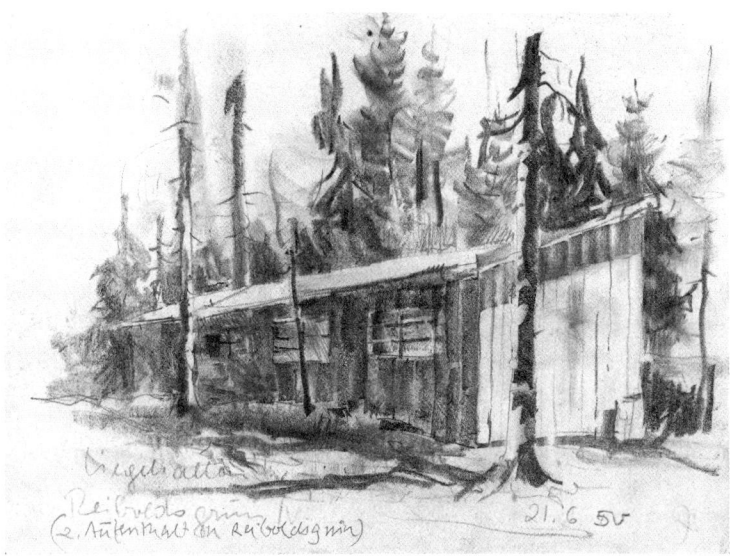

Hans Joachim Neidhardt, Liegehalle in Bad Reiboldsgrün/Vogtland, 1950

hatten. Jetzt war er 19 Jahre alt und trotz seines schweren Schicksals von einer jungenhaften Fröhlichkeit. Von seinem im Westen lebenden Vater erhielt er regelmäßig das USA-Lesemagazin »Reader's Digest«, und er hatte ein Radiogerät dabei, das uns den verbotenen Westsender RIAS ins Wiesenhaus brachte. Damit konnten wir die staatlich verordnete Informationssperre jederzeit und täglich durchbrechen.

Es muss zu Ostern oder Pfingsten gewesen sein, als im Rahmen einer Visitationsreise der sächsische Landesbischof Hugo Hahn nach Reiboldsgrün kam, um in der kleinen Heilstättenkapelle einen Gottesdienst zu halten. Das war für mich eine wichtige Begegnung, und die wortmächtige Predigt des würdigen, im Nazi-Kirchenkampf verfolgten und ergrauten Mannes bewegte mich tief, war doch inzwischen ein neuer Kirchenkampf längst im Gange. Unter der kleinen Schar der im Kirchlein versammelten Patienten fiel mir ein etwa gleichaltriger, schmaler Mensch auf, dessen kluge Augen hinter Brillengläsern lebhaft blickten. Ich hatte ihn zuvor noch nie gesehen und sprach ihn an. Der Pharmaziestudent war im »Waldhof«, einer Dependance der Heilstätte, untergebracht. Das war der Anfang meiner lebenslangen Freundschaft mit Klaus Seele aus Bautzen, der mir später als Student der Theologie in der Leipziger Studentengemeinde wiederbegegnete. Damals stand er vor der schweren Entscheidung, einer nicht ungefährlichen Operation, der Thorakoplastik, zuzustimmen. Die Plastik war in jenen Jahren die ultima ratio der Tuberkulosetherapie. Wenn alle anderen Möglichkeiten einer Ruhigstellung der erkrankten Lunge nicht den gewünschten Erfolg brachten oder nicht möglich waren, gab es noch diesen gewaltsamen chirurgischen Eingriff. Durch die Entfernung von Rippen konnte der Brustkorb den erkrankten Lungenflügel dauerhaft zusammendrücken und damit ruhigstellen. Das war eine knochenbrechende Gewaltkur, die indessen vielen, meist jüngeren Patienten damals das Leben rettete. Die Kandidaten wurden gewöhnlich zehn Tage vor der Operation ins Kurhaus verlegt, wo sich die Chirurgische Abteilung befand. Keiner aber wusste, ob man sie jemals wiedersehen würde, denn Risiko und Sterbequote waren hoch. Jedoch bot eine gelungene Plastik die Chance zum Weiterleben. Die Alternative war die Aussicht auf weiteres jahrelanges Siechtum und ein frühes Sterben. Der geschickte Meister über Leben und Tod war ein kleiner, rundköpfiger, spärlich behaarter Weißkittel: Chefarzt Dr. Horst Strödel, den alle wie einen Gott verehrten. Er leitete ein verlässliches Team und schonte seine Kräfte nicht. Strödel genoss den Ruf, goldene Chirurgenhände zu besitzen und war dabei die Bescheidenheit in Person. Wir vertrauten ihm blind.

Neben der verordneten Therapie aber wurden unter den »Mottenbrüdern« immer mal wieder Geheimtipps über Wundermittel ausgetauscht. Da gab es angeblich altbewährte Rezepte aus der Hexenküche alter Volksweisheit. Der eine schwor auf Hundefett, der andere auf die Maiwuchsspitzen junger Fichten. Mein Stubengenosse, auf dem Land beheimatet, ließ sich einen großen Karton getrockneter Kuhfladen kommen, die auf der Weide überwintert haben mussten. Allmorgendlich kochte er davon »Tee« und gab auch mir immer eine Tasse davon ab. Es hat mir nicht geschadet. Ich setzte freilich mehr auf den Dorsch-Lebertran, den mir eine englische Brieffreundin eine Zeitlang regelmäßig von der Insel schickte.

Inzwischen war der Sommer vergangen, doch mein Röntgenbild zeigte keine Anzeichen von Besserung. Ein Pneumothorax konnte wegen der Verklebung von Lungen- und Brustfell, sehr bildhaft als »Pleuraschwarte« bezeichnet, nicht angelegt werden. Und so fand auch ich mich eines Tages auf der Kandidatenliste für die Brustkorb-Operation wieder. Es war etwa Anfang September, als mir der Chefarzt den Eingriff vorschlug und meinen Umzug ins Kurhaus mit Termin anordnete. Zuvor aber sollte noch eine letzte Kontrollaufnahme der Lunge gemacht werden. Mit Ungeduld erwartete ich das Ergebnis. Das entscheidende Röntgenbild zeigte überraschend eine deutliche Tendenz zur bindegewebigen Vernarbung. Die Verlegung in die Operationsabteilung wurde zurückgenommen und unter der Voraussetzung anhaltender Besserung meine Entlassung nach Hause für den Monat November verfügt.

Intermezzo: Tagesliegestätte

So fuhr ich mit den ersten Spätherbstnebeln und Nachtfrösten nach dreizehnmonatiger stationärer Kur nach Leipzig zurück. Doch ich hatte das ungute Gefühl, dass die Sache noch nicht ausgestanden war. Man hatte mich mit einem zwar deutlich gebesserten, aber bei weitem nicht ausgeheilten Lungenbefund entlassen. Ich fühlte mich müde und schlapp und fürchtete, dass sich die Besserungstendenz unter den schlechten Lebensbedingungen in Leipzig nicht fortsetzen werde. Mein Lungenarzt schaute lange auf mein Röntgenbild und wiegte bedenklich den Kopf. Ich dürfe noch nicht wieder arbeiten, meinte er, und schickte mich im zeitigen Frühjahr in eine sogenannte Tagesliegestätte.

Auf diese Notlösung war man in Leipzig verfallen, um bei wachsender Krankenzahl den Mangel an Sanatoriumsplätzen zu überbrücken. Zum provisorischen Aufenthaltsort für TBC-Patienten hatte man die alte Trabrennbahn bei dem Dorf Panitzsch am östlichen Leipziger Stadtrand erkoren, die seit den Kriegsjahren nicht mehr für Sportveranstaltungen genutzt wurde. Allmorgendlich brachten Autobusse zweihundert tuberkulöse Städter dort hinaus, damit sie tagsüber die saubere Landluft atmen konnten. Dazu waren auf den gestaffelten Rängen der überdachten Zuschauertribüne Liegestühle aufgestellt. Wo in besseren Jahren Tausende von Pferdesport-Narren gewettet, gebangt und gejubelt hatten, lagen nun wir Hustenden und schauten den ganzen Tag bis zum Abend auf das Rasenoval und die Aschenbahn, auf der nichts mehr passierte. Da diese makabere Liegegemeinschaft vorwiegend aus Jugendlichen beiderlei Geschlechts bestand, ging es in Panitzsch oft recht turbulent zu. Man sah die Sache mehr von der heiteren Seite und war in allem Elend fröhlich und ausgelassen. Ich empfand die Einrichtung nicht als besonders effizient oder hilfreich, sondern eher als belastend und war deshalb fast froh, als Anfang Mai der Bescheid zum Antritt meiner dritten stationären Heilkur diesen Zustand beendete.

Zauberberg III: Mühlhausen – Adorf – Zschadraß

Die Heilstätte, in die ich diesmal eingewiesen wurde, lag in einem Hochtal bei dem kleinen Ort Mühlhausen im Vogtland, 100 Meter über der Bahnstrecke nach Bad Brambach. Der hohe, langgestreckte, gelbe Backsteinkasten inmitten der sanft geschwungenen, grünen Hügel und Täler beleidigte das Auge. Täglich einmal ratterte der Bäderzug aus Leipzig unten vorüber. Ich lag mit vier jungen, stets lauten Menschen in einem Zimmer. Im großen Speisesaal wurde kasernenmäßig abgefüttert. Die sich drängende, lärmende, mampfende Menge ging mir unsäglich auf die Nerven. Hier gab es keine Möglichkeit eines Rückzugs in die Stille. Zu meinem neuerlichen Trennungsschmerz kam eine tiefe Verzweiflung über meinen Zustand. Ich fühlte mich elend und war stark abgemagert. Nicht nur hatte sich der linksseitige Befund wieder verschlechtert, jetzt war auch noch der rechte Lungenflügel befallen. Ich wollte mit meiner Traurigkeit allein sein, verschloss mich in mich selbst und haderte mit Gott. Das Haus, in das man mich diesmal eingewiesen hatte, war mir zutiefst zuwider. Mein einziges Verlangen war, so bald wie möglich von diesem trostlosen Ort wegzukommen.

Eines Tages erhielt ich von zu Hause die Nachricht, dass mein ältester Bruder Herbert endlich aus russischer Gefangenschaft heimgekehrt und mit Lungentuberkulose in die Heilstätte Adorf eingewiesen worden sei. Das lag keine zehn Kilometer entfernt und hatte den guten Ruf eines Intellektuellen-Sanatoriums. Mein Verlegungsgesuch wurde genehmigt, und eine Woche später brachte mich ein Auto zur Adorfer Heilstätte. Sie bestand aus mehreren villenartigen Gebäuden und lag herrlich oberhalb eines waldigen Tales. Mein Bruder, den ich seit zehn Jahren nicht mehr gesehen hatte, war indessen nur leicht erkrankt und durfte nach wenigen Wochen nach Hause fahren. Ich aber merkte bald, dass ich mich hier in bester Gesellschaft befand.

Es dauerte nicht lange, und ich kam ins Gespräch mit einer Gruppe junger Leute. Um einen Germanistikdozenten der Leipziger Universität geschart, hatten sie eine der Freiluft-Liegehallen usurpiert. Ein Konzertmeister des Gewandhausorchesters gehörte ebenso zu ihnen wie der später berühmt gewordene Linguist Manfred Bierwisch. Besonders eng schloss ich mich an Folkert Ihmels an, der damals noch Theologiestudent in Leipzig war. Er kam aus einer Familie bekannter sächsischer Kirchenmänner und schaffte es später bis zum Oberlandeskirchenrat an der Spitze der Evangelischen Kirche Sachsens. Im Kreis dieser geistvollen, überwiegend christlich gesinnten Leidensgefährten fühlte ich mich sehr wohl. Die Gemeinschaft mit ihnen machte mir die Last der Krankheit erträglicher, und meine Seele bekam wieder Luft.

Indessen war mein Lungenbefund weiterhin unbefriedigend. Immer wieder fanden sich unter dem Mikroskop die mörderischen Stäbchen im Sputum, die auf einen aktiven Herd schließen ließen. Doch konnten ihn die Ärzte nicht genau lokalisieren.

Dazu kamen neue Sorgen mit der Gefährtin, die mich belasteten. Ihre Briefe wurden immer seltener, und was darin stand, musste mich beunruhigen. Sie hatte Affären, und ehrlicherweise konnte ich das sogar verstehen. War doch für sie, die junge, lebenshungrige Frau die Bindung an mich zu einer Last geworden, die allein zu tragen sie nicht die Kraft hatte. Immer wieder hinderte uns meine Krankheit daran, gemeinsam zu leben. Es war ihr nicht zuzumuten, Jahr um Jahr auf mich, auf meine Gesundung zu warten und dabei ihre beste Lebenszeit zu vertrauern. In unseren Briefen war zum ersten Mal von Trennung die Rede.

Spätherbstnebel senkten sich in die Täler, als mir der alte Sanitätsrat Süssdorf eröffnete, dass er am Ende seiner Weisheit und der vor Ort möglichen Therapie sei und daher für mich nur noch den Weg sähe, mich den Chirurgen zu überantworten. Er habe bereits mit Zschadraß telefoniert, wo man mich zur Weiterbehandlung gern aufnähme.

Die sächsische Landesheilanstalt Zschadraß, auf einer Hochebene über dem Städtchen Colditz an der Zwickauer Mulde gelegen, war als geschlossene Verwahranstalt und Behandlungsklinik für Geisteskranke erbaut worden, die jetzt aber dem Heer der Lungenkranken hatte Platz machen müssen. An einem der letzten Novembertage hielt ich meinen traurigen Einzug in der weiträumigen Krankenstadt.

Die Aufnahmestation war ein großer Saal im Erdgeschoss eines mehrstöckigen Gebäudes. Hier lagen etwa zwanzig laute, ständig Witze reißende und darüber wiehernde Männer. Ich erhielt blau-weiß gestreifte Anstaltskleidung und musste die ersten drei Tage im Bett zubringen. Draußen regnete es aus trüben Himmeln. Es war finster in diesem Krankensaal. Mein Bett, unter das ich meinen Pappkoffer geschoben hatte, stand weitab von den Fenstern, sodass ich nicht lesen, nur an die Decke starren konnte. Als ich am nächsten Morgen erwachte, stand auf meinem Nachttisch, wie auf

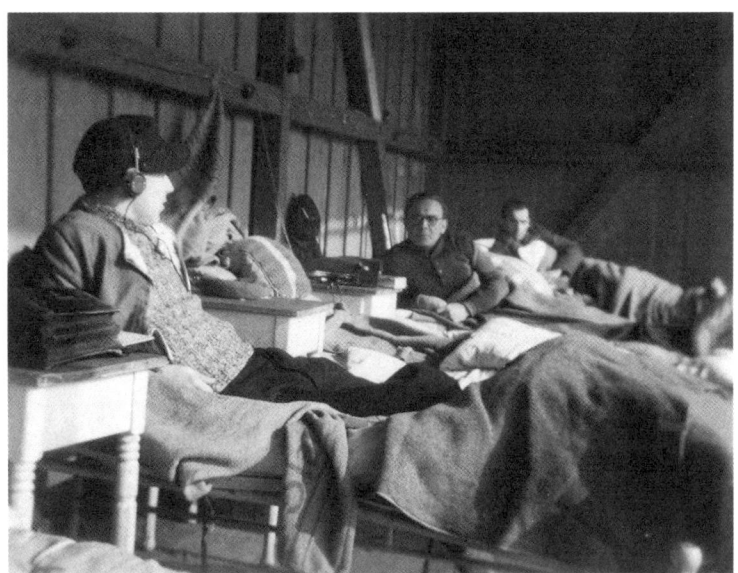

Folkert Ihmels in der Liegehalle zu Adorf, 1950

allen anderen, eine rote Kerze mit einem kleinen Tannenzweig. Es war der erste Advent, und ich hatte es ganz vergessen. Eine der Schwestern aber hatte daran gedacht. Sie zündete die Kerzen an, und ihr warmes Licht erhellte tröstlich meine Finsternis.

Zwei Wochen später verlegten sie mich in ein helles Fünfbettzimmer im ersten Stock eines anderen, am Rande des großen Klinikareals gelegenen Gebäudes. Die Leidensgenossen empfingen mich mit Freundlichkeit. Aus dem hohen Fenster blickte man über weite Felder und ein Dorf in der Ferne.

Was meine Behandlung betraf, so schien man hier zu nachhaltigen Eingriffen fest entschlossen. Noch vor Weihnachten wurde mir ein rechtsseitiger Pneumothorax angelegt. Die linke Lungenseite aber sollte chirurgisch ruhiggestellt werden.

Das machten sie hier nicht mehr auf die rippenbrechende Reiboldsgrüner Art. Vielmehr hatte der Chefarzt Dr. Anstett eine neue Methode, die sogenannte Perlonplombe, entwickelt. Dabei wurde die erkrankte Lunge durch elastische Kunststoffbälle zusammengedrückt, die man in den Brustraum einführte. Diese Operation sollte frühestens im Februar bei mir vorgenommen werden. Bis dahin aber wollte man es noch mit einer neuartigen Kurzzeitchemotherapie versuchen.

Von Jahr zu Jahr hatten Millionen von TBC-Kranken in aller Welt vergeblich auf das rettende Wundermittel gewartet, das die Tuberkelbazillen über die Blutbahn angreifen und abtöten sollte, ähnlich wie das Alexander Fleming mit seinem Penicillin bei anderen Bakterienstämmen gelungen war. Seit kurzem nun gab es zwei solcher Mittel auf dem Markt: das von Gerhard Domagk entwickelte TB1/698 (später »Tebetion«) und das PAS (Paraaminosalicylsäure). Letzteres machte den Magen kaputt, weil man es in großen Mengen schlucken musste, während das TB1 Leberschäden verursachte. Ich bekam beides und freute mich nach zwei Monaten über eine deutliche Besserung meines Befundes, sodass die Operation erst einmal aufgeschoben wurde.

Daher sah mich der Frühling wieder hoffnungsvoll, und ich begann erneut, über meinen künftigen Beruf nachzudenken. Während all meiner Heilstättenjahre hatte ich nicht aufgehört zu zeichnen und zu aquarellieren. Die Neigung zu den bildenden Künsten hatte mich auch zu manchem kunstgeschichtlichen Buch greifen lassen. Durch Zufall hatte eine befreundete Studentin der Leipziger Hochschule für Grafik und Buchkunst Arbeiten von mir zu Gesicht bekommen und war davon offenbar so angetan, dass sie einige davon ihrem Dozenten vorlegte. Der ließ mir sagen, dass er meine Bewerbung zum Studium für aussichtsreich halte. Ich überlegte mir die Sache und verspürte große Lust dazu.

Zum ersten Mal seit vielen Jahren schien sich mir damit wieder ein Weg aufzutun, der zu einem guten und sinnvollen Ziel führen konnte. Der Gedanke an die Möglichkeit eines Künstlerberufs gab mir neuen Mut. Im Sommer bewarb ich mich um Aufnahme für das im Herbst beginnende erste Semester. Bis dahin wollte und musste ich endlich gesund werden! Zugleich begann ich mich auf die Zulassungsprüfung vorzubereiten, indem ich zeichnete, was immer mir vor Augen kam. Meine Chancen standen auch deshalb gut, weil bei der Auswahl der Bewerber, wie ich erfuhr, die soziale Herkunft eine große Rolle spielen sollte. Da kam es mir zustatten, dass ich Maurer gelernt hatte und damit zur Arbeiterklasse gehörte.

Aber auch kunstgeschichtliche Kenntnisse wurden verlangt. Das war für mich der Anlass, nach Kunstliteratur zu fahnden. Ich las zunächst ziemlich wahllos, was in der Zschadraßer Anstaltsbibliothek vorhanden war oder mir sonst in die Hände fiel: Monografien über Hans Memling, Max Slevogt, Paul Gauguin und Käthe Kollwitz. Herman Grimms großes Michelangelo-Werk hatte ich schon in Reiboldsgrün durchgearbeitet. Am meisten fesselten mich Schriften von Wilhelm Pinder und Karl Scheffler.

Im Juni hatte ich erneut einen Rückfall, der die große Operation wieder in greifbare Nähe rückte. Alle Zukunftsplanung schien damit irreal und mein Studium erneut in die Ferne gerückt. Mehrere Wochen lang erhielt ich täglich intravenöse PAS-Injektionen, welche bewirkten, dass es im August wieder besser aussah: Die alten Kavernen schienen bindegewebig zu vernarben. So durfte ich im September schließlich doch nach Hause fahren.

Intermezzo: Kunststudium

Die Leipziger Hochschule für Grafik und Buchkunst geht zurück auf jene 1764 begründete kleine Zeichenschule in der Pleißenburg, die schon zu Goethes Zeiten durch ihren damaligen Direktor Adam Friedrich Oeser in gutem Ruf stand. Da Leipzig bereits seit dem 17. Jahrhundert eine der ersten Buchstädte Europas war, spezialisierte sich die Akademie auf die mit der Buchproduktion verbundenen Künste. Ihre jetzige Heimstatt in unmittelbarer Nähe des Reichsgerichts war ein großer Gründerzeitbau, der im Krieg durch Bomben beschädigt, aber nicht zerstört worden war.

Ich betrat ihn zum ersten Mal im Juni 1952 zu einer sogenannten Eignungsprüfung. Dass es an dieser Kunstanstalt vor allem um Ideologie ging, hatte ich schon im Juni anlässlich eines Eignungsgesprächs mit dem Rektor, einem Altkommunisten namens Massloff, gemerkt. Der hatte mich unter anderem auch nach meiner kunstgeschichtlichen Lektüre befragt. Als ich ihm begeistert den Namen des von mir verehrten Karl Scheffler nannte, verzog er missbilligend sein Gesicht und sagte, das sei doch alles wirrer bürgerlicher Unsinn. Nach einem Blick in meinen Lebenslauf musterte er mich geringschätzig durch seine starken Brillengläser und meinte, ich sei ja wohl ein Mensch von wenig Ausdauer, da ich zuerst Bauwesen, später an der Kunstgewerbeschule studiert habe und nun ein drittes Studium beginnen wolle. Ich hatte darauf verzichtet, mich gegen diese dumme Anschuldigung zu verteidigen und war in meine Heilstätte zurückgefahren.

Dennoch hatten sie mich zum Studium angenommen. Es begann Anfang Oktober. Unter meinen fünfzehn jungen Mitschülern, von denen die Hälfte Mädchen waren, fühlte ich mich fast wie ein alter Herr. Der Leiter des Grundstudiums, das uns die ersten zwei Jahre beschäftigen sollte, war ein dicker, rundköpfiger, gemütlicher Sachse, der ehemals Pressezeichner bei der kommunistischen Leipziger Volkszeitung gewesen war. Er ging nach einem Lehrplan vor, der wie das gesamte Kunststudium offenbar auf dem

1951 gefassten Beschluss des Zentralkomitees der SED über den »Kampf gegen den Formalismus in Kunst und Literatur, für eine fortschrittliche deutsche Kultur« basierte. Die Methode, nach der wir zu Künstlern der Arbeiterklasse im Geist des sozialistischen Realismus getrimmt werden sollten, folgte den bewährten Rezepten unserer sowjetischen Freunde. Da war Ilja Repin eines der großen Vorbilder und seine »Wolgatreidler« gehörten nun gleichsam zu unserem kulturellen Erbe. Volksverbunden und parteilich sollten die Kunstwerke sein, die wir künftig zur Verherrlichung der befreiten Arbeiter und Bauern schaffen sollten. Und sie hatten natürlich ihren Optimismus zu spiegeln. Für die formale Gestaltung aber galt die Regel: plastisch, räumlich, stofflich. Kunst zum Anfassen also wurde verlangt, verständlich für den einfachen Werktätigen, eine Kunst ohne Probleme, also eigentlich keine Kunst, sondern Agitation und Propaganda.

Rektor Kurt Massloff, ein dogmatischer Stalinist, hatte die Leipziger Kunsthochschule während der letzten Jahre im Sinne der Partei reformiert und von »bürgerlichen Elementen«, die zum Formalismus tendierten, gesäubert. Zu den Vertriebenen gehörten so bedeutende Künstler wie Max Schwimmer und Ernst Hassebrauk. Daher gab es jetzt an der Hochschule nur noch zwei wirklich namhafte Persönlichkeiten: die Grafikerin Elisabeth Voigt und den Buchgestalter Egon Pruggmayer, den wir Studenten liebevoll Pruggi nannten.

Für uns Anfänger, die wir uns erst einmal um das elementare Handwerk, die Erlernung des Technischen an der Kunst, mühten, war das Inhaltliche zunächst noch nicht so aktuell. Wir zeichneten mit Kohle nach Gipsen und gestellten Stillleben wie im 19. Jahrhundert und zwar mit allen Valeurs

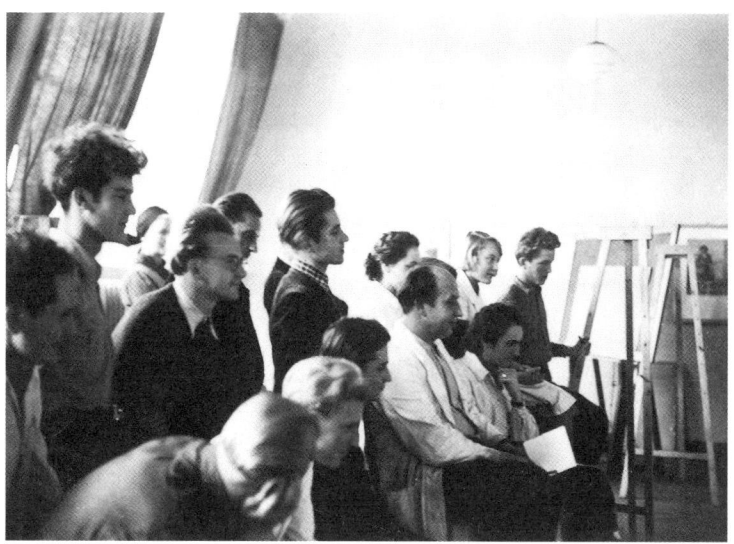

Im Malsaal der Hochschule für Grafik und Buchkunst Leipzig

in Licht und Schatten. Wollte man aus uns doch am liebsten viele kleine Menzels züchten, die »Eisenwalzwerke« malen konnten. Aber die Walzwerker sollten jetzt, weil von Ausbeutung befreit, optimistisch lachen, denn sie waren ja die »Sieger der Geschichte«. So wollte es die allmächtige Partei, und so wollte es unser Freund und Befreier, die große Sowjetunion. Wer für die »Ruhmreiche« aber nicht bedenkenlos eintrat – so war in der SED-Zeitung »Neues Deutschland« zu lesen –, galt als ein Verbrecher an der Menschheit. Die Weltlage – so hieß es dort – verlange heute von jedem »Liebe zur Sowjetunion, Liebe zu Josef Wissarionowitsch Stalin«. Und wer wollte schon ein Verbrecher sein? Deshalb galt als oberstes Bildungsziel, uns die richtige marxistische Ideologie zu vermitteln.

Ein noch junger, blonder Mensch namens König machte uns mit der streng gegliederten Geschichte der deutschen Arbeiterbewegung sowie der Kommunistischen Partei der Sowjetunion bekannt, indem er unablässig die Wandtafel mit Kreide vollschrieb. So bekamen wir einen Wissensstoff als geistige Fertignahrung vorgeschüttet, wie er von der unfehlbaren Partei formuliert, kommentiert und festgeschrieben war. Man verlangte von uns, ihn kritiklos wiederzukäuen. Abweichende Meinungen wurden nicht geduldet, eigenes Nachdenken war unerwünscht. Wer wollte sich denn anmaßen, klüger zu sein als die Partei, die als Hort der kollektiven Weisheit bekanntlich immer Recht hatte?

Amüsanter ging es im Fach Kunstgeschichte zu. Mit dem neuen Studienjahr war dafür ein Dozent von bemerkenswerter Körpergröße berufen worden. Er hatte schütteres blondes Haar und überaus lange Beine. Uhlitzsch kam nicht einfach in den Vorlesungsraum, sondern er hatte seinen Auftritt. Mit Vehemenz pflegte er die Tür aufzureißen und mit ausgreifenden Schritten zum Vortragspult zu stürmen. Hinter ihm her stürzte gewöhnlich eine Studentin mit dem Lichtbilder-Kasten.

Ohne sich vorzustellen, kam er sogleich zur Sache: Geschichte der Malerei war angesagt, und die begann für ihn mit der italienischen und deutschen Renaissance. Mit Erstaunen vernahm ich, dass Leonardo ein verkappter Atheist und Dürer ein Gegner der katholischen Kirche, Sympathisant der unterdrückten Bauern und überhaupt schon ein halber Marxist und Klassenkämpfer gewesen sei. Seine kuriosen Thesen trug er mit so blendender Eloquenz vor, dass es schwerfiel, ihm nicht auf Anhieb zu glauben. So schwankte mein Verhältnis zu ihm zwischen Faszination und kritischer Distanziertheit. Später hat er mir einmal erzählt, dass er eigentlich hätte Schauspieler werden wollen. Die Begabung dafür besaß er.

Und dann gab es noch ein ungeliebtes Zwangspflichtfach. Das war Russisch. Fast alle hassten wir diese Sprache, weil es die der Besatzungsmacht und unserer neuen Unterdrücker war und weil wir die dafür verwandte Zeit und Kraft für eine nutzlose Investition hielten. Dennoch ging ich gern in die Russischstunde und zwar wegen der Lehrerin. Sie hieß Eva Wahrig, war bildschön, blond, blauäugig und sehr weiblich. Was sie sagte, rauschte an meinem Ohr vorbei. Ich musste sie nur immerzu anschauen. Sie merkte das bald und gab meine Blicke zurück. So wurde die Russischstunde zur aufregendsten der Woche. Gegenseitige Sympathie führte zu einer freundschaftlichen Beziehung. Sie lud mich zum Tee nach Hause ein, wo ich auch ihren Mann kennenlernte. Der war ein bedeutender Germanist und Wörterbuchexperte am Bibliographischen Institut. Später gingen die Wahrigs in den Westen.

Meine geistige Heimat fand ich in der Evangelischen Studentengemeinde, die sich zum Ärger der SED und FDJ ständig wachsenden Zulaufs erfreute. Seit Beginn des Jahres 1953 steigerte sich die kirchen- und religionsfeindliche Innenpolitik des Staates zu einer von der führenden Staatspartei SED gelenkten Verfolgungswelle. Sie richtete sich vor allem gegen die »Junge Gemeinde« der Evangelischen Kirche und die Studentengemeinden. Die Aktion begann mit einer Lügen- und Verleumdungskampagne in den Medien. Die Institutionen kirchlicher Jugendarbeit wurden als illegale Organisationen des imperialistischen Klassenfeindes diffamiert, die Jugend- und Studentenpfarrer beschimpfte man als »Westagenten«. Die Staatsmacht durchsuchte Gemeinde- und Pfarrhäuser, verhaftete Jugendpfarrer und -diakone, schloss junge Christen von den Oberschulen aus und relegierte sie vom Studium. Tausende wurden zu quälenden Verhören gezwungen und terrorisiert.

Ich betreute und gestaltete damals die beiden Schaukästen der Studentengemeinde im Stadtzentrum. Einer befand sich direkt an der Universitätskirche. Meine optisch und inhaltlich zweifellos wirkungsvolle Polemik gegen den materialistischen Atheismus muss die Parteifunktionäre der Universität sehr geärgert haben, denn immer wieder ließen sie die Glasscheiben einschlagen.

Die rote Leitung der Kunsthochschule wusste offenbar genau über meine Einstellung und Aktivitäten in der Studentengemeinde Bescheid, denn der Parteisekretär verlangte im Namen des Rektors von mir eine öffentliche Distanzierung in Form einer schriftlichen Erklärung am Anschlagbrett. Da mir die Relegation drohte, sagte ich zu, ließ zehn Tage vergehen und heftete dann ein Papier ans Schwarze Brett, in dem ich – ohne die verlangte Distanzierung – mein Christentum verteidigte und beiläufig auf die christlichen Wurzeln der sozialistischen Idee hinwies. Daraufhin erfolgte nichts. Drei Tage später war meine Erklärung von der Tafel verschwunden.

Der 17. Juni 1953

Im späten Frühjahr 1953 wuchsen Unzufriedenheit und Zorn gegen das stalinistische Unterdrückungssystem in der DDR bedrohlich an. Mit dem Tod des gefürchteten Diktators am 5. März erwachte im ganzen Land neue Hoffnung auf demokratische Veränderungen. Am Tag von Stalins Begräbnis in Moskau trieb man Zehntausende von Leipzigern an seiner riesigen Gipsstatue auf dem Augustusplatz vorbei. Sie mussten vor dem Götzenbild dem Verstorbenen die letzte Ehre erweisen. Studenten, welche die befohlene Trauer nicht aufbringen konnten und Scherze machten, verhaftete man aus dem »Trauerzug« heraus.

Anfang Juni wurden im Bauwesen und in der Schwerindustrie die Arbeitsnormen erhöht. Dagegen protestierten die Werktätigen. Das Murren wurde lauter. Am 16. Juni legten die Bauarbeiter des neuen Renommierviertels an der Berliner Stalinallee die Arbeit nieder. Das war das Signal zum republikweiten Aufstand. Am 17. Juni streiken in den großen Städten und Industriestandorten die Massen und demonstrierten gegen die herrschende Parteidiktatur.

An jenem Tag hörten wir Kunststudenten während der Mittagspause fernes Getöse von vielen Stimmen und Sprechchören. Wir zogen dem Lärm entgegen und liefen in Richtung Augustusplatz, der jetzt Karl-Marx-Platz hieß. Auf der Schillerstraße kam uns vom Hauptbahnhof her ein langer Zug von Demonstranten entgegen: Arbeiter, Angestellte und viele junge Menschen zogen auf der ganzen Breite der Straße in Richtung Königsplatz. Sie trugen Plakate mit Forderungen nach demokratischen Reformen und freien Wahlen. »Reiht euch ein!«, riefen sie uns noch am Straßenrand Stehenden zu. Ich wechselte einen Blick mit dem FDJ-Sekretär unserer Studiengruppe. »Na los!«, sagte er lachend, und beide wurden wir von der Woge des Volkszorns mitgerissen. Sprechchöre erschollen aus tausend Kehlen: »Wir fordern freie Wahlen und Rücktritt der Regierung!« Begeistert stimmten wir ein und schrien mit der Menge, bis wir heiser waren. Es war ungeheuer befreiend und zugleich ergreifend. Überall wurden die verhassten Spruchbänder mit den Kampfparolen der SED von den Hausfassaden gerissen, und Bilder des roten DDR-Diktators Walter Ulbricht gingen in Flammen auf.

Vor dem Untersuchungsgefängnis in der Wächterstraße kam der Zug zum Stehen. Die Menge füllte die ganze Straße aus. »Gebt die politischen Gefangenen frei!«, erscholl ein wütender Sprechchor. Kein Polizist war zu sehen, kein Parteifunktionär ließ sich blicken. Die Parteiabzeichen an den Jacken waren plötzlich alle verschwunden. Ich setzte mich nach einiger Zeit ab, um am Hauptbahnhof die Straßenbahn zu erreichen. Auf dem Augustusplatz stand ein sowjetischer Panzer. Am Platz des Friedens, wie man den Markt jetzt nannte, hatten die Aufständischen das Aufklärungslokal der Nationalen Front, einen hölzernen Pavillon, demoliert und angezündet. Später hörte ich, dass sie am Nachmittag das Gefängnis gestürmt und die Gefangenen befreit hatten.

Zu Hause verfolgten wir über den Sender RIAS aufgeregt den weiteren Gang der Ereignisse, die ohne das Eingreifen der Roten Armee das verhasste SED-Regime zweifellos hinweggefegt hätten.

Die Partei- und Staatsführung, die nichts gelernt hatte, rächte sich durch brutale Bestrafung bis hin zu Erschießungen. Bertolt Brecht soll die Vorgänge damals lakonisch kommentiert haben: »Die Regierenden sind mit ihrem Volk unzufrieden. Ich schlage vor: Die Regierung wählt sich ein neues Volk«. Ulbricht aber sagte: »Genossen, wir sind zu schnell vorgegangen« und ließ die Christenverfolgung zunächst einstellen.

Es muss zu Beginn des zweiten Studienjahres, etwa im September 1953, gewesen sein, da machten wir Kunststudenten eine Exkursion nach Dresden. Anlass war eine große Ausstellung sowjetischer Malerei im Albertinum, an der wir lernen sollten wie sozialistischer Realismus auszusehen hatte. Als wir die schrecklichen Schinken erblickten, standen uns die Haare zu Berge. Da sah man Arbeiter, Bauern und Soldaten in verlogener Heldenpose. Auf riesigen Leinwänden agierten ganze Parteitagspräsidien, aufgereiht an langen Tafeln die Genossen, Kopf an Kopf, im Schmuck ihrer zahlreichen Orden und Medaillen, alles trocken und pedantisch bis ins Detail ausgefriemelt, gemalt von irgendeinem berühmten Akademiemitglied und verdientem »Künstler des Volkes«, Gruppenbildnisse gewiss, aber eben nicht von Frans Hals. Davon erholten wir uns im Schloss Pillnitz bei den deutschen Impressionisten. Im Bergpalais hingen die Werke der Deutschen des 19. und 20. Jahrhunderts. Vor allem Max Slevogts Ägyptenzyklus war für mich eine Offenbarung und dann der geniale Corinth mit seinen großfleckig hingekneteten Akten, seinem »Walchensee« und seinem »Cap Ampeglio«. Hier wehte der Atem großer Malerei.

Keiner meiner Mitstudenten ist ein namhafter Künstler geworden. Jedenfalls habe ich nie wieder etwas von ihnen gehört – mit einer Ausnahme: Der kleine, stille, aber urkomische Lothar Otto, den alle für leistungsschwach hielten, wurde ein bekannter Karikaturist. Nach Abschluss unseres Russischlehrgangs hielt er ein Streichholz an sein Lehrbuch und ließ es brennend von einer Brücke in die stinkende Pleiße flattern, die damals noch am Reichsgericht floss. Zum Malerfasching kam er als Toulouse-Lautrec mit Zwicker und schwarzer Melone, und diese Rolle war ihm auf den Leib geschrieben.

In der Stickluft der Akademie wirkten die Künstlerfeste wie Sauerstoffduschen. Hier konnten und durften die Studenten einmal kreative Fantasie entwickeln und »die Sau rauslassen«. Der Fasching 1954 muss unter einem feuchten Thema gestanden haben. Hatte man doch dem riesigen Gips-David Michelangelos, der sechs Meter hoch im Lichthof des Hochschulgebäudes aufragte, Taucherhelm und Harpune verpasst. Ihn umschwebten große Fische und Meeresungeheuer, die an dünnen Fäden unter dem Glasdach hingen. Uhlitzsch, der rote Dogmatiker, erhielt einen aus Pappe modellierten, großen Holzhammer überreicht, worüber er in maßlose Wut geraten sein soll.

Zauberberg IV: Zschadraß

Im März 1954 zeigte eine Kontrolluntersuchung die erneute Reaktivierung meiner Tuberkulose an. Wieder hatte man Erreger gefunden, und ich musste sofort der Hochschule fernbleiben. Es war der dritte Rückfall. Ich hatte geahnt, dass er kommen würde, denn schon den Winter über hatte ich mich schlecht gefühlt.

Jetzt reagierte ich mit dumpfer Ergebenheit auf den neuen Schlag. Ich hatte nun begriffen: Immer würde es so weitergehen mit dem Wechsel zwischen Heilstättenaufenthalten und kurzen Arbeitsversuchen. Es war sinnlos, mir in der Welt der Gesunden irgendetwas vorzunehmen. Diesmal hatte ich immerhin anderthalb Jahre durchgehalten.

Warum man mich in eine Hilfsheilstätte in dem kleinen Ort Seifersdorf bei Rabenau westlich von Dresden verbannte, war und blieb mir verborgen. Vielleicht wollte man mich schnell isolieren, und dort war gerade ein Bett frei. Dass man mir in dieser trostlosen Zwischenablage nicht helfen konnte, war mir sogleich klar.

Aus der hoffnungsvollen Geschäftigkeit des Kunststudiums wieder in den Leidensstand grübelnder Tatenlosigkeit zurückgestuft, durchlebte ich schlimme Wochen der Verzweiflung. Ich empfand eine prometheische Wut gegen Gott und mein verfluchtes Schicksal, und diese Wut hätte ich am liebsten laut hinausgeschrien. Nach zwei Monaten verlegte man mich nach Zschadraß.

Die Pfleger, Schwestern und Ärzte begrüßten mich wie einen alten Bekannten. Es war ein glühend heißer Julitag, als ich im Haus 11 der großen Heilstätte ein Zweibettzimmer bezog. Wieder einmal packte ich meine Siebensachen in einen schmalen Spind und nahm das eiserne Bett in Besitz, das nun wohl für lange Zeit mein Lebensmittelpunkt sein würde.

Bevor man mich hier nun endlich unters Messer legte, wollte man erst noch einmal mit kombinierter Kurzzeitchemotherapie versuchen, den neuen Herd inaktiv zu machen, denn an einem frischen Prozess durfte nicht operiert werden, weil dann die Gefahr der Streuung bestand. Ich fasste mich also aufs Neue in Geduld und ließ alles über mich ergehen. Was hätte ich auch anderes tun sollen?

Als es mir langsam wieder besser ging, kehrte mein Wille zurück, eines Tages das Kunststudium fortzusetzen. Meine liebste Beschäftigung war nun das Zeichnen. Die Motive waren meine Mitpatienten, die Kühe auf den Wiesen um Zschadraß, alte Colditzer Häuser und die flach gewellte Landschaft über dem Muldental. Mit Beglückung merkte ich, dass es mir immer freier und lockerer von der Hand ging. Mein Wunsch war es jetzt, Buchgestalter und Illustrator zu werden. Alles Schwere war leichter zu ertragen, da ich wieder ein Ziel vor mir sah. Doch es sollte anders kommen.

Die große Krise

Einmal im Monat durfte der alte, halbblinde Pfarrer Semm aus dem Nachbardorf Collmen eine Bibelstunde in der Heilstätte halten. Da hatte man die Handvoll Gleichgesinnter bald kennengelernt. Der Sommer war vorübergegangen, und Herbststürme pfiffen über die Stoppelfelder. Mein Befund hatte sich soweit gebessert und beruhigt, dass ich noch vor Weihnachten die Anstett'sche Perlonplombe in den Brustraum implantiert bekommen sollte.

Eines Tages im November hatte ich bei starkem Wind einen Spaziergang über die schlammigen Feldwege des Zschadraßer Hochlands gemacht. Zwei Tage später erkrankte ich an einer schweren, fieberhaften Angina und bekam Penicillin gespritzt. Das wirkte Wunder, sodass ich schon nach wenigen Tagen das Bett wieder verlassen konnte. Doch die Sache schien nicht ausgestanden: Eines Abends spürte ich beim Schreiben ein feines Ziehen im rechten Arm, und meine Hand zitterte ein wenig. In der Nacht konnte ich nicht schlafen. Mir war schlecht, ich fröstelte und hatte einen heißen Kopf. Am Morgen zeigte das Thermometer 39 Grad. Sollte ich einen Rückfall haben?

Das war nun wirklich zu dumm. Beim Bewegen des Kopfes spürte ich einen scharfen Schmerz in der Halswirbelgegend. Am Tag darauf musste ich mich pausenlos übergeben. Jedes Geräusch, besonders das Türenschlagen, verursachte mir Kopfschmerz. Ich fürchtete, dass das die Symptome einer Meningitis seien.

Am nächsten Morgen kam der Stationsarzt Dr. Höhm, ein kleiner, korpulenter, rundschädeliger Glatzkopf, zur Visite. Er wiegte bedenklich sein Haupt, hielt sich aber mit einer Diagnose zurück. Am Abend wurde eine Lumbalpunktion vorgenommen und die Rückenmarksflüssigkeit sofort im Labor untersucht. Das Ergebnis würde darüber Auskunft geben, ob ich eine gewöhnliche Meningitis oder aber eine Hirnhauttuberkulose hatte. Ich lag auf dem Operationstisch und wartete eine Ewigkeit auf das Ergebnis, was zugleich ein Urteil sein würde. Endlich erschien Dr. Höhm wieder und sagte mit steinernem Gesicht: »Wir müssen Ihnen jetzt Streptomycin ins Rückenmark spritzen«. Das konnte nur bedeuten, dass man Tuberkuloseerreger im Liquor gefunden hatte. Das Antibiotikum Streptomycin war das einzige Mittel, mich vor Lähmungen der Gliedmaßen und der Körperfunktionen wie auch vor einer Gehirnschädigung zu bewahren. Ob es anschlagen würde? Nach der Injektion hatte ich wieder Hoffnung.

Jedoch brachte mir die folgende Nacht neue Qualen. Mein Puls raste, das Fieber stieg weiter. Ich hatte entsetzlichen Durst, konnte aber nichts mehr trinken, da ich jeden Schluck Flüssigkeit wieder erbrach. Das Streptomycin zeigte keine Wirkung, auch nicht am folgenden Tag. Als ich spätabends zu einer zweiten Injektion ins Behandlungszimmer getragen wurde, fiel mein rechter Arm leblos nach unten, als wenn er nicht zu mir gehörte. Ich versuchte, ihn zu bewegen. Er gehorchte meinem Willensimpuls nicht mehr. Da überfiel mich kaltes Grauen. Jetzt war ich überzeugt, dass das der Anfang meines Endes war. »Mein Arm«, stammelte ich, »ich kann ihn nicht mehr heben!« Es war totenstill im Raum, niemand sagte ein Wort, auch Doktor Höhm nicht, dessen Gesicht undurchdringlich blieb. Als ich wieder in meinem Bett lag, kam Höhm in mein Zimmer, setzte sich auf den Bettrand und sagte zu mir, dass ich mit weiteren Ausfällen rechnen müsse bis hin zu Gesichtsmuskellähmungen, wobei er demonstrativ sein kugelrundes Gesicht zu einer grässlichen Grimasse verzog. Da wusste ich, dass es nun schlimm um mich stand und bat ihn, mir offen zu sagen, ob ich mit dem Tod zu rechnen habe, denn ich hätte den Wunsch und Willen, die letzten Stunden meines Daseins bewusst zu leben. Er wurde sehr erregt und rief mit einer abwehrenden Geste seiner ausgestreckten Arme: »Nichts davon, es wird nicht gestorben!«

Am folgenden Morgen wurde das Bett meines Stubenkollegen hinausgefahren, sodass ich allein im Zimmer war. Dann stand plötzlich der alte Pfarrer Semm an meinem Bett. Man hatte ihn wohl zu mir als moribundus gerufen. Er schien erschüttert, mich in diesem Zustand zu sehen. Wie sehr brauchte ich ihn in dieser Stunde. Ich schüttete ihm mein Herz aus. Er betete laut für mich und um Gottes Beistand. Dann diktierte ich ihm Abschiedsbriefe an meine Frau und an meine alte Mutter. Wusste ich doch nicht, wie lange ich noch bei klarem Verstand sein würde. Beide Briefe endeten mit dem Bibelwort: »Der Herr hat's gegeben, der Herr hat's genommen, der

Name des Herrn sei gelobt«. Semm wollte die Schreiben, wenn es nötig sein würde, besorgen. Dann drückte er mir die Hand und schüttelte den ergrauten Kopf. »So etwas habe ich hier in Zschadraß noch nie erlebt«, sagte er leise. Ich wusste nicht, wie er das meinte.

Ich war mir sicher, dass mir der böse Dämon nach der jahrelangen Quälerei nun den tödlichen Finalschlag versetzt hatte. An diesem und dem nächsten Tag kamen mehrere mir unbekannte Ärzte an mein Bett. Sie prüften meine Nervenreflexe und Gehirnfunktion und fragten mich, wie ich heiße und wo ich wohne. Vermutlich war Doktor Höhm ratlos und wusste nicht weiter. Niemand außer den Schwestern durfte mein Zimmer betreten. Doch täglich ließen meine zwei Patientenfreunde mir Zettel mit stärkenden Bibelworten durch die Tür reichen. Es war das einzige, was sie noch für mich tun konnten. Auf einem dieser Zettel stand: »Glauben heißt, scheiternd in die Hände Gottes fallen«. Da ließ ich alles los, was mich noch an dieses Dasein fesselte.

Und mit einem Mal wurde ich ruhig. Alle Angst fiel von mir ab. Meine Temperatur war erstmals gesunken. Es ging mir besser. Ich war nur unbeschreiblich müde, konnte schlecht atmen und schnappte nach Luft. Nur wenn ich ganz flach und schnell Atem holte, bekam ich den nötigen Sauerstoff. Da hatte ich einen Gedanken. Ich schickte nach Höhm, und als er eintrat, fragte ich ihn, ob er schon mal an die Möglichkeit einer spinalen Kinderlähmung gedacht habe. Er sagte nichts darauf, ging aber nachdenklich aus dem Zimmer. Irgendwann – das Zeitgefühl war mir abhandengekommen – hörte ich jemanden etwas von Leipziger Universitätsklinik sagen. Danach war ich ohne Besinnung. Es war der 13. November 1954. Aber ich wusste es nicht.

Ganz unten – Finale in Leipzig

Als ich wieder zu mir kam, befand ich mich in einem Einzelzimmer der Infektionsstation der Leipziger Universitätsklinik. Mein rechter Arm lag wie tot neben mir. Ich konnte den Kopf nicht heben und nur mühsam atmen. Meine Vermutung hatte sich bestätigt: Es war das Humane Poliovirus, das mich fast getötet hatte. Im Sommer und Herbst 1954 war die lebensgefährliche Krankheit in Mitteldeutschland ein letztes Mal epidemisch aufgetreten, bevor sie durch die prophylaktische Schluckimpfung endgültig besiegt wurde. Im Kreis Colditz hatte es mehrere Erkrankungen gegeben.

Zu meinem Glück waren aber lebenswichtige Zentralfunktionen bei mir nicht betroffen, die Atemmuskulatur zwar geschädigt, doch nicht so gravierend, dass ich der künstlichen Beatmung in einer Eisernen Lunge bedurft hätte. Aus Gründen des Infektionsschutzes blieb ich einige Wochen lang in meinem Zimmer isoliert. Besucher durften mich von außen durch das Erdgeschossfenster betrachten, das die Schwester zur Möglichkeit der Verständigung einen Spalt breit öffnete.

Ich lag auf dem Rücken, wurde gefüttert und hatte viel Zeit zum Nachdenken über mein nun genau dreißigjähriges Leben. Zwar war es mir neu geschenkt, und das war ein wunderbares Gefühl, doch welch schlimme Wunden und Blessuren an Leib und Seele hatten die Kämpfe dieses letzten Jahrzehnts hinterlassen. In einem Alter, in dem Freunde und Kollegen längst schon auf der Höhe ihrer Laufbahn und ihrer Leistungskraft angekommen waren, saß ich, wie Hiob in der Asche, ganz unten.

Ich war ein Gescheiterter, besaß nichts, konnte nichts und war nichts. Mir fehlte alles, was man zum Einstieg in ein erfolgreiches Weltleben brauchte: Kraft und Gesundheit, Berufsbildung und Kenntnisse, Geld und Besitz, Wohnung und Freunde. Und auch der einzige vertraute Mensch, die Frau, die mir verbunden gewesen war, hatte sich inzwischen von mir getrennt. Es hatte mir wehgetan. Sie erwartete ein Kind von ihrem neuen Freund, einem Dozenten der Anglistik, den sie bald darauf heiratete. So hatte ich auch keine Bleibe mehr in unserer Schönefelder Wohnung, aus der meine wenigen Habseligkeiten ich baldigst abzuholen gebeten wurde. Das begonnene Studium an der Kunsthochschule konnte ich nicht fortsetzen, da mein rechter Arm nun gelähmt am Körper hing. Was sollte ich tun? Da war niemand, der mir raten oder helfen konnte. Ich aber wollte nicht aufgeben. Ich musste selbst aus der Grube heraus. Ein Psalmwort gab mir Zuversicht: »Das geknickte Rohr wird er nicht zerbrechen und den glimmenden Docht wird er nicht auslöschen«.

Eine Röntgenkontrolle meiner Lunge hatte Überraschendes zutage gebracht: Die hartnäckige Kaverne war verschwunden, eine Operation daher nicht mehr notwendig. Ich nahm das als ermutigendes Zeichen und begann wieder Pläne zu machen. Wer nichts zu verlieren hat, hat kaum Probleme. Ich genoss die eigenartige Bindungslosigkeit und Freiheit eines neuen Anfangs nach dem totalen Scheitern mit einer Art von Villon'schem Galgenhumor. Ich hatte mich entschlossen, nun Kunstgeschichte zu studieren, zu der ich schon während meines Kunststudiums große Neigung verspürt hatte. Ich wusste, dass ich alle Widerstände bis zu diesem Ziel überwinden würde und begann, meine langsam wiedererwachenden Kräfte darauf zu konzentrieren.

Ein Neuer Anfang

Es muß das Herz bei jedem Lebensrufe
bereit zum Abschied sein und Neubeginne,
um sich in Tapferkeit und ohne Trauern
in andre, neue Bindungen zu geben.
Und jedem Anfang wohnt ein Zauber inne,
der uns beschützt und der uns hilft, zu leben.

Hermann Hesse, *Stufen*

Kunsthistorisches Institut

Mühsam begann ich, die ganz unbeholfene linke Hand zu gebrauchen. Mit dieser Linken allein musste ich mein künftiges Leben aufbauen und meistern. Sobald ich wieder laufen konnte, betrieb ich beim Rektorat der Kunsthochschule und beim Dekan der Philosophischen Fakultät der Universität meinen Hochschulwechsel und fand überall Verständnis für meinen Wunsch.

Es muss im April oder Mai 1955 gewesen sein, als ich von Professor Heinz Ladendorf, dem Ordinarius und Direktor des Kunsthistorischen Instituts in Leipzig, zu einem Eignungsgespräch gebeten wurde. Zwar hatte ich mir einige kunstgeschichtliche Grundkenntnisse angelesen, betrat aber doch mit klopfendem Herzen die weite Treppenhalle der ehrwürdigen alten Universität am Karl-Marx-Platz. Die Bomben hatten 1943 den schönen, spätklassizistischen Bau stark beschädigt, jedoch nicht zerstört. Ulbricht würde ihn samt der gotischen Universitätskirche später sprengen, um dort dafür »sozialistische Großbauten« aufrichten zu lassen.

Die Räume des Kunsthistorischen Instituts lagen im ersten Stock. Ladendorfs Zimmer befand sich am Ende eines langen Ganges, der bis zur Decke mit Büchern vollgestellt war. Quer stehende Regale teilten ihn in Kabinette, in denen Arbeitstische für Studenten standen.

Ladendorf, ein langer, schlanker Mensch leptosomen Typs, begrüßte mich stehend und reichte mir seine linke Hand, da ich ihm meine Linke hingestreckt hatte. Ich registrierte solch aufmerksames Eingehen auf meinen eingeschränkten Zustand mit Verwunderung. Er hatte offenbar einen Augenfehler und schien mit seinem leichten Silberblick immer ein wenig an mir vorbeizuschauen. Im Gespräch gab er sich kühl distanziert und stellte mir einige Wissenstestfragen. Später erfuhr ich, dass man mich an dem damals noch bürgerlich-konservativ geprägten Institut für einen »Roten« hielt, vielleicht, weil ich von der als marxistisch dominiert geltenden Hochschule für Grafik und Buchkunst kam. Dennoch war Ladendorf bereit, mich unter Anrechnung der dortigen Studienjahre sogleich ins dritte Semester aufzunehmen. Bedingung aber war die Auflage, gleichzeitig einen Sprachkurs in Latein zu belegen. Ohne Latinum ließ er niemanden zum Staatsexamen zu. Auch wurde von mir erwartet, dass ich neben Englisch und Russisch eine dritte Fremdsprache erlerne.

Bevor ich jedoch mein neues Studium beginnen konnte, war noch manches für meine nun ganz veränderte Lebenslage Wichtiges zu ordnen.

In der Gohliser Wohnung meiner Mutter gab es ein kleines Zimmer, das ich nach meiner Entlassung aus der Klinik beziehen konnte. So lebten wir nun wieder zusammen, und meine hochbetagte Mutter wusch und kochte für mich wie in alten Zeiten.

Der von den Umständen erzwungene Wechsel meiner Studienrichtung vom Bilden zum Schreiben fiel mir nicht allzu schwer, da ich von früher Jugend an stets geschwankt hatte, welcher meiner Anlagen ich folgen sollte. Nun waren die Weichen gestellt, und ich ging mit Begeisterung für das bewusst gewählte Fach an die Arbeit. Freilich war es durchaus ungewiss, wie lange der Zustand relativer gesundheitlicher Stabilität diesmal vorhalten würde. Die Ärzte hatten es an Mahnungen zur Schonung und zu vorsichtigem Umgang mit meiner fragilen Kondition nicht fehlen lassen. So musste ich stets sofort nach den Lehrveranstaltungen nach Hause fahren und mich hinlegen. Da blieb kein Freiraum fürs Hospitieren bei anderen Fächern und Fakultäten, wenngleich ich das brennend gern getan hätte. Konnte man doch noch während der fünfziger Jahre an der Alma Mater Lipsiensis bedeutende Gelehrte wie den Germanisten Hans Mayer, den Philosophen Ernst Bloch, den Romanisten Werner Krauss und den Historiker Walter Markov erleben, die den Mut hatten, sich nicht der Parteidoktrin der SED zu unterwerfen.

Den Besuch ihrer Vorlesungen musste ich mir verbieten. Auch blieben weder Zeit noch Kraft für die Teilnahme an studentischer Geselligkeit und Kontaktpflege mit den Kommilitonen und den jungen Damen, die alle viel jünger waren als ich. Für mich war es eine Existenzfrage, dass ich mich »vernünftig« verhielt, um zu überleben und mein Hauptziel, den Studienabschluss, zu erreichen. Alles andere war zweitrangig.

Das Leipziger Kunsthistorische Institut hat eine lange, ruhmvolle Geschichte. Gelehrte von Weltrang wie Anton Springer, August Schmarsow, Theodor Hetzer, Wilhelm Pinder und Hermann Beenken hatten hier gelehrt, und etwas vom Geist dieser großen Denker war damals immer noch lebendig. Den Professoren Ladendorf und Jahn gelang es noch einige Zeit, das traditionelle Niveau des Instituts aufrecht zu erhalten und vor den ideologischen Gleichschaltungsversuchen der kommunistischen Hochschulpolitik zu bewahren.

Die Vorlesungen fanden im großen Hörsaal 11 statt. Wenn Ladendorf, der eloquente Synthetiker, in seinem dunkelblauen Anzug erschien – es war jahrelang stets derselbe – und über italienische Barockarchitektur las, war das Auditorium meist brechend voll. Seine durch eingeschobene Relativkonstruktionen oft ellenlangen Sätze kamen erstaunlicherweise am Ende stets zum korrekten Schluss. Seine mit termini technici gespickten Wortkaskaden, seine großen Gedankenbögen waren beeindruckend, ließen aber den Anfänger im verdunkelten Hörsaal mitunter ziemlich rat- und mutlos zurück. An Mitschreiben war da für mich ohnehin nicht zu denken. So wurde mir bald die auf nüchterner Faktendarbietung beruhende Methode des Professors Johannes Jahn sympathisch, zumal sie durch ein gepflegtes Deutsch vermittelt wurde. Von ihm lernte ich ganz nebenbei den verantwortlichen Umgang mit der Sprache. Er lehrte uns, ohne esoterisches Wortgeklingel und unter Verzicht auf einen hochgestochenen, fremdwörtergespickten Fachjargon Wesentliches allgemeinverständlich zu sagen.

Jahn hatte zwar nicht die Körpergröße Ladendorfs, war aber mit seinem damals schon weißen Haar und der fast militärisch aufrechten Haltung eine imponierende Persönlichkeit. Mich beeindruckte die Bedachtsamkeit und Präzision seiner Formulierungen, die Klarheit und Transparenz seiner Gedankengänge, die Universalität seines Wissens, das er jederzeit parat hatte. Er dachte und redete aus der Fülle seiner humanistischen Bildung heraus. Seinen »Faust« kannte er wie kein Zweiter, und bei Gelegenheit zitierte er daraus lange Passagen aus dem Gedächtnis. So etwa die schönen Verse, in denen die tiefe Freude des Gelehrten aufscheint, der in vergangene Zeiten eintaucht: »Da werden Winternächte hold und schön, ein seelig Leben wärmet alle Glieder, und ach – entrollst du erst ein würdig Pergamen, so steigt der ganze Himmel zu dir nieder«.

Im Nebenfach hörte ich Archäologie bei Herbert Koch, was allerdings kein gliederwärmendes Vergnügen war. Koch war ein gebrechlicher Greis, der mit hoher, brüchiger, monotoner Stimme sprach. Das klapprige Männlein wurde zu Beginn der Vorlesung von seiner rüstigen, viel jüngeren Frau, der sogenannten Köchin, in den Hörsaal geführt und auf das Katheder gesetzt. Als Koch endlich emeritiert wurde, übernahm sie, jetzt gleichfalls zum Professor ernannt, ihres Mannes Lehrstuhl. Die Köchin war zwar akustisch gut zu verstehen, doch auch ihr Kolleg brachte mir keine wesentliche Erhellung des schönen Altertums. Frönte sie doch der Unsitte, in einer Vorlesung zahllose Diapositive ohne didaktisches Konzept zu zeigen und dazu eine Flut von Fakten und Daten über uns auszuschütten. Von pädagogisch kluger Stoffvermittlung hatte die freundliche Walküre keine Ahnung. Was ich mir später an archäologischem Grundwissen aneignete, verdanke ich ausschließlich dem Selbststudium der Literatur.

Allerdings besuchte ich nach Möglichkeit die Abende der Evangelischen Studentengemeinde. Ihr Pfarrer Dr. Siegfried Schmutzler war ein schlanker, gutaussehender Intellektuellentyp mit Goldrandbrille, welcher der dümmlich-primitiven Atheismuspropaganda der FDJ-Hochschulgruppe mit geistiger und argumentativer Überlegenheit begegnen konnte. Er und die Gemeinde hatten mir in meiner schlimmsten Krankheitszeit tatkräftig geholfen. So hatten sie mich in meiner Not nicht allein finanziell unterstützt, sondern mir auch das für mich überlebenswichtige Streptomycin aus Westberlin besorgt. Ich hatte meinerseits mit Hilfe meiner Zschadraßer Freunde noch vom Krankenbett aus einen Missionierungsabend in der Heilstätte organisiert, den Schmutzler und Hans Grüss mit dem Chor der Studentengemeinde bestritten. Dass der staatliche Kulturleiter dazu die Genehmigung erteilt hatte, grenzte fast an ein Wunder.

Nach jedem Studienjahr war während der Sommermonate ein vierwöchiges Berufspraktikum zu absolvieren. Ich meldete mich für das Lindenau-Museum im ostthüringischen Altenburg, dem Hanns-Conon von der Gabelentz vorstand. Der Nazigegner und Retter verfolgter Juden aus altem thüringischem Adelsgeschlecht war eine imponierende Gestalt. Irgendwie hatte er es geschafft, auch unter der Arbeiter- und Bauernmacht im Amt zu bleiben. Er schimpfte täglich über die Dummheit und Borniertheit der ihm vorgesetzten örtlichen Funktionäre, die er in lautstark geführten Telefongesprächen abzukanzeln pflegte.

Bei diesem leidenschaftlichen Sammler, Kunstmäzen und Museumsmann machte ich im Juli 1956 meine ersten Berufserfahrungen. Die kleine, reizvolle Residenz mit dem herzoglichen Schloss und den malerischen Winkeln war mir sympathisch, und das schön an einem Park gelegene Museum erwies sich als Schatzkammer überraschender Reichtümer. Den Grundstock der Sammlungen bildete die großherzige Stiftung des kunstsinnigen sächsischen Staatsministers, dessen Namen sie trägt und der hier seinen Familienstammsitz hatte: Bernhard von Lindenaus Sammeltätigkeit war gezielt auf bestimmte Gebiete gerichtet gewesen. Da gab es neben einer Kollektion von Gipsabgüssen antiker Bildwerke eine Abteilung griechischer und etruskischer Vasen. Von höchstem Rang aber waren die 120 Gemälde der italienischen Frührenaissance, die dem Altenburger Museum bei den Kennern bis heute Berühmtheit verschaffen.

Nach dem vierwöchigen Berufspraktikum wartete eine Reise nach Westdeutschland auf mich. Ich sah ihr mit großer Spannung entgegen, denn es würde meine erste Westreise überhaupt sein. Anlass war eine Besuchseinladung der Evangelischen Studentengemeinde Saarbrücken für zwei Angehörige der Leipziger Patengemeinde. Mit meinem Partner, einem Orientalistikstudenten, hatte ich eine Reiseroute ausgearbeitet, die uns möglichst viele Kunst- und Bildungserlebnisse ermöglichen sollte. So fuhren wir im Interzonenzug mit vielen Unterbrechungen über Kassel, Marburg, Limburg an der Lahn, Wetzlar, Frankfurt, Mainz und Trier und ließen uns keinen Dom, kein Schloss, kein Museum entgehen.

Staunend durchquerten wir die im Glanze des Wirtschaftswunders erstrahlende Bundesrepublik und kamen am Ende völlig erschöpft in Saarbrücken an, wo wir in einem Kloster Quartier bezogen. Mir ist nicht mehr erinnerlich, was wir dort eigentlich getan haben. Nur eins weiß ich noch – dass es mir furchtbar elend ging und dass ich wieder Spuren von Blut entdeckte, wo keines hingehörte. Ich hatte mir offensichtlich mit dieser Reise zu viel zugemutet.

Zauberberg V

Auf schnellstem Weg waren wir nach Leipzig zurückgekehrt. Der neue Untersuchungsbefund bestätigte meine Befürchtung: Ein frischer Herd hatte sich in der rechten Lunge gebildet. Wieder musste ich mein Studium abbrechen und mich, wie schon gewohnt, in die horizontale Lage begeben. Den ganzen September wartete ich auf meine Heilstätteneinweisung. Dieser böse Rückfall – es war der vierte – stürzte mich erneut in eine tiefe Depression. Ich sah mich in den Fängen eines zynischen Dämons, der mich immer wieder zu Boden schlug, sobald ich nur den Kopf ein wenig hob. Nach Lage der Dinge schien es für mich nun wirklich das Beste zu sein, alle Versuche, etwas Sinnvolles, Zielgerichtetes zu tun, ganz aufzugeben und den Rest meiner Tage im Wechsel von Krankheit und Rehabilitation, versorgt mit meiner kleinen Invalidenrente, vorwiegend liegend zuzubringen.

Die Leipziger Lenkungszentrale hatte mich diesmal in das Tuberkulose-Kurheim Schönau eingewiesen. Das befand sich in der sogenannten Sack'schen Villa, einem enteigneten »Kapitalisten-Grundstück« an Leipzigs westlichem

Stadtrand, direkt an der Alten Salzstraße des Reiches. Sie lag sehr schön in einem großen, jetzt herbstlich gefärbten Park. Was mich dort erwartete, war ein Schlafsaal mit zehn Betten. Junge Burschen droschen allabendlich bei Radiogetöse bis Mitternacht ihren Skat und trieben mich fast zur Verzweiflung. Ärztlicherseits geschah nichts mit mir. Man setzte hier offenbar ausschließlich auf die konservative Methode mit täglich achtstündiger Liegekur im Freien.

Bald wurde mir klar, dass ich auf einem Abstellgleis gelandet war, und dass ich diesen Trott nicht noch einmal acht oder zehn Monate lang würde aushalten können. Nach der ersten Phase völliger Entmutigung raffte ich mich auf und entschloss mich, selbst etwas zu tun. Immerhin hatte ich ja jetzt trotz allem ein Ziel. Ein Weg war beschritten, und den musste ich um jeden Preis weitergehen. Es war der Strohhalm, an den ich mich klammerte. Ich durfte nicht aufgeben, musste irgendwie an meinem Studium dranbleiben. Die geöffnete Tür durfte ich nicht wieder zuschlagen lassen.

Als ein Türspalt zur Zukunft erschien mir da Dr. Lindners Lateinkurs, den ich im letzten Semester belegt hatte. Wenigstens hier wollte ich den Anschluss nicht verpassen, durfte den Lernfaden nicht verlieren. Ich konnte ja im Liegen lernen. Lindners Unterricht fand dienstags von zwei bis vier Uhr nachmittags statt. Um diese Zeit herrschte in den Liegehallen im Park strenge Schweigekur. Auf meinem Liegestuhl versteckte ich Zivilkleidung. Allwöchentlich an jenem Tag während der Mittagszeit – die anderen befanden sich noch im Speisesaal – schlüpfte ich aus meinem gestreiften Krankenanzug und zog meine eigenen Sachen an. Halb zwei saß ich in der Straßenbahn Richtung Innenstadt, um zwei in Lindners Kurs, der von meiner bedenklichen Schattenexistenz nichts ahnte.

Eines Tages Ende November – im Park zu Schönau war es nasskalt und neblig – fasste ich einen Entschluss: Ich durfte hier nicht länger bleiben, musste mich um jeden Preis aus dieser Falle befreien. Heimlich stahl ich mich aus dem Kurheim und fuhr in die Innenstadt zur Universitätsklinik, deren Ärzte mich zwei Jahre zuvor über längere Zeit betreut hatten. Dort hatte ich ein Gespräch mit dem noch vertrauten TBC-Stationsarzt Dr. Balamides und bat ihn um Hilfe. Der verstand meine traurige Lage sofort und versprach mir, mich wieder in die Klinik zu holen.

Zehn Tage später lag ich auf seiner Station und bekam Streptomycin gespritzt. Hier befand ich mich in vertrauter, freundlicher Umgebung. Ärzte und Schwestern kannten mich, und unter den Mitpatienten fanden sich sympathische Menschen wie der Bibliothekar (und spätere Direktor der Deutschen Bücherei) Gottfried Rost, mit dem ich bis zu seinem frühen Tod freundschaftlich verbunden blieb. Zur wöchentlichen Lateinstunde konnte ich nun zu Fuß gehen.

Schon nach wenigen Wochen zeigte das Röntgenbild eine deutliche Rückbildung des Krankheitsprozesses, und bereits im Januar wurde ich als geheilt entlassen. Eine vierwöchige Festigungskur in einem kirchlichen Heim zu Oberbärenburg im tiefverschneiten Osterzgebirge brachte mich wieder vollends auf die Beine, sodass ich im Frühjahr 1957 mein Studium fortsetzen konnte.

Studium mit Turbulenzen

Seit Herbst 1956 hatte sich die politische Situation in der DDR erneut verschärft. Während ich im Oktober in der Sack'schen Villa gelegen hatte, war in Ungarn ein Volksaufstand gegen die rote Diktatur ausgebrochen und von der Sowjetarmee brutal niedergeschlagen worden. Auch das Ulbricht-Regime war längst zur Repression und Verfolgung aller Andersdenkenden zurückgekehrt, diesmal besonders an den Universitäten und Hochschulen. Im Frühjahr 1957 startete die Staatspartei erneut eine Verleumdungskampagne in Presse und Rundfunk gegen die Evangelischen Studentengemeinden. Im Mittelpunkt der Angriffe stand die Leipziger Gemeinde, welche damals großen Zulauf hatte und um die 600 Mitglieder zählte. Die Verfolgungswelle gipfelte in der Verhaftung unseres Studentenpfarrers Dr. Schmutzler und der vier sogenannten Vertrauensstudenten.

Der Klassenkampf gegen die »bürgerliche Ideologie« und ihre angeblichen Vertreter im Bereich der akademischen Forschung und Lehre wurde von SED und FDJ mit organisierter Härte geführt. Den großen Philosophen Ernst Bloch hatte man zwangsemeritiert und mit Hausverbot belegt. Die Folge dieser Übergriffe der roten Staatsmacht war eine Fluchtwelle von Wissenschaftlern und Künstlern in den Westen. Vor allem gingen diejenigen Hochschullehrer, die noch Rang und Namen hatten. Man ersetzte sie durch meist jüngere systemtreue Marxisten und Schwachköpfe. »Wir können uns diesen Aderlaß leisten. Er ist heilsam für unser sozialistisches Bildungswesen«, kommentierte Ulbricht den katastrophalen Gang der Dinge.

Das Sommerpraktikum 1957 machte ich bei Direktor Henner Menz in der Dresdner Gemäldegalerie. Mit nie erlebtem Hochgefühl von Bewunderung schritt ich durch die neuen Säle des Semper'schen Museumsbaus. Vor den gerade erst aus der Sowjetunion zurückgekehrten Bildern verkündete ich andächtig lauschenden Gruppen meine kurz zuvor angelernten kunstgeschichtlichen Weisheiten.

Am Chorgesims der Leipziger Nikolaikirche kann man bei genauem Hinsehen eine menschliche Fratze mit herausgestreckter Zunge entdecken. Offenbar war sie Professor Ladendorf aufgefallen. Er schlug mir vor, mich in einer Semesterarbeit mit dem Phänomen dieser »Neidköpfe« zu beschäftigen. Ich aber hielt das Thema für unattraktiv und ärgerte mich über die Anspielung auf meinen Namen, wegen der Ladendorf es ja wohl gerade mir zugedacht hatte. Als ich mich aber ein wenig über die Sache informiert hatte, begann mich das bisher kunsthistorisch unbearbeitete Thema zu fesseln. Ich verlegte meinen Arbeitsplatz in die Deutsche Bücherei, und schon bei der Materialsammlung wurde mir die zungenbleckende Dämonenfratze mit den vorquellenden Augen immer interessanter. War das nicht das Abbild des Bösen, war es nicht mein Dämon, der mich immerzu quälte und verfolgte?

Sinn und Zweck der an Kirchenfassaden, Torbögen und Hauseingängen angebrachten Fratzen war es, böse Geister durch ihr eigenes Bild abzuschrecken. Was ich in drei Monaten zusammengetragen und in eine gewisse Form gebracht hatte, war eigentlich nur der Beginn einer notwendigen, zeitlich weitergreifenden Forschungsarbeit. Ich hatte mich beeilt, um den Abgabetermin einzuhalten. Doch als ich mein Opus Ladendorf überreichen wollte, war er nicht mehr da. Am Tage zuvor hatte er sich mitsamt seinem akademischen Mittelbau nach Köln abgesetzt. Fünf Studenten und drei Assistenten folgten ihm auf dem Fuße nach, sodass wir Zurückgebliebenen uns zunächst recht verloren und verlassen vorkamen.

Ladendorfs »feige Republikflucht«, wie die damals Herrschenden es nannten, hatte für uns Kunsthistoriker schlimme Folgen, denn man bestrafte uns für das »verbrecherische Handeln« unseres Chefs. Durch ideologische Gehirnwäsche sollte uns »Ladendorfverseuchten« der Bazillus bürgerlich-reaktionärer Denkweise ausgetrieben werden. Unsere kämpferisch wütenden Richter waren die Genossen und FDJ-Funktionäre der schon rot-geschalteten Sektion Geschichte an der gemeinsamen Philosophischen Fakultät. In ihren Räumen am Petersteinweg fanden tagelang Versammlungen, Verhöre und Einzelgespräche mit jedem Studenten statt. Man verlangte von uns, dass wir uns jeder einzeln vom »Verräter« Ladendorf distanzierten. Es gab Tränen und Nervenzusammenbrüche bei den Mädchen. Die männlichen Studenten aber wurden zu einem Strafmarsch mit ziegelsteinbeschwerten Rucksäcken befohlen. Doch ich ging nicht hin.

Da man so schnell keinen marxistischen Fachgelehrten als Ersatz für Ladendorf fand, wurden zur Installierung der richtigen Gesinnung sowie zur politischen Überwachung der suspekten Kunstgeschichtsstudenten zwei SED-Genossinnen dem Institut zugeteilt. Eine FDJ-Gruppe musste am Institut gegründet werden. Einige Zeit später kam dann aus Halle Wolfgang Hütt, ein ernstzunehmender jüngerer Dozent, der interessante Vorlesungen über Malerei und Grafik des 19. und 20. Jahrhunderts hielt. Der unorthodoxe Marxist in meinem Alter erwarb sich durch seine überzeugende Diktion,

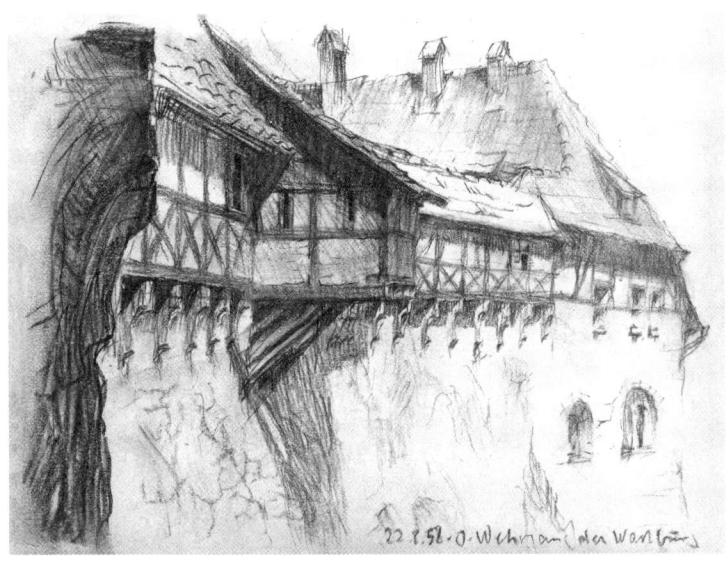

Hans Joachim Neidhardt, Fensterblick aus der Wartburg, 1958

seine Lockerheit und menschliche Aufgeschlossenheit unsere Achtung und Sympathie. Ihm nahm man seine kommunistische Überzeugung ab, weil sie mit Ehrlichkeit und Toleranz einherging. Wegen seines mutigen Protests gegen die Sprengung der intakten Leipziger Universitätskirche im Jahr 1968 hat ihn später seine Partei aus ihren Reihen ausgeschlossen und damit seine Hochschullaufbahn beendet.

Mein schönstes Praktikum absolvierte ich im Sommer 1958 auf der Wartburg bei Eisenach. Ich bewohnte ein großes Zimmer neben dem spätromanischen Pallas mit weitem Ausblick über den Thüringer Wald. Es gehörte zum ehemaligen Gästeappartement der Großherzogin von Sachsen-Weimar-Eisenach und hatte noch die Ausstattung der 1860er Jahre mit einer prächtigen altmodischen Badewanne mittendrin. Zur anderen Seite ging der Blick über die Grenze hinüber nach Hessen. Dort oben war mir wohl, und ich konnte Goethe verstehen, der vom gleichen Ort aus an Charlotte von Stein geschrieben hatte: »Hier wohn' ich nun, Liebste, und singe Psalmen dem Herrn, der mich aus Schmerzen und Enge wieder in Höhe und Herrlichkeit gebracht hat.«

Da wurde mir auf eindringliche Weise Vergangenheit lebendig: Das hohe Mittelalter der Minnesängerepoche, das späte der Lutherzeit und endlich das 19. Jahrhundert und seine Burgenschwärmerei. Mit nostalgischem Behagen ließ ich mich aus der bedrückenden Gegenwart in die großen Zeiten deutscher Kultur und Geschichte entführen. Ich lebte mit den Rittern, die der Sängerwettstreit zur Burg heraufführte, war gerührt vom Schicksal der barmherzigen jungen Landgräfin Elisabeth und versuchte, die erzwungene Einsamkeit des vom katholischen Kaiser verfolgten Bibelübersetzers Luther nachzuempfinden.

In schlimmem Zustand befanden sich die Fresken Moritz von Schwinds zur Landgrafen- und zur Elisabethlegende. Das große Wandbild des Sängerkrieges war durch aufsteigende Nässe schwer beschädigt. Der sommerliche Besucherandrang war groß, sodass ich oft mit Führungen einspringen musste. Im Übrigen ließ mir Burgdirektor Siegfried Asche, ein immer aufgekratzter, jovialer Mann von großem Wissen, freie Hand zum Selbststudium. Er war ein erklärter Gegner des kommunistischen Regimes und hatte unablässig Konflikte mit seinen Thüringer Verwaltungsfunktionären. Ein Jahr später floh er mit seiner Familie in die Bundesrepublik.

Jene Jahre vor dem Mauerbau waren eine Zeit der Dauerkrise. Immer sichtbarer traten die Schwäche und Menschenverachtung der politischen Führung des Satellitenstaates von Moskaus Gnaden zutage. Es häuften sich die Nachrichten über die Flucht namhafter Gelehrter, Künstler und Ärzte nach Westdeutschland. In dieser aufgeregten Atmosphäre ständiger Spannung und Unruhe hatte ich mich auf mein Staatsexamen vorzubereiten. Zum ersten war eine Diplomarbeit zu schreiben, für die man ein Jahr zur Verfügung hatte. Das Thema konnte ich mir selbst wählen. Ich entschied mich für eine kunstsoziologisch-ikonografische Problemstellung: »Das Bürgerliche in der deutschen Zeichnung und Graphik des 18. Jahrhunderts«. Eine Ausstellung der sogenannten Cranach-Kommission in Leipzig und Weimar zu diesem Thema hatte mich dazu angeregt. Professor Jahn, der jene Exposition zusammen mit dem Weimarer Kunsthistoriker Walter Scheidig konzipiert hatte, stimmte zu. Nun war eine Diplomarbeit am

Leipziger Lehrstuhl damals alles andere als eine essayistische Plauderei. Hier wurden keine dünnen Bretter gebohrt. Man erwartete vom Diplomanten ein drei- bis vierbändiges Opus; hatte man viel Bildmaterial, dann durften es auch mal sechs werden. Die Arbeit brachte mir großen Erkenntnisgewinn und eine lebenslange Vorliebe für die Goethezeit.

Am Beginn des Jahres 1959 gab es erste Überlegungen zu unserem beruflichen Einsatz. Er wurde gut zentralistisch von einer Berufslenkungskommission in Berlin koordiniert. Eines Tages im Frühjahr gab man uns acht Abgängern die zur Verfügung stehenden vakanten Stellen zur Kenntnis. In der Denkmalpflege, die mich sehr interessierte, wurde nichts angeboten. Dagegen suchte man dringend Funktionäre für die Leitung von Kulturhäusern. Nur zwei diskutable Museumsstellen waren zu besetzen, in Görlitz und Gotha. In Dresden hatte ich mich vergeblich bemüht; hier waren alle Stellen besetzt.

Es war wohl schon Juni geworden, als ich nach Görlitz aufbrach, um mich beim dortigen Direktor Dr. Lemper vorzustellen. In Dresden, wo ich umsteigen musste, hatte ich bis zur Weiterfahrt drei Stunden Zeit. Da kam mir die Idee, die Wartezeit für einen Spaziergang zum Albertinum zu nutzen und dort in der Generaldirektion der Kunstsammlungen nochmals nachzufragen. Viel Hoffnung machte ich mir nicht. Doch zu meiner ungläubigen Überraschung wiegte der Kaderleiter den Kopf und sagte mit deutlich ostpreußischem Akzent, dass da gerade eben ein Platz an der Gemäldegalerie Neue Meister in Pillnitz freigeworden und zu besetzen sei, und wenn ich wolle, könne ich ja gleich mal hinausfahren und mich bei dem Kollegen Zimmermann vorstellen.

Das schlug bei mir wie ein Blitz ein. Noch heute spüre ich das Glücksgefühl, das mich durchströmte, als ich danach über die Brühlsche Terrasse wanderte. Es war ein herrlicher Frühsommertag. Die Luft war frisch und klar, weiße Dampfer lagen am Ufer, und die Elbwiesen breiteten sich unter strahlender Sonne zu beiden Seiten des Stroms aus.

Die meisten mündlichen Prüfungen des Rigorosums lagen hinter mir. Ich hatte nun wirklich und wahrhaftig ein Studium vollendet, ohne dass meine Gesundheit wieder zusammengebrochen war. Kaum konnte ich es glauben. Und jetzt kam dazu noch dieser Glücksfall: die in Aussicht stehende Anstellung an einer der bedeutendsten Kunstsammlungen Deutschlands in der trotz Zerstörung noch immer oder schon wieder schönen, alten Residenzstadt.

Mit einer gemächlich durch viele Kurven zuckelnden Straßenbahn der Linie 18 fuhr ich hinaus zu dem Elbdörfchen, wo, vom Krieg unversehrt, das alte Königliche Lustschloss im Park an der Elbe stand. Die Unterhaltung mit dem jungen Direktor war ermutigend. Ich könne sofort anfangen, sagte er mit freundlichem Lachen. Doch da musste ich mir eine kurze Zwischenzeit erbitten, denn ich wollte den neuen Lebensabschnitt nicht allein beschreiten.

Veronika

Als meine Lebenskurve ganz unten war, hatte ich durch die Studentengemeinde Veronika kennengelernt. Von schweren Krankheiten zu Boden geschlagen, lag ich im Winter 1955 im Roten Haus der Leipziger Universitätsklinik. Der Studentenpfarrer hatte die junge Dame als helfenden Engel mit einem Geldbetrag zu mir geschickt, den ich für meinen Neuanfang nach der Genesung dringend brauchte.

Sie war ein bildschönes, frisches, schlankes Mädchen von 21 Jahren, mit graugrünen Augen und blonden Haaren. Von ihrer blumenhaften Anmut war ich sogleich gefesselt und liebte sie auf den ersten Blick. Mir war der Gedanke plausibel, diese Begegnung zu eben jenem Zeitpunkt könne kein Zufall sein. Vera war in der Buchhandlung Genth beschäftigt, einem alteingesessenen Unternehmen auf der Grimmaischen Straße gegenüber der Universitätskirche, die damals noch unversehrt stand, bevor sie das atheistische Regime beseitigte. Als ich wieder auf den Beinen war, schaute ich nun öfters bei Genth hinein.

Meine blonde Buchhändlerin stammte aus einer Herrnhuter Familie mit jahrhundertealter Missionarstradition und hatte als Kind in der Missionsniederlassung Paramaribo im damals holländischen Surinam gelebt. Erst nach dem frühen Tod ihrer Mutter war sie von Südamerika nach Deutschland gekommen und bei Pflegeeltern im Schwarzwaldort Königsfeld aufgewachsen. Mit dem Vater war sie als Vierzehnjährige nach Herrnhut gekommen.

Eines Tages nahm sie mich mit dorthin. Hier lernte ich eine mir bis dahin unbekannte Lebenskultur und Glaubenswelt kennen und schätzen. Dieses Oberlausitzer Städtchen im Dreiländereck zwischen Sachsen, Böhmen und Oberschlesien hatten die russischen Eroberer 1945 zu großen Teilen zerstört. Dennoch hatte sich der Ort über die Stürme der Zeiten hinweg sein besonderes Gepräge erhalten. Sympathisch, ja bewundernswert, wurden mir sehr bald die Menschen, die hier getreu ihrem Vorbild, dem Stifter der Herrnhuter Brüdergemeine Nikolaus Graf von Zinzendorf, noch im pietistischen Geist der Brüderlichkeit und weltoffenen Menschenliebe lebten, unbeirrt und unbeeindruckt vom Propagandalärm der neuen atheistischen Heilslehrer.

Veras Stiefmutter wohnte zusammen mit ihrer Schwester in einem großen, alten Haus mit langen Fluren, knarrenden Holztreppen, kleinen Fenstern, großen Kachelöfen und einem bretternen Trockenklo, wo es im Winter mörderisch zog. Nach vorn schaute man auf die stille, kopfsteingepflasterte Straße, nach hinten in einen langgestreckten Obstgarten. Durch eine kleine Pforte in der Gartenmauer gelangte man ins Freie, wo sich Wiesen und Getreidefelder zum flachen Hutberg hinaufzogen. Vom ersten Augenblick an fühlte ich mich hier wohl und in der liebevollen Zuwendung der beiden alten Damen wie zu Hause.

Nirgends sonst habe ich den österlichen Zauber der aufbrechenden Frühlingsnatur so elementar erlebt wie auf Herrnhuts Fluren, wenn ich morgens durch das taunasse Gras der Feldwege lief, wenn die Lerche sich jubelnd aus den Wiesen erhob und sich in den blauen Äther schwang: Das war wie ein Symbol für meinen neuen Lebensmut und unseren künftigen gemeinsamen Weg. Wir heirateten am 15. September 1959 im Kirchsaal zu Herrnhut.

Teil II
Die ungeteilte Botschaft der Kunst

Die wahre Klugheit ist es, in sich auf die Stimme
der Weigerung zu hören, den Menschen in sich zu achten.
Ein Mensch unterwirft sich nicht dem Unannehmbaren,
welchen Preis er auch immer dafür zahlen muß.

Martin Gray

Anfang im Schloß Pillnitz

Bei den »Neuen Meistern«

Als nach dem Krieg, im Sommer und Herbst 1945, die unermesslich reichen Kunstschätze der weltberühmten Dresdner Sammlungen durch Spezialkommandos der Roten Armee aus den sächsischen Bergedepots geholt, im Schloss zu Pillnitz zusammengezogen und für den Abtransport nach Russland verpackt wurden, da ließen die Kunstexperten der sowjetischen Trophäenkommission die Bilder der neueren deutschen Malerei – mit Ausnahme einiger Gemälde Menzels – zurück. Der Grund dafür soll eine allerhöchste Anordnung aus Moskau gewesen sein, Werke des nationalen deutschen Kulturerbes von der Vereinnahmung durch die Sieger zu bewahren. So kam es, dass sie schon 1946 im Rahmen eines neu geschaffenen Zentralmuseums des Landes Sachsen im Pillnitzer Schloss wieder ausgestellt werden konnten.

1955/56 aber geschah das Wunder der Rückgabe aller von der Sowjetischen Armee erbeuteten Kunstwerke an die vasallentreue sozialistische DDR. Da brauchte man gleichsam über Nacht in Dresden ein Team von Sammlungsdirektoren und Museumswissenschaftlern für die nun neugegründeten Staatlichen Kunstsammlungen. Das war der Grund dafür, dass damals fast ein ganzer Absolventenjahrgang von Kunsthistorikern und Archäologen in Dresden Anstellung fand.

Auch für mich war es eine glückliche Fügung, dass ich Anfang Oktober 1959 meine erste Arbeitsstelle an der Gemäldegalerie Neue Meister antreten konnte. Die war damals erst wenige Monate alt. Im Rahmen der Neuordnung der Dresdner Sammlungen nach 1956 hatte sie Generaldirektor Max Seydewitz Anfang 1959 aus dem Zusammenhang der Gemäldegalerie herausgelöst und ihr selbständigen Status verliehen. Es war eine sinnvolle Wiedergründung, denn schon 1931 war die moderne Abteilung durch Direktor Hans Posse als Neue Staatliche Gemäldegalerie von den Alten Meistern getrennt worden. Es handelt sich dabei um jenen Teil der Sammlung, deren Werke nach etwa 1800 entstanden waren. Diese Kollektion verdankt ihre Existenz nicht mehr der Sammelleidenschaft und dem Repräsentationsbedürfnis der Wettinischen Fürsten, sondern der öffentlichen Kunstpflege, zu der sich der sächsische Staat seit etwa der Mitte des 19. Jahrhunderts unter maßgeblicher Teilnahme des kunstinteressierten Bürgertums in der Pflicht sah. Vom Gedanken der vordringlichen Förderung »vaterländischer«, also sächsischer Künstler ausgehend, gedieh die ständig wachsende Kollektion seit etwa 1890 zu einer der bedeutendsten Galerien deutscher Malerei des 19. und frühen 20. Jahrhunderts in unserem Land. Die mit dem Jahr 1933 beginnende Folge politischer Katastrophen aber stoppte nicht nur die positive Entwicklung der modernen Sammlung, sondern führte schließlich zu unersetzlichen Verlusten ihres stolzen Bestandes. Immer noch aber bot sie eine erstaunliche Fülle bewundernswerter Werke von Koch und Friedrich bis hin zu Manet, Monet, Degas, Gauguin, Corinth, Slevogt und Dix.

Ist die Galerie der Alten Meister im wiedererrichteten Semperbau am Zwinger fast so etwas wie ein Heiligtum, ein Ort der Kunstandacht, deren Bilder man ehrfürchtig bewundert, so motivieren die Gemälde des 19. und 20. Jahrhunderts zur Auseinandersetzung, weil sie uns in ihrer Formsprache und Inhaltsproblematik näher sind.

Geradezu traumhaft war der Ort meiner Tätigkeit, die ich Mitte Oktober 1959 antrat: Das mit seinen geschwungenen Dächern und gemalten Chinoiserien exotisch anmutende königliche Lust- und Sommerschloss zu Pillnitz an der Elbe war eines der wenigen vom Krieg unversehrt gebliebenen öffentlichen Gebäude im Umfeld der von Bomben völlig zerstörten sächsischen Hauptstadt. Hingebreitet zwischen Strom und Elbhöhen; inmitten von Gärten und Parks leuchteten seine grün patinierten, geschwungenen Dächer über hellgelben Putzfassaden in der herbstlichen Sonne. Orangenbäume, Oleander, Palmen und Agaven standen in Holzkübeln vor den langgestreckten Fronten des Wasser- und des Bergpalais. Riesige alte Buchen mit goldfarbigem Laub rauschten im Wind, eine Fontäne schoss in den Himmel und warf plätschernd ihren Strahl in ein gemauertes Wasserbecken.

Die Direktion der Gemäldegalerie Neue Meister befand sich im Obergeschoss des Wasserpalais. Horst Zimmermann, der Direktor dieser faszinierenden Sammlung, gehörte auch zu jenem begünstigten Absolventenjahrgang. Ihm hatte Generaldirektor Seydewitz wenige Monate zuvor erst die Neuen Meister anvertraut. Er entstammte einer mecklenburgischen Landarbeiterfamilie, war über die sogenannte Arbeiter- und Bauernfakultät zum Studium gekommen und in Berlin Schüler des großen Richard Hamann gewesen. Natürlich war er Mitglied der Staatspartei SED. Doch gewann ich bald den Eindruck, dass ich mit dem um fünf Jahre Jüngeren gut würde zusammenarbeiten können.

Von meinem Schreibtisch aus blickte ich auf den Strom, den kleinen Gondelhafen mit den beiden steinernen Sphingen über der Flusstreppe und auf die langgestreckte, baumbestandene Elbinsel, ein Naturreservat, das hundert Jahre zuvor den königlichen Leibarzt Carus schon fasziniert und zu begeisterter Schilderung dieses Ortes motiviert hatte.

Zusammen mit einer jüngeren Kollegin und der Sekretärin waren wir zu viert. Dann gab es noch den gutherzigen Depotmeister Träumer, den alten Oberaufseher Maul, der die Aufsichtskräfte anleitete und den alten Tischler Heinisch, ein krummes, einäugiges Faktotum, aus Schlesien stammend, handwerklich geschickt und vielseitig einsetzbar. Der Mann war uns unentbehrlich, denn bei der Neueinrichtung der Galerie und der Ordnung der Bilderdepots in den Schlossräumen gab es mit allerlei Ein- und Umbauten viel zu werkeln.

Es war jene schwierige, aber auch interessante Zeit des Wiederaufbaus und der Neuorganisation der Dresdner Sammlungen nach der Heimführung ihrer Kunstschätze aus der Sowjetunion. Mit der Präsentation der Sammlung Neuer Meister in beiden Palais des Schlosses konnte sie zum ersten Mal in ihrer Geschichte in einem überschaubaren räumlichen Zusammenhang gezeigt werden. Zimmermann betraute mich mit der Gestaltung der leeren Säle im Wasserpalais, durch deren Fenster und Glastüren Fluss und Elbinsel grüßten. Das Hängen der Meisterwerke der deutschen Impressionisten Max Liebermann, Lovis Corinth und Max Slevogt, einem Schwerpunkt der Sammlung, war eine fesselnde Aufgabe für den Museumsneuling.

Die Pillnitzer Idylle

So gut wie hoffnungslos war meine Suche nach einem Wohnraum im zerstörten Dresden. Auch die Betriebswohnungskommission konnte mir nicht helfen. Einstweilen und bis zur Klärung der Wohnungsfrage hatte mir Zimmermann ein Gästezimmer als Bleibe zur Verfügung gestellt. Das befand sich in der Beletage des Bergpalais und lag direkt an einem zugigen Treppenhaus. Der kleine, dunkle, annähernd quadratische Eckraum besaß drei Fenster. Man konnte von hier aus in den Nordteil des Parks mit den grünen Laubmassen einer Lindenallee schauen und über ihnen die Weinhänge hinter dem Dorf Pillnitz erahnen.

Das Inventar bestand aus zwei roh gezimmerten Holzbetten mit durchgelegenen Rosshaarmatratzen, einem alten Wehrmachtsspind, einer Barockkommode und zwei mit blauer Seide überzogenen, nicht mehr ganz stabilen Rokokostühlen. Dann gab es noch einen verbrauchten Kachelofen und einen gusseisernen Ausguss mit Wasserhahn. In diesem surrealen Ensemble nahm ich froh und hochbeglückt Quartier. Bald wurde mir klar, dass mit einer Wohnung in der Stadt, und sei es auch nur zur Untermiete, sobald nicht zu rechnen sein würde. So wurde ich Stammgast im Gästezimmer.

Wenige Monate zuvor hatte mir Veronika trotz verständlicher Bedenken der Ihren das Jawort fürs Leben gegeben. Es war für mich Gescheiterten, Kriegsversehrten und mit Krankheit Geschlagenen ein wunderbares Geschenk. Meine feste Anstellung als wissenschaftlicher Assistent gab meinem Leben nun auch eine bescheidene wirtschaftliche Grundlage. Ob aber meine junge Frau bereit sein würde, meine mehr als schlichte Notunterkunft mit mir zu teilen? Sie war es und reiste aus Herrnhut an. Und so begann im November 1959 jene gemeinsame Zeit in Pillnitz, die in meiner verklärenden Rückschau als besonders glückliche erscheint.

Dieser erste Winter war hart. Im Januar zog eisige Luft durch die Ritzen der dick zugefrorenen Fenster. Der alte Kachelofen qualmte und stank, kam aber gegen die Kälte, die in den Mauern saß, nicht an. Doch welch märchenhafter Zauber lag über dem einsamen Park, wenn nachts frischer Schnee gefallen war, der alle Geräusche schluckte, die Gebäude weich umhüllte und als hohes Polster auf den pagodenhaft geschwungenen Dächern lag. In den Hohlkehlen des Hauptgesimses agierten, zum Greifen nah, verspielte »Chinesen« unter fantastischen Pflanzen in der goldenen Wintersonne. Wir genossen die Stille, diese wundersame Einsamkeit!

In unserem Palaisflügel hausten wir wie auf einer Insel. Nur der alte Schlossverwalter Oeser, ein Muster an Pflichterfüllung, ließ sich manchmal blicken. Er schaufelte einen Pfad durch den Schnee, brachte uns Kohlen gegen die Kälte und alte Matratzen gegen das Einfrieren der Wasserleitung.

Und dann erlebten wir den ersten Pillnitzer Frühling. Aus unzähligen Knospen brach das frische Grün. Des Morgens wurden wir durch hundert Vogelstimmen geweckt. Der Lustgarten war von den Gärtnern mit tausend Stiefmütterchen bepflanzt worden. In den alten Gewächshäusern dufteten schon im Februar die Hyazinthen, leuchteten die Tulpen zwischen kleinen Springbrunnen. Im März trieb die berühmte zweihundertjährige Kamelie in ihrem Konservationshaus tausende roter Blüten, und kurz darauf bedeckte sich die große Wiese nördlich des Bergpalais mit einem Meer von zartlila Krokussen. Sobald es wärmer wurde und keine Nachtfröste mehr zu befürchten waren, brachten die Gärtner mit ihren Elektrokarren die großen Holzkübel mit den tropischen Pflanzen aus dem Palmenhaus und stellten sie vor den Palaisfronten auf. Frühling in Pillnitz vergisst man nicht – wenn die Sonnenstrahlen durch das Blattwerk der Baumkronen fielen und lange Lichtbahnen auf den hellgrünen Rasen zeichneten, wenn der glockenhelle Sopran einer Mädchenstimme darüber sich emporschwang und jubilierte: »Sei mir gegrüßt vieltausendmal, holder, holder Frühling«.

Schlossverwalter Oeser war schon morgens um sechs auf den Beinen, kehrte die Terrassen, schlug knallend die hundert Tür- und Fensterläden zurück und bohnerte das Parkett der Ausstellungssäle, über denen wir wohnten.

Nach einigen vergeblichen Anläufen, in der Stadt akzeptablen Wohnraum zu finden, waren wir uns einig, dass wir alles daransetzen sollten, aus dem vorübergehenden Notquartier unsere feste Bleibe zu machen. Schon im Frühjahr erhielt ich die Erlaubnis, einen angrenzenden, doppelt so großen, bis dahin als Bilderdepot genutzten Raum mit zu bewohnen. Und als sich nach einem Jahr unser erstes Kind ankündigte, vergrößerte sich unsere Wohnung nach der Südseite hin durch Räume, die bis dahin ein junges Ehepaar bewohnt hatte, das sich zu unserem Glück trennte und auszog. Jetzt gewannen wir eine große Küche mit Fenstern zum Lustgarten und eine Art primitives Badezimmer mit gusseiserner Wanne und Kohlenbadeofen hinzu. Welch ein Luxus!

Damals war das Schloss noch nicht von Touristen überrannt, sondern träumte die meiste Zeit des Jahres in geruhsamer Abgeschiedenheit vor sich hin. Abgesehen von der dekorativen Umgestaltung einiger Räume um 1900 hatte es an den Gebäuden in den vergangenen 170 Jahren kaum eine Veränderung gegeben. Doch die Spuren des Alters machten sie uns eher noch sympathischer. Wir gingen auf Entdeckungsreise durch die riesigen Dachböden mit ihren vielen Kammern. An den mächtigen Eichenbalken hingen kopfunter Fledermäuse, und durch die Dachfenster konnte man weite Blicke über die Gärten und Parkanlagen genießen. Ein einziger Schlüssel, Harke genannt, schloss sämtliche Türen auf.

Da wurden die Geister derer lebendig, die seit der Zeit Augusts des Starken das Schloss bewohnt hatten: Könige und Prinzen, Höflinge und Lakaien, Beamte und Künstler samt ihren Damen, zuletzt die Maler und Akademieprofessoren Richard Dreher und Ludwig von Hofmann, den die Russen 1945 aus seiner Wohnung im Wasserpalais vertrieben hatten, weil sie die Räume zum Zwischenlagern ihrer Kunstbeute benötigten. Er starb wenige Monate nach diesem Exodus in einem Zimmer der Brockhaus'schen Villa oben im Dorf.

Damals vergingen unsere Tage in jenem schönen Gleichmaß, das meine Arbeitszeit wie auch der Rhythmus der Natur vorgaben. Das Leben im Schloss war unkompliziert. Man kannte sich und sprach miteinander. Und selbst die schlichten Leute der Schlosswache, deren Dienstraum unter unserer Küche lag, zeigten sich freundlich, gesprächig und hilfsbereit. Noch war ich frei von Arbeitsüberlastung und Hektik. Generaldirektion und SED-Parteileitung der Staatlichen Kunstsammlungen saßen weit entfernt im Stadtzentrum. Hier belästigten uns keine Hausfriedens-Komitees, keine Aufklärungslokale und kein permanenter Bekenntniszwang zu Frieden, Sozialismus und zur großen, ruhmreichen Sowjetunion, die man zu lieben hatte.

Draußen in der Welt ging inzwischen der Kalte Krieg als Macht- und Klassenkampf mit seinem Hauen und Stechen weiter. Mit großem Propagandagetöse begann die Zwangskollektivierung der Landwirtschaft. Es starb der alte Arbeiterpräsident Wilhelm Pieck und ein gewisser Ulbricht, sächselnd und spitzbärtig, wurde Oberhaupt des ostdeutschen Arbeiter- und Bauernstaates. Wir aber hatten in der Pillnitzer Idylle eine Nische zum Leben und Durchatmen gefunden. Welch ein Kontrast zu dem tristen Leipziger Milieu, aus dem wir gekommen waren.

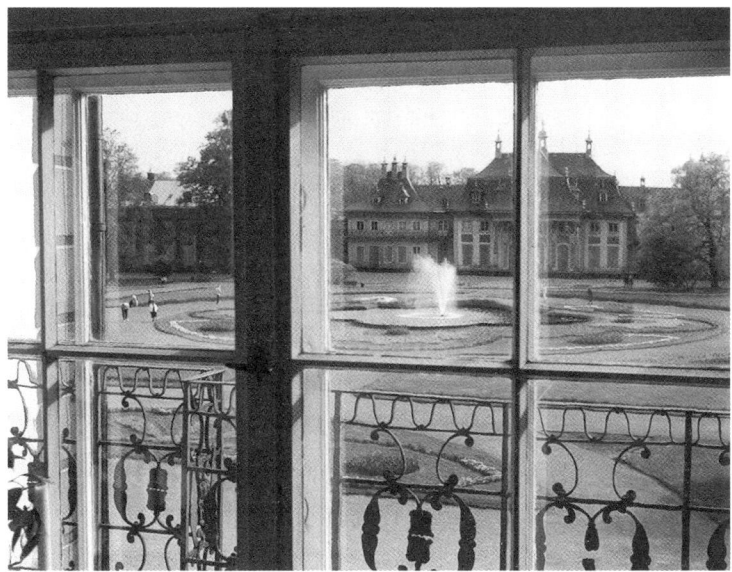

Blick aus dem Fenster unserer Wohnung im Bergpalais von Schloss Pillnitz

Zwar waren wir nun die alleinigen Bewohner des Bergpalais-Mitteltrakts, jedoch nicht die einzigen Mieter im Schloss. Die Staatlichen Kunstsammlungen, denen es unterstand, hatten hier eine ganze Reihe ihrer Mitarbeiter untergebracht, und zwar in den Ostflügeln der beiden alten Palais sowie im Neuen Schloss am Fliederhof. Im Wasserpalais wohnte die betuliche Dr. Erna Brand, ein immer ängstliches, ständig klagendes kleines Fräulein, der in der Gemäldegalerie Alte Meister die Abteilung der deutschen Malerei bis hin zu Anton Graff anvertraut war. Ihre Nachbarn waren der gnatzige Depotmeister Seidel und die Direktionssekretärin Fräulein Fischer. Im angrenzenden Neuen Schloss, dessen Flügel den Fliederhof umgaben, lebten manche Familien freilich schon seit den zwanziger Jahren. Im sogenannten Küchenflügel hatte die Textilkünstlerin Wanda Bibrowicz noch bis 1952 eine Werkstatt für Bildwirkerei betrieben. Der Jugendstilmaler Max Wislicenus hatte dort mit ihr zusammengelebt.

Nicht lange vor unserer Ankunft war in einer großen Erdgeschosswohnung am Fliederhof die Familie Decker eingezogen. Das junge Künstlerehepaar kam uns bald freundschaftlich nahe. Friedrich Decker war Gemälderestaurator an der Galerie, seine Frau Textilgestalterin und -restauratorin. Beide hatten an der Kunstschule auf der Burg Giebichenstein in Halle studiert. Friedrich, ein immer freundlicher Mann von gedrungener Gestalt, besaß stupende Kenntnisse der alten Maltechniken.

Mit den Deckers und anderen Freunden zusammen feierten wir zur alljährlichen Faschingszeit unvergessliche Schlossfeste. Einmal versetzten wir uns zurück in die Zeiten des augusteischen Barock, ein andermal in die der alten Römer. Da war kreative Fantasie gefragt. Die Deckers gingen 1968 nach Potsdam-Sanssouci und kehrten 1977 nach Dresden zurück, wo Friedrich Decker ein Lehramt in der Abteilung Gemälderestaurierung an der Hochschule für Bildende Künste wahrnahm. An ihre Stelle war bald der Archäologe und spätere Direktor der Skulpturensammlung Heiner Protzmann mit seiner Familie in die Decker'sche Wohnung gezogen.

Im »Neuen Schloss wohnte auch das alte Künstlerehepaar Goetz und Irma Lang-Scheer. Sie zehrten von verblasstem Ruhm. Er hatte einstmals eine Puppenbühne anfangs unter dem Namen »Heidelberger Studentenkasper« betrieben. Später taufte er seine Ein-Mann-Komödie ganz bescheiden »Goetz-Scheer-Theater«, nannte sich Dramaturg und Gast an Staatsbühnen. Jedenfalls war er sehr stolz auf seine große künstlerische Vergangenheit, während seine Frau Irma Lang-Scheer eine eher bescheidene Person und eine ganz akzeptable Malerin gewesen war. Immer nachmittags sah man die beiden zum Parkspaziergang unter unseren Fenstern vorbeigehen, er mit ausgreifenden Schritten voran, sie, klein und gebückt, trippelte einen Meter hinter ihm her.

Leben in Pillnitz

Unsere Tochter Uta wurde im Juli 1961 geboren. Sie war ein sehr lebhaftes Kind. Der Pfarrer Reinisch taufte sie in der kleinen, ehemaligen Elbschifferkirche Maria am Wasser im Nachbardorf Hosterwitz. Ihr erstes Bilderbuch waren die Chinesenszenen am Hohlkehlenfries über unserem langen Südbalkon, auf dem im Sommer ihr Bettchen häufig stand. Das Zwitschern der Vögel und das Rauschen der großen Fontäne durchwebten ihre ersten Träume.

Uta war ein fleißiges Mädchen. Und sie besaß das Ordnungs-Gen. Eine ihrer Lieblingsbeschäftigungen war »zertieren«, was so viel wie »sortieren« hieß. Das Klavierspielen lernte sie auf jenem Steinway-Flügel, auf dem der Malerprofessor Ludwig von Hofmann einst täglich musiziert hatte. Nach Frau von Hofmanns Tod hatten wir das kostbare Stück als Dauerleihgabe bekommen und es in unserem großen, dreifenstrigen Wohnzimmer aufgestellt.

Unser kleiner Sohn, der vier Jahre jüngere Mathis, war ein fröhliches Kind. Auf den Sandwegen zwischen den Rasenflächen des Lustgartens fuhr er mit seinem quietschenden Dreirad, dem er noch diverse Blech- und Holzfahrzeuge aus der Spielzeugkiste angehängt hatte, entlang. So war er stets zu finden, wenn er in den Heckengärten einmal verloren gegangen war. Die Schule nahm er nicht so ernst wie seine große Schwester. Wenn er mittags nach Hause kam, sang er schon auf der Treppe und platzte vor Mitteilungsfreude. Bereits den Neunjährigen zog es zu den Pferden im Stall des sogenannten Volksgutes gleich vor dem westlichen Schlossparktor, wo eine Reitgruppe regelmäßig zusammenkam. Bald hatte er dort sein eigenes Pferd, das er pflegte und liebte und auf dem er später auch Turniere ritt.

Den Kindern ging es gut in Pillnitz. Der große Park zwischen Elbstrom und dem Dorf Pillnitz mit seinen beiden Teichen und den Gewächshäusern war ihr Spielplatz. Spielgefährten waren zunächst die Kinder der Deckers und des Journalisten Erich Kempkens, später vor allem auch die von Gisela und Heiner Protzmann.

Damals wurden wir auch mit Eleonore von Hofmann, der Witwe des Jugendstilmalers und Akademieprofessors Ludwig von Hofmann, bekannt. Das Ehepaar hatte schon wenige Jahre nach der Berufung des Künstlers an die Dresdner Akademie im Südflügel des Neuen Schlosses eine Bleibe gefunden und von 1934 bis 1945 eine ganze Etage im Westflügel des Wasserpalais bewohnt. Frau von Hofmann lebte jetzt in der Brockhaus'schen Villa oben im Dorf, die auch das katholische Pfarramt und den Bischof Schaffran beherbergte. Das geräumige Zimmer, in dem ihr Bett und eine gepolsterte Sitzbank standen, lag im Erdgeschoss und wurde von einem großen Konzertflügel beherrscht. Nun stand darauf ein Elektrokocher zur Teebereitung.

Die 82-Jährige, die ein wenig der alten Käthe Kollwitz ähnelte, war eine Grande Dame von umfassender Bildung. Wenn wir sie besuchten – sie vermochte damals nicht mehr aufzustehen und empfing im Bett – führte sie die Unterhaltung. Sie konnte hinreißend aus ihrem Leben erzählen, und das war für uns immer eine Offenbarung. Aber auch ihr bereitete es sichtlich Vergnügen, wenn sie berichtete, wie sie als kleines Mädchen auf dem Arm des preußischen Kronprinzen und späteren Kaisers Wilhelm gesessen habe, der als Student der Archäologie zu Bonn Schüler und Hausgast ihres Vaters, des Professors Reinhard Kekulé von Stradonitz, gewesen war, oder wie die Hofmanns gemeinsam mit dem Ehepaar Gerhart Hauptmann durch Griechenland gereist waren. Frau von Hofmann war an der Seite ihres Mannes Zeitzeugin des kulturellen Aufbruchs der Jahrzehnte vor dem Ersten Weltkrieg gewesen, bei dem der bedeutende Jugendstilmaler eine wichtige Rolle gespielt hatte. »Ludwig«, sagte sie uns einmal, »hat eigentlich sein ganzes Leben lang ›Mozart‹ gemalt.«

Für mich war die durch ihre Erzählungen vermittelte Bekanntschaft mit dieser faszinierenden europäischen Kunstepoche, in der sie wie selbstverständlich zu Hause gewesen war, etwas ganz Neues. Ich konnte nur Trauer bei dem Gedanken empfinden, welche fruchtbaren Entwicklungen in der Kulturszene dieses Kontinents durch den Ersten Weltkrieg abgebrochen und später durch die Naziherrschaft gänzlich zerstört worden waren. Gar nicht zu denken an den Zustand dumpfer Stagnation und Isolierung von der Welt, in dem wir uns jetzt in der DDR befanden.

Da mein täglicher Weg von der Wohnung zum Arbeitsplatz gerade mal achtzig Meter betrug, verlief unser Dasein gleichsam in einem engen Zirkel. Wir fühlten uns als Dörfler und zugleich als privilegiert wohnende »Schlossherren«.

Nach und nach entdeckten wir hinter Park und Dorf auch die reizvolle Umgebung, die zur Zeit der Romantik schon berühmte Bewunderer wie Carl Maria von Weber, Richard Wagner und Carl Gustav Carus gesehen hatte. Da gab es die Elbhänge mit der künstlichen Ruine und den königlichen Jagdwegen bis hinüber nach Graupa, den Weinbergweg in halber Höhe des Hanges, die reizenden Bachtäler und Gründe hin zur Meixmühle und zur Keppmühle und den Elbuferpfad nach Söbrigen und Birkwitz, den die Elbschiffstreidler einst angelegt hatten. Und dann den malerischen Elbstrom mit seinem Schiffsverkehr, den mahlenden Eisschollen im Winter und dem Hochwasser im Frühjahr, das zuweilen die Flusstreppe zum kleinen Bootshafen am Schloss völlig überspülte.

Einige Jahrzehnte lang musizierte die Dresdner Philharmonie ihre Serenaden auf der Südseite des Bergpalais', die großen Konzerte mit Chor und Solisten aber auf der Nordseite direkt unter unseren Fenstern. Unser Balkonzimmer wurde dann zur begehrten Orchesterloge. Höhepunkte waren die Aufführungen von Beethovens »Neunter Symphonie« und von Haydns »Jahreszeiten«. Dann sangen die Solisten von unserem Nordbalkon herab. Um dorthin zu gelangen, mussten sie durch unser Wohnzimmer hindurchgehen, das wir ihnen gern auch zum Umkleiden zur Verfügung stellten. So lebten wir im Schloss zwar komfortabel allein, aber nicht ereignislos.

»Sozialistische Bildungsstätten des Volkes«

Die heile Welt in der Nische zu Pillnitz konnte freilich auf die Dauer nicht über die Spannungen und Gefährdungen hinwegtäuschen, die meinen beruflichen Alltag überschatteten. Klassenkampfgetöse drang sehr bald auch in unsere Abgeschiedenheit. Wie alles im neuen Arbeiter- und Bauernstaat so sollte im Namen einer »sozialistischen Kulturrevolution« auch das Museumswesen marxistisch umgestaltet werden – was immer das heißen mochte. Die werktätigen Massen sollten in Bewegung gebracht werden, um sich kulturelle Bildung anzueignen. Hauptaufgabe der Wissenschaftler aber hatte zu sein, ihnen dabei zu helfen und sie mit den Kunstschätzen vertraut zu machen. Daher wurden jetzt die Kunstsammlungen zu »sozialistischen Bildungsstätten des Volkes«. Dagegen wäre nun prinzipiell nichts einzuwenden gewesen, wenn die Einheitspartei nicht versucht hätte, ihre Direktiven diktatorisch, mit verbissenem Glaubenseifer und Totalitätsanspruch durchzusetzen. Und auch über die ganze Kunstgeschichte, deren studierten Vertretern die Funktionäre mit einem gewissen Misstrauen begegneten, legten sie das dogmatische Raster ihrer Parteilichkeit. Drohung baute sich auf als Macht des Staates und der SED in der Parteizentrale, der Generaldirektion im Albertinum und bald auch im politischen Überwachungsapparat des Ministeriums für Staatssicherheit. Und der vergaß keinen. Dort wurde meine Kaderakte geführt.

Und weil man mich wohl aufgrund meiner Herkunft zur Arbeiterklasse zählte, bekam ich eines Tages eine Vorladung zum Parteisekretär, der mir dringend nahelegte, in die Sozialistische Einheitspartei einzutreten. Das aber lehnte ich als unvereinbar mit meiner christlichen Überzeugung entschieden ab. Schon einmal war ich gutgläubig hinter einer Fahne hergelaufen, war auf die vorgefertigten Glaubensparolen einer Säkularreligion hereingefallen. Aber damals war ich noch ein Kind gewesen. Das sollte mir nicht noch einmal passieren, denn ich wusste: Erwartet wurde nicht nur politisches Bekenntnis, sondern Unterwerfung und aktives gesellschaftliches Engagement. Ich hatte mich wohl deutlich ausgedrückt, denn von da an machte nie wieder jemand den Versuch, mich für die Staatspartei zu gewinnen, aber ich war auch von Stund' an kein »Hoffnungsträger« mehr für sie, denen das rote Parteibuch alles, Fähigkeiten und Leistungsstärke wenig, galt.

Besonders Generaldirektor Seydewitz ließ mich meine Verweigerung fühlen. Für ihn war ich jetzt eine Unperson. Wenn er zuweilen nach Pillnitz herauskam, schien er mich überhaupt nicht wahrzunehmen. Der gelernte Schriftsetzer, ein inzwischen weißhaariger, bulliger Typ von gedrungener Gestalt, war vor der Nazizeit linker Sozialdemokrat gewesen und später über die Tschechoslowakei nach Schweden geflohen. Nach dem Einmarsch der Sowjetarmee 1945 hatte man ihn in Ostberlin mit hohen Ämtern, später sogar dem des Sächsischen Ministerpräsidenten, belohnt.

»Kurfürst Max«, wie ihn manche wegen seines autoritären Leitungsstils nannten, war ein fähiger und energischer Organisator, dabei aber ruhmsüchtig und egozentrisch wie so viele, die über Nacht an die Schalthebel der

Macht gelangt waren. Er hatte einen direkten Draht nach Ostberlin zu Walter Ulbricht, dessen Aversion gegen Religion und Kirche er teilte. Nur Kopfschütteln erregte bei Historikern sein Versuch, die sächsische Geschichte umzuschreiben. Sein Hass auf die alten Feudalherren verleitete ihn dazu, Sachsens berühmten Barockherrschern jegliches Kunstverständnis und jegliches kulturelles Verdienst abzusprechen, und damit die sogenannte Augusteische Legende zerstören zu wollen.

Vor ihm duckten sich alle, die neu ernannten, jungen Direktoren ebenso wie die Funktionäre der Stadt- und Bezirksverwaltung. Seydewitz konnte brutal und rücksichtslos gegenüber seinen Mitarbeitern sein. Manche aber, wie seine Sekretärin Wally Damm, nahmen ihn in Schutz und meinten, hinter seinem Herrschaftsprinzip stecke seine Frau, eine kleine Person, die etwas Verkniffenes hatte und sich als Schriftstellerin versuchte. Da war ich froh, so weit entfernt von der Zentrale zu sitzen.

Da alle Archivalien zu unserer Sammlung im Krieg verloren gegangen waren, hatten wir den gesamten Kunstbestand neu zu inventarisieren und wissenschaftlich zu bearbeiten. Weder verlässliche Karteien noch Fotos waren vorhanden. Eine Bibliothek mit Fachliteratur aufzubauen, machte ich mir zur speziellen Aufgabe. Es gab nur die Bilder. Kurzum: Der Neuaufbau musste wieder bei Null beginnen, und da war Pionierarbeit auch unter körperlichem Einsatz zu leisten, denn es war zunächst einmal dringend notwendig, Bilderdepots mit Holzstellagen für die Gemälde anzulegen und in eine praktikable Ordnung zu bringen. Ungeliebt, weil gänzlich uneffektiv war die sogenannte gesellschaftliche und kulturpolitische Tätigkeit, auf die in den Plänen und Rechenschaftsberichten – auch »Abrechnungen« genannt – seitens der Generaldirektion größtes Gewicht gelegt wurde. Wir erledigten das als schriftlich-verbale Routineangelegenheit und Pflichtübung.

Mir war allein die fachliche Seite der Museumstätigkeit wichtig. 1961 durfte ich eine Ausstellung über den Dresdner Maler Hans Jüchser machen. Dass Seydewitz sie genehmigt hatte, grenzte fast an ein Wunder. War doch der damals 67-jährige Künstler in den Augen der Partei eigentlich ein Renegat, weil er in jungen Jahren Kommunist und Mitglied der Dresdner Assoziation Revolutionärer Künstler gewesen war, aus dem Krieg aber als ein Anderer, vom Christentum nachhaltig Berührter, zurückkehrte.

Und er machte keinerlei Zugeständnisse an den »Sozialistischen Realismus«. So konnte unsere Ausstellung bewirken, dass diesem großen Künstler von da an mehr Aufmerksamkeit und Gerechtigkeit zuteilwurde. Als Seydewitz sie vor der Eröffnung in meiner Begleitung besichtigte und abnahm, sagte er zu mir kein Wort. Durch den Raum, in den ich die wundervollen Bilder mit biblischen Szenen gehängt hatte, ging er rasch und kommentarlos hindurch. Am nächsten Tag sprach er zur Eröffnung. Die religiösen Gemälde und den Kurator erwähnte er nicht. Aber Jüchser, ein überaus liebenswerter Mensch mit leuchtenden, wasserblauen Kinderaugen, war mir dankbar. Auf meinen Vorschlag hin wurde sein Gemälde »Das Haus des Dr. Jüngst« für die Galerie angekauft.

Die kunsthistorisch bedeutsame Ausstellung für den großen sächsischen Impressionisten Robert Sterl richteten 1962 Horst Zimmermann und ich im Bergpalais des Pillnitzer Schlosses gemeinsam aus. Dabei arbeiteten wir eng mit dem Sterl-Haus in Naundorf bei Wehlen zusammen, das den umfangreichen Nachlass besaß. Seine Verwalterin Helene Landgraf, ein Fräulein vorgeschrittenen Alters, war die letzte Haushälterin des Ehepaares Sterl gewesen. Sie wohnte inmitten der Schätze, über die sie wachte. Unsere Galerie besaß damals bereits 35 seiner Werke. Zimmermann hatte sich an dem interessanten Künstler festgebissen, über den er später promovierte. Mit den von ihm bevorzugten Themenkreisen der Steinbrucharbeiter in der Sächsischen Schweiz, des Konzertsaals und des Erlebnisses Russland hat sich Sterl mit expressiver Kraft auseinandergesetzt. Damit erhält sein Werk einen besonderen Akzent innerhalb der Kunstszene des deutschen Impressionismus. Unsere Ausstellung zum 30. Todestag des Malers war nach Jahrzehnten wieder die erste in Deutschland und hatte eine große Resonanz in der Öffentlichkeit.

Doch dann gab es auch jene unsäglichen, von der roten Obrigkeit angeordneten Projekte vorwiegend agitatorischen Charakters, die der Stärkung der Kulturpolitik der Partei dienen sollten. Sie waren künstlerisch meist belanglos, und ich konnte mich immer vor ihrer Bearbeitung drücken. Unter Namen wie »Kunst ist Waffe« oder »Wir gehen den Bitterfelder Weg« versammelten sie die meist verquälten, bestenfalls naiv-gutwilligen Resultate parteiverordneter Beschäftigung mit der Sphäre der sozialistischen Produktion in Industrie und Landwirtschaft. Diese »fortschrittliche« Positionierung unserer bildenden Künstler sollte zur Massenbewegung werden und war nach dem Ort einer richtunggebenden SED-Kulturkonferenz benannt. War doch im Bitterfelder Chemiekombinat 1959 von höchster Stelle die Forderung nach einem engen Bündnis von Künstlern und Arbeiterklasse erhoben worden. Und im Jahr zuvor bereits hatte Ulbricht auf einem Parteitag die jetzt angeblich herrschende Arbeiterklasse aufgerufen, sie möge nun »die Höhen der Kultur stürmen und von ihr Besitz ergreifen.« Wolfgang Balzer, der bedeutende Museumsmann und verdienstvolle erste Direktor der Dresdner Kunstsammlungen nach 1945, hatte dazu die schönen Verse gedichtet:

> Ein Bitterfelder Wegerich,
> der sich in die Ästhetik schlich,
> der mußte bitter zugestehn,
> hier war nicht Feld noch Weg zu sehn.

Westreisen mit leeren Taschen

Glücklicherweise kann man wertvolle Gemälde nicht einfach auf dem Postweg oder als Bahnfracht versenden. Ihr Transport erfordert persönliche Begleitung. Solcherart Dienstaufträge, besonders in Richtung Westen, waren hochbegehrt. Dankbar war man für jegliche Chance zu einer »Informations- und Bildungsreise« hinter – oder besser vor den Eisernen Vorhang.

Im Februar 1960 durfte ich eine solche Reise nach Stuttgart machen, um ein ausgeliehenes Bild zurückzuholen, natürlich mit der Eisenbahn und ohne »Westmark« in der Tasche. Die Hinfahrt führte mich über Nürnberg, das ich noch nie gesehen hatte. Da erlaubte ich mir, meine Reise zu unterbrechen. Vom mittelalterlichen Sehnsuchtsort der Romantiker gab es nur noch Fragmente wie die wiederaufgebauten Kirchen St. Lorenz, St. Sebald und Unser Lieben Frauen. Wiederhergestellt nach den zerstörerischen Luftangriffen der letzten Kriegsjahre fand ich die mittelalterliche Burg und das Albrecht-Dürer-Haus, daneben aber viel zerstörte alte Herrlichkeit. Ganze Stadtquartiere hatte man durch gesichtslose Neubauten ersetzt. Das war enttäuschend. Aber das Herz musste einem aufgehen im Germanischen Nationalmuseum.

Ähnlich erlebte ich das einst so schöne Stuttgart. Abgesehen vom Alten Renaissanceschloss und einigen gotischen Kirchen gab es wenig Sehenswertes. In der Staatsgalerie freilich geriet ich in staunende Bewunderung. Sie hatten hier gerade einen Picasso für über eine Million DM und für zehneinhalb Millionen eine Privatsammlung von dreißig modernen Franzosen angekauft. Da wurde mir klar, dass wir im Osten wohl für immer vom internationalen Kunstmarkt getrennt sein würden. Für Mark der DDR war kein bedeutendes Werk zu haben. Die großen Lücken in unserer Sammlung würden bleiben.

Durch die Einkaufsmeile schlendernd, war ich schon beeindruckt von der Fülle des Angebots und der attraktiven neuen Glitzerwelt. Doch im Grunde fühlte ich mich – vierzehn Jahre nach der Aufteilung Deutschlands durch die Alliierten – ziemlich fremd im Wirtschaftswunderland. Man begegnete mir stets freundlich, wenn auch mit einer gewissen satten Selbstgefälligkeit. Mir schien, als sähen sie in uns Ostdeutschen die verarmten Verwandten. Zwar waren wir – wie die Kommunisten uns versicherten – die »Sieger der Geschichte«, hatten aber kein Geld in der Tasche. Mit einer Art neidvoller Bewunderung sah ich den allgemeinen Wohlstand und die Opulenz der dortigen Sammlungen, die sich moderne Museumsbauten und millionenteure Neuerwerbungen leisten konnten.

Polnische Gastfreundschaft und Julius Scholtz in Warschau

Im Frühsommer 1961 nahm ich an einer Studienreise nach Polen teil, die wohl im Rahmen eines Austauschprogramms zwischen den Kunstmuseen erstmals nach dem Krieg möglich wurde. Eine lange Bahnfahrt brachte uns sechs Dresdner Museumsleute nach Krakau, wo sich zwei ausnehmend hübsche junge Damen, Kolleginnen des Czartoryski-Museums, um uns bemühten.

Wir fanden die alte polnische Königsresidenz, östliche Metropole christlich-abendländischer Kultur, weitgehend unzerstört. Viele Künstler aus dem Westen hatten hier gewirkt und gebaut: die Burg und den Dom, die ehrwürdige Universität mit dem schönen Renaissance-Arkadenhof und die Stadtkirche, beherrscht vom eindrucksvollen Marienaltar des Nürnbergers Veit Stoss, den die Polen Wit Stwosz nannten.

Unser nächstes Ziel war Warschau. Im Anblick von Polens Hauptstadt müssen Deutsche wohl lange noch ein Gefühl von Schuld und Scham empfinden. Nach dem Warschauer Aufstand der polnischen Widerstandsbewegung 1944 hatten Verbände der Waffen-SS die Weichselmetropole vollständig dem Erdboden gleichgemacht. Wir fanden sie wiederaufgebaut im Geist sozialistischer Städteplanung: Große Gebäudeblöcke auf weiten Flächen mit breiten Straßen und mittendrin der Riesenturm des Kulturpalasts, ein Monstrum in sowjetischem Zuckerbäckerstil. Stalin selbst soll ihn dem polnischen Volk »geschenkt« haben.

Die historische Altstadt mit etlichen Kirchen aber hatte man nach altem Vorbild wiedererrichtet. Das war nicht nur eine große städtebaulich-denkmalpflegerische Leistung. Die Polen hatten mit dieser Rekonstruktion ein Stück ihrer geschichtlichen Identität zurückgewonnen. Es war ein trotziges »Nein« gegen den vermeintlichen Richtspruch der Geschichte. Freilich sahen die glatten Fassaden des Stare Miasto noch ein wenig neu aus, doch würde die Patina der Zeit schon für künftige Akzeptanz der kulturhistorisch so verdienstvollen Wiedergewinnung des alten Stadtbilds sorgen. Eigentlich hätten die Menschen, denen wir begegneten, allen Grund gehabt, uns Deutsche zu verachten. Wir aber erfuhren von ihnen nur Freundlichkeit.

Im Spätsommer 1962 machte ich mich nochmals, aber diesmal allein, auf den Weg in Polens Hauptstadt. Der Grund dafür war die Notwendigkeit von Studien und Fotoaufnahmen in der Grafischen Sammlung des Nationalmuseums für meine Dissertation über den Maler Julius Scholtz. Auch diesmal nahm ich nicht den direkten Weg nach Warschau. Bildungshunger, Neugier und ein Blick auf die Landkarte legten nahe, einen Umweg über den Norden zu machen: Ich wollte Danzig sehen, die berühmte, ehemals deutsche Stadt an der baltischen Ostseeküste.

Die Reise dorthin konnte kontrastreicher nicht sein. Als ich in Dresden-Neustadt abends den aus Paris kommenden Zug bestieg, hatte ich im komfortablen Liegewagen ein Abteil für mich allein. In Posen musste ich umsteigen. Hier war morgens um eins der Teufel los. Der nächtlichen Kälte wegen drängte sich alles Volk in den Wartesälen. Ich war erstaunt, wie viele Tausend Menschen um diese frühe Zeit da schon auf den Beinen waren.

Dreiviertel drei fuhr ein Personenzug nach Danzig ein. Er war bereits so überfüllt, dass ich keine Chance hatte, mit meinen beiden Koffern noch zusteigen zu können. Kurz nach vier sollte der nächste fahren. Mit vielen anderen Fahrgästen erwartete ich ihn am Bahnsteig sieben. Diesmal musste ich es schaffen, mitzukommen. Ein Lautsprecher röhrte Unverständliches. Jemand sagte mir in gebrochenem Deutsch, er habe siebzig Minuten Verspätung. Später hieß es, die Verspätung betrage zwei Stunden. Gegen sechs Uhr fuhr der Zug endlich ein. Er war zum Brechen voll. Alle stürzten sich auf die Eingänge. Es war mir gerade noch gelungen, die unterste Stufe zu einem der Waggons zu erklettern, als der Signalpfiff zur Abfahrt ertönte. Wir hatten fünf Stunden Fahrt vor uns.

Als wir uns am frühen Vormittag der Danziger Bucht näherten, riss die Wolkendecke auf und in leuchtendem Ziegelrot lag unter tiefblauem Himmel die Ostseemetropole vor uns. 1945 wurde die Stadt kurz vor Kriegsende noch von der Sowjetarmee in Trümmer gelegt. Jetzt glänzten ihre prächtigen Backsteingebäude wieder in der Sonne. Polnische Denkmalpfleger und Bauleute hatten das Verlorene neu erstehen lassen: die alten Gassen mit ihren prächtigen Giebelhäusern und vorgebauten Beischlägen, das schöne Rathaus, das hölzerne Krantor und die innen weiß getünchte Backsteinkirche Sankt Marien, jetzt Polens größter Sakralbau.

Fünf Tage später brachte mich ein schneller Diesel-Zug nach Warschau. Ich war mit großer Fotoausrüstung angereist, ohne zu wissen, wo ich würde übernachten können. Ein Telefonanruf der freundlichen Kustodin des Graphischen Kabinetts vermittelte mir eine Unterkunft im Haus des Künstlerverbandes am Rynek, dem Alten Markt. Da war ein großes Zimmer mit fünf Betten zwischen feinen Stilmöbeln und alten Gemälden. Am vierten Tag wurde das fünfte Bett durch einen Herren von bemerkenswerter Körpergröße und spärlichem Haupthaar belegt. Er sprach mich in deutscher Sprache an, erkundigte sich nach meinem Woher und Wohin und meinem Anliegen in Warschau. Er interessierte sich für meine Arbeit, fragte nach der Art und Ursache meiner Armbehinderung, kümmerte sich um meine peinlich-lästige Verdauungsstörung und wanderte mit mir durch etliche Buch- und Musikalienhandlungen, um mir eine Schallplatte »für die Frau« zu kaufen. Dieser erstaunliche Mensch war der polnische Musikprofessor, Komponist, Dirigent und Archäologe Edward Bury. Beim Kaffee erzählte er mir seine Geschichte. Die deutschen Besatzer hatten den damals 20-jährigen Juden in das Konzentrationslager Stutthof bei Danzig gesperrt, wo er schwer erkrankt und nur knapp dem Tod entgangen war. Für seine erste, seine »Freiheitssinfonie«, die er demnächst vor der UNO in New York aufführen sollte, hatte er den polnischen Nationalpreis erhalten. Und dieser Edward Bury dachte mitten im Kalten Krieg an ein vereinigtes Europa ohne Grenzen. Was für ein mutiger Visionär!

Am Tag meiner Abreise klingelte morgens halb fünf ein Wecker. Er gehörte Professor Bury, der es sich nicht nehmen ließ, mich mit meinem großen Gepäck zum Bahnhof zu begleiten und in den richtigen Zug zu setzen. Der Mann, ein bekennender katholischer Christ, hat mein Polenbild verändert und bis heute mitgeprägt.

13. August 1961: Eingemauert

Bis zu diesem Tag war die Grenze zur Bundesrepublik durchlässig gewesen, und Zehntausende hatten das offene Tor Westberlin zur Flucht in den Westen genutzt. Eines Morgens im August 1961 – es war der dreizehnte – brachten die Rundfunksender in Ost und West die Nachricht von der hermetischen Abriegelung und militärischen Befestigung der innerdeutschen Grenzen nach Westberlin und Westdeutschland, im Volksmund und in den Westmedien später als Mauerbau bezeichnet. Wie die meisten Ostdeutschen war ich entsetzt und tief deprimiert.

Ich konnte mir – was sicherlich weltfremd war – einfach nicht vorstellen, dass es Menschen gab, und es mussten wohl viele Tausende sein, die sich auf ein Kommando der allmächtigen Partei hin selbst einmauerten, sich dazu hergaben, die Wände ihres eigenen Gefängnisses zu errichten. Auf den Zeitungsfotos sah man sie lachend Drahtverhaue ausrollen, Steinblöcke aufeinandertürmen und mit Stahlhelm und Kalaschnikow im Anschlag in Heldenpose westwärts schauen. Es war doch wohl nicht möglich, dass sie alle die Lügenmär vom »antifaschistischen Schutzwall« glaubten?

Mir war das in höchstem Maße unheimlich und beängstigend. Was machten sie mit uns? »Ihr im Osten jetzt Eingesperrten, lasset alle Hoffnung fahren!«, stand unsichtbar an dieser unüberwindlichen Mauer geschrieben. Ulbrichts Staatssekretär Otto Gotsche sprach es deutlich aus: »Jetzt haben wir die Mauer, und jetzt werden wir jeden daran zerquetschen, der gegen uns ist.« Wir waren unseren Gefängniswärtern ausgeliefert.

Die Abschnürung dieser 17 Millionen Deutschen von ihren historischen Ursprüngen, die gewaltsame Durchtrennung unzähliger Verbindungsstränge einer tausendjährigen gemeinsamen Geschichte und Kultur, der Verwandtschaft und Freundschaft, war etwas Unerhörtes; es war ruchlos, pervers, und es war zugleich unmenschlich. Umso wichtiger war es jetzt, dass es hier Deutsche gab, die das Bewusstsein von der unzerstörbaren Gemeinsamkeit, unserer ethnischen und kulturellen Zusammengehörigkeit mit dem Westen wachhielten. Dieser Aufgabe wollte ich mich mit allen Kräften widmen. Diese Freiheit blieb in unseren Köpfen; man konnte sie uns nicht nehmen.

Wie mir die Heiligen Kyrill und Method halfen

An der Mauer hatte nach dem Willen Ulbrichts für uns die Welt zu enden. Dafür sollten auf Befehl der Partei- und Staatsführung die kulturellen Kontakte mit der Sowjetunion und den sogenannten sozialistischen Bruderländern verstärkt werden. Die Leitung der Dresdner Kunstsammlungen beeilte sich, dieser von oben verordneten Blickwendung nach Osten mit gutem Beispiel voranzugehen.

Demzufolge wurde uns in Pillnitz auferlegt, eine Wanderausstellung »Deutsche Malerei des 19. und 20. Jahrhunderts« aus unseren Beständen zusammenzustellen, die wir nach Ungarn, Rumänien und Bulgarien schicken sollten. Zimmermann hatte die ersten beiden Stationen übernommen. Anfang Oktober 1962 erhielt ich den Dienstauftrag, die Ausstellung in Bukarest abzubauen, sie nach Sofia zu überführen und dort wieder einzurichten. Die Transportmodalitäten, so hieß es, seien vertraglich vereinbart und die Gemälde durch eine sogenannte Staatsgarantie geschützt. Na ja.

Es war ein rumänisches Flugzeug der Gesellschaft TAROM, das mich vom DDR-Flughafen Berlin-Schönefeld in die rumänische Hauptstadt bringen sollte. Ich muss wohl zu spät durch die Kontrollen gegangen sein, denn ich war der einzige Fluggast, der über das Feld auf die bezeichnete Maschine zuschritt. Ich wunderte mich dann doch, als mich dort eine Ehrenformation der Nationalen Volksarmee erwartete, hinter der fähnchenschwenkende Junge Pioniere mit Blumensträußen mich freundlich begrüßten. Dass meiner Mission in der befreundeten Volksrepublik so großes politisches Gewicht beigemessen würde, hatte ich freilich nicht erwartet.

Gerade hatte ich leutselig zurückgewinkt, als ein Offizier der Deutschen Volkspolizei erregt auf mich zukam und mich in scharfem Preußenton anfuhr: »Wer sind denn Sie? Wat ham se denn hia for eene Funkzion?« Als ich wahrheitsgetreu sagte: »Keine«, schnauzte er wütend: »Denn begeem se sich schnellstens wieda in den Transitraum!« Da mir das widersinnig erschien, stellte ich mich kurzerhand zu den Jungen Pionieren, die alsbald

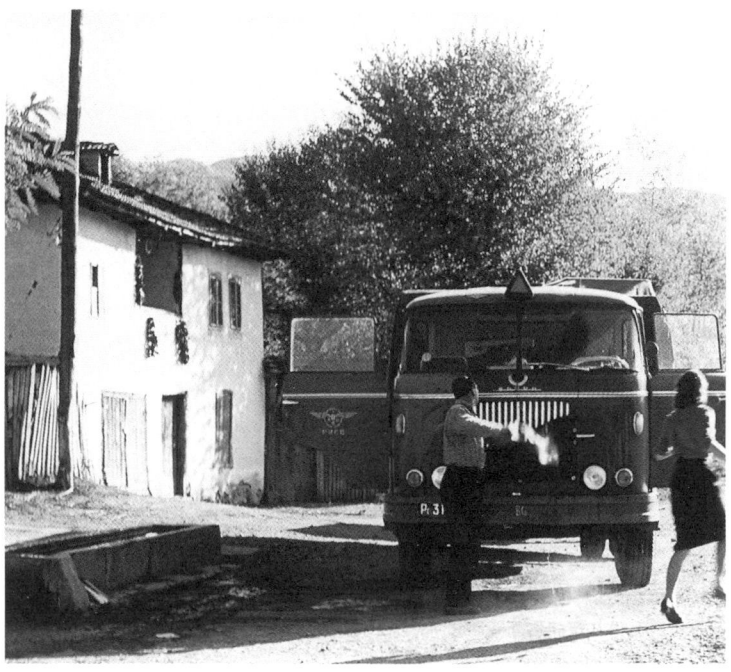

Gemäldetransporter im Balkangebirge

befehlsgemäß zu jubeln begannen. Die Ehrenformation stand stramm und präsentierte das Gewehr. Denn es näherten sich zwei kleine Männer in dunkelblauen Anzügen, die wie Schuljungen aussahen. Es waren wohl Vietnamesen. Sie wurden von einem hohen Regierungsmitglied mit vielem Händeschütteln verabschiedet, verbeugten sich mehrmals, winkten kurz und bestiegen über den Laufsteg die Maschine. Ich stieg hinterher, fand meinen Platz am Fenster und fünf Minuten später hoben wir ab.

In Bukarest wurde ich viel höflicher behandelt. Eine Dame von der DDR-Botschaft erwartete mich am Flughafen und brachte mich in einer schwarzen, hochglanzpolierten Limousine des Typs »Moskwitsch« zum noblen Hotel »Athenaeum«. Von da an betreute mich eine hübsche, dunkelhaarige Dolmetscherin des rumänischen Kulturministeriums. Sie besuchte mit mir die Galerien, das Dorfmuseum und den Stalinpark, versorgte mich mit Eintrittskarten für Konzerte, Oper und Staatsvarieté, wo die schönsten Mädchen des Landes etwas wie Pariser Charme verbreiteten. Kurzum: Man ließ es mir recht gut gehen. Rumäniens Hauptstadt beeindruckte in jenen Jahren durch ihre großzügige städtebauliche Erneuerung und interessante zeitgenössische Architektur im Geist der westlichen Moderne. Diese prächtige Schauseite stand freilich in auffallendem Kontrast zu der Verkommenheit des städtischen Umfelds und dem ärmlichen Warenangebot in den Läden.

Beim Einpacken und Verladen unserer Gemälde erhielt ich eine Lektion in balkanesker Mentalität. Es herrschten Konfusion und Planlosigkeit. Die zugesagten Hilfskräfte kamen nicht, und die Transportfahrzeuge fuhren nicht vor, ganz abgesehen von der verzögerten Zollabfertigung durch die verschlafenen Staatsfunktionäre, die wir gerade noch erwischten, weil sie nachmittags um drei »eigentlich« schon Feierabend hätten. Die für morgens neun Uhr festgesetzte Abfahrt verschob sich Stunde um Stunde bis auf den späten Nachmittag. Endlich begannen die rumänischen Freunde, die beiden Transportfahrzeuge zu beladen. Es waren simple LKWs mit Stoffplanen, die ich nicht akzeptierte. Der Direktor sagte, sie hätten keine anderen. Zu den Autos gehörten zwei gebräunte, unrasierte Fahrer; dubiose Gestalten, mit denen ich mich nur mühsam durch Zeichensprache verständigen konnte. Mit gemischten Gefühlen bestieg ich schließlich das Führerhaus eines der Fahrzeuge. Was blieb mir anderes übrig? Die Uhr lief. Ich musste mit meiner Fracht schnellstens nach Sofia.

Gegen Abend fuhren wir endlich los. Über der weiten Ebene der Walachei ging die Sonne unter. Bei Russe erreichten wir die Grenze und überquerten die Donau. An der bulgarischen Kontrollstation jenseits der langen Grenzbrücke verschwanden die rumänischen Fahrer und wurden durch bulgarische abgelöst, die ich ebenso wenig verstand. Erst nach wiederholten Startversuchen sprang der Motor wieder an. Bei einbrechender Nacht fuhren wir nun auf kühner, streckenweise sehr schlechter Serpentinenstraße die Hänge des Balkangebirges hinauf. Mein bulgarischer Chauffeur fuhr wie der Teufel. Es war schwierig, ihm klarzumachen, dass die Schlaglöcher im Straßenbelag den Gemälden nicht guttäten und er gefälligst langsamer fahren möge. Nach einiger Zeit wurde mein Bulgare unruhig. Es roch nach verbranntem Gummi. Offenbar schmorte ein Elektrokabel. Wir hielten an. Der Fahrer bastelte unter der aufgeklappten Kühlerhaube. Der Motor drehte wieder durch. Jetzt war die Straße besser, und er drückte aufs Tempo. Das zweite, hinter uns fahrende Transportfahrzeug hatte ich längst aus den Augen verloren.

Gegen Mitternacht erreichten wir den Gebirgskamm. Da verlöschten plötzlich beide Scheinwerfer. Der Fahrer trat auf die Bremse. Lange manipulierte er an der Elektrik und stieß Flüche aus, die ich nicht verstand. Aber auch das half nichts. Die Straße lag schwarz vor uns, und es schien kein Mond. Nach einer Viertelstunde war auch unser zweites Auto herangekommen. Gott sei Dank, es war immerhin noch da! Die Fahrer berieten sich lange und sprachen dann lebhaft auf mich ein. Aus ihren Gesten verstand ich, dass ich in das andere Auto umsteigen und mit diesem weiterfahren sollte, während der Kollege mit dem defekten Gefährt hier das erste Morgenlicht erwarten und dann nachkommen wollte. Was sollte ich tun? Keine Verständigungsmöglichkeit mit den Hauptstädten, und in Sofia, wo ich am Abend schon hätte eintreffen sollen, würden sie sich bereits Sorgen machen.

Ich stieg in das noch intakte Fahrzeug um, das andere blieb zurück. Die kurvenreiche Straße führte an Steilhängen entlang. Die Kegel unserer Scheinwerfer schnitten Lichtbahnen aus dem Dunkel. In höllischem Tempo jagten wir über das nächtliche Gebirge. Plötzlich trat mein Fahrer auf die Bremse, sprang ab und kauerte sich mit runtergelassener Hose an den Straßenrand. Gestikulierend machte er mir klar, dass er krank sei und müde, nicht mehr weiterkönne und eine Pause machen müsse, um zu schlafen. Wenige Minuten später hielten wir an einer Lichtung. Gegen den Nachthimmel sah ich zwischen hohen Tannen die Umrisse von Hausdächern. Mein müder »Kranker« sprang ab und klopfte an eine Tür, die sich sogleich öffnete. Er verschwand in einer der hell angestrichenen Hütten und ließ mich allein im Fahrerhaus zurück.

Es wurde empfindlich kalt, und ich hüllte mich in einen stinkenden Schaffellmantel, der da lag. Die Zeit verging schleichend langsam. Jetzt erschien der Halbmond über den Baumwipfeln und erhellte schwach das Bild einer Ikone, die als billiger Druck hinter dem Fahrersitz klebte. Darauf waren die bulgarischen Nationalheiligen Kyrill und Method mit den Erzengeln Gabriel und Michael zu sehen.

Ansonsten war ich allein mit meinen 60 Gemälden unter einem hohen Sternenhimmel und wagte nicht, einzunicken. Nach zwei Stunden kam der Bursche freudestrahlend zurück, gefolgt von Ewa und Petar, zwei sympathischen jungen Leuten, vermutlich Verwandten, die sich fröhlich noch mit auf den Fahrersitz zwängten.

Zwischen weißen Karstgebirgen und feuerfarbenen Laubwäldern fuhren wir in den heraufziehenden Morgen hinein. Dann öffnete sich eine weite, flache Ebene. An den Wänden der strohgedeckten, weiß getünchten Häuser hingen Bündel roter Paprikafrüchte und gelber Maiskolben. Dazwischen grasten braunweiße Kühe.

Am späten Vormittag traf ich völlig erschöpft mit dem halben Transport in der bulgarischen Metropole ein. Fünf Stunden später kam auch das andere Fahrzeug an. Die Bilder waren unversehrt und vollzählig. Da richtete ich aus vollem Herzen ein Dankgebet an die guten Schutzheiligen Kyrill und Method.

Zur Ausstellungseröffnung war Generaldirektor Seydewitz mit seiner Frau extra eingeflogen. Ich partizipierte davon, dass man ihn als hohen Staatsgast behandelte und war wie er im komfortablen Hotel »Balkan« untergebracht. Hier zeigte sich der sonst so unnahbare Funktionär von seiner jovialen Seite und offenbarte bei gemeinsamen Mahlzeiten unvermutete menschliche Züge. Zusammen mit den Seydewitzens wurde ich einen Tag lang in einer großen, schwarzen Limousine durch die schönsten Landschaften des südwestlichen Bulgarien kutschiert. Die mit üppigen Laubwäldern bestandenen Berghänge glühten in rotgoldenem Herbstlicht, und aus dem Autoradio klangen die schwermütigen Klänge bulgarischer Volksmusik. Das war schön. Doch ich war in einer eigenartig gespaltenen Seelenverfassung. Die Gegenwart der hohen Genossen, zu denen ich mich nicht zugehörig fühlte, bedrückte mich.

Unser Ziel war das berühmte Rila-Kloster mitten im wilden Rila-Gebirge. Es liegt zu Füßen des mit fast 3 000 m höchsten Gipfels Bulgariens, den die herrschenden Kommunisten kurzerhand »Stalinspitze« getauft hatten. Im 9. Jahrhundert schon gegründet, gilt es als berühmtes Denkmal bulgarischer Geschichte und Kultur und wurde selbst vom sozialistischen Regime als Nationalheiligtum gepflegt und Touristen gern vorgeführt. Hatten doch einstmals die Mönche wie die ganze christlich-orthodoxe Kirche im Kampf gegen die Türkenherrschaft eine ruhmreiche historische Rolle gespielt. Dafür durften dreißig von ihnen als staatlich geschützte Exemplare hier noch leben und ließen sich gern vor ihrem Kloster fotografieren.

Es waren schöne, helle Räume des ehemaligen Königsschlosses, in denen ich unsere Ausstellung einrichtete. Die Eröffnung war offenbar ein bedeutendes kulturelles und politisches Ereignis für die Hauptstadt, zu dem viele feierlich gekleidete Damen und Herren von der städtischen und staatlichen Führungselite gekommen waren. Ein Kulturminister begrüßte und Seydewitz versicherte unverbrüchliche Freundschaft. Dimitroff aber, der bulgarische Lenin – er hatte im Leipziger Reichsgericht vor den Nazis Mut bewiesen –, lag einbalsamiert draußen in seinem Mausoleum von poliertem weißen Marmor, das nachts grün angeleuchtet wurde.

Direktorenwechsel und die Schwierigkeit, Kunstwerke unbeschadet durch den Eisernen Vorhang zu bringen

Inzwischen waren auf der Direktorenebene über mir Veränderungen eingetreten, die mir nicht gleichgültig sein konnten. Zimmermann, mit dem ich von Anfang an ein gutes kollegiales Verhältnis gehabt hatte, war mit Parteiauftrag zum Ostberliner Kulturministerium versetzt worden. An seine Stelle war ein anderer SED-Genosse von weniger bescheidenem Auftreten eingetroffen. Eines Tages im Herbst 1963 war er, umtänzelt von einem schwarzen Schäferhund, seiner Wartburg-Limousine entstiegen, mit der er direkt in den Schlosspark am Bergpalais vorgefahren war. Es war Uhlitzsch, ehemals Dozent für Kunstgeschichte an der Leipziger Hochschule für Grafik und Buchkunst. Von daher kannten wir uns. Als er die Direktion übernahm, schien er wenig Ahnung zu haben von der Malerei jener Epoche, um die es in Pillnitz ging.

Doch Uhlitzsch hatte die Fähigkeit, sich rasch einzuarbeiten. Im Übrigen beschränkte er sich bei seinen Aktivitäten vorwiegend auf die Kunst der Gegenwart und überließ das 19. Jahrhundert gern mir und meiner Kollegin. Nur kurze Zeit noch blieben wir im Pillnitzer Schloss. Schon 1964 erfolgte der Umzug der Gemäldegalerie Neue Meister in das nach schweren Bombenschäden wiederaufgebaute Albertinum. Die Räume der Wissenschaftler lagen an einem langen Gang, an dessen Ende sich das große Direktorenzimmer befand.

Wo immer Uhlitzsch auftrat, pflegte er sich geräuschvoll bemerkbar zu machen. Ich hörte ihn schon, wenn er schweren Schrittes an der Tür meines Arbeitsraumes vorüberging und den langen Gang zu seinem Direktorenzimmer entlang tappte. Eines Tages riss er unvermittelt, ohne anzuklopfen meine Tür auf – wie er zu tun pflegte – und eröffnete mir die Entscheidung der Generaldirektion, mich als Begleiter einer Leihgabe nach Karlsruhe zu schicken. Es handelte sich um ein Gemälde des Romantikers Ernst Fries für eine Ausstellung im Badischen Kunstverein.

Erst wenige Tage vor Reiseantritt wurde mir beiläufig mitgeteilt, dass ich auf Anordnung des Ostberliner Kulturministeriums noch eine weitere Kiste mit Gemälden der Galerie Alte Meister sowie zwei große Pakete mit Zeichnungen des Dresdner Kupferstichkabinetts und der Ostberliner Nationalgalerie für Leihnehmer in der Bundesrepublik mitzunehmen habe. Das alles sei jedoch kein Problem. Ich müsse nur die Fahrt in Frankfurt kurz unterbrechen, wo mich die beiden Leihpartner am Interzonenzug erwarten würden, um alles zu übernehmen. Danach könne ich bequem nach Karlsruhe weiterreisen. So hatten sich das die Genossen im Ostberliner Kulturministerium gedacht.

Mit gemischten Gefühlen fuhr ich also eines Morgens, begleitet von unserem treuen Depotmeister, in einem Kleintransporter mit meiner umfangreichen Kunstfracht zum Dresden-Neustädter Bahnhof. Mit viel Mühe transportierten wir die beiden schweren Bilderkisten auf den Bahnsteig und warteten auf den Interzonenzug, der täglich zweimal zwischen Görlitz und Frankfurt am Main verkehrte. Als er einfuhr, stand der Kollege mit den beiden Kisten am Bahnsteig, um sie in den Gepäckwagen einzuladen. Ich hatte mich inzwischen mit den Grafikpaketen in eines der überfüllten Abteile gezwängt und zum Abteilfenster durchgearbeitet. Da kam mein Helfer von der Spitze des Zugs zurückgelaufen und schrie aufgeregt: »Herr Doktor, es gibt keinen Gepäckwagen!« und lief sogleich schnell wieder zurück zu den Gemäldekisten. Der Zug hatte nur ganze sieben Minuten Aufenthalt. Jeden Moment konnte das Signal zur Abfahrt ertönen. Ich weiß nicht mehr, wie ich mit meiner Reisetasche und den beiden Grafikpaketen wieder aus dem Abteil hinausgelangte. Der Zug fuhr jedenfalls in genau dem Moment an, in welchem ich wieder auf dem Bahnsteig stand. Der nächste Interzonenexpress sollte erst am Abend fahren, dann aber mit Gepäckwagen – wie mir der diensthabende Bahnbeamte beschwörend versicherte.

Der Abendzug war nicht so überfüllt, und er führte wirklich einen Gepäckwagen mit für meine schwere Fracht. Ich fand einen bequemen Platz in einem fast leeren Abteil. Kurz nach Mitternacht erreichten wir die Staatsgrenze bei Gerstungen. Die Kontrolle der Fahrgäste und der Waggons durch die Genossen des DDR-Grenzschutzes dauerte eineinhalb Stunden. Ich hatte mich mit den Transportpapieren und Leihverträgen zum Gepäckwagen zu begeben, wo die beiden verplombten Kisten – sie gingen als Reisegepäck – vom Zoll in Augenschein genommen wurden. Zum Glück musste ich sie nicht öffnen. Die Grenzstation auf der westlichen Seite des Eisernen Vorhangs hieß Bebra. Da erfuhr ich die nächste Überraschung: Der Interzonenzug endete hier. Gründe dafür wurden nicht durchgesagt, nur dass auf dem und dem Gleis ein Anschlusszug bereitstehe, in den man bitte umsteigen möge. Da musste ich mich zusammennehmen, dass ich nicht in Panik geriet. Zum Glück half mir ein Beamter der Bundesbahn beim Umladen meiner Kisten in den bereitstehenden Zug. Es war kurz nach Mitternacht.

Früh am Morgen des nächsten Tages kam ich endlich in Frankfurt an. Am Zug stand niemand. Die Kisten ließ ich erst mal in ein Gepäckdepot der Reichsbahn verbringen und wartete, bis es hell wurde. Dann rief ich im Städel an. Nur dank der kollegialen Bereitschaft von dessen Direktor Ernst Holzinger, sein Museum als Zwischenstation zur Verfügung zu stellen, konnte ich die verschiedenen Konvolute und Gemälde tags darauf den mit Fahrzeugen angereisten Leihnehmern übergeben. Auch war es mir in langwierigen Verhandlungen gelungen, die Beamten des Bahn-Zolls zu bewegen, von einem Öffnen jener Gemäldekiste abzusehen, die ich noch weiter bis Karlsruhe zu begleiten hatte. Der nächste Tag war der 17. Juni, Tag des ostdeutschen Aufstands gegen die kommunistische Diktatur. In der Bundesrepublik war das ein Feiertag. Da passierte hier gar nichts. Niemand im Osten hatte daran gedacht.

Die seit dem Mauerbau 1961 herrschende, von Ulbricht verfolgte Doktrin einer hermetischen Abschottung des Staates DDR und seiner »sozialistischen deutschen Nation« vom freien Westen hatte auch die weitgehende Unterbindung kultureller Kontakte zur Folge. Der Leihverkehr von Kunstwerken und anderen Kulturgütern wurde auf ein Minimum beschränkt. Gleiches galt für Dienstreisen. Die Funktionärskaste genoss ihre selbstverordnete »splendid isolation«, die ihr mehr Macht im Innern und weniger Probleme bescherte.

Das war wohl auch der Grund dafür, dass die Genossen im Ostberliner Kulturministerium bestrebt waren, mehrere anstehende Kunstguttransporte zusammenzulegen. Grenzüberschreitende Kunstspeditionen gab es vier Jahre nach dem Mauerbau noch nicht. Meine dienstliche Beschwerde über die offenbar am grünen Tisch eines ahnungslosen Ostberliner Funktionärs ausgedachte, unverantwortliche Art und Weise des Kunstguttransportes blieb ohne Antwort.

200 Jahre Kunstakademie in Dresden

Die einzige Ausstellung, die ich mit Uhlitzsch zusammen machte, war der zweihundertjährigen Geschichte der Dresdner Kunstakademie in deren Jubiläumsjahr 1964 gewidmet. Sie breitete sich in den unteren Ausstellungssälen des Albertinums aus und stellte mit repräsentativen Werken ihre großen Lehrer vor, von Bernardo Bellotto und Anton Graff bis zu Oskar Kokoschka, Otto Dix, Hans Grundig, Wilhelm Rudolph, Josef Hegenbarth und Hans Theo Richter. Da es sich um ein gewichtiges Kapitel Dresdner Kunstgeschichte handelte, interessierte mich die Sache sehr. Der Katalog dazu mit seiner ausführlichen Chronologie blieb jahrzehntelang die einzige neuere Publikation zum Thema.

Eine besondere Freude war es mir, dass das Jubiläumsereignis auch auf der anderen Seite des Eisernen Vorhangs mit einer Ausstellung gewürdigt wurde. Jens Christian Jensen veranstaltete im Kurpfälzischen Museum zu Heidelberg eine glänzende Schau über zwei Jahrhunderte Dresdner Kunstentwicklung, die nicht allein eine wunderbare Ergänzung zu unserer Unternehmung, sondern zugleich auch ein Bekenntnis zur gemeinsamen Geschichte war. So verwies Museumsdirektor Georg Poensgen im Vorwort auf die »Identität deutscher Kunstbestrebungen während der letzten zwei Jahrhunderte gerade im Hinblick auf Dresden«.

Meine Hauptbeschäftigung in jener Zeit aber war die Vorbereitung des Umzugs der Galerie aus Schloss Pillnitz ins Albertinum an der Brühlschen Terrasse. 1945 war das einstige Skulpturenmuseum durch Bomben schwer beschädigt worden. Schon um 1961 begann der Ausbau des Obergeschosses für die Aufnahme der Neuen Meister. Mich faszinierte die Aufgabe, die Spitzenwerke dieser wunderbaren Sammlung in ein neues Haus hinein zu komponieren. Begonnen hatte ich damit bereits in jener Periode des Interregnums vor Uhlitzschs Erscheinen in Pillnitz. Wer sollte das denn sonst tun? Es gab sonst niemanden, der mit den Beständen vertraut war. Keiner hatte mich beauftragt. Ich ging einfach ans Werk, verschaffte mir Baugrundrisse der neuen Säle, zeichnete auf dem Reißbrett Wandabwicklungen, auf denen ich die Gemälde maßstabsgerecht plazierte. So richtete ich die neue Galerie Raum für Raum und Wand für Wand bereits zu einer Zeit ein, als noch niemand anderes daran dachte. Nur die großen Säle am Ende des Rundgangs, die die proletarisch-revolutionäre Kunst und die »Sozialistische Kunst der Gegenwart« aufnehmen sollten, ließ ich liegen, denn deren Gestaltung würde ein Politikum und Tummelplatz für unsere Ideologen werden.

Als ich Uhlitzsch meine Planungsarbeit zeigte, tolerierte er mein Konzept. Er selbst schien anfangs mit der Neueinrichtung überfordert zu sein. Die reichen Bestände in unseren Gemäldedepots, die einzubeziehen waren, kannte er zu diesem Zeitpunkt noch nicht.

Ausbruchsversuche

1964 reichte ich meine Dissertation über den Maler Julius Scholtz und die Dresdner Malerei im 19. Jahrhundert an der Philosophischen Fakultät der Universität Leipzig ein. Kurze Zeit später bestand ich bei meinem Doktorvater Johannes Jahn das Rigorosum in Kunstgeschichte und legte bei Robert Heidenreich, den man 1959 aus Jena nach Leipzig geholt hatte, die Archäologieprüfung ab. Das von mir gewählte Schwerpunktthema war die etruskische Kunst und Kultur, die mich faszinierte.

Im Frühjahr 1965 verteidigte ich im alten Hörsaal 40 der vertrauten Alma Mater Lipsiensis meine Doktorarbeit. Dann schrieb ich an Uhlitzsch einen Brief, in dem ich ihm mitteilte, dass ich mich verändern wolle und in Weimar beworben habe. Mein Bewerbungsschreiben an die Nationalen Forschungs- und Gedenkstätten war eine Verzweiflungstat gewesen. Die vergiftete Arbeitsatmosphäre und die Abhängigkeit von einem Menschen, der mir total zuwider war und den ich weder achten noch respektieren konnte, glaubte ich auf die Dauer nicht ertragen zu können. Das würde nicht gut gehen. Dazu kam, dass ich nach Lage der Dinge in Dresden keine Entwicklungschancen hatte.

In Weimar suchten sie damals einen Direktor für die Dornburger Schlösser. Das erschien mir als eine Position, die weitgehende Selbständigkeit versprach. Mit einer vakanten Stelle lockte auch der Lehrstuhl für Kunstgeschichte an der dortigen Hochschule für Architektur. Sein Ordinarius bot mir den Posten eines Oberassistenten mit Aufstiegsmöglichkeit an. Die Bezahlung würde wesentlich höher sein als in Dresden.

Den Brief an Uhlitzsch hatte ich geschrieben, um der zu erwartenden Anfrage aus Weimar nach meiner Kaderakte zuvorzukommen. Gewiss wird ihm klargeworden sein, dass der eigentliche Anlass für meinen Fluchtversuch er selbst war. Sein Gekränktsein darüber ließ er mich nach meiner Rückkehr aus dem Studienurlaub durch Ausgrenzung spüren. Arbeitsberatungen hielt er nur noch mit der Favoritin Dr. Schumann ab, deren Ernennung zur Kustodin er demonstrativ betrieb, um mich zu demütigen.

Doch meine Weimarer Pläne zerschlugen sich. Während meine Anstellung im Hochschuldienst an der Wohnungsfrage scheiterte, erhielt ich von den Forschungs- und Gedenkstätten eine Absage, bevor ich mich überhaupt dort vorgestellt hatte. Die Gründe waren so fadenscheinig, dass mir ziemlich klar war, dass Uhlitzsch da seine Hand im Spiel hatte. Der Weimarer Generaldirektor, ein Genosse Holtzhauer, war ein alter Freund von ihm aus früheren Dresdner Tagen. Da wurde mir endgültig klar, dass ich gegen den allgegenwärtigen Parteifilz nichts ausrichten konnte. Man war ihnen ausgeliefert.

Von Dresden in die Welt

Der Umzug ins Albertinum

Anfang Oktober 1965 wurden in gepolsterten Möbelwagen die zur Hängung in der neuen Galerie vorgesehenen Gemälde von Schloss Pillnitz in das Albertinum überführt. In monatelanger Arbeit waren sie von den Restauratoren gereinigt und konservatorisch bearbeitet worden. Zusammen mit den jungen Architekten Hermann Krüger und Gerhard Glaser, die den Museumsausbau leiteten, hatte ich schon im Sommer die Farbgebung der einzelnen Säle und Kabinette in sorgfältiger Abstimmung auf die jeweiligen Gemäldegruppen festgelegt. So sollten die Bilder der Romantiker auf einem samtigen Moosgrün, die der Deutschrömer Feuerbach, Böcklin, Marées auf Pompejanischrot und die der deutschen Impressionisten auf einem warmen Hellgrau hängen. Wir ließen die Räume von einer Malerbrigade streichen, während Seydewitz, der alle Wände weiß haben wollte, fernab im Jahresurlaub war. Als er zurückkam, soll er Uhlitzsch wegen der »feudalistischen« Farbgebung scharf gerügt haben. Um sein Gesicht zu wahren, ordnete er an, dass die »Werktätigen« entscheiden sollten. Denen gefielen die farbigen Wände, und so durften sie bleiben.

Mir war es eine tiefe Freude, die Bilder in ihren neuen, weiten Räumen auf die getönten Wände zu hängen. Uhlitzsch, der die Werke der proletarisch-revolutionären Malerei und der »Sozialistischen Gegenwartskunst« platzierte, überließ mir die Gestaltung des übrigen größten Teils der Galerie. Bei der gemeinsamen Begehung und Begutachtung der kompletten Stellprobe hatte er an meinem Konzept kaum etwas zu bemängeln. Vielmehr hatte ich den Eindruck, dass er froh darüber war, dass und wie ich die Probleme gelöst hatte.

Eine eher lächerliche Farce war das schildbürgerhafte Procedere, das Seydewitz drei Monate vor der Eröffnung hastig veranstaltete. Zu diesem Zeitpunkt war die Galerie auf meinem Reißbrett bis ins letzte Detail längst eingerichtet. Er aber berief mit großem Wortgetöse eine »Wissenschaftliche Konferenz zur Vorbereitung der wissenschaftlichen Konzeption für die Neugestaltung der Gemäldegalerie Neue Meister« (sic!) ein. Dort sei, wie ich später hörte, stundenlang diskutiert und endlich beschlossen worden, eine Arbeitsgruppe unter Leitung des Generaldirektors mit der Ausarbeitung einer wissenschaftlichen Konzeption nach marxistischen Gesichtspunkten ins Leben zu rufen. Mitglieder dieses Gremiums waren neben Uhlitzsch und dem Direktor der Skulpturensammlung vorwiegend ahnungslose Funktionäre wie der Parteisekretär, die Vorsitzende der Gewerkschaftsleitung und »Vertreter der Staatlichen Organe, des Künstlerverbandes sowie anderer Organisationen«. Daneben trat das sogenannte Parteiaktiv der Genossen Wissenschaftler zum großen Palaver zusammen. Nach vielen Wochen und langen Debatten kam die kollektive Weisheit der immer Recht habenden Partei im Großen und Ganzen zu den gleichen Ergebnissen wie ich, weil sich schließlich doch die Raum- und Sachzwänge gegen alle ideologisch motivierten Konzeptionen als Logik der kunstgeschichtlichen Fakten behaupteten. Vermutlich war Uhlitzsch mit meinen Hängeplänen in die Konferenz gegangen.

Eine besondere Überraschung aber hatte sich Seydewitz ausgedacht – oder lag ein besonderer Wunsch aus Ostberlin zugrunde? – eine neue Abteilung »Gegenwartskunst der Sowjetunion und der sozialistischen Bruderländer«, mit der er die Fortschrittlichkeit und die neue, nach Osten orientierte Internationalität der Galerie betonen und bei den führenden Genossen in Berlin Eindruck machen wollte. Diese aus dem Hut gezauberte Erweiterung musste in aller Eile zusammengebracht werden. So fuhr Seydewitz mit Uhlitzsch noch Anfang September in die Sowjetunion und in die Hauptstädte der »Freundesländer«, um Werke der jeweiligen »Staatskünstler« zu kaufen oder zu entleihen. Das Ergebnis war ein Sammelsurium vorwiegend mittelmäßiger bis fragwürdiger Bilder, die später nach und nach im Depot verschwanden oder, soweit es Leihgaben waren, wieder zurückgegeben wurden. Schon in den achtziger Jahren war im Albertinum davon nichts mehr zu sehen.

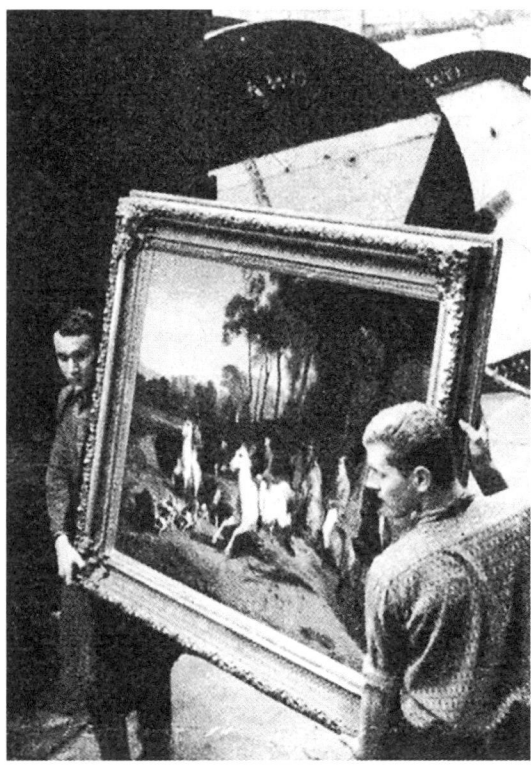

Umzug der Gemälde von Schloss Pillnitz ins Albertinum
an der Brühlschen Terrasse

Auf den letzten Abschnitt des Galerierundgangs, der die Kunstblüte der sozialistischen Gegenwart spiegeln sollte, war Seydewitz ganz besonders stolz. Mit Genugtuung stellte er fest, dass es »hier keinen Platz gibt für gegenstandslose Machwerke, die das Menschenbild verzerren und deformieren, verwirrend wirken und den sozialistischen Aufbau hemmen.« Und überhaupt gäbe es in der Galerie Neue Meister »nur realistische Kunst«. Der musisch ungebildete Ulbricht aber schrieb nach einem Besuch zusammen mit seiner Frau Lotte ins Gästebuch: »Die Galerie Neue Meister stellt die Entwicklung der deutschen Malerei der Neuzeit dar und die Entwicklung zum Realismus. Ich wünsche den bildenden Künstlern unseres sozialistischen Zeitalters große Erfolge in der realistischen Darstellung der sozialistischen Menschengemeinschaft unserer Zeit.«

Jetzt wussten wir, welche Funktion das Staatsoberhaupt unserer Galerie zugedacht hatte. In dergleichen Äußerungen kam aber auch der Parteiwille zum Ausdruck, die gesamte neuere Kunstgeschichte selektiv auf die Realismuskomponente zu beschränken. Andere Strömungen, insbesondere die Malerei der Moderne und die gesamte Kunst des Westens, sollten ausge-

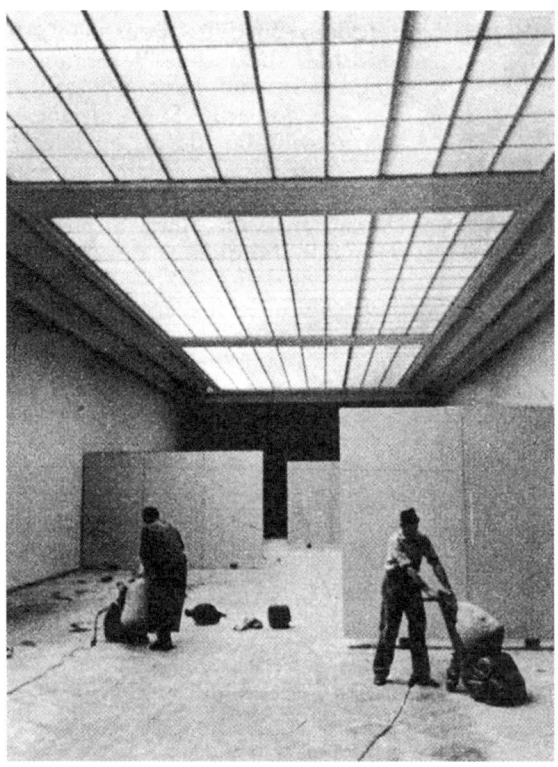

Aufbau der Oberlichtsäle im Albertinum

schlossen bleiben. Sie nannten das »Parteilichkeit«. Ich konnte und wollte mich mit solcher Vergewaltigung der Kunstgeschichte nicht solidarisieren. Wie nah Wertungskriterien wie »dekadent«, »deformierend« und »verwirrend« der nationalsozialistischen Diffamierung der Moderne als »entartete Kunst« kamen, hatte Uhlitzsch schon 1951 – er war damals Landesdenkmalpfleger in Dresden – mit seiner herabsetzenden Beurteilung von Künstlern wie Otto Dix, Wilhelm Lachnit, Hans Theo Richter und Gert Caden im Zentralorgan der SED »Neues Deutschland« demonstriert.

Von dem feierlichen Festakt der Galerieeröffnung, der im Großen Haus des Staatstheaters am 20. Oktober 1965 mit hochrangigen Funktionären aus Ostberlin sowie Staatsgästen aus der Sowjetunion und den »Bruderländern« stattfand, blieb ich ausgeschlossen. Niemand nahm von mir Notiz. Und das war gut so, denn mit ihrer politischen Manipulation unserer wunderbaren Sammlung wollte ich nichts zu tun haben. Alexander Abusch, stellvertretender Vorsitzender des Ministerrats, hatte dort die Festrede gehalten. Darin hatte er behauptet, dass unsere Galerie Neue Meister die Geschichte des Realismus in der Malerei dokumentiere, deren Höhe- und Endpunkt der sozialistische Realismus sei.

Wichtiger als das politische Phrasengeklingel und die Ignoranz der hohen Funktionäre war mir das Urteil einiger integrer Kunstkenner wie das des großen, bescheidenen Malers Curt Querner, der, wie viele andere auch, nach dem Besuch der neuen Galerie den Bruch in der Qualität wie auch in der Gestaltung deutlich empfand. In einem Tagebucheintrag vom 23. Oktober 1965 schrieb er viel Lobendes zur neuen Präsentation der Sammlung von der Romantik bis zum Kriegstriptychon von Otto Dix. »Dann aber«, heißt es, »scheint die Verantwortlichen entweder die Lust verlassen oder die Zeit gefehlt zu haben – jedenfalls ist dann auf keinen Fall jene Sorgfalt zu spüren, die bei oben erwähnten Sälen angewandt worden ist. Und am Ende das heiße Eisen – die Malerei der Jetztzeit. Nun, dies dreht einen hinaus.« Professor Wolfgang Balzers gereimter Kommentar zum großen Saal der »Sozialistischen Gegenwartskunst« aber lautete:

> Von Uhlitzsch wird und Seydewitz
> »modernisiert« der Kunstbesitz.
> Bis heute zeigte man in Dresden
> nur Bilder von den Allerbesten.
> Nun wird die Galerie, oh Graus,
> zum Bitterfelder Freudenhaus.

Alternative Gestaltungsräume: Volkshochschule

Spätestens nach der blutigen Niederschlagung des Arbeiteraufstands vom 17. Juni 1953 war klar, dass in diesem Staat nicht die Arbeiterklasse das Sagen hatte, sondern die von Moskau gesteuerte Kaste von Funktionären der Einheitspartei. Aufstiegschancen hatten ausschließlich deren Mitglieder und einige bekennende Sympathisanten. Zu denen gehörte ich nicht. Damit war mir klar, dass mir in dieser Diktatur Entwicklungsmöglichkeiten versagt bleiben würden und dass ich mich lebenslang mit einer untergeordneten Stellung zu begnügen hatte. Zwar wollte die Partei auch alle kulturellen Prozesse und Strukturen der Gesellschaft bestimmen und überwachen, doch sie konnte nicht überall sein. Es gab Denk- und Gestaltungsspielräume. Man musste sie finden und nutzen. Ich beschloss also, mir Betätigungsfelder außerhalb des Albertinums zu suchen, in die mir die Genossen und die stets im Hintergrund lauernde Partei- und Staatsmacht nicht hineinreden konnten.

Ich weiß nicht, wer ihr meinen Namen genannt hatte. Jedenfalls stand sie eines Tages bei mir vor der Tür: Brigitta Hübner-Peter, eine kleine, schwarzhaarige, äußerst lebendig und energisch wirkende, jedenfalls aber sprachflinke Dame. Sie sei verantwortlich für den Bereich Kultur an der Dresdner Volkshochschule, sagte sie, und suche jemanden, der kunstgeschichtliche Vorlesungen in Form von Vortragsreihen halten könne. Die Nachfrage nach dergleichen sei groß. Mich traf das Angebot zu einer Zeit tiefer Resignation. Ich überlegte nicht lange und sagte zu. Über die Inhalte der von mir zu gestaltenden Kurse gab es nur vage Vorstellungen, aber man erwartete gern meine Vorschläge.

So las ich anfangs über das, worin ich zu Hause war: Über deutsche und französische Malerei des 19. Jahrhunderts. Nachdenkend über eine größere Attraktivität und zugleich Kontinuität meines Programmangebots, kam mir die Idee, die Dresdner Hörerschaft in einem Zyklus »Berühmte Galerien Europas« mit den großen Sammlungen bekannt zu machen, deren Besuch der vormundschaftliche Staat ihnen verwehrte, und damit die Mauer wenigstens virtuell zu überwinden. Freilich kostete es mich viel Mühe, anständige Farbdiapositive der Gemälde aus den Uffizien, dem Louvre, dem Prado oder der Londoner National Gallery zu bekommen. Ich musste sie aus Büchern herausfotografieren lassen oder selbst herstellen.

Der Zuspruch zu meinen Zyklus-Vorlesungen war so groß, dass die Interessenten zeitweise auf zwei oder drei Parallelkurse verteilt werden mussten. Ein Angelpunkt in unserem Programm war die Ermitage, denn der Clou meiner Kurse war eine jeweils am Ende winkende, achttägige Studienreise in die Metropole an der Newa zum Kennenlernen der Originale.

Etwa fünf oder sechs Mal fuhr ich zwischen 1967 und 1972 mit Volkshochschulgruppen und der umtriebigen Organisatorin Brigitta Hübner-Peter, die sich um den Ablauf des Programms und das Wohl der Teilnehmer kümmerte, nach Leningrad. Vom Flughafen Berlin-Schönefeld bis zu dem von Leningrad/Pulkovo flog man in zweieinhalb Stunden. Wir wohnten meist im »Ewropejski«, einem der altmodischen Hotels am Newski-Prospekt, die noch aus der Zarenzeit stammten und deren leicht schmuddelige Abgenutztheit noch etwas von der einstigen Pracht und Noblesse ihrer Entstehungsepoche ahnen ließen. Auf jeder Etage saß strickend an einem kleinen Tischchen eine behäbige Babuschka und gab Auskünfte oder nahm Wünsche der Gäste entgegen. Die Residenz Peters des Großen war trotz Kriegszerstörung und allgemeiner Verwahrlosung noch immer eine faszinierende Stadt. Ich erlebte sie im Winter, im Frühling und im Juni zur Zeit der weißen Nächte, in denen es nicht dunkel wird. Gewöhnlich galten drei halbe Tage dem Besuch der Ermitage, und das war bei der erdrückenden Fülle von Meisterwerken der Spitzenklasse eigentlich zu wenig.

Um die Stadtführungen und Schlösserexkursionen hatte ich mich nicht zu kümmern. Das besorgte stets eine Betreuerin vom sowjetischen Reisebüro Intourist, die gewöhnlich fließend deutsch sprach und sich vor Ort sehr gut auskannte. Noch immer erinnere ich mich an den Zwiespalt der Gefühle angesichts der wiederhergestellten riesigen Schlossanlagen von Peterhof und Zarskoje Selo mit ihren Wasserspielen, vergoldeten Gartenskulpturen, zahllosen Prachträumen und kostbar glänzenden Dächern: Bewunderung der beeindruckenden Leistung russischer Bauleute und Restauratoren einerseits, aber auch Scham über die Zerstörungen durch deutsche Truppen, die 1941 dieses Land überfallen und verwüstet, Leningrad eingeschlossen und seine Bevölkerung 16 Monate lang ausgehungert hatten. Millionen russischer Menschen mussten damals sterben. Davor konnten wir Deutschen, heute als Touristen gastfreundlich aufgenommen, doch nicht die Augen des Erinnerns verschließen.

Ich pflegte deshalb meine Führungen in der Eremitage stets vor Rembrandts Gemälde »Heimkehr des verlorenen Sohnes« zu beenden. Das erschütternde Werk des großen Niederländers brachte mich immer zum Nachdenken. Waren es nicht wir Deutschen gewesen, die in die Irre gegangen waren und letztlich alles verloren hatten? Mussten wir in der Gestalt dieses abgerissenen, kurzgeschorenen Bettlers, der da vor seinem alten Vater auf den Knien lag, nicht uns selbst erkennen, denen es anstand, Reue zu zeigen und darum zu bitten, wieder in die Völkerfamilie aufgenommen zu werden?

Als das liebenswürdigste aller Zarenschlösser ist mir das ländliche Pawlowsk in Erinnerung. Hier herrschte vornehme Wohnlichkeit und Intimität anstatt maßloser Prachtentfaltung. Diese Gartenidylle war die Schöpfung eines aufgeklärten Fürsten, der Voltaire und Friedrich den Großen verehrte. Im weitläufigen englischen Park lag das klassizistische Palais des Engländers Charles Cameron.

In Erinnerung blieben aber auch die kommunikativen Hock-Klosetts, welche, nur durch niedrige Holzwände voneinander getrennt, unterhaltsamen Blickkontakt der hier zu Geschäften der Notdurft vereinten Damen und Herren ermöglichten.

Kuriose Blüten trieb die staatliche Atheismuspropaganda. So hatte man in der wunderbaren Kasaner Kathedrale ein Atheismus-Museum eingerichtet, das auf primitive Weise der antireligiösen Agitation diente. Aber auch andere Gotteshäuser waren umgenutzt worden. Als ich eines Tages die St. Peter-und-Pauls-Kirche besichtigen wollte, fand ich das Hauptportal geschlossen. Über einen Nebeneingang und eine Treppe gelangte ich auf die

Orgelempore und blickte von oben in den Kirchenraum hinunter. Ich schaute auf ein Schwimmbecken. Anstelle des Altars im Osten erhob sich ein Sprungturm. Es roch stark nach Chlor. An den Wänden hingen die Ikonen der neuen Heiligen: Großfotos von Leistungsschwimmern, den »verdienten Sportlern des Volkes«.

Die Leningrader, mit denen wir mancherlei Kontakte hatten, sahen in uns nicht mehr die Nazideutschen des furchtbaren Krieges, sondern zeigten sich uns gegenüber freundlich und aufgeschlossen. Geduldig leidend unter den bedrückenden Verhältnissen, waren sie zugleich stolz auf ihre Stadt und das Erreichte. Sie fühlten sich mit uns als in ähnlicher Weise politisch Unterdrückte solidarisch.

Gestaltungsräume: Jugendklub

Das Gewölbe bebte, der Raum war zum Brechen voll. Über eine Verstärkeranlage ertönten jazzige und poppige Rhythmen. Es wurde getanzt, und es herrschte Hochstimmung. Einer hatte in einem alten, verbeulten Fahrtenkessel Glühwein bereitet und an die Anwesenden ausgeschenkt. Der Abend lief großartig. Mit der Ankündigung »Heiße Rhythmen und schnoddrige Verse unter der Brühlschen Terrasse« hatte ich weit über hundert Jugendliche angelockt. In einer Pause lud ich zu unseren Klubveranstaltungen ein. Und das war so gekommen:

Wie alles im DDR-Staat mussten Aktivitäten und Aktionen der Bürger zentral gelenkt oder besser gleich von oben angeordnet werden. So war vor Monaten aus Berlin die Weisung gekommen, die Jugendarbeit der Kultureinrichtungen zu intensivieren. Zu diesem Zweck sollten überall im Land Jugendklubs gegründet werden, insbesondere an Theatern, Opernhäusern und Museen. Durch die Bindung an diese Institutionen wollte man die jungen Leute »von der Straße holen« und so – wie es hieß – einen Beitrag leisten bei ihrer Erziehung zu »allseitig gebildeten sozialistischen Persönlichkeiten«.

Das war, wie mir schien, kein schlechter Gedanke. Es ließe sich daraus etwas Gutes machen, wenn man den jungen Menschen auf diesem Weg das Erleben von Kunst vermitteln und ihr kunsthistorisches Wissen erweitern und vertiefen könnte. Schließlich hatten wir es hier mit den Museumsbesuchern von morgen zu tun.

Mein Genosse Direktor hatte den »wichtigen gesellschaftlichen Auftrag« sogleich zur Chefsache gemacht und in der Presse zu einem ersten Abend ins Albertinum eingeladen. Viele Neugierige waren gekommen. Im überfüllten Saal der proletarisch-revolutionären Malerei hatte er seinen großen Auftritt. Aber schon bei seinem zweiten Kunstgespräch vor »Sozialistischer Gegenwartskunst« waren gerade mal zwölf Leute erschienen. Und auch zu den folgenden Veranstaltungen waren es nicht viel mehr gewesen. Der Jugendklub der Neuen Meister siechte dahin, aber woran lag das? Eines Tages trat Uhlitzsch in mein Zimmer und meinte, er könne sich nicht erklären, warum die jungen Leute so wenig Interesse hätten. Dann fragte er mich geradezu, ob nicht ich mich des Jugendklubs annehmen wolle. Ich überlegte mir das einige Tage, und da mich die Aufgabe reizte, erklärte ich mich dazu bereit – und machte diese Arbeit fast zwei Jahrzehnte lang.

Um die jungen Menschen zu erreichen, dachte ich, wäre es sicher das Wichtigste, erst einmal selbst vom Thron professioneller Gelehrsamkeit herabzusteigen. Man musste ihre Sprache sprechen, um ihnen die Angst vor der Feierlichkeit des Museums und der angeblichen Schwerverständlichkeit besonders moderner Kunst zu nehmen.

Ich wollte mit einem Paukenschlag beginnen. Meine Werbeveranstaltung in den Räumen des Studentenklubs der Technischen Universität im »Bärenzwinger«, einem der alten Festungsgewölbe unter der Brühlschen Terrasse, war ein großer Erfolg gewesen. Mein nächster Klubabend in der Galerie stand unter dem Thema »Blaue Pferde gibt's doch nicht?« Ich zählte achtzig junge Besucherinnen und Besucher. Dann wieder führte ich anhand von Beispielen eine Diskussion zu der Frage, was eigentlich Kitsch sei. Und so ging es weiter. Dass es bei uns locker und interessant zuging, sprach sich bald herum, und alle, selbst der Generaldirektor, waren beeindruckt. Aber man musste sich schon Gedanken und einige Arbeit machen, um das Niveau zu halten.

Und ich führte Zyklen ein. Unter dem Reihentitel »Kleines Einmaleins des Kunstbetrachtens« versuchte ich, die jungen Leute, die zum größten Teil ohne ästhetische Vorbildung zu uns kamen, mit den elementaren Begriffen

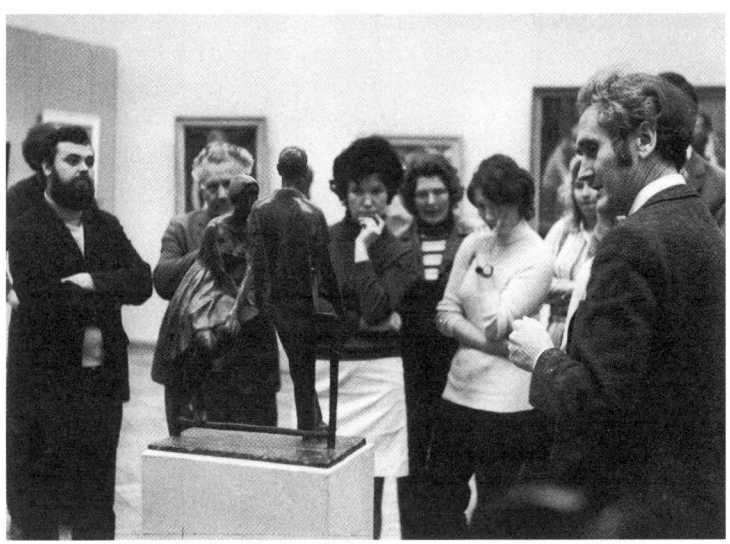

Führung mit dem Jugendklub in der Gemäldegalerie Neue Meister, 1973

der bildenden Kunst vertraut zu machen und sie so Schritt für Schritt an die Werke heranzuführen. Dann gab es bei mir eine Veranstaltungsreihe »Kontakte«, in der es um die Bekanntschaft mit Kunst und Künstlern unserer Zeit ging. Da wurden Ausstellungen studiert und Bilder diskutiert, aber auch Künstler in ihren Ateliers besucht, mit denen wir ins Gespräch kamen. Es war interessant und spannend, vor Gerhard Stengels Aquarellen etwas über ihre Entstehung und die Wasserfarbentechnik zu erfahren. Und es ging fröhlich zu, wenn wir mit Bernhard Kretzschmar über Aufbau und Themen seiner Bilder oder mit Vinzenz Wanitschke über seine plastischen Entwürfe, die Kunst der Steinbildhauerei und des Bronzegusses diskutierten. Wichtig war, auf die Wünsche und Erwartungen meines jungen Publikums einzugehen. So organisierte ich auch Konzerte der Old Time Memory Jazzband aus Jena im Gobelinsaal der Sempergalerie, die unser junges Publikum begeisterte.

Wir machten Wochenendexkursionen nach Görlitz und Stolpen, aber auch in die Sächsische Schweiz und nach Nordböhmen, wo wir auf den Pfaden Caspar David Friedrichs und Ludwig Richters wandelten, um ihre Motive wiederaufzufinden. Es waren gleichsam die ersten Inspirationen zum späteren »Malerweg«. Im Naumburger Dom stand ich mit den jungen Menschen vor den berühmten Stifterfiguren aus dem 13. Jahrhundert. Ich erklärte ihnen die heiligen Gestalten auf den Flügelaltären, das System und die Symbolik des christlichen Kirchenbaus, Dinge, von denen viele noch nie etwas gehört hatten.

Entgegen dem selektiven sozialistischen Bildungsverständnis des Staats und besonders der späteren Ministerin für Bildung und Erziehung Margot Honecker ging es mir darum, etwas von dem verdrängten christlich-humanistischen Kulturgut zu vermitteln.

Erstaunlich war, dass in all den Jahren nie jemand versucht hat, mir in mein individuelles Kunsterziehungsprogramm hineinzureden. Noch heute, wenn ich eines meiner früheren, inzwischen ergrauten, damals so jungen Klubmitglieder treffe, kommen manche ins Schwärmen und meinen, es sei gut und für ihr Leben wichtig gewesen, was wir damals zusammen gemacht haben.

Facetten der Dresdner Kunstszene in den sechziger und siebziger Jahren

Für die Kunst der DDR hatte das Jahr 1965 einen Rückschlag gebracht. Auf dem berüchtigten 11. Plenum des SED-Zentralkomitees war von der Partei erneut die Rolle der Kunst als Waffe im Klassenkampf unter Ablehnung aller liberalen Tendenzen festgeschrieben worden. Auch in Dresden versuchten die Funktionäre der Partei, Ulbrichts restriktive Kulturpolitik durchzusetzen, und es gab genug willfährige Künstler, die malten und modellierten, was und wie die Partei es verlangte. Das waren in der Regel mittelmäßige Talente. Doch sie wurden für ihre Linientreue mit Lehrämtern an der Kunstakademie und Ankäufen ihrer Werke durch Staat, Kommunen und

Betriebe belohnt. Vor allem aber hatten wir für sie im Albertinum Ausstellungen zu machen. Dafür waren in unserem Team in erster Linie die beiden Kolleginnen zuständig, welche die Malerei des 20. Jahrhunderts betreuten.

Gleichwohl kam ich mit manchen Künstlern in persönlichen Kontakt und oft ins Gespräch, sowohl mit den Linientreuen als auch mit den anderen, den lautstark und deftig Protestierenden, wie Bernhard Kretzschmar, der eine Art Narrenfreiheit genoss, und mit den Stillen, die sich den Forderungen der Staatsraison verweigerten, sich selbst treu blieben und ihren eigenen künstlerischen Weg gingen wie Hans Jüchser, Kurt Querner, Hermann Glöckner, Ernst Hassebrauk, Theodor Rosenhauer, Willy Wolff und Albert Wigand. Von den Jüngeren standen mir Günter Tiedeken und später Stefan Plenkers nah, dessen frühes Hauptwerk »Spiegelungen« durch meine Vermittlung in die Galerie gelangte.

Gerechterweise muss anerkannt werden, dass Uhlitzsch in den sechziger Jahren auch die einst von ihm als »Formalisten« geschmähten Wilhelm Lachnit und Theodor Rosenhauer mit Ausstellungen bedachte. Später folgten die für die gesamtdeutsche Kunstszene bedeutenden Leipziger Maler Werner Tübke, Bernhard Heisig und Wolfgang Mattheuer, aber auch Conrad Felixmüller, Ernst Hassebrauk und 1980 sogar der wiederentdeckte Spätexpressionist Carl Lohse. Sie alle waren im Albertinum mit Ausstellungen zu sehen. Durchaus verdienstvoll für die Aufarbeitung von Dresdner Kunstgeschichte war Uhlitzschs Präsentation des interessanten Jugendstilmalers Oskar Zwintscher.

Eine umfassende Ausstellung des Lebenswerkes von Bernhard Kretzschmar veranstaltete Horst Zimmermann 1989 zum 100. Geburtstag des 1972 verstorbenen Künstlers im Albertinum. Es war die Erfüllung eines Wunsches, den Fritz Löffler, der große alte Mann der Dresdner Kunstgeschichte, noch auf seinem Sterbebett geäußert hatte. Doch nur ganz wenige dieser zahlreichen Sonderausstellungen erhoben sich über das regionale Interesse hinaus oder hätten gar eine erhebliche Außenwirkung gehabt.

Aller drei bis vier Jahre hatten wir die gesamte Galerie abzuhängen und zu deponieren, um Raum zu schaffen für die »Große Kunstausstellung der DDR«. Damit im Albertinum die neuesten Erzeugnisse des mehr oder weniger realistischen »Sozialistischen Realismus« gezeigt werden konnten, mussten die Gemälde Caspar David Friedrichs, Max Slevogts, Vincent van Goghs und der anderen Großen für sechs bis acht Monate im Depot verschwinden. Eine schmerzliche Trennung für mich und viele Kunstfreunde. Die Werke dieser Heerschau der Gegenwartskunst waren anfangs wenig erfreulich, und ich ging nur selten und widerwillig durch die Säle voller aufgereihter Belanglosigkeiten, deren Format oft im umgekehrten Verhältnis zu ihrer Qualität stand. Später in den siebziger und achtziger Jahren wurde die zyklische Schau durch mutige Arbeiten einer jüngeren Generation, die sich nicht mehr an die staatlichen Vorgaben des »Bitterfelder Weges« hielt, interessanter, und es gab manches Qualitätvolle. Jetzt machte ich gern Führungen und diskutierte kritisch mit Besuchern vor den Bildern. Selbst der Künstlerverband und die wechselnde Jury gaben sich nun liberaler. In der DDR entstandene Kunst wurde jetzt zunehmend auch international beachtet.

Schwache Erwerbungen für die Galerie gab es besonders in den sechziger Jahren. Sie wurden öfter von Seydewitz vorgeschlagen und der von Zeit zu Zeit zusammentretenden Ankaufskommission aufgezwungen. Galeriedirektor Uhlitzsch wäre der letzte gewesen, der sich dagegen gewehrt hätte. Denn auch für ihn zählten »Parteilichkeit« und »Volksverbundenheit« mehr als künstlerische Qualität. (Als ich mich einmal gegenteilig äußerte, meldete er das an die Staatssicherheit. Den Vermerk fand ich 1992 in meiner Akte wieder.) Auf diese Weise gelangten von der Partei hochgelobte Bilder wie Rudolf Berganders »Hausfriedenskomitee«, Paul Michaelis' »Glückliches Leben« (eine Genossenschaftsbäuerin auf dem Traktor), Walter Womackas »Liebespaar am Strand«, das es sogar auf eine Briefmarke geschafft hatte, und eine Reihe von »Arbeiterveteranen« und »Bestarbeiterinnen« der Eva Schulze-Knabe in die Galerie.

Eva war ein Original. Unter der Herrschaft der Nazis, die ihren Mann, den Maler Fritz Schulze, umgebracht hatten, war ihr Schlimmes widerfahren. Deshalb genoss sie zu Recht eine gewisse Nachsicht, was sich auch auf die Beurteilung ihrer Malerei bezog. Mit ihrer kauzigen Naivität war sie nicht unsympathisch. Bezeichnend dafür ist jene Anekdote, die man noch lange erzählte: Einmal habe sie als Jury-Mitglied einer Verbandsausstellung die mangelhafte malerische Durchbildung des Beinkleides eines »Aktivisten der Arbeit« mit den Worten kritisiert: »Also Genossen, ich bin der Meinung, aus dieser Hose ließe sich noch was ganz Anderes rausholen!«

Zu unseren Pflichtankäufen gehörten auch einige Gemälde des Akademieprofessors Heinz Lohmar, der damals die Farben Hellgrün und Rosa sowie nackte Frauen von klischeehafter Magazin-Erotik bevorzugte. Dabei hatten er und noch manch andere dieser Parteifavoriten ihren künstlerischen Weg vielversprechend und mit achtunggebietenden Leistungen begonnen. Der junge Rudolf Bergander etwa war in den Dreißigern als Dix-Schüler mit veristischen Akten hervorgetreten. Lohmar hatte anfangs unter dem Einfluss von Max Ernst und des Surrealismus eine interessante Entwicklung genommen. 1933 musste der bekennende Kommunist nach Frankreich emigrieren. Dass dem Rheinländer seine künstlerische Fehlentwicklung bewusst war, offenbarte mir eine Auseinandersetzung mit Uhlitzsch in seinem Atelier, die ich zufällig miterlebte. Lohmar, durch eine abfällige Bemerkung Uhlitzschs in höchste Erregung versetzt, schrie den Genossen zornig an: »Nur ihr Parteiideologen – und du an erster Stelle – seid Schuld am Dilemma meiner Kunst!«

Ein weithin sichtbares Paradebeispiel für parteikonforme Propagandakunst war Gerhard Bondzins monumentales Wandbild »Der Weg der roten Fahne« von 1969 am Dresdner Kulturpalast, das man nach der Wende gnädig zuhängte, inzwischen jedoch als »Zeitzeugnis« wieder sichtbar machte.

Eine zwar künstlerisch geradlinige, politisch aber eigenartig schwankende Figur war Wilhelm Rudolph. Vielleich ist das dem großen alten Mann der Dresdner Malerei aber nicht übelzunehmen, weil ihm der Durchblick fehlte. In jungen Jahren war Rudolph Kommunist gewesen, doch 1933 soll man ihn in SA-Uniform gesehen haben. Später verfemten ihn die Nazis aus politischen Gründen und vertrieben ihn aus der Akademie. 1947 machten ihn die neuen Herren zum Professor und ehrten ihn mit dem DDR-Nationalpreis. Durch Uhlitzsch ließ er sich dazu verleiten, in Berlin Walter Ulbricht zu porträtieren und ein unsägliches »Brigadebild« mit Bergarbeitern zu malen. Andererseits schimpfte er heftig auf die Funktionäre, die er gelegentlich »Halunken« nannte. Besonders groß war sein Hass auf die einfluss- und ämterreiche Lea Grundig, von der er sich ständig bedroht fühlte. Rudolph war ein besessener Arbeiter. Noch immer sehe ich den 90-Jährigen zeichnend im Pillnitzer Park. Wie eine Bildsäule stand der Alte mit eingeknickten Knien barhäuptig in glühender Sonne, die wachen Augen unter buschigen weißen Brauen zwischen Motiv und Zeichenblatt ständig hin- und her wandernd, neben sich sein alter Rucksack, von dem er sich nie trennte und der ihn schon 1946 bei der Arbeit an seiner bewegenden Dokumentation der Zerstörung, seinem berühmten Holzschnittzyklus, durch Dresdens Trümmerwüste begleitet hatte.

In der Kunstszene dieser Stadt traten sie erst spät, in den achtziger Jahren in Erscheinung. Die Kenner aber schätzten sie seit langem: die Abstrakten. Einen freilich kannte man längst schon weit über Dresden hinaus: Hermann Glöckner. Was im Westen kaum bekannt ist: Hier in Dresden bildete ungegenständliche Malerei seit Ende der Nazizeit eine starke und wichtige Facette künstlerischen Ausdrucks.

Abenteuer Jugoslawien

Tito, Josip Broz Tito. Sogleich fiel mir dieser Name ein, als eines Tages im Albertinum die Rede auf das damalige Jugoslawien kam. Damals war er der Anführer der Volksbefreiungsarmee, und wir waren ihm im bosnischen Gebirge auf den Fersen gewesen. Einer seiner Kämpfer hatte mich um ein Haar erschossen. Belgrad passierte ich danach im Lazarettzug. Das war vierundzwanzig Jahre her. Jetzt war Tito der Staatspräsident der großen Sozialistischen Föderativen Volksrepublik auf dem Balkan und besaß eine persönliche Ferieninsel vor der adriatischen Küste.

Ob ich nicht zu einem Studienaufenthalt nach Belgrad reisen wolle, hatte man mich gefragt. Ich überlegte lange. Böse Erinnerungen stiegen auf. Dann aber sagte ich zu. Wie war das alles so gekommen?

Mitte der sechziger Jahre hatte Moskau das Verhältnis zum liberalkommunistischen Jugoslawien korrigiert und nach Jahrzehnten der Verteufelung auf eine neue Grundlage politischer Annäherung gestellt. Das Belgrader Tito-Regime, das sich dem imperialistischen Herrschaftsanspruch Stalins erfolgreich widersetzt hatte und dafür als faschistisch beschimpft worden war, wurde vom »großen Bruder« jetzt wieder als sozialistischer Partner respektiert. Von da an durften auch Moskaus Satelliten mit der Föderativen Volksrepublik die abgebrochenen Beziehungen wiederaufnehmen.

In diesem politischen Rahmen kam es Anfang 1967 zum Abschluss eines Freundschaftsvertrags zwischen den Dresdner Kunstsammlungen und dem Nationalmuseum in Belgrad, der den Austausch von Ausstellungen, Wissenschaftlern und Restauratoren vorsah. So war inzwischen ein

Belgrader Gemälderestaurator vier Wochen lang in Dresden zu Gast gewesen, und man suchte nun einen Kandidaten für einen ebenso langen Studienaufenthalt in der jugoslawischen Hauptstadt. Die war zwar für einen Kunsthistoriker nicht besonders attraktiv, lag aber in einem Land, das politisch einen »dritten Weg« mit Öffnung zur westlichen Welt praktizierte, also gleichsam jenseits des Eisernen Vorhangs.

Als ich am 6. Juni 1968 nachmittags von Bord einer sowjetischen IL 18 auf das glühend heiße Rollfeld des Belgrader Flughafens hinabstieg, wusste ich allerdings nicht, was ich einen Monat lang in der traditionsarmen Balkanmetropole machen sollte. Doch sah ich dem Abenteuer mit Gelassenheit entgegen. In der Passagierhalle nahm mich der Kulturattaché der DDR-Botschaft in Empfang und brachte mich mit seinem Dienstwagen zu einem Hotel, wo mich schon die freundliche Kustodin Vera Ristic vom Nationalmuseum erwartete und mir ein Bündel Dinar-Scheine in die Hand drückte.

Im Museum dann empfing mich der Direktor sehr freundlich. Es ging um das Austauschprogramm. Ich sollte hier vor Ort im Zusammenhang mit einer für Dresden geplanten Ausstellung die serbische Malerei zwischen den Weltkriegen studieren. Davon hatte ich bisher – abgesehen vom Naiven Krsto Hegedušić – noch nie etwas gehört oder gesehen. Moderne serbische Kunst war, wie mir bald klar wurde, ein provinzieller Ableger der französischen, und ihr Studium machte mir wenig Spaß.

Doch von meinem Auftrag abgesehen, war da etwas Emotionales, das mich erneut in dieses Land und seine Hauptstadt gezogen hatte, die einst Prinz Eugen, der edle Ritter, aus den Händen der Türken befreit, und die ich 1944 zweimal in Militärzügen passiert hatte. Inzwischen erinnerte nicht mehr viel an Türkenzeit und Orient. Vor hundert Jahren hatten hier noch 150 Moscheen gestanden. Geblieben war eine einzige und – die osmanische Kunst der Kaffeebereitung. Aber es lebten noch immer um die 30 000 Muslime in der Stadt, wie mir ein junger Geistlicher verriet. Die Stürme der Geschichte hatte allein die mächtige Türkenfestung im Kalemegdan-Park überdauert.

Auf einer ihrer Bastionen stand ich am Abend dieses ersten Tages und sah die Sonne blutrot über der Donau untergehen. Da, wo die Save in sie mündet, ist sie so breit, dass kaum das andere Ufer zu sehen ist. Das Bild der riesigen, träge dahinfließenden Wassermasse hatte etwas Elementares und zugleich Beruhigendes.

Am Wochenende streifte ich durch die Stadt. Sie lag unter einer Hitzeglocke in blendend hellem Sonnenlicht. Erst am späten Nachmittag füllten sich die Straßen. Dicht gedrängt schob sich die Menge aus vorwiegend jungen Leuten an den in der Dämmerung aufleuchtenden Schaufenstern vorüber. Sie zeigten ein für sozialistische Verhältnisse überraschend reiches Warenangebot. Welch ein Leben gab es hier!

Die Serben sind von ihrer Tradition her orthodoxe Christen. Gegen Abend betrat ich eine ihrer kleinen Kirchen. Sie lag im Schatten der Festungsmauer, und ihre vielen Glöcklein läuteten zum Gebet. In dem verrußten, dunklen Innenraum roch es nach Weihrauch und Heu, das den Lehmfußboden bedeckte. Das warme Licht zahlreicher Kerzen ließ das Gold und Silber des Ikonostas und die glühenden Farben der alten Wandmalereien aufglänzen. Schwarzgekleidete, alte Frauen murmelten Gebete und bekreuzigten sich.

In der Nähe der Universität fiel mir eine Menschenmenge auf. Polizisten hatten eine Sperre gebildet. Spannung lag in der Luft. Was war hier los? Ich erfuhr es von den Kollegen des Museums am nächsten Tag: Es hatte eine Protestdemonstration Tausender von Studenten gegen die »rote Bourgeoisie und Bürokratie« der herrschenden Funktionärskaste gegeben. Die jungen Leute hatten die Gebäude der Universität besetzt und streikten. Auf Transparenten und Flugblättern verkündeten sie ihre sozialen Forderungen. Bei Zusammenstößen mit der Polizei sollten über fünfzig Personen verletzt worden sein. Das war ein Aufstand gegen das Regime. Die politische Situation musste als kritisch gelten. Wirkten hier etwa die Studentenunruhen in den kapitalistischen Ländern Westeuropas, besonders aus Westdeutschland und Frankreich herüber, die man später die »68er Revolution« nannte? Oder hatten die Ideen des Prager Frühlings die Jugend infiziert? Die Luft war politisch aufgeladen. Als ich tags darauf mit dem Direktor des Nationalmuseums Dr. Trifunovic sprach, erzählte er mir beiläufig, dass er und alle seine Mitarbeiter sich spontan mit den aufmüpfigen Studenten solidarisiert hätten. Ich fand das wunderbar und dachte resigniert und mit Trauer an die dumpfe Polizeistaatsruhe bei uns in der DDR.

Da machte mir Trifunovic einen überraschenden Vorschlag. Ob ich denn in Anbetracht der instabilen politischen Situation in Belgrad nicht sogleich eine Jugoslawienrundreise unternehmen möchte, fragte er mich. Er wolle mich mit den nötigen Geldmitteln ausstatten, die Route aber dürfe ich mir selbst wählen.

Da musste ich nicht lange überlegen. Was konnte mir besseres widerfahren als die heiße Steinwüste der Hauptstadt schnellstens hinter mir zu lassen und die schöneren und klimatisch angenehmeren Gegenden des Landes im Norden und an der adriatischen Mittelmeerküste zu besuchen? Sogleich kaufte ich mir eine große Jugoslawienkarte und machte meinen Reiseplan. Ich hatte zwanzig Tage zur Verfügung.

Als ich am 10. Juni, einem Montag, gegen Mitternacht den Expresszug nach Wien bestieg und mich in meinem Schlafwagenbett ausstreckte, war ich sehr zufrieden mit dem Gang der Dinge. Als ich erwachte, sah ich die grüne Berglandschaft Sloweniens am Abteilfenster vorübergleiten.

Von hohen Türmen und tiefen Höhlen

Mein erstes Reiseziel war Ljubljana, das alte Laibach der Habsburger Monarchie. Von meinem Hotelzimmer im zehnten Stock überblickte ich die ganze Stadt zu Füßen des Schlossbergs mit ihren barocken Kirchen und der Hochgebirgskulisse ganz hinten am Horizont. Hier war die Luft kühl, kräftig und klar. Nach der Hitze und Hektik Belgrads genoss ich die Stille und Beschaulichkeit des Ortes. Das Kunstmuseum bot Provinzielles, die Damen in der Direktion aber waren sehr liebenswürdig. Sie rieten mir dringend, noch das malerische Städtchen Kranj – das alte österreichische Krainburg – zu besuchen. Dort aber müsse ich unbedingt das Heimatmuseum sehen, dessem Direktor sie mich telefonisch empfahlen.

So fügte ich mich also in das Unvermeidliche und vertraute mich tags darauf einem Autobus an, der mich noch ein Stück weiter nach Norden brachte. Das Heimatmuseum gedachte ich mit einem Anstandsbesuch in zehn Minuten hinter mich zu bringen, da ich mir für diesen Tag noch viel vorgenommen hatte. Doch es kam anders. Zu meinem Ärger musste ich im Vorzimmer des Direktors lange warten. Als ich gerade wütend die Sache auf sich beruhen lassen und gehen wollte, erschien der Erwartete. Es war ein kleiner, lebhafter Mann von sanguinischem Temperament, der mich überaus freundlich auf Deutsch mit Wiener Akzent begrüßte und sogleich starken Kaffee und hochprozentigen Sliwowitz in großen Mengen servieren ließ. Durch sein kleines Museum – es war wirklich eine Sache von zehn Minuten – schritten wir beide im Zustand gestörten Gleichgewichts. Was es enthielt, drang mir nur schwach ins Bewusstsein, und ich weiß es bis heute nicht.

Auf die anschließende Besteigung des hohen Turms der schönen gotischen Hallenkirche hätte ich mich nicht einlassen sollen. Öfter verfehlte ich die morschen Sprossen der hölzernen Treppenleitern, die auf halsbrecherische Weise nach oben führten. Es war ein mühsames Geschäft, doch unserer fröhlichen Stimmung tat das keinen Abbruch. Von oben genoss ich den weiten Blick über das reizende Städtchen bis hinüber zu den schneebedeckten Gipfeln der Julischen Alpen. Es war schon Nachmittag geworden, als ich mich von dem lieben, redseligen Direktor endlich verabschieden konnte und den Autobus nach Süden bestieg.

Der zweite Höhepunkt dieses Tages lag tief unter der Erde: Es waren die berühmten Adelsberger Grotten. Gerade noch erreichte ich den letzten an diesem Tag einfahrenden »Höhlenzug«.

Die Welt dieses unterirdischen Märchenreichs, durch das wir stundenlang fuhren und wanderten, faszinierte mit surrealer Formenvielfalt. Lange, schmale Gänge wechselten mit riesigen Sälen. Tief in der Erde taten sich plötzlich Kuppeldome auf, groß wie Sankt Peter. An anderer Stelle glaubte ich in Piranesis »Carceri« hinaufzublicken. All diese Höhlungen waren von unterirdischen Wasserströmen in Jahrmillionen aus dem Kalkstein gewaschen worden. Da sah ich Tropfsteingebilde, dünn wie Spaghetti von der Decke herabhängen und dann wieder Stalagmiten, dick wie alte Baumstämme oder Tempelsäulen, Stalagtitenwälder wie von hunderten

Orgelpfeifen und abstrakte Skulpturen von fantastischer Bildung. Und in einem Wassertümpel lebte der weiße Grottenolm, der keine Augen besaß, weil er keine brauchte.

An der Adria

Als ich am nächsten Morgen aus dem Fenster meines Hotelzimmers in Zadar blickte, faszinierte mich dieses neue Lichterlebnis: das Mittelmeer. Unter gleißender Sonne lagen die Ruinen des alten römischen Jadera und die in hellem Kalkstein leuchtende karolingische Doppelkapelle des Heiligen Donatus. Aachen ließ grüßen. Architektonische Zeugnisse des großen Karolingerreichs hatte ich so weit im Südosten nicht vermutet. Die Osmanen, die über Jahrhunderte das Binnenland beherrschten, hatten sich an der dalmatinischen Küste des Mittelmeers offenbar nicht festsetzen können. Hier siedelten seit dem 7. Jahrhundert christliche Serben und Kroaten. Später aber hatten hier an der Adria die mächtigen Venezianer das Sagen.

Auf der Uferstraße fuhr ich weiter südwärts. Rechterhand lag azurblau leuchtend das Meer. Die Häuser von Šibenik, des alten Sibenning, staffelten sich am Hang eines Berges, dessen Spitze die Festung trägt. Unten erhob sich über flachen Dächern die Kathedrale mit ihrer mächtigen Vierungskuppel, ein mit Ornamenten und Plastiken reich geschmückter Bau aus blendend weißem Marmor.

Von hier aus brachte ein Bus mich landeinwärts. Nach strapaziösem Fußmarsch erreichte ich endlich die berühmten Krka-Wasserfälle. Dieses Schauspiel – hatte man mir geraten – solle ich mir keinesfalls entgehen lassen. Die Sonne brannte vom tiefblauen Himmel, als ich auf dem letzten Stück einen steilen, zerklüfteten, geröllbedeckten Hang mehr hinabrutschte als -stieg. Kein Mensch, kein Weg noch Steg weit und breit waren zu sehen. Zwischen Zypressen und Oleanderbäumen erblickte ich endlich die Katarakte. Über unzählige Felsklippen donnerten die Wassermassen in die Tiefe, im Sturz zu weißer Gischt zersprühend und zu tiefem Smaragdgrün sich wandelnd, wenn sie sich unten wieder gesammelt und beruhigt hatten. Auf den heißen Steinen sonnten sich Eidechsen.

Noch am Abend des gleichen Tages erreichte ich Split, das römische Spalato. Der riesige Palast des römischen Kaisers Diokletian leuchtete, von Scheinwerfern angestrahlt, vor nachtblauem Himmel: antike Architektur von imperialer Größe und Würde. In den geschichtsträchtigen Mauern saß unter freiem Himmel dalmatinisches Volk, sang und musizierte und trank seinen Wein. Erst am nächsten Morgen nahm ich es richtig wahr: Die ganze heutige Altstadt hat sich – wohl schon seit tausend Jahren – innerhalb der noch aufrechtstehenden Umfassungswände des Palasts wie ein Vogelnest im hohlen Baumstamm eingenistet. Heute leben 8 000 Nachnutzer auf dem kaiserlichen Areal.

Nicht weit von Split liegt Trogir. Es wurde auf einer schmalen Landzunge ins Meer hinausgebaut. Ich fand das malerisch verwinkelte Städtchen nahezu unberührt erhalten und deshalb von Touristen gern besucht. Alles hatte hier Westentaschenformat, auch die kleine Seefestung und das Kathedrälchen, in dessen Chor ich zur Mittagszeit fotografieren wollte. Doch es fehlte an Licht. Ein hohes gotisches Fenster war mit einem dicken Vorhang verdeckt. Ich blickte mich um. Ich war allein in der stillen Kirche. Da wagte ich es, die lange, schwere Stoffbahn energisch zur Seite zu ziehen, um sie irgendwo festzuklemmen. Plötzlich stürzte mit großem Krachen der ganze Fenstervorhang mitsamt dem Gardinenbrett aus großer Höhe herunter in das Kirchenschiff, und eine dicke Staubwolke stieg auf. Vor Schreck lief ich, so schnell ich konnte, davon. Immer wieder musste ich niesen.

Nein, ich ließ nichts Wesentliches aus auf meiner Studienexkursion. Auch nicht die römische Ruinenstadt Salona. Die ehemalige Kapitale der antiken römischen Provinz Dalmatien liegt am Fuß des 1000 Meter hohen Karstgebirges. Die Hitze war fast unerträglich, und ich hatte lange laufen müssen, bis ich an dem verlassenen Ort ankam. Offenbar war ich das einzige Lebewesen weit und breit in dem glühenden Trümmerfeld.

Oder doch nicht? In einiger Entfernung gewahrte ich eine sich bewegende, weiße Gestalt. Es war ein Mädchen in hellem Kleid und Sonnenhut, das wie ich heftig fotografierte. Sie musste verrückt sein, bei diesen Temperaturen in den staubigen Mauerresten umher zu klettern. Ich winkte, und sie kam zu mir heran. Die junge Dame rief »Hello« und »How do you do?« Man konnte sich verständigen. Von da an suchten wir die denkwürdigen Stätten gemeinsam zu finden: das Amphitheater und die Reste einer frühchristlichen Basilika mit Nekropole. Es war spannend.

Am Abend in Split saßen und aßen wir zusammen in einem Restaurant. Sie hieß Margret und war eine Amerikanerin. Meinen Namen konnte sie schwer aussprechen, interessierte sich aber brennend für die Verhältnisse in der DDR. »Wieso?«, fragte ich sie. Da lüftete sie ihr Geheimnis. Sie sei Dozentin für Literatur in Los Angeles und Schriftstellerin. Und sie mache im Auftrag einer großen Zeitung eine Weltreise: einmal um den Erdball. Dafür habe sie ein Jahr Zeit. Von jedem Etappenziel sende sie Reiseberichte in die USA, sagte sie. Margaret war locker, unkompliziert und nüchtern wie ein Spazierstock. Da konnten, wenngleich inzwischen der Mond über den Mauern von Diokletians Palast aufgegangen war, romantische Gefühle nicht aufkommen.

Am nächsten Tag entlud sich die Spannung der wochenlangen Hitze in einem Gewitter, das mich ins Archäologische Museum trieb. Nur waren die reichen römischen und frühchristlichen Altertümer in der herrschenden Finsternis kaum zu erkennen, und die Sammlungsräume besaßen keine elektrische Beleuchtung. Die uralten Glasschränke und Pultvitrinen stammten noch aus k. u. k. habsburgischen Zeiten.

Gegen Mittag lief ich zum Hafen. Am Pier lag ein italienisches Passagierschiff, das nach Venedig abgehen sollte. Es hieß »Leonardo da Vinci«, und seine ausgelegte Fahrgastbrücke lud zum Betreten ein. Keine kontrollierende Aufsichtsperson war zu sehen. Ich hätte einfach hinübergehen können, und niemand hätte es bemerkt. Fünf Schritte nur, und ich wäre in der Freiheit gewesen. Eine Viertelstunde später sah ich die »Leonardo da

Vinci« auslaufen. Ich aber schiffte mich auf einem Passagierdampfer ein, der südwärts entlang der Küste nach Dubrovnik fuhr.

Man erlebt das »Venedig Dalmatiens« am besten auf einem Gang über die gut erhaltene Stadtmauer. Da lag das alte Ragusa mit seinen weißen Palästen, Kuppeln und Kirchtürmen wie eine Märchenstadt aus Tausendundeiner Nacht zu meinen Füßen. Die Abendsonne vergoldete die Dächer, die Mauern und Bastionen, die der reichen Handelsmetropole über Jahrhunderte Schutz gegeben hatten. Ich nahm mir einen ganzen Tag für diesen steinernen Traum aus weißem Marmor, eingebettet in das satte Grün von Pinien, Palmen und Zypressen.

Den folgenden Tag verbrachte ich auf der kleinen, vorgelagerten Insel Lokrum, um meine Kräfte zu regenerieren. Das kaum einen Quadratkilometer große Eiland trägt einen bewaldeten Berg in seiner Mitte und ist mit der Üppigkeit und südlichen Pracht seiner Vegetation ein kleines Paradies. Vor dem fast schwarzen Grün tropischer Pflanzen leuchteten die roten und weißen Blüten des Oleanders und der Orangenbäume. Den Kalkstein der Uferklippen hatte die Brandung zu bizarren Gebilden zersägt. Das Wasser, von smaragdgrüner Färbung, ging weiter draußen in ein tiefes Azurblau über.

Nach drei Tagen machte ich mich wieder auf den Weg, um mit dem Autobus noch ein Stück weiter nach Süden zu gelangen. Die Straße nach Kotor wand sich in immer neuen Kurven zwischen Steilhang und Meer am Ufer entlang. Es war Nachmittag geworden, als sich auf einmal eine großartige Fjordlandschaft vor meinen Augen auftat. Das war die Boka Kotorska, die unter ihrem alten Namen Bucht von Cattaro in die Weltgeschichte eingegangen ist: 1918 gegen Kriegsende meuterten die Matrosen der hier vor Anker liegenden österreichisch-ungarischen U-Boot-Flotte und verweigerten das Auslaufen. Friedrich Wolf hatte das Ereignis in einem Drama gestaltet.

Das Schauspiel der Natur steigert sich an diesem Ort zu einer Größe und Weite, wie man es von den idealen Landschaften Joseph Anton Kochs kennt. In steilem Winkel erheben sich 1 000 Meter hohe Felswände aus dem Meer. Gleich hinter den letzten Häusern des Städtchens Kotor, wo ich in einem kleinen, schmuddeligen Hotel abgestiegen war, ragte das gewaltige Lovćen-Massiv empor. Es zog mich mit magischer Gewalt in seinen Bann. Noch am Nachmittag bestieg ich den Linienbus nach Cetinje, was schon im benachbarten Montenegro liegt. Auf unzähligen Serpentinen einer schmalen Straße wand sich das Fahrzeug am Steilhang des Melebit-Gebirges empor. Wir waren auf etwa 1 500 Meter Höhe, als ich an einer neuerlichen Straßenwindung den Fahrer bat, anzuhalten, damit ich aussteigen konnte.

Als der Bus hinter der nächsten Biegung verschwunden und sein Motorgeräusch verklungen war, fand ich mich in einer Zone vollkommener Stille und Einsamkeit. Die ganze weite Bucht mit ihren Nebenarmen, umrahmt vom kahlen Karstgebirge, lag unter mir. Lange war ich in diesen Anblick versunken bis mir einfiel, dass ich ja auch wieder in das 30 km entfernten Kotor zurück musste. Ein Bus – hatte ich in Erfahrung gebracht – würde heute in Gegenrichtung nicht mehr verkehren, doch irgendjemand – dachte ich – würde mich schon wieder mit zurücknehmen. Aber seltsamerweise kamen in talwärtiger Richtung keine Autos. Die Straße schien kaum befahren zu sein. Weit und breit war keine Spur eines Menschen zu sehen. So begann ich unter der noch immer heiß herabbrennenden Sonne auf der Straße bergab zu laufen. Nach zwei Stunden Fußmarsch – Kotor lag noch immer winzig klein in der Ferne – nahte endlich von oben ein kleiner, alter Fiat und hielt auf mein verzweifeltes Winken an. Es waren zwei junge Franzosen, die mich Halbverdursteten einluden und nach unten mitnahmen.

Anderntags trieb mich mein Höhendrang hinauf auf die alte, gegen die See gerichtete Bergfestung St. Joannis. Die Venezianer hatten sie schon vor 500 Jahren angelegt. Ich befand mich in etwa 300 Meter Höhe auf einem Felsrücken. Nach der anderen Seite blickte ich in eine tiefe Schlucht, aus welcher der Steilfelsen des Lovćen 1800 Meter emporragte. Hier war ich völlig allein. Nur Raubvögel zogen vor der Bergwand ihre Kreise. Ich legte mich in den Schatten eines Feigenbaums, dessen reife Früchte mir gleichsam in den Mund wuchsen und fühlte mich wie außer der Zeit.

Sarajevo. Als ich mit dem Autobus in Bosniens Hauptstadt ankam, war es schon dunkel. Von der Hitze des Tages erschöpft, sank ich auf mein Bett im Hotel »Evropa«, und ohne noch etwas gegessen zu haben, schlief ich sofort ein. Es kann kein Zufall gewesen sein, dass mich meine Reiseroute nach so vielen Jahren noch einmal an jenen Ort führte, wo ich 1944 als schwer verwundeter Soldat im Lazarett gelegen hatte.

Die geschichtsträchtige Stadt liegt langgestreckt im Tal des Flusses Miljacka und zieht sich die umgebenden Berghänge hinauf. Erst 1878 von den Türken befreit, war sie noch immer stark vom Islam geprägt. Zu den bestimmten Zeiten erscholl von den Minaretten der zahlreichen Moscheen der Gebetsruf des Muezzins. Nirgends erlebte ich orientalisches Flair so echt und lebendig wie auf dem Basar von Sarajevo mit seinem pittoresken Gewimmel. Alles Leben schien sich auf der Straße abzuspielen, vor allem abends, wenn die Einheimischen schick gekleidet aus ihren Häusern kamen und in den Hauptgeschäftsstraßen flanierten.

Dann kam der Tag des schrecklichen Erinnerns. Keiner der dreißig Bosnier, die zu dieser frühen Morgenstunde mit mir den Linienbus nach Jaice bestiegen, ahnte, dass da ein ehemaliger »Feind und Aggressor« unter ihnen saß, für den die Autopiste, auf der wir nordwärts rollten, zweieinhalb Jahrzehnte zuvor eine blutige Schicksalsspur gewesen war. Damals, als ich schwer verletzt mit noch drei anderen deutschen Soldaten in einem Sanitätsfahrzeug in Gegenrichtung fuhr, war die Straße in miserablem Zustand gewesen, und die Fahrt, die nur zwei von uns überlebten, war mir unendlich lang vorgekommen.

Erst hinter Travnik wurde die Landschaft interessant. Ab Donji Vakuf läuft die Straße im Tal des Vrbas entlang und wird von bewaldeten Bergen begleitet. Kurz vor dem Dorf Vienac glaubte ich die Stelle zu erkennen, an der wir im Spätsommer 1944 von den Hängen aus beschossen worden waren und wo ich mich, schwer getroffen und fast verblutend, unter die Büsche am Flussufer geschleppt hatte. Erregt drückte ich mein Gesicht an die Fensterscheibe des rasch dahinfahrenden Busses, den ich nicht anhalten konnte. Mein Gehirn reproduzierte die Ereignisse jenes Augusttages, und mein

Herz schlug schnell. Ich muss wohl sehr blass gewesen sein. Die einheimischen Mitfahrer blickten freundlich oder teilnahmslos an mir vorbei.

Jajce. Die Schönheit des malerisch auf einem Bergsporn gelegenen Städtchens im Bosnischen Erzgebirge mit seiner alten Türkenfestung über der Pliva und ihrem brausenden Wasserfall hatte ich schon damals empfunden und in einem kleinen Aquarell festgehalten. Für einige Wochen war es unser Standort gewesen, damals im August 1944. Dieses Gefühl von Bewunderung aber wurde damals überschattet vom Bewusstsein ständiger Gefahr und Lebensbedrohung. Es war Krieg, und ich war neunzehn. Sie hatten mich hierhergeschickt – als Gebirgsjäger. Wir alle unterstanden dem Kriegsrecht und der Befehlsgehorsamspflicht. Niemand konnte sich sein Einsatzgebiet aussuchen. Man muss diese brutalen Wahrheiten für folgende Generationen immer mal wieder aussprechen. Am Ende waren wir selbst die Gejagten gewesen.

Wie anders trat mir jetzt das idyllisch-friedliche Bild dieses Ortes vor die Seele. Es war offenbar Markttag, und viele Frauen und Mädchen in weißen Wollröcken, bestickten Samtwesten und bunten Kopftüchern waren aus der Umgebung in das Städtchen gekommen. Ich empfand große Sympathie für diese Menschen.

Am Nachmittag machte ich mich zu Fuß auf den Weg durch ein Tal entlang dem Flüsschen Pliva. Dort wollte ich jene kleinen hölzernen Wassermühlen wiederfinden, die mich damals so beeindruckt hatten. Ein klapperndes Pferdegespann überholte mich. Ich fragte den Bauern, ob ich hinten aufsitzen dürfe. Und so gelangte ich eichendorffisch-romantisch nach einer Stunde an mein Ziel. Die Mühlräder drehten sich noch immer, und das rotbraune Holz ihrer Schutzhütten leuchtete in der Sonne.

1968 – Jahr der Hoffnungen und Enttäuschungen

Schon seit März hatten wir in unserem Radio eine deutsche Stimme mit slawischem Akzent gehört, die uns faszinierte. Sie kam nicht aus Westdeutschland, sondern aus dem kommunistischen Prag und verkündete Wahrheiten, die uns den Atem verschlugen. Etwas Unvorstellbares war geschehen: Die tschechischen Genossen des Prager Zentralkomitees hatten ihren stalinistischen Generalsekretär abgesetzt und einen Reformer namens Dubček in dessen Amt gewählt. Das Programm, das die neuen Leute in Prag verkündeten, gab uns Ostdeutschen Hoffnung. Es zielte auf einen »Sozialismus mit menschlichem Antlitz«, so wie wir ihn uns auch in unserem Land wünschten. Jetzt hörte ich, hörte die ganze südliche DDR jeden Abend diesen wunderbaren Sender. Der Demokratisierungsprozess in Prag ging rasch voran. Aber nur die Jugoslawen mit ihrem Präsidenten Tito stellten sich auf Dubčeks Seite. Breschnew, der Russenchef, und seine Marionette Ulbricht aber gifteten gegen die Vertreter des neuen Kurses an der Moldau.

Als ich aus Jugoslawien zurückkam, spitzte sich die Prager Affäre zu. Im August verbrachten wir Urlaubswochen in Herrnhut, das nah an der tschechischen Grenze liegt. Die Wälder steckten seit Wochen voller sowjetischer Truppen. In der Nacht zum 21. August hörten wir ununterbrochenes Rasseln von Panzerketten. Sie hatten sich in Bewegung gesetzt. Es begann das Trauerspiel der Invasion des »Bruderlandes« durch Armeen des Warschauer Paktes.

Etwa gleichzeitig mit diesen Ereignissen hatte es in Westdeutschland jene Tumulte an den Universitäten und auf den Straßen gegeben, die man später als die »68er Revolution« bezeichnet hat. Die Ursachen dafür erschienen uns damals vergleichsweise läppisch. Der Historiker und Germanist Rüdiger Safranski sah sie in dem studentischen Ärger »über die autoritären Eltern, die mangelnde Vergangenheitsbewältigung, die Bevormundung durch Zimmerwirtinnen, den öffentlichen Nahverkehr, den traditionellen Sexualverkehr, die Studienbedingungen, die Lehrpläne und die Ordinarien«. Vieles, was früher gesellschaftlich getragen hatte, wie Ehe, Familie, Vaterland und die bewährten »preußischen Tugenden« wollten die 68er abschaffen, vor allem aber die Moral. Ein Journalist sprach später vom »Urknall des modernen Hedonismus«.

Wir im Osten hatten davon kaum etwas mitbekommen. Unsere Sorgen waren ganz anderer, nämlich existenzieller Art. Eine »Spaßgesellschaft«, ein Begriff, der später in Westdeutschland kursierte, war die unsere wohl nicht. Uns hatte die Bewegung des Prager Frühlings und seine brutale Niederwerfung durch Breshnews Panzer in Atem gehalten. Und da war es um Leben und Tod gegangen. Hier wurde mit militärischer Gewalt über unser künftiges Schicksal entschieden. Die Niederlage der mutigen Reformer war auch unsere Niederlage. Sie löste bei uns Trauer, Hoffnungslosigkeit und Verzweiflung aus.

Bachmann

Eine gewisse Entspannung meiner eigenen Situation hatte es indessen schon seit Februar 1968 mit dem Wechsel in der Führungsspitze der Kunstsammlungen gegeben. Der altersstarrsinnige Generaldirektor Max Seydewitz, der zuletzt gebetsmühlenartig immerzu die gleichen Politphrasen wiederholt hatte, war endlich abgetreten. Sein Nachfolger im Amt, Manfred Bachmann, ein promovierter Volkskundler, hatte zuvor das Dresdner Museum für Volkskunst geleitet. Im Gegensatz zu seinem Vorgänger schätzte er die wissenschaftliche Leistung. Für Seydewitz war Kunstwissenschaft überhaupt nur legitim gewesen, wenn sie als Mittel des Klassenkampfes praktiziert wurde. Zur »Weiterbildung« hatte er vor uns Museumsleuten politische Vorträge halten lassen mit dem Ziel, uns »ein besseres Eindringen in den Marxismus- Leninismus, eine fruchtbare Auseinandersetzung mit der spätbürgerlichen Ideologie und die Aneignung eines sozialistischen Weltbildes zu ermöglichen«. Ich brauchte kein verordnetes marxistisches Weltbild. Ich wollte mir mein eigenes machen. Und was meine berufliche Arbeit betraf, so wollte ich dafür wirken, dass entgegen der doktrinären Dominanz der roten Ideologie seriöse kunsthistorische Forschung und ihre Publikation nicht auf der Strecke blieben. Es gab mehrere Kollegen, die das genauso sahen und erstrebten.

In diese Zeit des Wechsels an der Spitze der Dresdner Kunstsammlungen um 1968/69 fällt auch der Ankauf des monumentalen Krieg-Triptychons von Otto Dix für unsere Galerie. Es war die wichtigste Erwerbung überhaupt seit 1945. Und sie ist neben der hartnäckigen Initiative des Dresdner Kunsthistorikers Fritz Löffler auch der Weitsicht Bachmanns zu verdanken. Die beiden haben die schwierigen Kaufverhandlungen noch am Sterbebett des Meisters in Hemmenhofen am Bodensee zum guten Ende gebracht. Uhlitzsch wäre wohl nicht der geeignete Unterhändler gewesen. Hatte er doch Dix 1951 noch als einen »im ausweglosen Morast der Formzertrümmerung angelangten Techniker« beschimpft, der »als Lehrer für unsere Künstler abzulehnen« sei.

Da die Regierung der DDR nicht bereit und wohl auch nicht in der Lage war, etwas zu den 500 000 Westmark beizusteuern, die Dix für sein Triptychon verlangte, erkämpfte Bachmann immerhin die Erlaubnis, den Kaufpreis aus eigenen Mitteln aufzubringen. Das aber hieß: Er musste und durfte eine Anzahl »entbehrlicher« Kunstwerke, oder aber – denkt man an Druckgrafik und Porzellan – Doubletten auf dem internationalen Kunstmarkt verkaufen. Das war für den Neuangetretenen eine schwere Entscheidung. Sie war dennoch richtig, denn andernfalls wäre uns dieses Jahrhundertwerk deutscher Malerei für immer verloren gegangen. Westdeutsche Interessenten standen schon kaufbereit.

Zu Bachmann hatte ich von Anfang an ein ganz anderes, auf gegenseitiger Achtung beruhendes Verhältnis. Obwohl er von meinen kritischen Vorbehalten gegenüber dem SED-Regime und der herrschenden Ideologie wusste, brachte er mir ein gewisses Wohlwollen, vielleicht auch Vertrauen entgegen. Ohne das wäre ich in die zunehmende Ausstellungs- und Vortragstätigkeit im Zuge wachsender kultureller Zusammenarbeit mit »kapitalistischen« Staaten nicht einbezogen worden. So aber durfte ich reisen.

Die Schwedenreise 1969

Kunstwerke sind Botschafter des Humanen. In den langen Jahren des Kalten Krieges zwischen den verfeindeten Gesellschaftssystemen diente ihr Austausch der Förderung friedlicher Beziehungen und der Verständigung. Die durch die Prager Ereignisse verursachte internationale Krise hatte das Ost-West-Verhältnis nur kurze Zeit verschlechtert. Erstaunlich war, dass ein Land wie Schweden die kulturellen Beziehungen zu Ulbrichts DDR, welche auf die kleine, aufbegehrende Tschechoslowakei mit eingeprügelt hatte, nicht abbrach. Freilich war die Ausstellung »Kunstschätze aus Dresden« für Stockholm von langer Hand schon vorbereitet gewesen. Sie enthielt auch Gemälde der deutschen Romantiker. Dass mir in diesem Zusammenhang eine Reise nach Stockholm in den Schoß fiel, verdanke ich wohl der Tatsache, dass sich die Schweden einen Vortrag von mir zu diesem Thema ausdrücklich gewünscht hatten.

So kam es also, dass ich mich an einem Märzabend des Jahres 1969 im Schlafwagen des vom Berliner Ostbahnhof abfahrenden »Schwedenexpress«

zur Ruhe legte. Irgendwann in der Nacht war dann das Räderrattern in ein sanftes Schaukeln übergegangen, und als ich aufwachte, befand ich mich mitsamt dem Eisenbahnzugteil an Deck des Fährschiffes nach Trelleborg. Bleigrau lag die Ostsee unter dichten Wolken. Am frühen Morgen fuhr der Zug von Bord und bewegte sich danach viele Stunden lang durch die dünnbesiedelten, seen- und waldreichen Ebenen Südschwedens. Noch lag Schnee auf den Feldern, und die Gewässer hatten Eisdecken. Als ich aber in Stockholm ankam, lag die Stadt unter einem strahlend blauen Himmel.

Ich durfte im konservativ-vornehmen »Königlichen Automobilklub« wohnen, wo ich auf Bachmann traf, der schon seit einigen Tagen zu Gesprächen hier weilte. Das Nationalmuseum beeindruckte mich vor allem mit seiner reichen Sammlung französischer Malerei des 18. und 19. Jahrhunderts. Von Watteau bis Cézanne fehlte kaum einer der Großen. Für unsere sehr gut präsentierte Gastausstellung ausgewählter Kunstwerke aus fast allen unseren Sammlungen hatte man ein ganzes Stockwerk freigemacht.

Am folgenden Tag fuhr ich nach Drottningholm, der königlichen Sommerresidenz. Sie liegt, von Wäldern umgeben, auf einer Insel im Mälarsee. Offenbar waren die Schlossherren zugegen, denn die Königsstandarte war hochgezogen. Es hieß, König Carl XVI. Gustav habe den englischen Prinzen Charles zu Gast. Da aber die hohen Herrschaften gerade außer Haus waren, wurde mir ein Blick in die Wohngemächer gestattet, wo mich im prachtvollen Barockambiente eine knallgrüne Tischtennisplatte befremdete, unter der zwei kläffende, weiße Pudel saßen.

Das eintägige Symposium zur Dresdner Romantik wurde von den Lehrstühlen für Kunstgeschichte der Universitäten Stockholm, Lund, Uppsala und Göteborg gemeinsam veranstaltet und fand im Hörsaal des Nationalmuseums statt. Nachdem ein Ostberliner Historiker über »Bürgerliche Revolution und deutsche Romantik« gesprochen hatte, redete ich zum Thema »Wandlung der romantischen Landschaftsidee von Friedrich zu Richter«. Der Ordinarius für Kunstgeschichte an der Universität Uppsala, Rudolf Zeitler, hielt einen Vortrag über Zeichentechniken deutscher Künstler im frühen 19. Jahrhundert.

Das abschließende Essen am Abend im Museumscasino eröffnete der Hausherr Bengt Dahlbäck mit einer Tischrede in Deutsch. Sie begann mit den Worten: »Bock, Bachmann und Neidhardt sind aus der DDR herausgekommen, ich weiß nicht wie.« In das große Gelächter stimmte Bachmann nicht mit ein.

1973: Hauskreis

Der Verkehr mit Gesinnungsfreunden wie Günther Klieme oder dem Ehepaar Scholz war für uns lebenswichtig. Die Ärzte Albrecht und Ingrid Scholz hatte ich in den sechziger Jahren auf einer meiner Volkshochschulreisen nach Leningrad kennengelernt. Er war ein großer, jungenhaft wirkender Mensch, begabt mit einer schönen Baritonstimme und positiver Ausstrahlung. Er stammte aus einer alten Görlitzer Arztfamilie, wirkte als Hautarzt an der Medizinischen Akademie Carl Gustav Carus und war Schüler des legendären Professors Kleine-Natrop gewesen, mit dem er seine große Liebe zu den bildenden Künsten und seine medizingeschichtlichen Interessen teilte. Ingrid Scholz, promovierte Ärztin auch sie, war eine eher zierliche Person von großer Umsicht und Zuverlässigkeit und damals vollauf beschäftigt mit der Führung eines großen Hauses und mit ihren beiden kleinen Knaben, zu denen sich bald noch ein Mädchen gesellte.

Eines Tages fragte uns Scholz, ob wir Interesse an einem Hauskreis hätten, den sich der neue Landesbischof Johannes Hempel wünschte. Hempel, seit 1972 als Nachfolger des verstorbenen Gottfried Noth seit kurzem im hohen Amt, habe das Bedürfnis, mit Nichttheologen in ein regelmäßiges Gespräch zu kommen. Dem Kreis, der anfangs in der bischöflichen Dienstwohnung auf der Tauscherstraße in Tolkewitz zusammenkam, gehörten außer uns die Ehepaare Scholz, Born, Kinze und Müller an.

Dr. Helmut Born war Chefarzt eines Städtischen Krankenhauses für Neurologie und Psychiatrie in Oberloschwitz, das er in christlichem Geiste führte. Das von ihm inspirierte kulturelle Programm an diesem Haus umfasste auch Angebote an die Jugend. Sein mutiger Widerstand gegen die verordnete Ideologisierung machte ihn in den Augen der Partei und seiner vorgesetzten Administration zum Dissidenten. Dr. Detlef Müller war ebenfalls Arzt. Als Neurologe an der Medizinischen Akademie befasste er sich speziell mit Epilepsie-Forschung. Von hoher, dominanter Gestalt war Dr. Ing. Michael Kinze, der in einem volkseigenen Betrieb für Wasserbau beschäftigt war. Als ein Mann der Naturwissenschaft und Technik war er ein

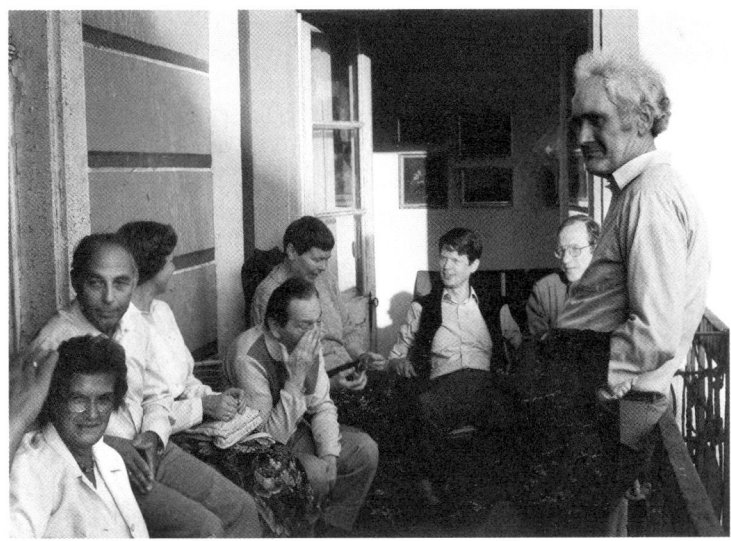

Die Mitglieder der Hauskreises auf unserem Balkon, Schloss Pillnitz, Bergpalais, 1975

mit sarkastischem Humor begabter Pragmatiker und brachte einiges Wissen über die zunehmend katastrophalen Zustände der DDR-Wirtschaft und der Ökologie in die Gesprächsrunde ein.

Hans Hempel, der Bischof, wollte innerhalb dieses Kreises keine dominante Rolle spielen und nahm sich bewusst zurück. Ich habe nie einen liebenswürdigeren Kirchenmann erlebt. Im persönlichen Umgang von größter Bescheidenheit, zeigte sich im Gespräch seine ungewöhnliche Geisteskraft und Sprachkunst. Besonders beeindruckte seine Fähigkeit, einen komplizierten Sachverhalt mit einfachen Worten auf den Punkt zu bringen und dabei Wesentliches vom Unwesentlichen zu scheiden. Hinter dieser in seiner Schlichtheit großen Persönlichkeit stand eine Glaubenshaltung, die uns in ihrer nüchternen Zeitgemäßheit half und stärkte.

Einmal im Monat kamen wir in jeweils wechselnder Wohnung zusammen. Meist wurde ein Bibelwort besprochen, oft auch ein aktuelles Sachthema aus unseren beruflichen Umfeldern diskutiert. Manchmal rätselten wir über einem Schriftwort, das Gegenstand der gerade vorbereiteten bischöflichen Sonntagspredigt sein sollte oder Hans Hempel berichtete über Konferenzen des Weltkirchenrates, des Lutherischen Weltbundes oder des Bundes Evangelischer Kirchen in der DDR, an denen er in leitenden Funktionen teilgenommen hatte. Auch Michael Kinze war oft in kirchlichem Auftrag unterwegs und erzählte uns von Entwicklungshilfeprojekten in Afrika oder Lateinamerika.

Wiesenbad und Hohwald

Es gilt nun, ein Kapitel meines Lebens nach- und vorzutragen, von dem nichts eigentlich Spektakuläres zu berichten ist, das mir aber dennoch ein freundliches Erinnern wert ist. Es geht um mein Atemholen, mein »Relaxing« – um es neudeutsch zu sagen – in und nach allem Stress des beruflichen Alltags. War es doch für mich wie ein Wunder, dass ich mit meinem Einstieg in den Beruf gesund geworden war. Trotz wachsender Belastung erlitt ich von Stund an keinen Rückfall mehr in die lebensbedrohliche Krankheit, und mit den Folgen der Kriegsbeschädigung wie auch der Poliomyelitis hatte ich zu leben gelernt.

Eines Tages, etwa Mitte der sechziger Jahre, erfuhr ich, dass ich Anspruch auf Festigungs- und Rehabilitationskuren hätte. Ich stellte den Antrag und durfte für fünf lange Wochen in einem Sanatorium für Geschädigte des Bewegungsapparats ausspannen. Der idyllische Kurort liegt nah dem Erzgebirgsstädtchen Annaberg und heißt Wiesenbad. Das kleine Sanatorium, damals bestehend aus Kurhaus, Badehaus und zwei Unterkunftsgebäuden, hat eine lange, ehrwürdige Tradition, die bis in das Jahr 1501 zurückgeht. Zu jener Zeit hatte der Burgherr des nahen Wiesa eine hier zutage tretende, warme Schwefelquelle einfassen und ein Badehaus daneben errichten lassen. Zur Zeit der Renaissance war das heilkräftige Wasser so berühmt, dass sogar Mitglieder der kurfürstlich-sächsischen Familie hier Genesung suchten. Noch zu Beginn des vergangenen Jahrhunderts kurte Dresdens wohlsituiertes Bürgertum in Wiesenbad. Eine Inschrift am Felsen, wohl aus der sentimentalen Goethezeit, preist bis heute den Ort in hymnischen Versen:

> Hier am bemoosten Gestein
> Von Fichten und Thannen beschattet,
> Seid, ihr Geister des Waldes,
> Nymphen der Thäler begrüßt.
> Wer mit Trübsal beladen
> Zu Wiesenbads Quelle geflüchtet,
> Fühl' in genesener Brust
> Eure beglückende Macht.

Und wahrhaft beglückend waren für den öfter mit Trübsal Beladenen diese Wiesenbader Kuraufenthalte, die sich nun alle zwei bis drei Jahre wiederholten. Stets gewährte man mir ein Einzelzimmer ganz oben unterm Dach des sogenannten Paracelsus-Hauses. Das war ein Stübchen mit Bett, Schrank, Waschbecken und knarrenden Dielen. Aus dem winzigen Fenster konnte ich über die ganze kleine Anlage hinweg bis zu fernen bewaldeten Bergen blicken. In dieser Idylle fielen die Belastungen und Probleme, die ich vor allem an meinem Arbeitsplatz ständig auszuhalten und zu bewältigen hatte, sogleich von mir ab. Hier fühlte ich mich vor der Missgunst des Genossen Uhlitzsch und dem kindischen Hass der Frau Dr. Schumann sicher. Entspannt sank ich stets nach der Ankunft auf mein einfaches Bett und genoss es, dass kein Termin mich drängte und niemand etwas von mir wollte. Schon das Glück des abgeschirmten Alleinseins, der Möglichkeit des Zu-mir-selbst-kommens gab mir neue Kraft und neuen Lebensmut. Freundlich und fürsorglich begegneten einem hier die Ärzte, die Schwestern, die jungen Physiotherapeutinnen und Badefrauen.

Schritt für Schritt erwanderte ich mir die reizvolle Umgebung mit den grünen Wiesen, bewaldeten Bergen, dem wasserdurchrauschten Zschopautal und den nahen Amethystfelsen. Und es gab auch einen Stuhl und einen kleinen Tisch in meinem Zimmerchen. Das war mir wichtig, denn so konnte ich nicht nur lesen, sondern auch an meinen Manuskripten arbeiten. Gewöhnlich vermied ich in den ersten ein, zwei Wochen, einem der Mitpatienten zu nahe zu kommen.

Es gab unter ihnen von der Kinderlähmung geschlagene Spastiker, die kaum laufen konnten und sich jämmerlich quälten, dass es einen erbarmen musste. Dagegen war ich ein leichter Fall und fühlte umso mehr die Gnade, mich unbehindert bewegen zu können. Geradezu grotesk und schmerzhaft wurde mir das bei der sogenannten Tanztherapie bewusst, welche einmal in der Woche abends im Kursaal stattfand. Da tanzten zu den Rhythmen einer Kapelle die armen Behinderten beiderlei Geschlechts mit den dafür abkommandierten Therapeutinnen. Für die weniger Geschädigten, besonders alle, die gut zu Fuß waren, geriet die Tanztherapie freilich zu einer Art Angebotsmarkt für »Kurschatten«.

Als zu Beginn der achtziger Jahre die mir wohlgesinnte Wiesenbader Orthopädie-Fachärztin Dr. Siegmund in das Kliniksanatorium Hohwald in der Oberlausitz ging, verlegte ich meine Kuren dorthin. Das Hohwalder Sanatorium war um 1900 als größte und modernste Lungenheilstätte für Männer in Deutschland erbaut worden und trotz achtzigjährigem Verschleiß noch immer eine stattliche Einrichtung. Wegen des erfreulichen Rückganges von Tuberkuloseerkrankungen wurde sie seit Mitte der siebziger Jahre in eine Rehabilitationsklinik für Orthopädie umgewandelt. Hohwald, am Westrand des Lausitzer Berglandes gelegen, war von Dresden aus in einstündiger Autofahrt erreichbar und hatte auch sonst für mich manchen Vorteil gegenüber Wiesenbad. Besonders gefiel mir die zauberhafte Lage inmitten von Wäldern am Südhang eines Höhenzugs. Das günstige Klima, die reine Luft taten auch meinen geschädigten Atemwegen gut. Das von einem Bach durchflossene Gelände lag direkt an der tschechischen Grenze. Wegen des Klinikstatus der Einrichtung musste ich jetzt keine umständlichen Kuranträge mehr stellen. Ein Anruf bei Frau Dr. Siegmund und ein ärztlicher Überweisungsschein genügten, um einen Hohwaldaufenthalt antreten zu können. Im Kofferraum meines Trabant nahm ich nun immer eine kleine Arbeitsbibliothek mit, denn ich erhielt stets »mein« Einzelzimmer in einem der beiden steinernen, langgestreckten Pavillons neben dem großen, dreigeschossigen Hauptgebäude. Es war das einzige, das für leichtere Fälle wie mich noch zur Verfügung stand. Das Zimmer war klein und hoch und glich mit seinen kahlen Wänden einer Mönchszelle. Die Einrichtung bestand aus Bett, Schrank, Tisch und Stuhl. Toiletten und Waschraum lagen am entgegengesetzten Ende des langen Flurs und wurden kollektiv genutzt. Mir machte die Abwesenheit jeglichen Komforts nichts aus. Ich fühlte mich privilegiert und war jedes Mal glücklich, wenn ich meine »Zelle« wieder beziehen und meine kleine Bibliothek auf dem Tischchen aufbauen konnte.

Ich erlebte Hohwald zu allen Jahreszeiten und liebte es, wenn ich der Natur nah sein konnte. Im Sommer hatte ich meinen Lieblingsplatz am Ufer eines kühlen Baches, im Winter genoss ich die Geborgenheit des warmen Zimmers, die wirbelnden Schneeflocken vor dem Fenster, und manchmal lief ich auf Skiern durch die schweigenden Wälder. Einmal ging ich im November nach Hohwald. Es wurde ein besonders produktiver und erholsamer Aufenthalt. Ich genoss das Alleinsein und fühlte mich niemals einsam.

Groß Köris, Götemitz und andere Urlaubsorte

Es könnte scheinen, dass ich über allen Dienstreisen und Kuraufenthalten meine Familie gänzlich vernachlässigt hätte. So war es aber ganz und gar nicht. Deshalb soll an dieser Stelle die Rede sein von zahlreichen Sommerurlauben en famille. Da muss zunächst an die Schwierigkeit erinnert werden, in der DDR überhaupt ein Urlaubsquartier in erholsamer Gegend zu ergattern, wenn man nicht zur privilegierten »Nomenklatura« gehörte. Ein privates Angebot gab es in diesem Sektor überhaupt nicht. Das gesamte Erholungswesen lag in den Händen eines »Feriendienstes« der staatlich gelenkten Gewerkschaft FDGB. Den Kampf um einen attraktiven Urlaubsplatz in einem FDGB-Heim hatte ich bald aufgegeben, zumal uns durch glückliche Fügung seit Ende der sechziger Jahre alljährlich ein Wochenendhaus auf einem Grundstück am Schweriner See, einem Arm des Teupitzer Sees südlich von Königs Wusterhausen, gegen einen geringen Obolus zur Verfügung stand.

Das Häuschen gehörte dem Ehepaar Carrière, mit dem wir uns seit Eleonore von Hofmanns Tod angefreundet hatten. Arnulf Carrière war Neffe und Alleinerbe der Hofmanns. Frau Eleonore hatte ihn aus unerfindlichen Gründen nicht leiden können, doch war er später ein gewissenhafter Sachwalter und Inventarisator des künstlerischen und dokumentarischen Nachlasses Ludwig von Hofmanns. Durch die Großzügigkeit der Carrières erlebten wir zu viert eine Reihe wunderbarer Sommerurlaube. Für uns, besonders aber für Mathis und Uta war die umzäunte Idylle am Seeufer ein kleines Paradies. Noch erinnere ich mich des Glücksgefühls, das sich einstellte, wenn man morgens ganz zeitig sogleich nach dem Erwachen auf den weiten, stillen See hinausschwamm.

Als die Kinder aber größer wurden, wollten wir gern einmal zusammen an der Ostsee Urlaub machen. Jedoch war ein Vierer-Seeplatz während der Schulferien im FDGB-Angebot eine Rarität und die Chance, ihn zu erhalten so wahrscheinlich wie ein Fünfer im Lotto. Da entsann sich Vera eines alten Onkels namens Martin Heyde, der auf der Insel Rügen eine Bauernwirtschaft betrieb. Wir ermittelten seine Adresse und fragten vorsichtig an, ob wir einmal zu Besuch kommen dürften. Die kleine Ortschaft namens Götemitz entdeckten wir auf der Landkarte ganz im Süden der Insel nahe dem Städtchen Rambin. Wir erhielten mit der freundlichen Antwort die Adresse einer Nachbarin, welche Feriengäste aufnähme. Von dieser Nachbarin kam alsbald eine Zusage, und an einem heißen Sommertag des Jahres 1979 rollten wir zu viert mit unserem schwer beladenen Trabant in Richtung Ostseeküste. Die bäuerliche Siedlung lag inmitten weiter Getreidefelder zwei Kilometer südlich der Fernstraße, welche von Stralsund über den Rügendamm quer über die Insel nach Saßnitz führt. Von der Ostsee war weit und breit nichts zu sehen. Onkel Martin, den wir nun kennenlernten, erwies sich als ein gütiger, überaus bescheidener alter Mann, der uns mit größter Freundlichkeit empfing. Er war ein Vetter von Veras Vater Conrad Erdmann und wie dieser ein Abkömmling des berühmten Herrnhuter Tibet-Missionars August Wilhelm Heyde. Onkel Martin bewirtschaftete zusammen mit dem Sohn Dieter ein großes Stück Land, und im Stall standen Kühe und Schweine.

Unsere Quartierwirtin war ein freundliches älteres Fräulein namens Ruth Reinke. Sie wohnte in einem reetgedeckten, weiß getünchten Bauernhaus auf der anderen Straßenseite und versorgte einige Schafe, Gänse, Hühner, Katzen und Hunde. Sonntags leitete sie den Kirchenchor und spielte die Orgel. Sie empfing uns mit warmem Kartoffelkuchen und Eiersalat. Wir bewohnten zwei Zimmer im Obergeschoss und durften zu den Mahlzeiten die geräumige Küche benutzen. Eine besondere Attraktion war die Toilette. Sie bestand aus einem Bretterverschlag im Stall, einem hölzernen Sitz und einem großen Eimer, dessen Entsorgung ökologisch verträglich der Fruchtbarkeit des Reinke'schen Gartens zugutekam.

Nun saßen wir auf der schönen Insel Rügen zwischen goldgelben Getreidefeldern, die sich unter einem hohen blauen Himmel bis zum Horizont hin dehnten und genossen die absolute Stille des Ortes. Doch spätestens am dritten Tag hatten wir die Dorfidylle satt und suchten auf der Landkarte, wie am schnellsten ein Stück Küste mit Badestrand zu erreichen wäre. Die berühmten Sandstrände lagen im Norden und Osten der Insel und waren etwa 50 bis 70 km von Götemitz entfernt. Sie täglich anzufahren, hätte den erstrebten Erholungseffekt in Frage gestellt.

So begnügten wir uns mit der »Sparvariante«, dem kleinen Ort Altcamp am Greifswalder Bodden. Dort gab es einen ganz schmalen Sandstrand unterhalb des Steilufers, welcher nur wenig besucht wurde. Einstmals hatte hier der große Caspar David Friedrich gezeichnet. Der Ort war in nur vierzig Minuten mit dem Auto zu erreichen, die letzten vier Kilometer freilich über unbeschreiblich holprige Feldwege. Am Ziel aber wurden wir belohnt mit dem Anblick der Weite des Meeres und frischer Seeluft.

Frau Reinke hatte noch ein weiteres Fremdenzimmer an einen festen Sommergast vermietet. Das war – wie sie uns mitteilte – ein Musiker, der ebenfalls aus Dresden kam und sich hier mit seiner Frau, einer jungen Ärztin, allsommerlich einstellte. Der noch jugendlich wirkende Mann war von stattlicher Körpergröße, trug sein schwarzes Haar in einer wallenden Mähne und hieß Ludwig Güttler. Beim gemeinsamen Kaffeetrinken in Ruth Reinkes Küche wurden wir miteinander bekannt und merkten bald, dass uns gleiche politische Gesinnung verband. Der Trompeter stand damals am Beginn seiner großen Karriere und erzählte von unglaublich dummen Behinderungen durch die Kulturfunktionäre. Güttler war überhaupt ein hinreißender Erzähler, und wenn er die Serie seiner Musikeranekdoten vom Stapel ließ, bogen sich alle vor Lachen, und Fräulein Reinke hielt sich die Hände vor den Mund.

Der Besitz eines Kleinwagens der Marke Trabant, von uns liebevoll »Trabi« genannt, verschaffte aber auch größere Mobilität und ermöglichte Fahrten mit unserer kleinen Familie in die schönsten Gebirgslandschaften der Tschechoslowakei. Dorthin und nach Polen durften wir seit Mitte der siebziger Jahre sogar ohne Visum reisen. Beliebt war auch Ungarn mit seinem großen Balaton-Binnensee als Reiseland. Diese wirklich schönen Landschaften ersetzten uns die Alpen und Italien. So nahm der Strom ostdeutscher Touristen, die sich nach Süden und Südosten bewegten, von Jahr zu Jahr zu.

Wir nutzten also diese kleine Freiheit und fuhren im Sommer 1976 mit unserem Trabi in den Böhmerwald. In einem kleinen Ort namens Železná Ruda, dem früheren Eisenstein, nah der Grenze zur Bundesrepublik, bezogen wir ein Quartier und blickten sehnsüchtig hinüber zum Großen Arber, der uns wie ein Symbol der schmerzlich entbehrten Freiheit erschien. An vielen Stellen, besonders in den Kirchen und auf den Friedhöfen der einst von Deutschen erbauten Dörfer und Städtchen, die jetzt verfielen, fanden wir Spuren der einstigen Bewohner. In einem einsamen, idyllischen

Wiesental, das ein klarer Bach durchfloss, standen Hausruinen eines verlassenen deutschen Dorfes. Wir badeten in dem kühlen, angestauten Gewässer, lagen auf heißer Felsplatte in der Sonne und verbrachten hier einen arkadischen Tag.

Überhaupt entdeckten wir in den folgenden Jahren viel Interessantes in dem an Sachsen grenzenden Land, dessen Schicksal auf so vielfältige Weise mit unserer eigenen Geschichte verbunden war.

Lange mussten wir im Sommer 1978 ostwärts bis in die Hohe Tatra fahren. Bekannte hatten uns eine Adresse aufgeschrieben, wo man billig wohnen konnte. Es war der Name einer slowakischen Familie im Dorf Vrbow unweit der alten, einst von Deutschen gegründeten Stadt Käsmark (Kežmarok). Von da aus unternahmen wir zünftige Touren in das herrliche Hochgebirge. Später waren Riesengebirge, Isergebirege und Niedere Tatra unsere Reiseziele.

Einer Polenreise muss noch gedacht werden wegen der interessanten Umstände ihres Zustandekommens und ihres Verlaufs. Mitte der siebziger Jahre hatte ich eine bemerkenswerte Frau kennengelernt: Alina Kovalczykowa war eine bildschöne, schwarzhaarige Polin, welche in Warschau wohnte und in Krakau Literaturwissenschaft lehrte. Sie war auf der Durchreise nach Paris und besuchte mich in der Galerie, weil sie sich für die deutschen Romantiker interessierte. Da sie die Tochter des berühmten Warschauer Kunsthistorikers Prof. Stanislaw Lorentz war, genoss sie offenbar Privilegien und konnte sich ziemlich frei in Europa bewegen. Wiederholt lud sie mich mitsamt meiner Familie, die sie in Pillnitz kennengelernt hatte, in ihre Heimat ein.

So fassten wir uns ein Herz und fuhren im Spätsommer 1979 allesamt mit der Eisenbahn nach Warschau. Dort wohnten wir bei Alina in der Rejtana, einer kleinen Straße im Süden der Stadt nahe der schönen Barockanlage Łazienki.

Nachdem wir uns in Warschau genügend umgesehen hatten, lud uns Alina in ihr Auto und fuhr mit uns nach Nieborów, einem Dorf südöstlich der Hauptstadt. Dort liegt inmitten gepflegter Parks und großer Wasserflächen ein kleines Landschloss im Barockstil. In dieser Idylle durften wir für acht Tage Urlaub machen. Wir erhielten die sogenannte Fürstensuite zum Wohnen zugewiesen. Es waren die Räume, welche ständig Professor Lorentz, dem Generaldirektor der Warschauer Nationalgalerie, zur Verfügung standen. Ein Hauch von verblichener Feudalherrlichkeit lag über dem Schloss, und seine heutigen Bewohner bewegten sich in gepflegter Würde. Die gehörten ganz offenbar zur geistigen Elite des Landes, und sie weilten hier in ländlicher Einsamkeit wohl nicht nur, um sich zu erholen, sondern auch um zu arbeiten und sich politisch konspirativ zu verständigen. Die Mahlzeiten waren karg, wurden aber in vollendeter Form serviert und eingenommen. Morgens brachte ein Angestellter das Frühstück ans Bett. Diese Polen gaben sich als gebildete Europäer, pflegten ihre geschichtliche Tradition und zeigten Stil.

Uns als Ostdeutschen beggenete man freilich mit kühler Reserve. Bei den gemeinsamen Mahlzeiten im festlichen Speisesaal saßen alle vereint an einer riesigen Tafel, uns aber wurde ein Katzentisch am Rand des Saals zugewiesen. Obwohl wir als Gäste des »Chefs« eingeführt worden waren, traute man uns offensichtlich nicht so richtig über den Weg. Wahrscheinlich war Nieborów damals bereits ein Zentrum des politischen Widerstands, der sich wenige Jahre später in der großen Solidarność-Bewegung formierte. Stanislaw Lorentz und auch Alina gehörten zu ihren erklärten Sympathisanten.

Schloss und Park waren vorbildlich gepflegt, doch jenseits der Parkmauer zogen sich nur Rüben- und Kartoffelfelder bis zum Horizont; keine Umgebung zum Wandern. So waren wir froh, als die acht Tage vergangen waren und wir wieder in unser »eigenes« Schloss nach Pillnitz zurückkehren konnten.

Auch als die Kinder in den Sommerferien ihre eigenen Touren machten, blieb unser Trabant das Urlaubsvehikel, das uns Beweglichkeit und einen Hauch von Freiheit bescherte. Schließlich verschaffte uns die geniale Erfindung eines Zwickauer Privatproduzenten sogar die Unabhängigkeit von Ferienquartieren: Mit dem Dachzelt auf dem Trabant reisten wir in Begleitung von Zeltfreunden in Etappen zur Ostseeküste bis hinauf nach Ludwigslust, ein andermal durch Böhmen bis hinunter zur österreichischen Grenze. Den tschechischen Zeltplatzpächtern, denen wir keine Standgebühr zu zahlen hatten, gefiel die deutsche Erfindung nicht. Sie beschimpften sie als »Schwindelzelt«.

Neuentdeckung: Onkel Paul

Schon während meines Studentenpraktikums in Altenburg war ich im Lindenau-Museum auf die Bilder eines interessanten Landschaftsmalers namens Paul Neidhardt gestoßen. Im Katalog stand vermerkt, dass er bis zu seinem Tod 1951 in Gera, der Heimat meiner Eltern, gelebt habe. Diese Namens- und Ortsgleichheit schien mir bemerkenswert, doch hatte ich von Verwandtschaft solcher Art nie etwas gehört. So ließ ich die Sache auf sich beruhen, bis mich Mitte der siebziger Jahre ein Brief aus Gera erreichte, in dem eine Malerin namens Irmgard Neidhardt sich als Witwe Paul Neidhardts vorstellte. Sie sei, so schrieb sie, durch meine Veröffentlichungen auf meinen Namen gestoßen und hätte gern gewusst, ob ich mit ihrem verstorbenen Mann etwa verwandt sei. Sie wolle mich jedenfalls gern kennen lernen und lud mich zu einem Besuch ein. Ich erinnere mich, dass ich ihr telefonisch antwortete und dabei die Verwandtschaftsvermutung zurückwies, eine persönliche Begegnung aber für die Zukunft nicht ausschloss.

Längere Zeit danach, als mich eine Dienstreise ins Thüringische führte, suchte ich die bejahrte Dame auf. Sie bewohnte ganz allein noch die alte Wohnung im dritten Stock eines ziemlich heruntergekommenen Miethauses auf dem Steinweg 5, nah dem Stadtzentrum. Die kleine Dreizimmerwohnung machte, um es freundlich zu sagen, einen pittoresken Eindruck. Besonders das alte Maleratelier war mit Leinwänden, Rahmen, Staffeleien,

Grafikmappen und anderen Gerätschaften und Malmaterial so zugebaut, dass man kaum die Fenster erreichen konnte. Indessen schien mein Besuch Frau Irmgard, die sogleich Kaffee servierte, sichtlich zu erfreuen. Da erfuhr ich nun manches aus dem Leben und vom Wirken des anscheinend nicht mit mir verwandten, in Thüringen und besonders Gera ziemlich bekannten Landschaftsmalers Paul Neidhardt, der in Gera eine Malschule für junge Damen betrieben und als Schilderer der Ostthüringer Landschaft Berühmtheit erlangt hatte. Die 33 Jahre jüngere Irmgard, seine zweite Frau, heiratete er erst 1935. Sie war seine Schülerin, hatte sich mit ihrer Verwandtschaft heillos zerstritten und suchte verzweifelt Nachkommen des von ihr offenbar leidenschaftlich geliebten »Neidi«.

So war es unvermeidlich, dass sich unser Gespräch alsbald genealogischen Fragen zuwandte. Sie hätte es nur allzugern gesehen, dass ich mit »Neidi« verwandt wäre. Der hatte ja der Generation meines Vaters angehört, und eine gewisse Ähnlichkeit zwischen den beiden glaubte ich anhand von Fotos immerhin zu erkennen. Aber was besagte das schon. Ein Onkel Paul in Gera war auch meinem Bruder Erich nicht bekannt.

Beim Abschied gab mir Frau Irmgard Unterlagen über »Neidis« Vorfahren mit. Als ich die zu Hause studierte, war meine Überraschung groß, denn da las ich, dass Paul Neidhardts Vater genau wie meine Großmutter Neidhardt aus dem schönen Städtchen Münchenbernsdorf südlich von Schleiz stammte. Jetzt wollte ich es aber genau wissen und bat einen uns freundlich zugetanen Herrn Voigt, einen rüstigen, intelligenten Geraer Rentner, um weitere Nachforschungen. Das Ergebnis war – wie ich inzwischen vermutet hatte: Jawohl, ich bin mit Paul Neidhardt verwandt. Sein und meines Vaters Großväter waren Brüder, hießen Franz und Fritz und hatten in der Zeit des Vormärz im gemeinsamen Elternhaus des kinderreichen Zimmermanns Johann Georg Neidhardt in der Thüringischen Kleinstadt gelebt.

Nun war die Freude groß und allseitig. Wir hatten einen neuen Onkel gewonnen, wenn auch keinen ersten Grades. Und nach Irmgards Tod 1978 nahm ich mich, ihrem Wunsch gemäß, des Nachlasses an.

Das Kreuz mit der Kreuzschule

Der seit Ende der siebziger Jahre in der DDR-Kulturpolitik praktizierte Toleranzkurs galt allerdings nicht für das Bildungssystem und die Nationale Volksarmee. In den Schulen, über die die Frau des Staatschefs, die unsägliche Margot Honecker, herrschte, wurde noch bis zum Torschluss rigoros das Klassenkampfklischee des 19. Jahrhunderts durchgesetzt und gelehrt. Nach dem Verständnis der Genossen gehörte auch das Christentum zum ideologischen Überbau der kapitalistischen Gesellschaft und würde mit dem Kapitalismus verschwinden. Das bekamen vor allem unsere Kinder zu spüren, die beide nach der Hosterwitzer Oberschule die zum Abitur führende Kreuzschule besuchten. Die ehrwürdige, 600 Jahre alte Bildungsstätte war wie alles im SED-Staat gleichgeschaltet und der Parteiherrschaft unterworfen. Als Uta einmal in Pausengesprächen ihren Mitschülern von einer Evangelisation in der Annenkirche erzählte, die sie sehr beeindruckt hatte, wurde das durch einen Schülerspitzel sogleich an die Parteileitung gemeldet. Der Schuldirektor, ein gewisser Professor Richter, allgemein »Scharfrichter« genannt, bestellte daraufhin uns Eltern zu sich und erklärte uns, dass unsere Tochter mit ihrem Pausengespräch die Verfassung gebrochen habe, in welcher die Trennung von Schule und Kirche festgeschrieben sei. Wenn solcher »Verstoß gegen unsere Gesetze« noch einmal vorkäme, müsse er Uta von der Schule verweisen.

Schlimm erging es auch unserem Sohn Mathis. Sein Klassenlehrer namens Schaumkehl war wie der Direktor ein roter Dogmatiker mit sadistischen Zügen. Mathis' bester Freund Ingolf, der den Dienst mit der Waffe verweigert hatte, war hochbegabt, intelligent und dem Lehrer moralisch weit überlegen. Diesen Jungen trieb er mit Drohungen und entehrenden Reden vor der Klasse in den Tod. Er warf sich verzweifelt vor einen Zug.

Mathis verteilte in der Schule den in Herrnhut hergestellten Aufnäher »Schwerter zu Pflugscharen« und geriet damit ins Visier der Staatssicherheit, die ihn später vergeblich für Spitzeldienste zu gewinnen versuchte. Zur härtesten Lebensprüfung aber geriet ihm wohl der sogenannte »Ehrendienst in der Volksarmee«. Achtzehn Monate war er der ungeliebten Truppe im Standort Bad Salzungen ausgeliefert. Es war auch für uns eine schwere Zeit, denn wir litten mit ihm.

Malerei der Romantik auf Reisen

Carus-Ausstellung 1969

Begonnen hatte die fachliche Prävalenz und neue öffentliche Wahrnehmung des kulturgeschichtlichen Phänomens der Romantik mit einer Ausstellung des Europa-Rates unter dem Titel »The Romantic Movement« 1959 in der Londoner Tate Gallery. Damals war neben dem großen Briten William Turner auch der Deutsche Friedrich mit 14 seiner Gemälde in das Blickfeld des internationalen Interesses geraten. In der DDR hatte zuerst die Literaturgeschichte auf diesen Trend reagiert, bis Willi Geismeier 1965 mit seiner verdienstvollen Ausstellung »Deutsche Romantik« in der Berliner Nationalgalerie auch die bildende Kunst der hierzulande umstrittenen und von den Marxisten ideologisch diffamierten Epoche zum Thema gemacht hatte. Von da an überlegte ich, was ich meinerseits zur Rehabilitierung der bei uns als reaktionär verketzerten Geistes- und Kunstbewegung tun könne. Die Erkenntnis, dass Dresden eines ihrer Hauptzentren gewesen war, hatte sich bis dahin auch in der Fachwelt noch nicht allgemein befestigt.

Eine erste Gelegenheit, die öffentliche Aufmerksamkeit auf die romantische Epoche zu lenken, bot sich mit dem 200. Todestag des Arztes, Gelehrten und malenden Friedrich-Schülers Carl Gustav Carus im Jahr 1969. Heinz-Egon Kleine-Natrop, der verdienstvolle Medizinhistoriker und

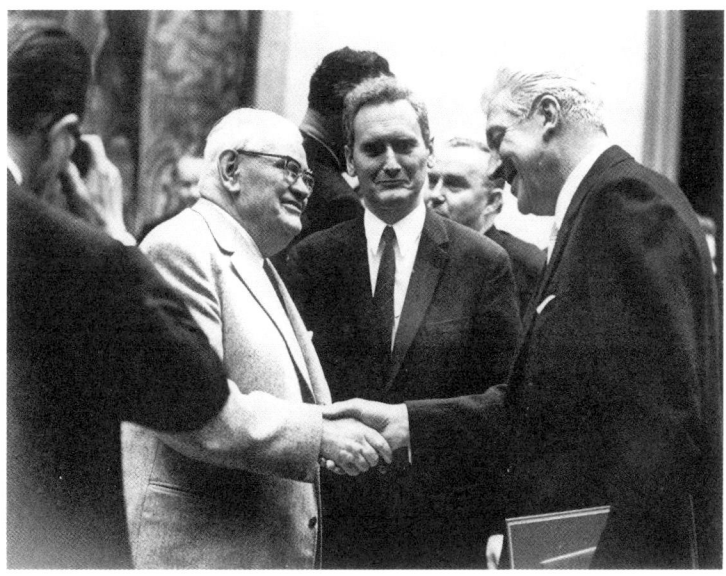

Mit Alt-Generaldirektor Seydewitz und Professor Kleine-Natrop nach der Eröffnung der Carus-Ausstellung im Albertinum am 20. Juni 1969

Leiter der Hautklinik der Medizinischen Akademie, die des großen Mannes Namen trug, bereitete eine Ehrung des vielseitig tätigen Mannes vor.

Ich sah unsere Verpflichtung in der Würdigung des Malers und Zeichners mit einer Ausstellung im Dresdner Albertinum. Sie umfasste 34 Gemälde und 45 Blätter seiner Hand. Den Grundstock bildeten die Hauptwerke der immerhin 22 Arbeiten umfassenden eigenen Gemäldekollektion der Galerie. Sie war analog zur zunehmenden Wertschätzung Friedrichs erst seit etwa 1915 gewachsen. Damals hatte der Dresdner Sammler Johann Friedrich Lahmann mit der Schenkung des wunderbaren Bildes »Frau auf dem Söller« den eigentlichen Anstoß und Anlass für weitere Erwerbungen und letztlich auch zur Beschäftigung der Kunstgeschichte mit dem Maler gegeben. Die Zusammenarbeit mit Professor Kleine-Natrop an der Medizinischen Akademie, diesem uneingeengten, überlegenen Geist, war mir erbaulich. Der Katalog »IN MORTIS CENTENARIUM« wurde mit einem Essay von ihm eingeleitet. Noch aber musste sich Bachmann im Katalogvorwort für die Ehrung eines Romantikers damit entschuldigen, dass es sich doch immerhin um einen »bürgerlichen Humanisten« handle, und dass die Ausstellung ja auch ein Beitrag »zur Vorbereitung des 20. Jahrestages der DDR« und zur »Formung allseitig gebildeter sozialistischer Persönlichkeiten« sei.

Friedrich in London

Mit dem Jahre 1972 begann ein denkwürdiges Friedrich-Jahrzehnt in der kunstgeschichtlichen Rezeption dieses großen Malers. Indessen war es keineswegs eine deutsche Stadt, sondern vielmehr die Weltmetropole London, die dem deutschen Romantiker ihre Referenz erwies. In jenem Jahr widmete die Tate Gallery Caspar David Friedrich die erste bedeutende Ausstellung. Ihrem Direktor Sir Norman Reid, besonders aber dem Kurator William Vaughan gebührt der Ruhm, Friedrich aus europäischer Sicht umfassend präsentiert zu haben.

Das war freilich nur möglich mit Leihgaben aus beiden deutschen Staaten. Außenpolitische Gründe sprachen wohl dafür, dass die Ostberliner Kulturfunktionäre dazu ihr Einverständnis gaben, und dass damit die DDR erstmalig in ein gesamtdeutsch-bilaterales Unternehmen einbezogen war, das pikanterweise auf britischem Boden stattfand.

William Vaughan, einen Experten für deutsche Kunst am Courtauld Institute der Londoner Universität, hatte ich schon im Frühjahr 1971 kennengelernt, als er zu Vorgesprächen nach Dresden gekommen war. Der gutmütige, rotbärtige Hüne, mit dem ich mich auf Anhieb verstand, weilte bei uns im Pillnitzer Schloss zum Kaffee und wurde von unseren Kindern bestaunt.

Im Ergebnis der Verhandlungen stellten uns die britischen Kollegen im Gegenzug für unsere Leihgaben eine William-Turner-Ausstellung in Aussicht, die vorher in der Westberliner Nationalgalerie gezeigt werden sollte. Vereinbart wurde außerdem meine Teilnahme an einem Londoner Symposium zur Friedrich-Forschung.

Im Gegenzug dafür sollte ein britischer Kollege namens John Gage bei uns in Dresden über Turner sprechen. Er kam im Juli und hielt seinen Vortrag auf Deutsch im vollbesetzten Gobelinsaal der Sempergalerie. Mir war die Moderation des Abends zugefallen. Dass John vor den feierlichen Raffael-Teppichen in verwaschenen Jeans und einem alten, grauen Pullover auftrat, störte mich weniger als die Tatsache, dass er auf beängstigende Weise stotterte. Ihm machte das offenbar nichts aus, und das dankbare Dresdner Publikum tolerierte es. Mir aber trieb es Schweißperlen auf die Stirn. John Gage lud mich zu einem Vortrag zu sich an die Universität Norwich ein.

Diesen beiden freundlichen Kollegen hatte ich eigentlich meine Englandreise zu verdanken, denn die Briten hatten – wie ich später erfuhr – ausdrücklich meinen Besuch gewünscht, obwohl natürlich jemand anderes auch gern nach London geflogen wäre. In Dresden konnte man diese Bitte wohl nicht gut abschlagen ohne das Gesicht zu verlieren. Und im Ostberliner Kulturministerium nutzte man inzwischen gern die internationale Akzeptanz von Wissenschaftlern zur Verbesserung des Ansehens ihres Arbeiter- und Bauernstaates in der westlichen Welt.

So kam es, dass ich am 2. oktober 1972 erstmals meinen Fuß auf den Boden des Vereinigten Königreichs setzte. Genau gesagt, war es das Rollfeld des Londoner Flughafens Heathrow. In meinem Pass hatte ich ein Visum für einen zwölftägigen Aufenthalt. Ich konnte es kaum fassen.

Das Symposium in der Tate Gallery fand gleich am zweiten Tag nach meiner Ankunft statt und wurde von Vaughan geleitet. Neben mehreren englischen Kollegen kam Helmut Börsch-Supan, der verdienstvolle Friedrich-Experte aus Westberlin, zu Wort. Meinen Vortrag, der eher ein Randthema betraf, hatte Freund Günther Klieme für mich in einwandfreies Englisch übersetzt.

Nach dieser Zusammenkunft der Fachkollegen hatte ich bis zu meinem zweiten Vortrag viel Zeit, die faszinierende Stadt zu entdecken. Jetzt erst kam ich richtig auf der Insel an. Die heute in Freiheit lebenden Ostdeutschen, die sich jederzeit nach Lust und Laune in ein Flugzeug nach London setzen können und dazu nicht einmal einen Pass brauchen, können sich kaum vorstellen, was es damals für mich bedeutete, endlich eine der größten und traditionsreichsten Metropolen Europas kennenzulernen.

Nach der langen Zeit zwangsverordneter Provinzialität im Honecker-Ländchen lief ich, umtost vom Londoner Verkehr, inmitten quirlender Menschenrudel, wie in einem Rausch der Freiheit durch die aufregende Hauptstadt des Empire. Gemeinsam mit jungen Leuten aller Hautfarben saß ich auf den Stufen des Nelson-Monuments am Trafalgar Square, bestaunte am Picadilly Circus die flackernden Lichtreklamen und schlenderte mit leichtem Gruseln durch das Glamour- und Vergnügungsviertel von Soho. Alles war mir neu und interessant, und ich wollte es wissen. Und musste es schaffen, mich im Hexenkessel der Achtmillionenstadt zurechtzufinden. Um den Stress auszuhalten, den der Sprung aus dem reglementierten Ghetto des SED-Staates in die freie Wildbahn des kapitalistischen Alltags für mich bedeutete, war gute Kondition nötig. Täglich war ich von morgens bis in die Nacht auf den Beinen.

In meinem Tagebuch hatte ich alles gewissenhaft aufgelistet, was ich in Museen und Sammlungen, in Schlössern und Kirchen alles sah. Wusste ich doch nicht, ob ich jemals im Leben noch einmal würde hierherkommen dürfen. Jetzt, nach dreißig Jahren, kann ich mir die ciceronehaften Aufzählungen von Londons Sehenswürdigkeiten sparen. Es wäre für den heutigen Leser nicht mehr von Interesse.

Doch erinnere ich mich der emotionalen Überwältigung, mit der ich durch die Säle der National Gallery schritt. Hier traten sie mir hautnah gegenüber, die großen Meister der europäischen Malerei, die der gebildete Mensch mit sechzehn erleben und der Student der Kunstgeschichte mit zwanzig am Original studieren sollte. Und von diesem Kräftestrom der Weltkultur – so schien es damals – sollten wir für immer abgeschnitten bleiben.

In der Tate Gallery, die am Ufer der Themse gelegen ist, begeisterten mich besonders die Bilder von Constable und Turner, deren künstlerischer Nachlass hier bewahrt wird. So deutlich war es mir noch nicht bewusst geworden, dass sie hier auf der Insel das farbige Licht bereits Jahrzehnte früher als auf dem Kontinent entdeckt und gemalt hatten.

Raum an Raum mit ihnen hingen nun unter dem Titel »Caspar David Friedrich. Romantic Landscape Painting in Dresden« für acht Wochen unsere Gemälde des großen Malers und die seiner Freunde. Vaughan hatte die Bilder zu dieser glanzvollen Ausstellung aus ganz Deutschland zusammengeholt. Zum ersten Mal überhaupt durfte man sein künstlerisches Gesamtwerk in einer nie gesehenen Fülle und Geschlossenheit erleben. Erst hier an der Themse konnte ich mir ein gültiges Bild machen von unserem großen Dresdner Meister. Dieses Erlebnis war für mich eine Sternstunde.

Da das erhaltene Oeuvre Friedrichs ziemlich gleichmäßig auf die beiden deutschen Teilstaaten verteilt ist, schrieb ein Rezensent, in »Christ und Welt«, könne es nur die den »deutschen Querelen fernstehenden Engländer verwundern, daß die bisher größte Friedrich-Ausstellung nicht in Hamburg, Berlin oder Dresden« stattfindet. Die Resonanz in Großbritannien, aber auch auf dem Kontinent war groß und der Katalog nach wenigen Wochen vergriffen.

Helmut Börsch-Supan wohnte mit seiner Frau Eva im selben Hotel wie ich, und wir unternahmen einiges gemeinsam. Börsch war ein Mann von bescheidenem Äußeren mit hoher Stirn und flatterndem Haarbüschel. Er wirkte auf mich immer ein wenig zerstreut, war es aber überhaupt nicht. Ich bewunderte ihn um seiner profunden Fachkenntnis willen. Unsere Bekanntschaft hatte schon 1960 begonnen. Damals hatte er mir seine Dissertation über »Die Bildgestaltung bei Friedrich« übersandt, und daraus hatte sich ein jahrelanger Briefwechsel ergeben. Bei einem hohen Grad an grundsätzlicher Zustimmung gab es doch zwischen uns in manchen Auslegungsfragen Diskussionsstoff.

Es ist schwierig, aus der Fülle der Londoner Eindrücke wenige wesentliche herauszuheben. Der Atem tausendjähriger Geschichte dieses Inselvolkes und seiner Herrscher wehte mich an im Tower, wo sie ihre Staatsgefangenen anketten und köpfen ließen, in Westminster Abbey, wo sie ihre Könige krönten und beisetzten und ihre großen Geister mit riesigen Epitaphien ehrten, in Saint Pauls Cathedral, aufgetürmt einst über den Ruinen ihrer abgebrannten Hauptstadt, die mit ihrer mächtigen Kuppel dem römischen Petersdom Konkurrenz macht.

Zusammen mit den Börsch-Supans fuhr ich hinaus nach Hampton Court, wo der mächtige Kardinal und Lordkanzler Thomas Wolsey sein weiträumiges Backsteinschloss hatte errichten lassen. Er war reicher als der König und sagte ihm obendrein unangenehme Wahrheiten. Deshalb musste er als sein Gefangener sterben. Von Hampton Court fuhr ich allein weiter nach Twickenham und lief zu Fuß bis nach Strawberry Hill. Mich interessierte der Inkunabel-Bau der europäischen Neogotik, weil ein Sir Horace Walpole hier schon 1750 dem gotischen Stil seine Referenz erwiesen hatte.

Zusammen mit deutschen Freunden durfte ich in einem alten VW-Käfer zum königlichen Sommerschloss Windsor fahren. Es liegt fünfzig Kilometer westlich von London über der gemächlich zwischen grünen Ufern hinfließenden Themse. Seine hohen Mauern standen weiß gegen den blauen Himmel. Im Touristenpulk ließen wir uns durch die State Appartments, Prunksäle und Kapellen treiben. Aus den Fenstern sah man in einiger Entfernung die roten Backsteingebäude des Eton College liegen, jener traditionsreichen Public School, auf der bis heute Englands Eliten erzogen werden.

Am Tag danach hatte ich eine Gastvorlesung vor Studenten des berühmten Courtauld Institutes für Kunstgeschichte an der Londoner Universität zu halten. Sein Direktor Alan Bowness, später Chef der Tate Gallery, verstand viel von moderner Kunst. Er lud mich zum Essen ins Künstlerlokal »Bertorelli« ein, führte mich durch sein Institut und zeigte mir die stattliche Bibliothek, das Bildarchiv und zum Schluss die reiche Gemäldesammlung mit alten Meistern und modernen Franzosen.

In der Nähe der englischen Ostküste liegt das Städtchen Norwich. Es ist berühmt für seine prachtvolle normannische Kathedrale und seinen scharfen Senf. Die Fahrt mit der Eisenbahn durch die flachen Gegenden Südenglands war lang. Am Bahnhof erwartete mich John Gage. Mit seinem klapprigen, schrottreifen alten Ford brachte er mich zum Campus der nagelneuen, hochmodernen East Anglia University. Ordinarius für Kunstgeschichte war der deutsche Emigrant Peter Lasko.

Am Abend zeigte sich der große Hörsaal überfüllt, und ich merkte gleich, dass mein Vortrag über die Dresdner Romantik auf großes Interesse stieß. Die Studenten zeigten sich hoch motiviert und hatten viele Fragen. Für mich war die Verständigung schwierig. Mein Englisch hatte ich vor sechzig Jahren in der Schule gelernt und seitdem nie wieder gebrauchen können. John moderierte ohne zu stottern. Ich spürte, dass die jungen Leute ihn mochten.

Von meiner denkwürdigen Englandreise blieb mir die freundschaftliche Aufmerksamkeit der englischen Kollegen nachhaltig in Erinnerung. Ständig war ich ihr Gast in Restaurants, Hotels oder auch in ihren Häusern. Niemand zeigte Vorbehalte wegen meiner Herkunft aus dem kommunistischen Osten. Am letzten Tag noch führte mich Will Vaughan zu Sotheby's und Christie's, wo ich zum ersten Mal eine Kunstauktion erlebte. Am Abend, es war mein letzter, hatte er Karten für das Palace Theater besorgt. Man gab das Webber-Musical »Jesus Christ Superstar«. Die Vermarktung des vermenschlichten Gottessohns war für mich schon schockierend, doch fand ich das Stück hinreißend inszeniert und von hervorragenden jungen Sängerinnen und Sängern dargeboten. Es trat von hier aus seinen Siegeszug durch Europa an.

Ideologenstreit um Friedrich 1974

Bereits 1969 hatte ich begonnen, auf das 1974 bevorstehende Jubiläumsjahr für Caspar David Friedrich hinzuarbeiten. Ich wollte in unserem Haus eine möglichst umfangreiche Ausstellung seines Werks veranstalten. Da ich mir zwar wünschte, aber wenig Hoffnung hatte, westdeutsche und Westberliner Bilder dafür zu bekommen, schloss ich Friedrichs künstlerischen Umkreis in mein Konzept ein. Ich meldete mein Vorhaben schon so früh an, weil ich wusste, dass unsere Ausstellungspläne beim Generaldirektor mit fünfjährigem Vorlauf eingereicht werden mussten und dass Papier- und Druckkapazität für Kataloge ebensolange vorher anzumelden und einzuplanen waren.

Uhlitzsch war schnell von meinem Projekt eingenommen, doch in der Generaldirektion gab es Widerstand. Besonders Bachmanns Stellvertreter, ein ehemaliger Kunsterzieher, erhob aus ideologischen Gründen Bedenken gegen eine so große Inszenierung des »reaktionären Romantikers«. Die eigentliche Hürde für mich aber lag im Ostberliner Kulturministerium, das der Einbeziehung ausländischer Leihgaben – und kämen sie auch aus dem befreundeten Leningrad – zustimmen musste. Während ich im Alleingang und trotz geringer Erfolgsaussichten daranging, den nötigen wissenschaftlichen Vorlauf zu schaffen, zog sich die Entscheidung unseres Antrags hin. Aus Ostberlin kam keine Antwort. Dort schien man unschlüssig zu sein. Wir mussten die Genossen von der kulturpolitischen Wichtigkeit einer repräsentativen Friedrich-Ausstellung in der DDR überzeugen. Es ging dabei um nichts weniger als um eine neue Bewertung der deutschen Romantik, die nach dem Urteil des marxistischen Kulturpapstes Georg Lukács und seines Ostberliner Schülers Wilhelm Girnus noch immer als rückwärtsgewandte, feudale Zustände verherrlichende, mystische Kunst- und Geistesrichtung und als Ideenbank für den Hitlerfaschismus galt.

Aussicht auf eine große Ausstellung gab es nur, wenn es gelang, dem Kulturminister und seinen Ratgebern das Werk des großen Romantikers als »fortschrittliches deutsches Kulturerbe« zu verkaufen. Das erforderte allerlei ideologisch-verbale Verrenkungen bei der Formulierung der geforderten Begründung. Uhlitzsch konnte das meisterhaft. So schrieb er, dass Friedrich »innerhalb des breiten Stromes der realistischen Kunst unseres Erbes« gewürdigt und seine »politisch progressive Seite, seine patriotische Haltung und seine Zugehörigkeit zur bürgerlich-demokratischen Bewegung« herausgestellt werden solle.

Damals schwelte zwischen Ostberlin und Bonn gerade der politisch brisante Streit um den von der DDR beanspruchten »Preußischen Kulturbesitz«, der sich infolge von Kriegsverlagerung in Westberlin befand, aber eigentlich auf die Ostberliner Museumsinsel gehörte. Um das Ganze nicht zu gefährden, hatte ich Leihgaben von dort gar nicht erst beantragt. Obwohl es in jenen Jahren einer krampfhaften Abgrenzung vom Westen eher unwahrscheinlich war, den auf Eis liegenden Kulturaustausch mit der BRD durch gegenseitige Ausleihen von Kunstwerken wieder in Gang bringen zu können, arbeitete ich unverdrossen weiter an meiner Vision einer international bestückten Friedrich-Ausstellung. Ich war Optimist.

Nach dem gemeinsamen Auftreten beider deutscher Staaten bei dem Londoner Romantik-Projekt 1972 sah ich jetzt bessere Chancen. Und wirklich: Unser erneuter Antrag an den Kulturminister Ende des Jahres 1972 wurde zu meiner Überraschung positiv entschieden. Was war geschehen? In Ostberlin war inzwischen das Ersuchen der Hamburger Kunsthalle nach Ausleihe fast aller in der DDR befindlicher Werke Friedrichs für eine von deren Direktor Werner Hofmann geplante Ausstellung eingegangen. Vermutlich hatte das den Ausschlag gegeben. Da wollte man den großen Maler, der auf dem Boden der DDR gelebt und gewirkt hatte, nun doch nicht dem Klassenfeind überlassen. Zwei getrennte Friedrich-Ausstellungen im gleichen Jahr aber bedeutete entweder ein konkurrierendes Tauziehen um die Bilder oder eben doch: Koordination und Kooperation, weil es einfach gar nicht anders ging. Denn Jeder war bei Strafe des Misslingens auf den Friedrich-Besitz der anderen Seite angewiesen.

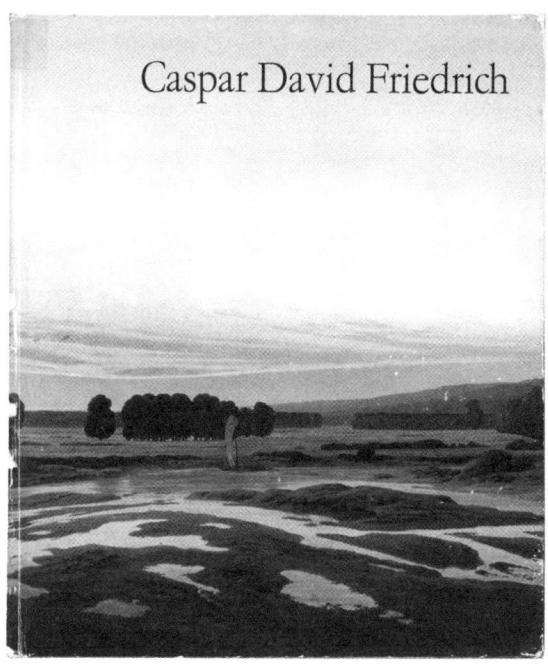

Katalog zur Ausstellung Caspar David Friedrich
und sein Kreis, Dresden 1974

Mein Plan war, unsere Ausstellung Ende August beginnen zu lassen. Im November sollte sie dann nach Hamburg gehen. Auf diesen Termin arbeitete ich hin, als mir Anfang 1974 kurzfristig die dafür vorgesehenen Säle im Erdgeschoss des Albertinums wegen einer politisch vorrangigen Exposition gestrichen wurden. Ich hatte den großen Friedrich an seinem 200. Geburtstag am 5. September vor seinen Werken ehren wollen. Daraus wurde nun nichts. Jetzt musste ich notgedrungen Hofmann in Hamburg den Vortritt lassen und damit den »Premierenruhm«, was, wie sich im Rückblick herausstellte, in der historischen Aufarbeitung der Friedrich-Wiederentdeckung dauerhaft von Nachteil für mich war.

Trotz weitgehender Identität der Werke erwiesen sich die beiden Ausstellungen dann doch als recht unterschiedlich. Während Hofmann ausschließlich Arbeiten Friedrichs zeigte, blieb ich bei meiner Idee, ihn als Mittelpunkt und Fokus eines Kreises miteinander verbundener Künstler zu zeigen und dabei ein Stück Dresdner Kunstgeschichte im Zusammenhang aufzuarbeiten.

Ende 1973 wurde mein anfangs so misstrauisch beäugtes Friedrich-Projekt in Ostberlin zur Chefsache von nationaler und internationaler Bedeutung erklärt. Jedoch sollte jetzt auf Biegen und Brechen eine dem »bürgerlichen« Friedrich-Bild entgegengesetzte Position demonstrierte werden. Wie es hieß, ging es um seine »ideologisch exakte Einordnung«. Plötzlich erschien ein sogenanntes Arbeitskomitee aus vier marxistischen SED-Professoren auf dem Plan. Das trat ein einziges Mal im Zimmer von Uhlitzsch zusammen und sonderte die gewünschten Thesen ab. Da war die Rede von des Malers »Humanismuspotenz in der ästhetischen Transformierung pro-

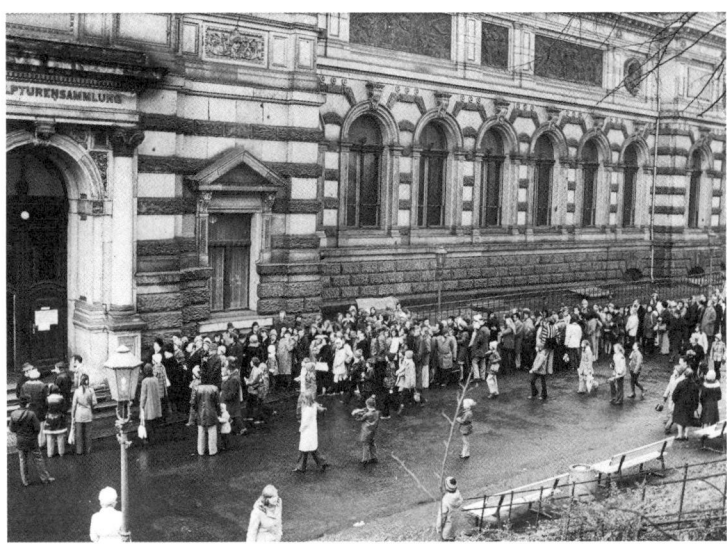

Besucherschlangen vor der Friedrich-Ausstellung im Albertinum, Dezember 1974

gressiver Bestrebungen« und ähnlichen Erkenntnissen. Dergleichen rechtfertigende Statements der vier Partei-Gurus waren es, die meiner Ausstellung die höheren Weihen zu verleihen und sie politisch zu rechtfertigen hatten.

Die ideologischen Verbiegungen bei der Einordnung des Meisters in »unser kulturelles Erbe« waren lächerlich. So stellte Peter H. Feist, roter Chefideologe der Kunstgeschichte in der DDR, das Spätwerk des Künstlers in die Nähe Courbets und kam schließlich zu dem absurden Schluss, dass seine bedeutendsten Leistungen dort lägen, »wo er nicht ausgesprochen romantisch ist«. Im Geleitwort nahm ein Kulturminister diese Aussage auf: Friedrich, der Wegbereiter des Sozialistischen Realismus. Das war der Preis, ohne den ich die Ausstellung nicht bekommen hätte. Sollte ich mich darüber ärgern?

Es gab nun eine hochoffizielle »Friedrich-Ehrung der Deutschen Demokratischen Republik«, und die begann am 30. August mit einem internationalen Symposium in der Aula der Universität Greifswald, organisiert vom dortigen kunsthistorischen Institut, wo neben anderen Rudolf Zeitler aus Uppsala, Hans Jaffé aus Amsterdam, Michael Liebmann aus Moskau und Jan Białostocki aus Warschau zu Wort kamen. Westdeutsche Kollegen hatten keine Einladungen erhalten. Soweit waren wir noch nicht. Die Einführungsrede hielt ein stellvertretender Kulturminister namens Rackwitz, dessen unwissenschaftliches Wortgeklingel von völliger Verständnislosigkeit gegenüber dem Werk Friedrichs zeugte und in einer Polemik gegen den »Klassengegner« und dessen »theologische und mystifikatorische Deutungsversuche« der Kunst des Meisters gipfelte.

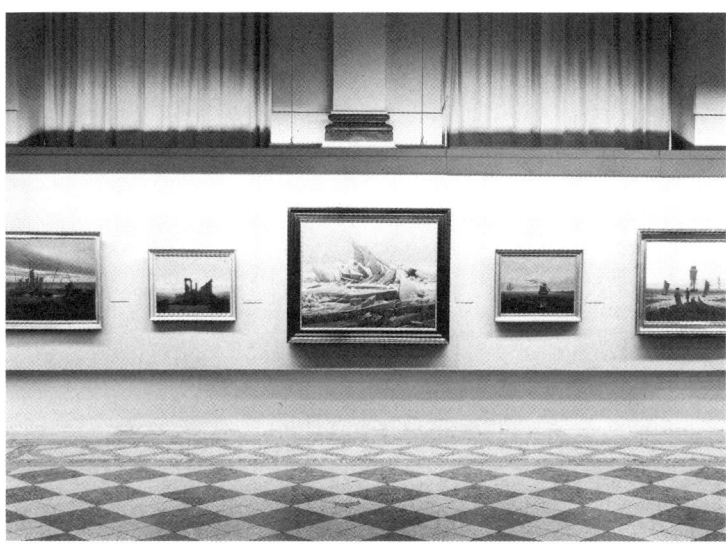

Ausstellungswand in der Caspar-David-Friedrich-Ausstellung mit dem Hamburger »Eismeer«

Vier Wochen später wurde die westdeutsche Friedrich-Ausstellung in der Hamburger Kunsthalle eröffnet. Dort fand Ende Oktober auch der IV. Deutsche Kunsthistorikertag statt sowie ein Podiumgespräch zu Problemen der Friedrich-Forschung. Ich war eingeladen, an diesem Gespräch teilzunehmen. Überraschenderweise erhielt ich die Reiseerlaubnis und bemerkte erst vor Ort, dass jenes Podium innerhalb des Kunsthistorikertages stand, an dem teilzunehmen man mir aber streng untersagt hatte. Ich tat es trotzdem und verfluchte die schizophrene Kulturpolitik der DDR.

Bei den Kunsthistorikern ging es hoch her. Sie stritten um Interpretationsfragen zu Friedrich und zur deutschen Romantik. Hauptzielscheibe der Kritik war Börsch-Supan wegen seiner Friedrich-Auslegung. Sie kam vor allem von der neuen Linken. Mit Erstaunen verfolgte ich die heftigen Angriffe junger neomarxistischer Kollegen auf die etablierte bürgerlich-konservative Kunstwissenschaft. Das hörte sich an, als seien sie alle mit dem historischen Materialismus geimpft, dem sie in naiver Begeisterung zu folgen schienen. Ich hatte so etwas nicht erwartet. Warum eigentlich hatte ich diesem rot gefärbten Kunsthistorikertag fernbleiben sollen? Der einfältige Dogmatismus der jungen Leute, mit dem man bei uns kaum noch einen Hund hinter dem Ofen vorlocken konnte, verblüffte mich. Sie schienen sich in ihrem geistigen Jakobinertum zu gefallen. Die jungen Kollegen, die hier die Szene beherrschten, fühlten sich offensichtlich als Vollstrecker jener westdeutschen Revolte, die im Jahr 1968 vor allem an den Universitäten über die Bühne gegangen war.

In der großen Ausstellung der Kunsthalle sah ich zum ersten Mal Friedrichs Hauptwerke »Der Mönch am Meer« und »Die Abtei im Eichwald« aus Westberlin, die mir in Dresden schmerzlich fehlen würden. Unbefriedigend fand ich die Anordnung der Bilder auf den grellweißen Wänden, welche die dunklen Gemälde Friedrichs mit ihren feinen Tonabstufungen überstrahlten und totmachten. Überhaupt erschien mir die ganze Ausstellung ohne nachvollziehbaren Plan aufgehängt. Indessen wurde sie in den Medien über die Maßen gelobt und von 200 000 Menschen besucht.

Kollegialerweise hatte mir Börsch-Supan noch vor Drucklegung seines großen Werkverzeichnisses Einblick in sein Manuskript gewährt, sodass ich in unserem Katalog den aktuellen Forschungsstand berücksichtigen konnte. Der grundlegende Unterschied aber zwischen dem Hamburger und dem Dresdner Ausstellungskatalog war, dass Werner Hofmanns und Hans Werner Grohns Opus in erster Linie für die Fachwelt geschrieben war, meiner aber für die hunderttausenden Besucher ohne kunstwissenschaftliche Vorbildung. Das entsprach wohl einer unterschiedlichen Auffassung von der Rolle des Kunstmuseums in der Gesellschaft.

Logischerweise musste sich das auch auf das Prinzip meiner Hängung auswirken. Sie folgte dem Entwicklungsgang des Künstlers und begann im Klingersaal mit frühen Sepien und Ölbildern des ersten Jahrzehnts. Auf den Langwänden hingen vor dunkelgrünem Velours die Zeichnungen. Sigrid Hinz, Autorin des Gesamtverzeichnisses, hatte sie noch vor ihrem allzu frühen Tod geordnet.

Als am 23. November nach der Eröffnungsfeier im Plenarsaal des Rathauses die Ehrengäste, darunter die Hamburger Kollegen und die Direktoren der leihgebenden Sammlungen, einen ersten Rundgang machten, gab es mehr als nur höfliche Zustimmung. Da in den dunklen Wintermonaten kaum Licht durch die hochgelegenen Nordfenster fiel, musste ich jedes Bild einzeln ausleuchten, bei den Arbeiten auf Papier aber die Lichtstärke herunterfahren. So machte die ganze Ausstellung den Eindruck festlicher Kostbarkeit. Im Dezember bekam sie fast eine weihnachtliche Note.

Die Medien in Ost und West berichteten freundlich bis begeistert. Das »Deutsche Allgemeinen Sonntagsblatt« zog den Vergleich zur Hamburger Schau: »In Dresden ist die Ausstellung intimer, dem Gegenstand wohl auch angemessener. Die Bilder sind nicht wie in Hamburg gleißendem Licht ausgesetzt, sondern oft auf dem Hintergrund von dunkel leuchtendem Samt sorgsam abgestuft beleuchtet.«

Helmut Börsch-Supan verwies im Münchner Jahrbuch der bildenden Kunst 1976 auf die Unterschiede: »In der Hamburger Ausstellung waren um einer konventionell dekorativen Anordnung der Bilder willen die Gegenstücke zumeist auseinandergerissen. Sehr viel verständnisvoller war die Hängung der Ausstellung in Dresden.«

Der Rezensent der Zeitschrift »Criticón« aber freute sich: »An Caspar David Friedrich übte die Weltgeschichte im trüben deutschen Jahr 1974 ihre Ironie. Während die Volkskammer der DDR die deutsche Nation auszulöschen meinte, feierten beide Teilstaaten in friedlichem Wettstreit gesamtdeutsch das Friedrich-Jahr in einer von der Sache erzwungenen, engen Zusammenarbeit.«

Der Ansturm der Besucher auf unsere Ausstellung war ungeheuer, der Katalog nach vierzehn Tagen vergriffen. In Friedrichs Bildern fanden »unsere Menschen« etwas, das – wie einer ins Gästebuch schrieb – »über das Vordergründig-Gegenwärtige in das Ewiggültige übergeht, über das Materielle auf das Ideelle als Quell und Ziel des Lebens hindeutet.« Dieses Ewiggültige aber, das im Sozialismus nicht vorgesehen, aber offenbar von Vielen entbehrt wurde, war nicht der materialistische Atheismus von Marx und Lenin und nicht die kommunistische Heilslehre. Vielmehr flüchtete man hierher »vor politisch-ideologischer Überfütterung« – wie einer schrieb.

Da die Besuchermassen die Säle aufheizten und die Durchgänge verstopften, musste um des Schutzes der Bilder willen der Zutritt beschränkt und geregelt werden. Täglich bildeten sich vor dem Albertinum hundert Meter lange Schlangen. Die Menschen kamen nicht nur aus der ganzen DDR nach Dresden, sondern auch aus Westdeutschland, Großbritannien, Frankreich, Italien, Skandinavien, Österreich, Polen, Ungarn und der Tschechoslowakei. Als Mitte Februar 1975 die Pforten geschlossen wurden, waren mit einer Besucherzahl von 250 000 alle Rekorde in Ost und West für vergleichbare Kunstausstellungen überboten.

Wie alte Fotos zeigen, war ich danach abgemagert und erschöpft. Außer der guten, getreuen Museumsassistentin Helga Fuhrmann hatte mir niemand geholfen. In einer Betriebsversammlung im Gobelinsaal der Sempergalerie aber wurde – nach Genossenbrauch – die Leistung einem dubiosen »Kollektiv Neue Meister« zugeschrieben. Dessen angeblicher Leiter Uhlitzsch erhielt dafür den Verdienstorden der DDR. Somit war das Weltbild der Genossen wieder in Ordnung.

Ich aber hatte noch im letzten Moment in einem eingeschobenen kurzen Katalogbeitrag meine eigene Auffassung von des Meisters Kunst niedergeschrieben, in dem ich auf seine tiefe Frömmigkeit, seinen Glauben an Auferstehung und ewiges Leben, auf seine lebenslange christliche Heilserwartung hinwies. Uhlitzsch hatte mich dafür heftig gerügt. Diese Manuskriptseiten hatte ich ihm nicht vorgelegt.

Mit unserer Ausstellung war nun auch im Osten Europas gegen das alte marxistische Romantik-Verdikt ein weithin wahrgenommenes erstes Zeichen gesetzt für eine sich anbahnende neue, wissenschaftlich freie Sicht auf Friedrich und die Kunst der Dresdner Romantik. Dass ihre öffentliche Akzeptanz offenbar noch gewichtiger und intensiver war als die westdeutsche, war wohl in der unterschiedlichen gesellschaftlichen Situation begründet, in die hinein sie wirkte. Betraf doch ihre Botschaft über die bloß ästhetische Sensation hinaus die geistig-existenzielle Befindlichkeit großer Teile der Bevölkerung, die unter den Bedingungen der Diktatur und der atheistischen Weltanschauung leben mussten. So wurde die historische Analogie von Friedrichs Bildern als verschlüsseltes Hoffnungszeichen von den denkenden Besuchern wohl verstanden. Sie bedeutete aber auch ein Aufbrechen der verkürzten Wahrnehmung der Kunst- und Lebensrealität im Wirkungsraum des philosophischen Materialismus.

Die seit der Wiedervereinigung beider Teilstaaten 1990 vom Westen und der dortigen Medienlandschaft dominierte Historiografie nimmt indessen bis heute weder die Dresdner Friedrich-Ausstellung 1974 noch andere bedeutende Leistungen der ostdeutschen Kultur-, Kunst- und Museumsgeschichte zwischen 1945 und 1990 zur Kenntnis. Es ist hohe Zeit, die Einäugigkeit dieses auf neue Weise verfälschten gesamtdeutschen Kulturgeschichtsbildes zu korrigieren und dem einfältigen Schwarz-Weiß der neuen Ignoranten die wesentlich differenziertere Wahrheit entgegenzusetzen. Hier gibt es Handlungsbedarf.

1975: Paris fragt nach deutscher Romantik

In der DDR-Außenpolitik galt jetzt ein neuer Kurs. Im Inneren hatten Parteilose und Leute, die keiner politischen Organisation angehörten, weiterhin nichts zu sagen. Mit ihrem Leistungspotential hatten sie sich Kollektiven einzufügen. Doch nach der diplomatischen Anerkennung der Deutschen Demokratischen Republik durch fast alle europäischen Länder in den Jahren 1972/73 sollte das Staatsrenommee auch durch die Entsendung von Kunst und Künstlern in alle Welt aufgewertet werden, wobei nicht mehr nur die Einschätzung durch die Partei, sondern die internationale Reputation wichtig war. Orchester, Chöre, Theaterensembles, Tanzgruppen und Solisten schickte der Kulturminister als Repräsentanten des sozialistischen Staates und Zeugen seiner Kunstpflege in die Welt. Und auch die Museen hatten innerhalb dieser neuen kulturpolitischen Strategie ihren Beitrag zu leisten.

Eines Tages rief mich Manfred Bachmann, der Generaldirektor, zu sich und berichtete mir von der in Ostberlin vorgetragenen Bitte der französischen Regierung, eine von der »Réunion des musées nationaux« geplante Ausstellung zur Malerei der deutschen Romantik in Paris zu unterstützen. Der Kulturminister sei bereit, das Ersuchen der Franzosen wohlwollend zu prüfen, obwohl eine Kooperation beider deutscher Staaten dabei nicht nur unvermeidlich, sondern geradezu eine Voraussetzung sein würde.

Die französische Seite wolle nun zu einer ersten Besprechung keinen Politiker oder Funktionär, sondern sogleich einen Romantik – Experten an die Seine einladen. Man sei bereit, so sagte Bachmann, mich im Auftrag des Kulturministeriums zu dieser Informationsrunde nach Paris zu entsenden.

Bevor man mir diese Entscheidung bekanntgab, war sicherlich in der Leitung darüber diskutiert worden. Damals war ich von dieser Mission völlig überrascht und irritiert. Ich empfand es schon als ein Glück, dass mir als Parteilosem dieser Auftrag ganz unerwartet zugefallen war. Und das verdankte ich letztlich allein dem toten Maler Friedrich. Und wohl auch dem Votum Bachmanns.

Als ich Ende Mai 1975 in einer Maschine der Air France auf dem Pariser Flughafen Orly landete, war es für mich trotz häßlichen Regenwetters wie die Ankunft in einem anderen, helleren, freieren Kontinent und die wunderbare Erfüllung eines seit Jugendjahren gehegten Traums.

Die Zusammenkunft, wegen der ich in die Stadt gekommen war, fand beim Direktor der Gemäldesammlungen des Louvre, Michel Laclotte, statt. Außer mir waren der Direktor der Grafischen Sammlungen der Ermitage Jury Kusnetsov und der Chef der Hamburger Kunsthalle Werner Hofmann angereist. Der enge Freund Laclottes war zweifellos die wichtigste Person. Ich bemerkte bald, dass er das Konzept der geplanten Ausstellung schon im Kopf hatte. Sie sollte unter dem Titel »La peinture allemande à l'époque du Romantisme« über die Malerei der Romantik hinaus ein breites Bild deutscher Kunst der ersten Jahrhunderthälfte vermitteln. Vermutlich stammte die ganze Idee des Unternehmens von ihm. Hofmann, ein agiler, rundköpfiger Wiener mit lebhaften Augen hinter spiegelnden Brillengläsern, war offenbar nicht nur ein mit stupendem Wissen brillierender Kunsthistoriker und Ausstellungsmacher, sondern zugleich ein gewitzter Taktiker. Er hatte wohl auch dafür gesorgt, dass die Sowjetunion mit am Vierertisch saß. Wenn sie sich an der Ausstellung beteiligte, musste es der DDR schwerfallen, sich zu verweigern. Aus Leningrad sollte neben einigen Zeichnungen das eindrucksvolle Friedrich-Gemälde »Auf dem Segler« nach Paris kommen. In Anbetracht der zahlreichen Leihgaben, die aus den beiden deutschen Staaten zu erwarten waren, bedeutete das eher einen Alibi-Beitrag. Viel Freundliches wurde über die DDR vom Präsidenten der Réunion des Musées Hubert Landais gesagt, der die Teilnehmer der Runde nach der Besprechung zum Essen eingeladen hatte. Die Franzosen sind höfliche Leute, besonders, wenn sie etwas erreichen wollen.

La ville lumière

Ich war ein verspäteter Student der Architekturgeschichte, als ich endlich in der legendären Kathedrale Notre Dame stand, überwältigt von der klaren Schönheit dieses Raumes mit seinen in Bündeln hochschießenden Pfeilerrippen. Ein Bild, das ich bisher nur als schwache Lichtprojektion aus Professor Jahns Vorlesungen kannte. »Die Himmel rühmen des Ewigen Ehre, die Kathedralen fügen des Menschen Ehre hinzu. Sie zeigen uns das Schauspiel unserer selbst, das in die Ewigkeit erhobene Abbild unserer Seele« – so hatte es Auguste Rodin empfunden. Hier fühlte ich etwas vom Geheimnis des Numinosen: Vor 800 Jahren hatten Menschen versucht, das in Stein auszudrücken. Ich konnte es sehen und fühlen. Unter diesen hohen Wölbungen konnte ich tief durchatmen.

Tagelang lief und fuhr ich umher wie in einem Fieber und sog die Stadt, das Leben, die Freiheit, die Welt in mich ein, sah das Kleine und das Große, das Banale und das Erhabene: die Seine mit den Ständen der Bouquinistes, die Île de la Cité mit der Conciergerie und der Sainte Chapelle, die musizierenden jungen Leute aus Afrika und allen europäischen Ländern vor der Fassade der Notre Dame, den Louvre mit der Mona Lisa, das mystische Dämmerlicht in der uralten Kirche Saint-Étienne-du-Mont und ein Studentenfest im Quartier Latin, wo nach alter Musik von Gamben, Flöten und Radleier getanzt wurde. Ich genoss Sardines grillées, fromage camembert avec du vin rouge und ließ mich abends treiben durch die frivole Glitzerwelt des Montmartre. Nichts ließ ich aus, um den Begriff »Paris« in meiner Vorstellung und späteren Erinnerung mit Inhalt zu füllen.

Bei schönstem Sonnenschein durchstreifte ich die Schaumeile zwischen den Tuilerien und dem Arc de Triomphe, blickte im Invalidendom auf Napoleons Prunksarkophag hinab und erlebte einen Gottesdienst in der Kathedrale Saint-Louis-des-Invalides mit dem feierlichen Einzug der ordensgeschmückten Kriegsveteranen hinter der Tricolore. Mit der Metro durchkreuzte ich die Stadt nach allen Richtungen, blickte von den Stufen der weißen Sacré-Cœur auf das Häusermeer und wanderte durch die Museen bis zum Umfallen.

Und zwei Höhepunkte dieser ersten Pariser Reise gilt es noch festzuhalten: die gemeinsame Autofahrt mit dem liebenswürdigen Dr. Kusnetsov und einer freundlichen, rundlichen Professorin der Kunstwissenschaft aus Leningrad hinaus nach Versailles. Das Prestige- und Lustprojekt Ludwigs XIV. und seiner Nachfolger überwältigt mit seiner Größe, Weite und Pracht. Der Schöpferwille des gottgleichen Sonnenkönigs ließ hier aus sumpfigem Wiesengelände das Gesamtkunstwerk, gebildet aus Stein und Pflanze und Wasser aufsteigen, Symbol seiner Macht und Herrlichkeit. Und daneben das »Hameau«, jener Bauern- und Hirtenspielplatz der Marie Antoinette, die hier mit ihrem Schäflein am blauen Seidenband lustwandelte, bevor sie ihr schönes Köpfchen auf das Eisen der Guillotine legen musste.

Letzter tiefer Eindruck dann das ganz andere: die Sainte-Chapelle – Architektur, die nicht imponieren, sondern erschüttern will, ein Juwel aus grazilem Stein und farbigem Schein, lichtdurchwebter Raum zwischen mystisch glühenden Glasfenstern, kostbarer Schrein für die geheiligten Marterwerkzeuge des Welterlösers. Ein König im Büßergewand hatte sie einst selbst durch die Straßen seiner Hauptstadt hierher auf die Seineinsel getragen.

Ein schwieriger Auftrag – zweite Parisreise

Mir war klar: Von meiner Berichterstattung über diese erste Vierersitzung hing einiges ab über die Entscheidung der DDR-Regierung für oder gegen eine Beteiligung an dem spektakulären Projekt. Die Frage hieß: Fortführung der Verhandlungen oder aber: Ausstieg. Ich hatte mein Protokoll so abgefasst, dass eine zustimmende Reaktion des Kulturministers naheliegen musste. Die politische Situation schien dem Vorhaben günstig zu sein, denn der Ostberliner Führungsriege lag daran, ihren internationalen Ruf zu festigen, indem sie sich – nach der Helsinki-Konferenz 1973/75 – als nun gleichberechtigter Partner im »Europäischen Haus« kooperativ zeigte. Allerdings gab es ein spezielles, hochbrisantes Problem: Nicht nur, dass die beiden verfeindeten deutschen Staaten zusammenarbeiten müssten, schlimmer noch war, dass auch der »Drittstaat« Westberlin mit Leihgaben aus dem berüchtigten »Preußischen Kulturbesitz« beteiligt sein sollte. Ich hatte bei der ersten Pariser Konferenz Laclotte auf diesen politischen Pferdefuß hingewiesen und die Absichten der französischen Veranstalter auch in meinem Bericht erwähnen müssen. Bisher war eine Beteiligung der DDR an Ausstellungen, die auch Werke des Kulturbesitzes einbezogen, kategorisch ausgeschlossen worden, denn Ostberlin beanspruchte diese Kunstwerke, die ehemals auf der im Osten liegenden Museumsinsel verwahrt worden waren, für sich.

So hatte ich nach der Rückkehr nach Dresden meine Zweifel, ob aus der Sache überhaupt etwas werden würde. Ein Vierteljahr verging, ohne dass vom Kulturministerium am Molkenmarkt etwas zu hören war. Endlich kam Ende August die Weisung, ich möge meinen Reiseantrag stellen, um sechs Wochen später zu einer zweiten Sitzung des Arbeitskomitees nach Paris zu fliegen. Allerdings war die Kuh noch lange nicht vom Eis. Ich wurde nach Berlin beordert, wo mir ein Funktionär des Ministeriums namens Schmeichler Instruktionen gab. Der wichtigste Punkt war: Ich solle jegliche Mitarbeit der DDR in Frage stellen, falls man darauf bestehe, Leihgaben aus dem »Preußischen Kulturbesitz« in die Ausstellung einzubeziehen. Eben das war's.

Gleich am ersten Tag meines zweiten Paris-Aufenthalts, es war Freitag, der 3. Oktober 1975, war ich mit dem Kulturattaché der DDR-Vertretung in der schönen Botschaftsvilla am Bois de Boulogne nahe der Porte Maillot verabredet. Es ging um meinen Verhandlungsauftrag. Der Attaché wusste Bescheid und meinte, ich solle unbedingt konstruktiv verhandeln. Von der Bedingung des Kulturministeriums wusste er nichts und wollte davon auch nichts wissen. Offenbar wünschte das Außenministerium unsere Beteiligung und den damit verbundenen außenpolitischen Erfolg. Da hatte es in Berlin wohl Meinungsverschiedenheiten gegeben. So saß ich nun mit meinen Instruktionen zwischen zwei Stühlen. Es waren noch drei Tage Zeit bis zur Komiteesitzung, aber ich dachte gar nicht daran, die Situation durch eine Kontaktaufnahme mit Berlin zu klären. Ich konnte mich ja jetzt auf das Gespräch in der Botschaft als der Stimme des Außenministers berufen, der damals Oskar Fischer hieß. Und ich wollte die Ausstellung natürlich um jeden Preis und zwar mit den wunderbaren Westberliner Bildern von Friedrich, Blechen, Schinkel und Menzel. Demzufolge verschwieg ich am Verhandlungstisch meine Weisung aus Ostberlin.

Nach meiner Rückkehr nach Dresden musste ich mein Verhalten in einer ausführlichen Stellungnahme rechtfertigen und begründen. Bachmann schüttelte bedenklich das Haupt über meine Eigenmächtigkeit. Ich erwartete ein Donnerwetter aus der Zentrale oder gar ein Disziplinarverfahren. Doch es passierte nichts.

Wieder vergingen Wochen und Monate. Offenbar gab es hinter den Türen der Ministerien heftige Auseinandersetzungen. Konnten die Funktionäre am Molkenmarkt denn jetzt noch zurück? Konnten sie die Verhandlungen abbrechen? Ich wusste, sie konnten, wenn es die politische Linie erforderte. Und deshalb beunruhigte mich ihr Schweigen. Mir aber ging es um das Gelingen dieses schönen gesamtdeutschen Vorhabens und um die mir dann zufallenden Aufgaben.

Denn umfangreiche Vorbereitungen waren zu treffen. Mit 14 Museen hatte ich wegen Leihgaben zu verhandeln und Verträge vorzubereiten. Auch war ich für einen gewichtigen Teil des Katalogs verantwortlich: Nahezu hundert Arbeiten sollte der Beitrag der DDR zur Pariser Ausstellung umfassen. Doch ohne grünes Licht aus Berlin konnte ich nicht beginnen.

Wir befanden uns schon weit im Jahr 1976, als endlich eine positive Entscheidung fiel. Ich hatte sie kaum noch erwartet. Für eine termingerechte Erledigung der Vorarbeiten, die ja noch nicht einmal begonnen hatten, war es eigentlich zu spät. In einem Telefongespräch mit dem verantwortlichen Staatssekretär im Ministerium, einem Dr. Tautz, äußerte ich meine Bedenken und machte die Übernahme der Verantwortung für die ordentliche und fristgemäße Erfüllung der von mir verlangten Aufgaben von Sondervollmachten abhängig. Meine Bedingung war, dass ich unter Umgehung der für den Verkehr mit dem kapitalistischen Ausland üblichen Kontroll- und Zensurmechanismen, die ein zügiges Arbeiten unmöglich machten, direkt mit Paris und der französischen Botschaft in Ostberlin in Verbindung treten durfte. Erstaunlicherweise wurde mir das zugesagt.

Ich stürzte mich also in die Arbeit, sandte und empfing Telegramme und Briefe aus Frankreich und führte Telefongespräche mit dem »Klassenfeind«, ohne dass die Genossenhierarchie der Staatlichen Kunstsammlungen – Bachmann, Goldhammer, Uhlitzsch – diesen Informationsverkehr überwachen konnte. Nur so waren auftretende Probleme mit dem Partner ohne Zeitverzug zu klären. Und so schaffte ich fristgemäß die vertragliche Bindung aller gewünschten Leihgaben und die rechtzeitige Ablieferung der Manuskripte für den Ausstellungskatalog. Wenn es um staatliche Repräsentation auf der internationalen Bühne ging, so schien es mir, war man jetzt sogar bereit, über den Schatten der eigenen Überwachungsbürokratie zu springen und ausnahmsweise Vernünftiges zu tun.

Anfang Oktober wurden die zwei Transporte zusammengestellt. Die kostbare Fracht von 45 Gemälden und 50 Zeichnungen sollte an zwei aufeinanderfolgenden Tagen vom Westberliner Flughafen Tegel aus über Frankfurt am Main nach Paris geflogen werden. Die erste Ladung begleitete Chefrestaurator Weber. Mir war tags darauf gemeinsam mit dem Verwaltungsdirektor der Schlösser und Gärten Potsdam-Sanssouci der zweite Transport anvertraut. Es wurde schon Abend, als wir den Berliner Grenzkontrollpunkt Heinrich-Heine-Straße passierten. Das Erlebnis selbst des legalen »Mauerdurchbruchs« war mir immer wieder aufregend. Im Tegeler Frachtflughafen wurden die Gemäldekisten auf eine Palette verladen, die alsbald im Rumpf der großen Frachtmaschine, einer Boeing der PAN AM verschwand. Es war um die elfte Abendstunde, als ich mit ins Cockpit zu der dreiköpfigen amerikanischen Crew klettern durfte. So einen nächtlichen Start auf der »befeuerten« Rollbahn hatte ich noch nie erlebt. Schon kurz nach Mitternacht landeten wir in Frankfurt. Bundespolizisten mit Maschinenpistolen passten auf, dass unsere sechs Millionen D-Mark teure Fracht sicher ins Verwahrdepot gebracht wurde.

An Schlaf war in dieser Nacht nicht zu denken. Sie war schon weit fortgeschritten, als man eine Maschine der Gesellschaft Air France mit unseren Kisten belud. Wir starteten kurz nach sieben Uhr morgens bei dichtem Nebel. Als wir gegen neun auf dem Pariser Flughafen Charles de Gaulle landeten, war ich sehr müde und glücklich, dass ich meine fliegenden Kunstschätze endlich an Monsieur Cuzin vom Louvre und an die Pariser Sicherheitspolizei übergeben konnte.

Caspar David Friedrich in Paris

Am 24. November 1808 schrieb Caspar David Friedrich in einem Brief an seinen Bruder Christian nach Lyon: »Lieber guter Bruder […] Als ich gedruckt LYON auf der Anschrift las und Deine Hand erkannte, grollte es mir im Herzen, und um mir nicht die Nacht zu verderben, las ich Deinen Brief erst gestern. Du fühlst es selbst, daß es nicht recht ist, daß Du als Teutscher in Frankreich bist […] sonst würde ich ganz an Deiner Teutschheit zweifeln. Indes grollt es mich so sehr, lieber, guter Junge, dass ich Dich bitten muß, solange Du in Frankreich bist, nicht mehr an mich zu schreiben […]«. Inzwischen sind mehr als 200 Jahre vergangen und »Teutschheit« ist keine dominante Tugend mehr: Längst wurden die alten Feindbilder begraben zugunsten deutsch-französischer Freundschaft.

Als ich am 9. Oktober 1976 kurz nach neun Uhr an Bord einer großen Frachtmaschine vom Typ Boeing mit kostbarer Last auf dem Pariser Flughafen Charles de Gaulle landete – gerade in dem Moment, da die Sonne über dem Horizont aufging –, kam ich zu freundlichen Kollegen. In den schweren Gemäldekisten befanden sich, wohlverpackt und gesichert, Hauptwerke von ihm, dem einstigen Napoleonhasser Caspar David Friedrich.

Bei schönstem Sonnenschein fuhren wir mit großer Geschwindigkeit zum Louvre. Den Transport begleiteten vier mit Maschinenpistolen bewaffnete Motorradmänner. An der Spitze fuhr ein Polizeiauto, dessen heulendes Martinshorn den immer dichter werdenden Verkehr zum Stehen brachte, damit wir ohne Verzögerung zu den Tuilerien gelangten. Dieser »Große Bahnhof«, dachte ich, ist der triumphale Einzug des bescheidenen Malers in die Hauptstadt Frankreichs, die erste Kunstmetropole Europas.

In der Orangerie, einem langgestreckten, pavillonartigen Bau aus dem zweiten Kaiserreich am Rand der Tuilerien unmittelbar an der Place de la Concorde, erwartete uns Louvre-Chef Michel Laclotte. Erst am Nachmittag brachte man mich in das kleine Hotel in der Rue Jacob, mitten im Quartier Latin, wo ich mich endlich erfrischen und ausruhen konnte.

Am nächsten Tag, einem Sonntag, gab es keine Dienstpflichten, und ich konnte mir eines meiner geheimen Wunschziele vornehmen: St. Denis, das Trabantenstädtchen nördlich von Paris. Für jeden Kunsthistoriker ist der Name ein Begriff durch die dem Heiligen Dionysius geweihte Abteikirche. Schon 475 errichtete man das erste Gotteshaus über dem Grab des geköpften Märtyrers. Zwölf Jahrhunderte lang war die Kirche zugleich Grablege der französischen Könige. Das heutige Bauwerk gilt als eine der Inkunabeln des gotischen Baustils. Ich betrat es mit Ehrfurcht und fühlte den Atem großer Vergangenheit.

Auch die folgenden Tage hatte ich zu meiner Verfügung und pilgerte nach allen Richtungen durch die aufregende Stadt, ihre Museen, Galerien, Kirchen und Ausstellungen. Ich sog mich voll mit Kunst und Geschichte und atmete beglückt die Atmosphäre dieses einzigartigen Ortes. Damals notierte ich: »La ville lumière – nie ist sie es mehr, als in diesen Herbsttagen, wenn die Sonne silbern durch die Wolken bricht und den hellen Kalkstein vor blaugrauem Himmel aufleuchten läßt. Man versteht, daß dieses wunderbare Licht die Impressionisten inspiriert hat. Aus ihren Bildern strahlt es noch heute zurück.«

Besondere Freundlichkeiten empfing ich von zwei Damen der Direktion der Réunion des musées nationaux, Mme Collinet, die mich zum Abendessen in ihr Haus auf der Rue St. Ambroise einlud, und Mme Bizot. Sie interessierten sich sehr für unser Leben hinter dem Eisernen Vorhang. Und als Irene Bizot begriff, wie wertvoll mir jeder französische Franc war, bot sie mir ihr privates Gästeappartement auf der Rue Croulebarbe zur freien Nutzung an, damit ich die so ersparten Hotelkosten für mich verwenden und meiner Familie etwas mitbringen konnte.

Frau Bizots kleine Wohnung nah der Place d'Italie war traumhaft, besaß eine kleine Küche, ein Bad und Telefon. Den Kühlschrank hatte die freundliche Eigentümerin noch fürsorglich vollgepackt. Niemand durfte je erfahren, dass ich dort wohnte, vor allem natürlich nicht die Genossen der DDR-Staatssicherheit. Private Kontakte auf Dienstreisen waren streng verboten.

In der Hoffnung, dem langen Arm und allgegenwärtigen Auge der »Firma« entkommen zu sein, wollte ich es am Wochenende wagen, Paris zu verlassen. Wegen einsetzenden Regens entschied ich mich erst gegen

Mittag, nach Vincennes zu fahren, das mit der Metro zu erreichen war. Das »Versailles des Mittelalters« hat zwei Gesichter: die Burg aus dem 14. Jahrhundert und die barocke Schloss- und Parkanlage. Als ich auf der Plattform des großen Donjon, eines riesenhaften alten Wehrturms, stand, brach die Sonne durch die Wolken, und ich konnte in der Ferne Paris liegen sehen.

Am Tag darauf, einem Sonntag, wurde das Wetter besser, und ich fuhr mit dem Zug vom Bahnhof Montparnasse nach Chartres. Schon aus der Ferne erblickte ich die hinter weiten Feldern aufragenden Türme der Kathedrale. Wie kam die eher unbedeutende Landstadt zu diesem riesigen, prächtigen Gotteshaus, das man heute eins der sieben Weltwunder Frankreichs nennt? Ein glücklicher Zufall wollte es, dass gerade an diesem Tag der ehrwürdige Bau in festlicher Pracht erglänzte. Man feierte die 1100. Wiederkehr des Tages der Schenkung einer berühmten Marienreliquie, der »tunique«, des heiligen Schleiers der Jungfrau Maria durch König Karl den Kahlen. Rauschender Orgelklang wogte durch das gewaltige Kirchenschiff, das eine große Menge von Gläubigen und Klerikern füllte. Farbige Gewänder leuchteten, Gold funkelte, und die wundervollsten Glasfenster des Abendlandes tauchten den Raum in ein mystisches Licht. Diese Fenster und der unversehrt erhaltene, reiche Skulpturenschmuck machen den Ruhm dieser stilrein erhaltenen Kirche aus, welche – nach Emile Male – »der sichtbar gewordene Ausdruck der reinsten Denkart des Mittelalters« ist. Bei Einbruch der Dämmerung begann ein festliches Konzert mit geistlicher Orgelmusik und alten Chorsätzen. Der überirdische, schwebende Klang der alten Musik, der himmlische Glanz dieser Fenster und der im Abendlicht erglühenden Rosette der Westfassade vereinigten sich zum Gesamtkunstwerk und berührten

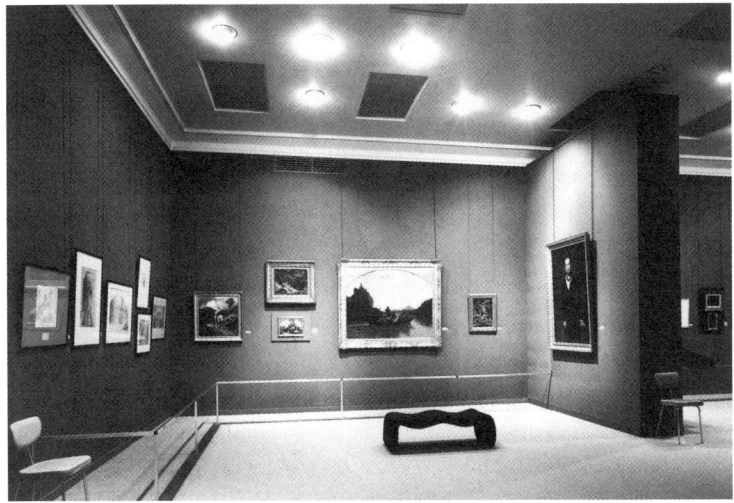

Caspar-David-Friedrich-Ausstellung in der Orangerie der Tuilerien

mich tief. Künstliche Beleuchtung hob die mächtigen Bündelpfeiler der Vierung aus der Dunkelheit des tiefen Kirchenraums heraus. Erst spät am Abend kehrte ich nach Paris zurück.

Schon gleich nach dem Auspacken unserer Kisten hatte ich damit begonnen, zusammen mit Laclotte und Cuzin, unsere Gemälde in den zehn Ausstellungsräumen der Orangerie aufzustellen. Inzwischen war aus Hamburg Werner Hofmann eingetroffen. Wir teilten uns in die Aufgabe der Gestaltung. Jeder befasste sich mit einem Komplex der Malerei, und die Zeichnungen hängten wir gemeinsam.

Insgesamt waren 250 Werke von Schinkel und Runge bis zu Schwind und Menzel zu platzieren. Noch immer aber war Boris Asvarishch, den ich aus Leningrad kannte, mit seinem dringend erwarteten Transport nicht eingetroffen. Er kam zwei Tage vor Ausstellungseröffnung, und ich konnte die wichtigen russischen Friedrichs, darunter das wunderbare »Auf dem Segler« endlich in die freigelassenen Lücken hängen. Hervorgehoben auf den Stelen in den Mittelachsen der Hauptsäle platzierte ich den Hamburger »Wanderer über dem Nebelmeer« und das Dresdner »Große Gehege«.

Zur Eröffnung am 25. Oktober, vormittags, war »Großer Bahnhof« angesagt. Die Ministerin für Kultur Françoise Giroud, eine lebhafte, zierliche Dame, war prominenter Ehrengast. Anwesend war die Crème de la Crème der Pariser Gesellschaft und des diplomatischen Corps. Natürlich waren auch die Herren von der DDR-Botschaft erschienen und aus Berlin Dr. Tautz vom Kulturministerium.

Nach dem Ehrenrundgang hatte der Generaldirektor der Staatlichen Französischen Museen, Emmanuel de Margerie, zu einem Essen in das Gästehaus der Regierung auf dem Boulevard Saint Germain eingeladen. Ich saß neben dem Generaldirektor des Louvre und dem Direktor des Pariser Goethe-Instituts von Biberstein. Es gab lobende Tischreden auf die praktizierte »friedliche Koexistenz« der konträren politischen Systeme. Alle schienen zufrieden zu sein.

Am Nachmittag lud man Asvarishch und mich zu einer Besichtigung des im Werden begriffenen Centre George Pompidou, der künftigen Pariser Galerie der Moderne, ein, wo man uns, schutzbehelmt, in dem riesigen Stahlskelett-Glasbau umherführte und das inhaltliche Konzept erläuterte. Am nächsten Morgen flog ich über Prag nach Hause.

Diese Pariser Romantiker-Ausstellung, deren Resonanz die Veranstalter zunächst skeptisch eingeschätzt hatten, wurde zu einem unerwarteten Publikumserfolg. Die Orangerie war von Besuchern regelrecht gestürmt worden, und die Presse Frankreichs überschlug sich in höchsten Tönen des Lobes dieser bis dahin den Franzosen kaum bekannten Malerei der Deutschen. Selbst englische und italienische Korrespondenten berichteten ausführlich in ihren Blättern nach Hause. Da war von der Offenbarung eines der größten Momente europäischer Kunst, von der »Entdeckung eines unbekannten Kontinents« die Rede. Für die westdeutschen Rezensenten war vor allem die politisch sensationelle Beteiligung der DDR und der Sowjetunion mit umfangreichen Leihgaben-Kontingenten ein höchst interessantes Thema.

Die Presse der DDR hielt sich zunächst zurück. Handelte es sich doch um einen in solchem Umfang durchaus einmaligen Vorgang kulturpolitischer Öffnung Richtung Westen, einen friedlichen Mauerdurchbruch sozusagen. Erst im Januar 1977 reagierte endlich auch das »Neue Deutschland« mit einer enthusiastischen Besprechung ihres Pariser Korrespondenten Gerhard Leo, in der die Beteiligung der DDR und ihrer Wissenschaftler als kulturpolitische Tat im Sinne eines friedlichen Miteinander der europäischen Völker gefeiert wurde.

Konnte man hier durchaus von einem außenpolitischen Erfolg des ostdeutschen Staates sprechen, so war ein fast gleichzeitiges Ereignis nur als Ausdruck schizophrener innenpolitischer Unsicherheit zu werten: Im November 1976 hatte man den kritischen Liedermacher Wolf Biermann nach einer vom Politbüro der Partei gesteuerten Hetzkampagne ausgebürgert und ihm die Wiedereinreise in die DDR verwehrt. So ging mit der vorsichtigen Öffnung nach außen eine Verschärfung der Unfreiheit im eigenen Land einher. Damit aber erhielt die intellektuelle Opposition starken Auftrieb und Zulauf. Nur Wenige ahnten damals, dass das der Anfang vom langsamen Verenden des Staates DDR war.

Mit einem Besucherrekord war Ende Februar 1977 die Pariser Ausstellung zu Ende gegangen, und Bachmann betraute mich auch mit der Rückführung unserer Leihgaben. So flog ich Anfang März in Begleitung des Chefrestaurators und des Verwaltungsdirektors sowie Werner Schades vom Berliner Kupferstichkabinett wieder nach Paris. Während wir uns um das Einpacken der Leihgaben kümmerten, listete unser Verwaltungsfuchs den Franzosen unsere Unkosten auf.

Als die Genossen wieder abgereist waren, fuhr ich ins schlösserreiche Loiretal. Zeitig am Morgen trug mich der Zug südwärts in das 180 km von Paris entfernten Blois. Nebel lag über den Feldern, als die Sonne rot am Horizont emporstieg. Das ausgedehnte Königsschloss liegt auf einem Hügel über der Stadt. Der herrliche Wendelstein und der dekorative Reichtum dieser Architektur – ich kannte sie noch gut von jenen Fotos, die mir einst mein Doktorvater Jahn beim Rigorosum zur Baukunst der französischen Renaissance vorgelegt hatte.

Gegen Mittag brachte mich ein Taxi nach Chambord, dem fürstlichen Jagdschloss für Franz I., einem Prachtbau, dessen überwältigende Größe und Schönheit schon der deutsche Kaiser Karl V. bewundert hatte. Wie ein weißes Märchen erhob er sich aus weithingebreiteten Wäldern und Wiesen in der Frühlingssonne. Unvergesslich der mittägliche Umgang um den zweitürmigen Donjon in der Dachzone mit ihrem Labyrinth von Zierkaminen, Laternen und Türmchen.

Denkwürdig bleibt mir der Rücktransport unserer Leihgaben in der zweiten Märzwoche 1977. Erst spätabends gegen elf Uhr fuhr ich mit dem Fahrzeug voller Gemälde vom Louvre zum Flughafen Charles de Gaulle. Morgens halb eins verlud man die Bilderkisten in die Frachtmaschine. Das eigenartige Erlebnis dieser Nacht gibt am besten mein Reisetagebuch wieder:

»Nachdem sich der Repräsentant der Spedition Grammont verabschiedet hat, steige ich in die enge Bugkanzel hinauf. Auch die Ladearbeiter verlassen nun das vollgetankte Flugzeug. Ich muß bei meinen Bildern bleiben und bin allein in der vollbeladenen Maschine auf dem nächtlichen, in kaltes Flutlicht getauchten Flugfeld. Ein trüber, rötlicher Halbmond steht am Himmel. Ich muß an Friedrichs Bild mit den zwei Männern vor der Mondsichel denken, das sich jetzt hinter mir im Laderaum befindet. Im Cockpit wird es empfindlich kalt. Ich finde irgendwo eine Wolldecke, in die ich mich einwickle und dämmere auf meinem Notsitz frierend vor mich hin. Die Zeit rinnt zäh; endlos dehnen sich die Minuten. Endlich nach drei langen Stunden höre ich das Geräusch eines näherkommenden Fahrzeugs. Es hält, jemand tappt die Gangway herauf. Ein Mensch betritt die Kabine, ist über meine Anwesenheit erschrocken, versteht aber sogleich meine Erklärung. Er beginnt, Knöpfe zu drücken. Grüne, blaue, rote Lämpchen leuchten auf. Der Bordingenieur überprüft die Systeme. Bald kommt auch die restliche Crew: Pilot und Copilot. Die Motoren der Propellermaschine werden angeworfen. Langsam rollen wir, von Lämpchen-Schlangen geleitet, zur Startbahn. Es ist morgens halb fünf, als wir endlich abheben. Der Flughafen mit seinen tausend Signallichtern bleibt unter uns zurück. Wie müde ich bin ...«

Blaue Blume und Rote Sonne

Die Ausstellungen über Friedrich und die deutsche romantische Malerei in London, Hamburg, Dresden und Paris hatten nicht nur ein weltweites Echo ausgelöst, sie führten auch zu einer Welle von Ersuchen um ähnliche Leihausstellungen aus anderen Haupt- und Kunststädten der Welt. Ich hatte kaum meine Geschäfte um die Pariser Unternehmung abgewickelt, da erreichte uns in Dresden aus dem Ministerium für Kultur ein neuer Auftrag.

Jetzt waren es die Japaner, die sich von der DDR eine Caspar-David-Friedrich-Ausstellung wünschten, und die zuständigen Ministerien wollten auch diesem Wunsch stattgeben. Solche Geneigtheit gegenüber Ausleihwünschen aus der kapitalistischen Welt hatte inzwischen nicht nur politische, sondern auch handfeste wirtschaftliche Gründe. Es ging um die Entwicklung vorteilhafter Handelsbeziehungen, und da spielte das ferne Japan eine Vorreiterrolle. Die Schaffung eines freundlichen Klimas war wichtig.

Bereits 1972 war in diesem Rahmen die Dresdner Ausstellung »Deutsche Kunst der Dürerzeit« in Tokio und Kyoto gezeigt worden. Die Begeisterung der Japaner für die deutsche Kultur machte keine ängstlichen Unterschiede zwischen Ost- und Westdeutschland. So hatten bereits bedeutende Klangkörper, Chöre und Solisten aus dem sozialistischen Deutschland umjubelte Gastspiele in japanischen Städten gegeben. Es sollte sogar ein japanischer Peter-Schreier-Fanclub existieren, und der Pianist und Klavierpädagoge Gerhard Berge unterrichtete gastweise an einem japanischen Konservatorium. Was heute selbstverständlich ist, erschien uns damals sensationell.

»Kulturaustausch« war das inzwischen aktuelle Schlagwort. Und so waren nicht nur unsere Kunstausstellungen ins Land der aufgehenden Sonne gewandert, auch japanische Ausstellungen hatten in Ostberlin und

Dresden großes Aufsehen erregt. Besonders eingesetzt für solche Austauschaktionen hatte sich der Chairman der großen Tokioter Zeitung Nihon Keizai Shimbun, Herr Enjoji. Er stand auch jetzt wieder als Initiator und Sponsor der ganzen Unternehmung im Hintergrund.

Als das Ersuchen der Japaner schließlich zur Stellungnahme auf meinem Schreibtisch lag, äußerte ich meine Bedenken: Eine Friedrich-Ausstellung nur aus DDR-Leihgaben würde doch recht schmal, beschränkt und unausgewogen geraten. Ich schlug daher vor, Friedrich wie 1974 im Albertinum in seinem künstlerischen Umfeld zu zeigen und zu versuchen, wenigstens tschechische und russische Leihgaben mit einzubeziehen. Das wurde akzeptiert, und ich konnte mit der Arbeit beginnen.

Jetzt begann sich das Organisationskarussell erneut zu drehen. Bis weit in den Spätherbst hielt mich die Vorbereitung des Projekts in Atem. Diese erste Ausstellung deutscher romantischer Malerei in Ostasien sollte im Februar und März 1978 in Tokio, danach bis Ende Mai in der alten Haupt- und Kaiserstadt Kyoto gezeigt werden.

Wenige Wochen vor Beginn der Transporte, die ich zusammen mit unserem Restaurator Gerhard Rüger und der charmanten Berliner Kollegin Ursula Riemann-Reyher begleiten sollte, wurde mir beiläufig mitgeteilt, dass auch ein vom Ministerium bestimmter Delegationsleiter mitfliegen werde, dessen Name mir zunächst verschwiegen wurde. Das konnte nur politische Gründe haben. Nach Einsicht in meine Stasi-Akte weiß ich heute, dass man mir misstraute, denn ein im Vorfeld der Japanreise auf mich angesetzter Spitzel hatte der Staatssicherheit mitgeteilt, dass »der N. sein Wissenschaftsgebiet nicht marxistisch-leninistisch interpretiert und daß er zu unserer gesellschaftlichen Entwicklung seine eigenen Gedanken hat, […] sich nicht am gesellschaftlichen Leben im Betrieb beteiligt […] und bei Auslandaufenthalten wahrscheinlich zahlreiche Kontakte dort unterhält«. Bei solcher Einschätzung grenzt es fast an ein Wunder, dass man mich dennoch reisen ließ.

Aber sie gaben mir jetzt einen Aufpasser mit. Ich war darüber sehr beunruhigt, besonders als ich erfuhr, dass es sich dabei um einen strammen SED-Genossen namens Winkler handelte. Diesen vulgären Menschen von mittlerer Intelligenz hatte die allmächtige Partei zum Nachfolger Johannes Jahns in der Direktion des Leipziger Bildermuseums gemacht, nachdem dieser mutig gegen die Sprengung der Universitätskirche protestiert und seinen Einspruch mit dem Direktorenposten bezahlt hatte.

Unsere Ausstellung, die 127 Werke aus 22 Museen umfasste, wurde in drei Transporten geflogen. Es war ein frostkalter, dunkler Januarmorgen, als ich frierend auf dem Dresdner Flughafen Klotzsche in eine hintere Kabine der beladenen Frachtmaschine stieg. Dort erwartete mich eine attraktive, blonde Stewardess, die mir sogleich einen heißen Tee mit doppeltem Wodka servierte, sich plaudernd zu mir setzte und es auch am Nachgießen aus der Pulle nicht fehlen ließ. Niemals wieder danach habe ich eine Stewardess für mich allein gehabt. An den Start unserer IL 18 konnte ich mich später gar nicht mehr erinnern. Ich hatte wohl ein wenig das Zeitgefühl verloren, als es kurz darauf hieß, wir würden jetzt auf dem Amsterdamer Flughafen

Schiphol landen. An der Gangway empfing mich mein vorausgeflogener Kontrolleur mit dem strengen Partei-Gesicht. Da war ich sogleich wieder nüchtern.

Das war morgens um neun, und da die Maschine nach Tokio erst am Spätnachmittag abfliegen sollte, machte ich mit dem Repräsentanten der japanischen Spedition einen Trip hinein nach Amsterdam. Zwei Stunden lang hastete ich atemlos vor Begeisterung durch das Rijks- und das Van-Gogh-Museum und war rechtzeitig vor dem Start wieder auf dem Flughafen.

Um halb sechs hob sich bei aufgeklartem Himmel die riesige DC 10 mit uns und unseren Kisten an Bord in die Lüfte. Bald wurde es Nacht. Ein strahlend heller Vollmond stand am Himmel. Ich versuchte vergeblich zu schlafen. Um Mitternacht wurde es wieder hell, und eine rote Sonne erhob sich flach über den Horizont. Wir flogen über Grönland und das nördliche Eismeer. Die Himmelsfarben der polaren Dämmerung sind unbeschreiblich. Eine Bergkette stand in lila, rosa und zartgrünen Tinten gegen den rot-orangenen Himmel. In den endlosen Eiswüsten unter uns leuchteten einzelne Gipfel auf, und als wir nach zehnstündigem Flug in Anchorage (Alaska) zum Auftanken landeten, ging die Sonne schon wieder unter. Hier war es nachmittags um drei. Nochmals sechs Stunden dauerte der Flug über den Pazifischen Ozean bis nach Tokio. Als wir in Haneda landeten, zeigte meine Uhr die elfte Stunde vormittags, hier aber war es abends um sieben, und es herrschte tiefste Finsternis. Da war ich völlig irritiert.

Schon an der fürstlichen Unterbringung im luxuriösen »Palace«-Hotel in der Nähe des Kaiserlichen Palasts merkten wir, dass wir Gäste des mächtigen Pressekonzerns Nihon Keizai Shimbun waren, deren Leute sich auch während der Dauer unseres Aufenthalts mit großer Freundlichkeit um uns kümmerten.

Am nächsten Morgen schauten wir uns die leeren Ausstellungsräume im National Museum of Modern Art an und besprachen mit den japanischen Kollegen Adachi und Anazawa den Ausstellungsaufbau. Mit dem Grundriss an der Hand entwarf ich in meinem Hotelzimmer den Hängeplan. Nach drei Tagen waren die konzeptionellen Fragen soweit geklärt, dass wir erst einmal den Handwerkern und Technikern Zeit für den Aufbau der Räume, Scherwände, Wandbespannungen, Podeste und Klimavitrinen geben konnten. Das bedeutete für uns, einige frei verfügbare Tage zu haben. Unsere Gastgeber hatten dafür eine Kunstreise nach Nara und Kyoto für uns geplant.

Es war ein frischer, sonniger Wintertag, als wir im schnittigen Tokaido-Express nach Südwesten fuhren. Zur Linken dehnte sich der Pazifische Ozean, zur Rechten erschien zwischen dichten Wolken und Schneeschauern sekundenlang Japans heiliger Berg, der legendäre Fujiyama. In Kyoto empfing uns ein freundlicher Herr von der Nihon Keizai Shimbun, der uns in seinem Wagen ins nahgelegenen Nara fuhr, wo wir in einem hübschen, kleinen Hotel mit Blick auf die zu Füßen eines Gebirgszuges sich hinstreckende, alte Kunst- und Tempelstadt abstiegen.

Ich hatte nicht vermutet, dass die Winter hier so kalt sein würden. Bei eisigem Nordwestwind besuchten wir die ältesten und prächtigsten der

Tempel mit ihren stattlichen Pagodentürmen und herrlichen, oft tausend Jahre alten Buddha-Statuen. Dieses fremde fernöstliche Menschenbild mit dem Ausdruck von Milde, Gelöstheit und gesammelter Ruhe berührte mich sehr. Im Kontrast dazu faszinierte die diabolische Hässlichkeit der fantastisch-skurrilen Dämonen, der Hausgötter und Tempelwächterfiguren. Die entweder aus Holz oder aus einer Art Fachwerk erbauten Tempel hießen Yakushi-ji, Todai-ji, Kofuku-ji, Horyu-ji und Toshodai-ji.

Hier begegnete ich einer reichen Kultur und Geisteswelt, von der ich bisher keine Ahnung gehabt hatte, die Respekt und Bewunderung verdiente, ist doch Nara seit fast eineinhalb Jahrtausenden das religiöse Zentrum des Buddhismus auf der Insel. Vor dem Yakushi-ji, dem Haupttempel, erzählte uns ein junger, freundlicher Mönch etwas über seine Religion und ihren Begründer, über die Lehre vom Karma und der Reinkarnation. Am zweiten Tag abends übersiedelten wir ins nahe Kyoto. Ich bezog ein bequemes Zimmer im luxuriösen »Kyoto-Hotel«.

Nun hatte ich zufällig im Jahr zuvor in Dresden einen japanischen Germanisten von der Universität Kyoto kennengelernt, der sich studienhalber in Deutschland aufgehalten hatte. Dieser freundliche Mensch war Professor Ken-ichi Sagara. Er hatte mich zu einer Gastvorlesung in sein Institut eingeladen. Wie erfreut war ich, Ken jetzt hier wiederzusehen. Er erwartete mich zusammen mit dem Ordinarius der Germanistenfakultät der Universität, Herrn Dohi, schon im Hotel, um das Nötige wegen meines Vortrags mit mir zu besprechen.

Waren die Tage in Nara den zahlreichen Tempeln gewidmet, so stand der Aufenthalt in Kyoto vor allem im Zeichen der kaiserlichen Gärten und Paläste. Die eindrucksvolle Großstadt von eineinhalb Millionen Einwohnern bildet einen deutlichen Kontrast zu dem stillen Nara. Die Japaner scheinen sie mehr zu lieben, als das amerikanisch-hektische Tokio. Von 794 bis 1868 war sie Japans Hauptstadt gewesen und gilt noch heute für jeden Japaner als »Nihon no Furusato«, was so viel bedeutet wie »das Herz Japans«. Kyoto sei, wie es in einem Reiseführer im Hinblick auf den traditionsbewussten Japaner heißt, »the one place to which he always turns in spirit, and several times during his life in body as well, to renew the experience of what it means to be Japanese«. Kyoto ist die Stadt ehrwürdiger Geschichte und großer Vergangenheit, eine Stadt voller Shinto-Schreine, buddhistischer Klöster und Tempel, Paläste und Schlösser, Museen und Universitäten. Wer Kyoto besucht, erfährt Wesentliches über dieses Land und seine Bewohner.

Unsere Gastgeber hatten für uns eine Auswahl aus der Fülle des Sehenswerten getroffen und führten uns zu drei der interessantesten Tempelanlagen: Zum prächtigen Kinkaku-ji, berühmt wegen seiner vergoldeten Dächer, und danach zum Ryoan-ji, einer Stätte des reformierten Zen-Buddhismus. Dieser Tempel befindet sich in einem Park mit Seen, kleinen Brücken und Pavillons. Daneben gibt es einen mauerumschlossenen Bereich, welcher nur der Meditation dient. Er besteht aus einer geharkten Sandfläche mit linearen Strukturen, aus der einzelne Steinblöcke, aber auch eine bedeutungsvolle Baumruine ragen. Die Stille und Ausdruckskraft dieser gestalteten Natur ließen etwas von jener fernöstlichen Humanität ahnen, von der wir kaum etwas wussten.

Der Tempel Sanjusangen-do liegt zentral in der Nähe des National Museums. Seine langgestreckte Halle mit über tausend lebensgroßen, vergoldeten Statuen der Göttin Kannon verschlug mir den Atem. Die Gottheit ist zuständig für Barmherzigkeit, Krankenheilung und Kindersegen. Weil sie deshalb in dieser irdischen Welt so ungeheuer viel zu tun hat, besitzt sie elf Gesichter und einundzwanzig Paar Arme, weshalb man sie die Tausendarmige nennt. Und so viele braucht sie auch. Sie selbst aber teilt sich auf in jene tausendundeine Verkörperungen, die da in Reih und Glied angetreten sind. Welch ein Symbol, welch eine Vision göttlicher Allgegenwart! Vor dem Bild der Göttin war ein Priester in prächtigem rot-violettem Gewand mit der Weihung von Bitt- und Gebetsbriefen beschäftigt, die in großen Paketen von einem Wagen abgeladen wurden. Dabei sang er eine monotone Litanei.

Im Dorf Arashiyama am Fuß des Gebirges aßen wir in einem der altjapanischen Gasthäuser, die man nicht mit Schuhen betritt und wo man im Kreis mit gekreuzten Beinen um einen ganz niedrigen Tisch auf dem Fußboden sitzt.

Mit gekräftigten Bauchmuskeln durchwanderten wir am Nachmittag den traumhaft schönen Park der Kaiserlichen Villa Katsura. Wie in Ryoan-ji haben hier alle Dinge wie Felsen, Brücken, Wasserläufe und Pavillons eine sinnbildliche Bedeutung.

Die weite Anlage schuf schon im 16. Jahrhundert der berühmteste Baumeister seiner Zeit Kobori Enshu für einen kaiserlichen Prinzen. Enshu erbat sich vom Bauherrn unbegrenzte Mittel und Bauzeit. Und keiner durfte vor Vollendung gucken kommen. Alles sicherte der Prinz ihm zu. So entstand etwas Vollkommenes.

Großartig ist die Prachtentfaltung in den weitläufigen Palästen der kaiserlichen Herrscher und der mächtigen Shogune. Frierend, mit fußboden-schonenden Filzpantoffeln an den Füßen, schlurften wir durch die weiten Räume mit den zirpenden Dielen und bewunderten die reichen Kassettendecken und phantasievollen Wandmalereien auf Goldgrund an den langen Holzwänden.

Am folgenden Tag hatte ich die Absicht, nachmittags mit meinem Freund Ken und dessen Freundin Yukiko zusammenzutreffen. Er wollte mir einige Stunden widmen und mir seine Arbeitsräume zeigen. Als ich das beiläufig dem Genossen Aufpasser sagte, lief der rot an und wollte mir die Begegnung verbieten. Ich empfand das als eine solche Unverschämtheit, dass ich darüber mit ihm in eine heftige Auseinandersetzung geriet. Am Ende schrie mein Stasi-Begleiter, er werde von meiner Unbotmäßigkeit in Berlin Meldung machen. »Tun Sie das!«, schrie ich zurück und ging natürlich zu dem vereinbarten Treffen mit Sagara.

Mit ihm besuchte ich bei schönstem Sonnenschein Shisendo, die »Halle des Dichters«. Das war ein zierlicher Zen-Tempel in einem kunstvoll angelegten, kleinen Garten voller Blicküberraschungen. Ein Feldherr der Shogune mit poetischen Neigungen hatte sich um 1600 dieses Buon Retiro geschaffen, und Ken gestand mir, dass diese stille Oase sein Lieblingsaufenthalt sei. In seinem Auto fuhren wir danach zur Universität in sein Germanistisches Institut. Am Abend lud er mich zu einer kleinen Gesellschaft mit Professoren der Germanistik und der Kunstgeschichte in ein kleines japanisches Ryokan ein.

Meinen Vortrag über romantische Landschaftsmalerei – von Sagara übersetzt – hielt ich am letzten Tag unseres Kyoto-Aufenthalts vor etwa vierzig Damen und Herren, die hinterher noch viele Fragen hatten. Anschließend gab die Universität mir zu Ehren einen Empfang, zu dem uneingeladen plötzlich auch Winkler erschien. Jetzt ließ er sich nicht mehr abschütteln und auch nicht bremsen. Als die Herren im Kreis standen, mir dankten und das Glas auf unsere Zusammenarbeit erhoben, schnellte er zu meinem Entsetzen plötzlich vor, und noch ehe ich etwas sagen und mich bedanken konnte, hielt er in seinem Gossen-Sächsisch eine überaus peinliche Rede im Polit-Büro-Stil voller abgedroschener SED-Propagandasprüche. Später entschuldigte ich mich bei Sagara dafür, der das Ganze mit höflichem Humor abtat. Noch am gleichen Abend fuhren wir nach Tokio zurück.

Der nächste Tag war ein Sonntag, den wir nutzten, um endlich Tokio ein wenig kennenzulernen. Wir erlebten eine Weltstadt mit stark amerikanischer Prägung. Da gab es das Einkaufszentrum Hibija, das Tempel-und Vergnügungsviertel Ueno-Asakusa mit malerischen, vom Ausrufergebrüll der Händler erfüllten Ladenstraßen und die besonders durch ihr abendliches Lichtermeer beeindruckende Ginza mit unzähligen Bars, Kinos, Fischgaststätten und Nepp-Restaurants. Nachmittags besuchten wir eines der traditionellen Kabuki-Theater, wo nach jahrhundertealtem Ritus die traditionellen Stücke der altjapanischen Oper aufgeführt werden. Beeindruckend waren die herrlichen Kostüme und Bühnenbilder, für unsere Ohren befremdlich der gutturale Singsang der Schauspieler, die mit einer Art kehliger Kunststimme agieren. Japanische Musik – sagt Michaux – »gleicht der Klage des Windes.« Ich hatte mich bald eingefühlt in diese fernöstliche Klangwelt und Sprechkultur. Der neben mir sitzende Winkler aber, der jetzt nicht mehr von meiner Seite wich, äußerte nach zwei Stunden, er könne das nicht länger aushalten.

Am Montag konnte ich endlich mit dem Einrichten unserer Ausstellung beginnen. Da die Gefahr bestand, dass mir der geltungssüchtige Genosse in mein Konzept hineinreden würde, schlug ich ihm vor, doch nochmals für drei Tage auf Reisen zu gehen. Zu meiner Erleichterung gefiel ihm das, und ich sah ihn erst am Tag vor der Vernissage bei der Pressekonferenz wieder, wo er das große Wort führte.

Am Eröffnungstag – alles war fix und fertig gehängt – gab es noch einen Ausflug. Eine Limousine des Zeitungskonzerns brachte uns in die Hafenstadt Yokohama, die nur eine knappe Autostunde von Tokio entfernt liegt. Bei Nebel und Regen fuhren wir immer durch ein riesiges Industriegebiet nach Süden. Japans »Tor zur Welt« hat zwei Millionen Einwohner. Auf einem Hügel über dem ausgedehnten Hafen liegt das Europäerviertel. Da oben standen wir und blickten auf das Meer hinaus, über dem sich der Nebel gelichtet hatte. Da begann mit einem mal der sympathische Tetsuo

Kawai, der in Heidelberg Kunstgeschichte studiert hatte, zu singen. Er sang auf Deutsch: »Sah ein Knab ein Röslein stehn«, das war berührend.

Später aßen wir in einem gepflegten chinesischen Restaurant in der malerischen Chinatown. Es war ein Erlebnis besonderer Art für einen an sozialistische Kneipenkost gewöhnten DDR-Bürger. Das Mahl wurde zelebriert. Es gab neun Gänge, die in pausenloser Folge von links serviert und von rechts wieder abgeräumt wurden: Mehrere kleine Vorspeisen, zwei Suppen, einige Fleischgerichte mit Schwein, Kalb und Hühnchen, mehrere Sorten Fisch, darunter Karpfen, Krabben, junge Bambussprossen, Pilze, zarte Schoten, Nachspeisen mit verschiedenen exotischen Früchten und dazu natürlich den traditionellen heißen Reiswein in kleinen Keramikbechern. Im Hintergrund ertönte leise chinesische Musik. Ich war wie verzaubert. Genosse Winkler aber rief ärgerlich: »Gibdsn hier geen Bier?«

Die feierliche Ausstellungseröffnung am Abend war ein gesellschaftliches Ereignis vom Rang eines Staatsaktes mit zahlreichen Ehrengästen. Aus Berlin waren Dr. Tautz, aus Dresden Generaldirektor Bachmann angereist, und natürlich war DDR-Botschafter Horst Brie anwesend. Die Japaner waren mit hohen Regierungsbeamten vertreten. Zeitungskönig Jiro Enjoji und Museumsdirektor Kinue Adachi hielten Reden, die Deutschen bekamen gelbe Stoffchrysanthemen mit Namensband angesteckt, und alle waren glücklich.

Am 12. Februar spätabends gegen elf hob die Boeing 747 vom Flughafen Haneda ab. Das Lichtermeer von Tokio blieb im Winternebel zurück. Während wir über dem nächtlichen Pazifik nordostwärts flogen, versuchte ich vergeblich, in meinem engen Sessel zu schlafen. Schon nach fünf Stunden ging in blendender Helle die Sonne über den Wolken auf. Eine Stunde danach landeten wir in Anchorage. Später über Alaska waren alle Wolken verschwunden. Bei schönster Sonnenbeleuchtung hatten wir klare Bodensicht. Unter uns schob sich langsam das plastische Relief ausgedehnter Eis- und Schneegebirge hinweg. Wieder nach Stunden blickte ich auf die unendliche, durch einzelne dunkle Spalten unterbrochene Eisfläche des Polarmeeres hinab. In der hereinbrechenden Nacht nah dem Nordpol beobachtete ich durch das Kabinenfenster einen ungeheuren kristallblitzenden Sternenhimmel, über den plötzlich die farbigen Strahlenbündel des Nordlichts in immer neuen feenhaften Konfigurationen hinwanderten. Es war wie das krönende Feuerwerk am Ende eines schönen Festes.

Mit der Romantik nordwärts

Und weiter rollte die Ausstellungswelle. Nach den Engländern, Franzosen und Japanern verlangte es nun die Skandinavier heftig nach Bildern der deutschen Romantik. Zuerst fragten die Norweger nach Leihgaben aus unseren Sammlungen für eine von ihnen geplante Ausstellung »Dahl's Dresden«. Die Schweden schlossen sich dem Ersuchen der Osloer Kollegen gleich an. Zum Glück hatte die DDR gerade ein Kulturabkommen mit Norwegen geschlossen, das es »mit Leben zu erfüllen« galt. So reagierte Ostberlin zustimmend auf die Wünsche der Osloer Nasjonalgalleriet.

Die Idee war clever und einleuchtend, hatten doch die Norweger in der Person ihres Landsmannes, des Friedrich-Freundes und Wahldresdners Johan Christian Dahl, sozusagen einen »heißen Draht« zur Dresdner Romantik. Das Konzept der Sicht auf die gesamte sächsische Kunstszene erforderte die Einbeziehung zahlreicher Leihgaben aus unseren Beständen von Anton Graff bis Ludwig Richter, insbesondere aber Caspar David Friedrichs und seines Malerkreises.

Mitte Oktober 1980, kurz nach Eröffnung der Osloer Ausstellung, reiste ich zu Vorträgen und Verhandlungen nach Norwegen. Der Oslofjord, in den man vom Süden her hineinfliegt, lag unter strahlender Herbstsonne. Unzählige Schären hoben sich aus dem tiefblauen Meer, und in der Ferne grüßten schneebedeckte Gipfel. Das Hotel »Savoy«, in dem ich abstieg, lag unmittelbar neben dem gründerzeitlichen Backsteinbau des Museums.

Am Abend war ich bei meinem Freund und Kollegen Magne Malmanger eingeladen. Der Hauptkustos der Nasjonalgalleriet war Monate zuvor in Dresden gewesen, hatte mit Bachmann und Uhlitzsch verhandelt und uns auch zu Hause im Pillnitzer Schloss besucht. Magne wohnte mit seiner Frau Marit Lange und zwei Kindern in einer großen Altbauwohnung an der ruhigen Schultzgatan. Sie hatten ein herrliches Mahl mit diversen Fischgerichten vorbereitet. Dazu gab es so reichlich Weißwein, dass allgemeine Verbrüderung am Ende unausweichlich war. Magne erhielt wenige Jahre später eine Professur in Oslo und ging kurz darauf als Direktor des Norwegischen Instituts für Kunstgeschichte nach Rom.

Schon am folgenden Tag hielt ich meinen ersten Vortrag im Kunsthistorischen Institut der Universität, einen Tag später einen zweiten im überfüllten Vortragssaal des Museums. Die norwegischen Kollegen waren von einer fast familiären Herzlichkeit. Immerfort war ich eingeladen: Von der Dahl-Expertin Marie Bang zum Essen ins Universitätsrestaurant, von Professor Per Palme zum Forellenschmaus ins Theaterrestaurant, ins Haus von Dr. Valstroem zu Rentierragout mit Moosbeeren und endlich zu einer großen Abendparty bei Galeriedirektor Knut Berg, einem hemdsärmelig-jovialen Mann und seiner charmanten texanischen Frau. Zu einem Empfang mit einigen Persönlichkeiten des Osloer Kulturlebens hatte der DDR-Botschafter eingeladen. Dabei ging es vor allem um weitere Möglichkeiten des kulturellen Austausches. Die Norweger, so sagte er mir, hätten großes Interesse an Ausstellungen über Friedrich, Schinkel und Werner Tübke. Uns in Dresden wurde eine repräsentative Munch-Ausstellung für 1983 zugesagt. Ich sprach darüber konstruktiv mit dem Hauptkustos des Munch-Museums Arne Eggum.

Leider verschlechterte sich das Wetter. Es wurde kalt und trübe, und Schneeschauer wirbelten über die Stadt. Endlich machte prächtiger Sonnenschein wieder Lust, die nähere Umgebung zu erkunden. Da stieg ich hinauf zur alten Seefestung Akershus und hatte einen weiten Blick über Stadt, Hafen und den Oslofjord. Ansonsten hat Oslo durchaus keinen großstädtischen Zuschnitt. Man lebt eher beschaulich und gemütlich in Norwegens Metropole.

Da ich noch einige Tage Zeit hatte, wollte ich unbedingt noch Bergen, den Geburtsort Dahls besuchen. So bestieg ich am folgenden Tag den Südnorwegen-Express, einen elektrifizierten, supermodernen »Transrapid« mit hohem, für uns in der DDR ungewohntem Komfort. Auf gepolstertem Sitz ruhend, gleitet man geräuschlos in gut geheiztem Waggon über das raue Hochgebirge, vorbei an Gletschern, Wasserfällen und Schneefeldern, durch zweihundert Tunnel und über dreihundert Brücken. Leider verhüllten Nebel und Schneetreiben jene herrlichen Aussichten, für die diese Strecke über »das Dach Norwegens« berühmt ist. Hinter Finse, dem mit 1 300 m höchsten Punkt der Strecke, ging der Schnee in Regen über. Jetzt zeichnete sich die grandiose Landschaft vor den Panoramafenstern in finsterer Größe ab, bar jeder Farbe, monumental in Schwarz-Weiß.

Nach acht Stunden Fahrt kam ich um sieben Uhr abends bei völliger Dunkelheit in Bergen an und war sehr froh, dass das Hotel »Terminus«, in dem für mich gebucht war, gleich neben dem Bahnhof lag. Am nächsten Morgen tröstete mich ein riesiges Frühstücksbuffet über den andauernden Regen hinweg. Das war von einer kulinarischen Üppigkeit, wie ich sie noch nie gesehen hatte.

Bergen, die große Hafenstadt an der Westküste, ist landwärts von steilen Hängen umgeben und nach Westen weit ins Meer hinausgebaut. Im 12. und 13. Jahrhundert, als das alte norwegische Königreich auf dem Gipfel seiner Macht stand, war die Stadt das wohl bedeutendste Handelszentrum des Nordens.

Aber in Dahls Heimatstadt regnet es fast immer. So fiel mir der Gang unter schützende Museumsdächer leicht. Die Billedgalleri und die Sammlung Rasmus Meyer liegen nebeneinander, und ich hatte den ganzen Tag Zeit, mich in die Werke Munchs und Dahls, insbesondere seine 500 Zeichnungen, zu vertiefen. Nach so langer Bildbeschau verlangten meine Sinne nach etwas völlig Anderem. Freilich sollte dies andere möglichst auch überdacht sein, denn inzwischen goss es in Strömen, der Himmel verdunkelte sich und ein Gewitter brach los. Da bot sich nur noch ein Ziel an: das berühmte Meeresaquarium, das jedoch weit entfernt an der äußersten Westspitze der in die Nordsee vorgeschobenen schmalen Halbinsel Nordnes lag. Ein Verkehrsmittel schien es nicht zu geben. So marschierte ich unter meinem Regenschirm wohl oder übel los, verlief mich und kam endlich recht erschöpft eine Stunde vor Schließung des Instituts am Ziel an. Hier war es warm und trocken, und der Anblick der still gleitenden, kleinen und großen, grauen und bunten Fische, der putzigen Robben und der wendigen Delfine beruhigten und entspannten mich auf wundersame Weise.

Erst an meinem letzten Tag in Bergen hellte sich der Himmel auf, sodass ich mir immerhin trockenen Fußes den ältesten, historischen Teil der Stadt rund um die »Tyske Bryggen« anschauen konnte. Da standen noch die malerischen alten Holzhäuser des deutschen Handelskontors. War doch Bergen im späteren Mittelalter das Zentrum des Norwegenhandels der deutschen Hanse gewesen. Um 1350 besaß das Kontor bereits das wirtschaftliche Übergewicht in Bergen, und um 1400 waren von den 6 000 Einwohnern der Stadt 2 000 Deutsche, darunter viele Handwerker.

Die Rückkehr nach Berlin am anderen Tage war ausgesprochen ernüchternd mit meinem Umstieg in Kopenhagen-Kastrup aus dem hochmodernen norwegischen Flugzeug in eine verschlissene, schon sehr betagte rumänische Maschine. Kaltes Schmuddelwetter empfing mich auch auf dem Flughafen Schönefeld. Als ich nach endlosem Anstehen bei der Passkontrolle endlich durch die Sperre gelangte, schockierte mich die Armseligkeit und allgemeine Verwahrlosung. Das war nun also das heimatliche Kontrastprogramm! Durch Ausfall des Zubringerbusses verpasste ich meinen Zug, schleppte meinen schweren Koffer über die unsägliche eiserne Gleisbrücke zum sogenannten Bahnhof und wurde dort von besoffenen, grölenden Uniformierten der Volksarmee empfangen. Sie feierten wohl ihre Entlassung aus dem »Ehrendienst«. Man konnte es den jungen Leuten nicht übelnehmen.

Endlich kam der total überfüllte Dresdner Zug, in dem kein Platz mehr zu finden war. Ich verbrachte die zwei Stunden Fahrt in der Waschkabine, auf einer umgestürzten Blechkanne sitzend und solcherart fühlbar wieder im real existierenden Sozialismus angekommen.

In etwas veränderter Fassung und unter dem Namen »Romantik in Dresden – Caspar David Friedrich und sein Kreis 1800 – 1850« war die Osloer Ausstellung Mitte Dezember nach Stockholm weitergewandert. Das Nationalmuseum hatte mich für Anfang März zu Gastvorträgen eingeladen. Zwölf Jahre waren seit meinem ersten Besuch in der schwedischen Hauptstadt vergangen. Und sie empfing mich wieder wie damals mit Schnee und Sonne.

Der neue Chef des Hauses, Pontus Grate, hatte im Katalog auf die kulturelle Verbindung Vorpommerns, der Heimat Runges und Friedrichs, mit Schweden und dem nordischen Protestantismus hingewiesen. Daran knüpfte ich in meinem Referat an.

Eine Einladung des von mir verehrten Rudolf Zeitler, damals noch Ordinarius für Kunstgeschichte in Uppsala, führte mich in die alte Bischofsstadt. Sie wird beherrscht von der Doppelturmfront ihrer gotischen Kathedrale und vom riesigen Backsteinkubus des Renaissanceschlosses, das der berühmte König Gustav Wasa hatte errichten lassen. Nach meinem Vortrag in der Universität, die eine der ältesten Europas ist, war ich bei Zeitlers zum Tee eingeladen. Das dort begonnene Fachgespräch über die kunstgeschichtliche Stellung Dahls innerhalb der europäischen Landschaftsmalerei setzten wir später in einem Briefwechsel fort.

Heimspiele

In den siebziger Jahren gab es in der DDR zwar keinen »Klassenkampf« mehr wie zu Stalins und Ulbrichts Zeiten, jedoch hatte sich die totale Parteiherrschaft der SED zur Dauerbevormundung aller Bürger entwickelt, welche außerdem vom Apparat der Staatssicherheit lückenlos überwacht und kontrolliert wurden. »Wir müssen alles wissen, Genossen!«, lautete Stasi-Chef Mielkes Befehl. Eine Zweiklassengesellschaft hatte sich so herausgebildet: Auf der einen Seite die alles beherrschende Partei mit ihren zwei Millionen Mitgliedern, die alle Leitungsfunktionen besetzt hielt, dazu der aufgeblähte Staatsapparat mit seinem privilegierten Funktionärsklüngel, mit Armee und Stasi – und auf der anderen Seite alle anderen, das Volk. Ich gehörte zu den anderen, die nichts zu sagen hatten, die sich Nischen suchten, um zu überleben und sich für diesen Preis einen gewissen Freiraum des Denkens und Urteilens bewahren konnten. Dass man mich ins westliche Ausland fahren ließ, war mir immer wieder wie ein Wunder.

Wenngleich ich nun schon im Großen nichts verändern konnte, versuchte ich doch auf meiner niederen Ebene etwas zu bewegen und sinnvolle Dinge zu tun. Dazu gehörte: die Zeit zu nutzen, sie nicht auf Sitzungen und Versammlungen unter ständigem Agitpropgerede zu vergeuden, das hypertrophe Planungs-, Schulungs- und Berichtswesen soweit wie möglich zu ignorieren und mich möglichst davon freizuhalten.

Es war mir aber nicht verboten, sondern durchaus erwünscht, wissenschaftlich zu arbeiten und über Kunst zu schreiben. Schon zu Beginn der sechziger Jahre hatte ich mein Publikationsdebut mit einer Reproduktionsmappe zu Albrecht Dürer und einer Bildmonografie zu Schloss und Park Pillnitz gehabt, die im Leipziger Kunstverlag E. A. Seemann erschienen waren. Den hatte man inzwischen in einen volkseigenen Betrieb umgewandelt mit einem Genossen Keil als Leiter an der Spitze. In der Lektorengruppe aber saß ein ehemaliger Kommilitone, der mir bald zum guten Freund wurde: Walter Hertzsch aus der bekannten sächsischen Theologenfamilie. Ihm danke ich für eine jahrzehntelange fruchtbare Zusammenarbeit.

Mein erstes Buch erschien 1969. Es war eine Ludwig-Richter-Monografie in der Seemann-Reihe der Tafelbände. Dass ich durch die intensive Beschäftigung mit dem sächsischen Spätromantiker im Laufe der Zeit zu einer gewissen Sachkenntnis gelangte, war durch diesen Auftrag ausgelöst worden und damit eher ein Zufall. Denn eigentlich wollte ich ein Caspar-David-Friedrich-Buch schreiben. Jedoch stieß mein Vorhaben Anfang der sechziger Jahre beim Verlag auf Ablehnung. Die Begründung war, es bestehe dafür im Buchhandel kein Bedarf, was heißen sollte, dass sich wohl niemand für diesen dubiosen Romantiker interessieren werde. So schlug ich dem Verlag eben Ludwig Richter vor, über den es auf dem Büchermarkt keine vernünftige neuere Monografie gab. Ein Band über ihn, dachte ich, würde bestimmt abzusetzen sein. Freilich weiß ich heute, dass ich den liebenswerten Meister damals unterschätzte. Doch ich brauchte das Geld und begann mich anfangs recht lustlos in die Richter'sche Bildwelt und die bisherige Literatur zu vertiefen. Dabei machte ich die Feststellung, dass die meisten Autoren eher emotional als wissenschaftlich-methodisch an das Phänomen Richter herangegangen waren. Eine grundlegende Neubewertung schaffte ich damals freilich noch nicht. Das gelang mir erst mit der überarbeiteten Ausgabe im Jahre 1991.

Forschen und Schreiben

So etwas wie ein Forschungsprogramm gab es bei Galeriedirektor Uhlitzsch nicht. Ich setzte mir selbst meine Ziele und stellte mir meine Aufgaben. Mein Generalthema war die Geschichte der Dresdner Malerei des 19. Jahrhunderts. Da taten sich große Wissenslücken auf. Über die wenigen Großen wie Caspar David Friedrich, Ludwig Richter und Ferdinand von Rayski, auch über Dahl und Carus lagen wohl Monografien oft älteren Datums vor. Doch es gab zahlreiche interessante und bedeutende Malerpersönlichkeiten, über die neben dem knappen Eintrag in Thieme-Beckers Künstlerlexikon allenfalls mal ein versteckter Aufsatz zu finden war. Hier war ein weites Feld zu bestellen.

Einen Anfang hatte ich mit meiner Dissertation über Julius Scholtz gemacht. Die Beschäftigung mit diesem bedeutenden, aus Breslau stammenden Dresdner Maler hatte mich mitten in die Dresdner Kunstszene jenes spannenden Jahrhunderts geführt. Lieber noch hätte ich mich intensiv mit Friedrich beschäftigt. Auf der Grundlage früherer Forschungen des Wiederentdeckers der deutschen romantischen Malerei, des Norwegers Andreas Aubert, hatte Kustos Karl Wilhelm Jähnig, mein Vorgänger im Amt, in den zwanziger Jahren bereits mit der Arbeit an einem Werkverzeichnis begonnen und war darüber 1960 in der Schweiz gestorben. Das wusste ich damals nicht, und die Schweiz lag weit drüben hinter dem Eisernen Vorhang. Doch kam 1967 ohne Schwierigkeiten der Westberliner Kollege Helmut Börsch-Supan an Jähnigs Nachlass und schuf, dessen Forschungen weiterführend, das verdienstvolle Standardwerk zum Hauptmeister der Dresdner Romantik.

Der Größte nach Friedrich aber war Ernst Ferdinand Oehme. Im Thieme-Becker wird sein Lebensgang noch in acht Zeilen abgetan. Über ihn begann ich zu recherchieren. Das Sammeln seines Œuvres wurde mir zur Daueraufgabe. Aber erst 1997 ergab sich die Möglichkeit, mein Werkverzeichnis der Gemälde und bildmäßigen Zeichnungen im Katalog der schönen, von Gerd Spitzer und Petra Kuhlmann-Hodick im Albertinum gestalteten Jubiläums-Ausstellung zu veröffentlichen. Da wurde offenbar, was für ein bedeutender Maler, Zeichner und Aquarellist dieser bescheidene Künstler gewesen war.

Im Zusammenhang mit meinen Oehme-Forschungen lernte ich auch einige interessante Menschen kennen. Da war einmal des Künstlers Urenkel Erwin Oehme, mit dem ich seit den achtziger Jahren korrespondierte. Als es mir endlich möglich wurde, seine rheinische Heimat zu besuchen, war der alte Herr kurz zuvor gestorben. Später stiftete Oehme meine Bekanntschaft mit Dr. Stephan Seeliger. Der Münchner Kunsthistoriker und Sammler hatte im Kunsthandel eines der schönsten Alpen-Aquarelle des Malers erworben. Eines Tages hatte er in Erfahrung gebracht, dass es 1945 dem Dresdner Kupferstich-Kabinett abhandengekommen war. Jetzt führte er es nach Dresden zurück, ohne eine Entschädigung zu fordern. Ich lud ihn zu mir nach Hause in unsere Schloss-Wohnung ein, und von da an entwickelte sich über die Jahre hin eine enge Freundschaft. Unsere kunsthistorischen Interessen trafen sich auf manchen Strecken. Er beschäftigte sich besonders mit den deutsch-römischen Nazarenern, deren sächsische Vertreter mir besonders am Herzen lagen. Er schrieb über Julius Schnorrs Fresken in den Kaisersälen der Münchner Residenz, deren in Dresden lagernde Kartons zum Leben Karls des Großen er wiederentdeckte und auf seine Kosten hatte restaurieren lassen. Ich schrieb über den vergessenen Dresdner Gustav Heinrich Naeke, den er schätzte und sammelte, und später die Einführung zur Ausstellung von Naekes Zeichnungen aus seinem Besitz im Landesmuseum zu Mainz. Seeliger war ein hervorragender Fachmann auf seinem Gebiet. Und er war zugleich ein generöser Sponsor, ein großherziger Freund und ein wunderbarer Mensch.

Um das Tableau der Dresdner Kunstgeschichte zwischen 1780 und 1890 zu füllen und zu vertiefen, gab ich jungen Kolleginnen und Kollegen, die bei mir anfragten, manche Anregung und Unterstützung zur Beschäftigung mit bisher unbearbeiteten Themen und Künstlern. So entstanden Diplomarbeiten, Dissertationen, Buchmonografien und Ausstellungskataloge zu Carl Vogel von Vogelstein, Johann Gottlob von Quandt, Carl Robert Kummer, Carl Wilhelm Götzloff, Eduard Leonhardi, Johann Christian Klengel und über sächsische Landschaftsmaler und -zeichner des 18. Jahrhunderts.

Eine lange Reifezeit benötigte mein opus magnum »Die Malerei der Romantik in Dresden«. Schon 1968 machte ich dem Leipziger Seemann-Verlag den Vorschlag, dieses Buch zu schreiben, weil ich glaubte, eine solche komplexe Epochendarstellung für den zentralen Ort der romantischen Kunst in Deutschland sei ein Desiderat, das man auch im Westen mit einigem Interesse zur Kenntnis nehmen werde. Als ich endlich 1972 den Verlagsvertrag erhielt, hatte ich schon viel Vorarbeit dafür geleistet. Dass das Werk bei seinem Erscheinen 1976 eine so große, deutschlandweite Resonanz hervorrufen würde, hatte ich allerdings nicht erwartet. Freilich hatten die großen Friedrich-Ausstellungen in Hamburg und Dresden 1974 dafür den Boden bereitet. So konnte Seemann schon kurze Zeit später eine Exportauflage für einen Wiesbadener Verlag nachdrucken lassen. 1984 erschien dann das Buch in einer von meinem Freund Kenichi Sagara besorgten Übersetzung in Japan. Es war die erste Publikation über deutsche romantische Malerei im fernen Osten.

Der Cheflektor des Leipziger Verlags EDITION war gleichfalls ein Studienfreund von mir. Mitte der siebziger Jahre fragte er mich, ob ich nicht auch mal für ihn etwas schreiben wolle. Dazu war ich schon deshalb nicht abgeneigt, weil EDITION vornehmlich für den Export ins »kapitalistische Ausland« produzierte und seine Bücher deshalb besondere Papier- und Druckqualität aufwiesen. Ich wollte nach dem Kraftakt des Romantik-Buches einmal etwas ganz anderes machen. So kam mir die Idee, ein Buch über Dresden zu schreiben. Doch es sollte kein Fotobuch werden, sondern eine Versammlung künstlerischer Darstellungen der Stadt. »Dresden – wie es Maler sahen« wurde ein sehr populäres Buch und – dank der Gestaltungskunst meines Freundes Horst Schuster – sicherlich mein schönstes. Der verdienstvolle Dresdner Kunsthistoriker Fritz Löffler war der Gutachter. Ihm widmete ich diese Arbeit.

Externe Aufgaben

Gern sagte ich meine Hilfe zu, als 1974 der Leiter des Stadtmuseums Bautzen um Unterstützung bei der Neugestaltung der dortigen Gemäldegalerie bat. Es bestand damals die Gefahr, dass die kleine, aber beachtliche Sammlung von Bildern, die zuletzt durch das Legat des aus Bautzen stammenden Professors Wolfgang Balzer erfreulich bereichert worden war, nach einer Hausrenovierung durch die örtlichen Kulturfunktionäre zugunsten einer erweiterten Präsentation der Geschichte der Arbeiterbewegung ins Depot geräumt werden würde. So fuhr ich denn im Frühjahr und Sommer 1975 mehrmals mit meinem Trabant in die alte Sorbenmetropole, sichtete den gesamten Bestand, wählte aus, ordnete und hängte schließlich eine Auswahl der besten Werke von Lucas Cranach bis Otto Dix in die frisch gestrichenen Museumsräume.

Eine Aufgabe ähnlicher Art ergab sich wenige Jahre später mit der Einrichtung des Museums zur Dresdner Frühromantik im Kügelgenhaus auf der Hauptstraße in der inneren Neustadt, die im Jahr 1978 noch »Straße der Befreiung« hieß. Man hatte sich 1977 entschlossen, die »schönste Straße Dresdens« – wie schon Wilhelm von Kügelgen sie genannt hatte – zu Ehren des 30. Jahrstags der Gründung der DDR und bis zu diesem Termin im Oktober 1979 als Fußgängerzone wiederaufzubauen. Dabei sollte eine Häuserzeile aus dem 18. Jahrhundert auf der westlichen Straßenseite in ihrem originalen Zustand erhalten und denkmalsgetreu wiederhergestellt werden. Zu den sieben historischen Gebäuden gehörte auch das Haus »Gottessegen« (nach einer alten Fassadeninschrift), wo im zweiten Stock zu Beginn des 19. Jahrhunderts die Familie des Malers Gerhard von Kügelgen gewohnt hatte. Bis in dieses Stockwerk aber sollte das Haus nun von einer volkseigenen gastronomischen Einrichtung genutzt werden.

Da hatte der Pfarrer Karl-Ludwig Hoch an den Oberbürgermeister Schill geschrieben und vorgeschlagen, dort Gedenkräume für die berühmte Künstlerfamilie und ihr kulturelles Umfeld einzurichten. Auch ich war der Meinung, dass man die gesamte, um einen Innenhof angeordnete Etage zu einer Gedenkstätte für die Dresdner Romantik machen sollte. Noch interessanter wurde die Geschichte, als es der Hausarchitektin der Staatlichen Kunstammlungen Dresden Frau Albert gelang, anhand des bekannten Kersting'schen Gemäldes einen der Räume als das ehemalige Atelier des Meisters Kügelgen zu identifizieren. Lange kämpften wir um jenes Zimmer, in dem die Kneipiers unbedingt einen Ruhe- und Umkleideraum für Serviererinnen einrichten wollten. Ich aber hatte den Plan, es nach dem zeitgenössischen Kersting'schen Interieurbild zu rekonstruieren. Wohl Anfang 1978 war der Vorschlag »Gedenkstätte Dresdner Frühromantik« vom Rat der Stadt gebilligt und das Stadtmuseum mit der Realisierung beauftragt worden. Dessen Direktor Dr. Förster bat mich, ein museales Konzept zu formulieren. Ich holte mir den Literaturhistoriker und alten Freund Günter Klieme zur Unterstützung. Mit ihm zusammen gestaltete ich die Flucht der neun Räume als »Museum zur Dresdner Frühromantik«. Die neue museale Gedenkstätte sollte eine bedeutsame Epoche der Dresdner Kulturgeschichte in ihrer Komplexität widerspiegeln. Zugleich sollte hier ihrer prägenden Persönlichkeiten gedacht werden, deren Wohn- und damit Erinnerungsstätten im Krieg verschwunden waren.

Nun ist ja ein Museum seiner Bestimmung nach ein Aufbewahrungsort entweder natürlicher Fundstücke oder von Menschen hergestellter Objekte, vornehmlich der Kunst- und Kulturgeschichte. Unser Hauptproblem aber bestand gerade im Fehlen von Originalwerken und Sachzeugen. Inspirierend war freilich schon die wieder erlebbar gemachte Aura dieser wunderbaren alten Räume mit ihren Holzfußböden und wiederentdeckten, freigelegten Balkenzugdecken aus dem späten 17. Jahrhundert. Angesichts der Kriegszerstörung fast aller Dresdner Romantikerstätten, insbesondere der Wohnhäuser von Körner, Tieck und Kleist bis hin zu denen von Friedrich, Dahl, Carus, Weber und Wagner, war hier die einzigartige Chance gegeben, an zentraler Stelle der Stadt all der Literaten und Künstler zu gedenken, die Dresdens Ruhm zu Beginn des 19. Jahrhunderts ausgemacht hatten.

Immerhin fanden sich im Stadtmuseum einige gerettete Gegenstände und Bildnisse aus dem ehemaligen Körner-Museum, das einst im ebenfalls verbrannten Körner'schen Wohnhaus am Kohlmarkt untergebracht war. So bot es sich an, den Rundgang mit einem Gedenken an die Familie des Schillerfreundes Christian Gottfried Körner beginnen zu lassen. In den anschließenden Räumen versuchten wir, die Entwicklung der romantischen Theoriebildung und Literatur, der Malerei und in nuce auch der Musik mit Sachzeugen, Bildern, Büchern, Schriftstücken und erläuternden Hinweisen darzustellen. Den größten Raum widmete ich Caspar David Friedrich. Um ihn dreht sich sozusagen alles andere. Der Familie des Hausherrn von Kügelgen wird in den letzten beiden Zimmern – einer biedermeierlichen Wohnstube und dem rekonstruierten Maleratelier – gedacht. Trotz unzureichender musealer Gestaltungsmittel war das Ergebnis doch erfreulich. Am 28. März 1981 konnte das Haus feierlich eröffnet werden. Es wurde von den Dresdnern wie später auch von auswärtigen Besuchern mit Sympathie angenommen.

Günter Klieme kannte ich schon seit den sechziger Jahren, kam aber erst auf der Caspar-David-Friedrich-Tagung des Greifswalder Kunsthistorischen Instituts im Mai 1974 mit ihm in engeren Kontakt, wo er über die Beziehungen des großen Landschaftsmalers zu den damals in Dresden weilenden Dichtern und Denkern der Romantik referierte. Beide besuchten wir Anfang Mai 1977 die zweite Greifswalder Romantik-Konferenz über Philipp Otto Runge in Lauterbach bei Putbus im Südosten der Insel Rügen. Gemeinsam badeten wir in der eiskalten Ostsee, und abends gab es einen Empfang der Bezirksverwaltung Rostock mit kaltem Büfett. Das Köstlichste waren Platten mit Räucheraalstücken. Jüngere Kollegen aus dem Inland hatten so etwas noch nie gesehen oder gar gekostet. Wir wollten die Lieben daheim an den seltenen Genüssen teilhaben lassen und steckten uns etliche der fettigen Stücke, in Papierservietten gewickelt, in unsere Jackettaschen. Das wurde am Ende teuer, denn wir mussten danach unsere Jacken in die Reinigung geben.

Klieme war alter Dresdner und mit dieser Stadt und ihrer Kultur eng verbunden. Er stammte aus einer Dresdner Familie mit jüdischen Wurzeln, mit Wohnsitz gleich neben dem Kurländer Palais. In Leipzig hatte er Germanistik und Anglistik studiert, war über den Lehrerberuf zu einer Englisch-Dozentur an der Ingenieurhochschule und endlich zum Lehramt an der Technischen Universität gelangt. Mit mehr Liebe und Engagement betrieb er neben diesem Brotberuf aber zweifellos seine Literatur und Kulturgeschichtsstudien, die sich in Aufsätzen und Rezensionen in der Tages- und Fachpresse niederschlugen. Wir fanden uns wieder im gemeinsamen Interesse für die Romantik. Er mischte sich in kulturgeschichtlichen Fragen gerne ein, wusste viel und galt daher als ein neuer Magister ubique (wie man einst den berühmten Dresdner Hofrat Karl August Böttiger genannt hatte). Klieme lebte, indem er schrieb. Und das tat er unter völliger Negierung der Möglichkeiten moderner mechanischer und elektronischer Schreibtechniken mit einem Kugelschreiber auf Zetteln im Format DIN A 5 in einer stets leserlichen, gestochen scharfen Handschrift. Er war ein durch und durch rationaler Typ mit einem Hang zur Pedanterie. Mir wurde er in späteren Jahren zu einem verlässlichen Partner und stets hilfsbereiten Freund.

Zwei Dresdner Sammler

Es muss Anfang der siebziger Jahre gewesen sein, als ich vom Generaldirektor den dienstlichen Auftrag erhielt, sämtliche Gemälde des Radebeuler Kunstsammlers Dr. Walter Helbig aufzulisten und zu schätzen. Der alte Herr hatte den Antrag auf Übersiedlung in den Westen gestellt und wollte seine Kunstsammlungen mitnehmen. Ich kannte Helbig schon seit langem und besaß – so glaube ich heute – als einziger Museumsmann sein Vertrauen. Schon während der Arbeit an meinem Romantikbuch in den sechziger Jahren hatte er mir seine Bilder gezeigt, die er sonst streng unter Verschluss hielt, verständlicherweise, denn der devisengierige Arbeiter-und Bauernstaat hatte längst sein begehrliches Auge auf alle Kunstschätze in privatem Besitz geworfen. Mir war die Kenntnis der Helbig'schen Sammlung wichtig, denn sie bestand zum großen Teil aus Werken Dresdner Meister des 19. Jahrhunderts.

Helbig war das seltene Beispiel eines erfolgreichen Privatunternehmers im Sozialismus. Von seinem Vater hatte er eine Miederwarenfabrik geerbt, die er noch immer sachkundig führte. Dass sie die Enteignungsaktionen des DDR-Staates überlebt hatte, grenzte an ein Wunder. Auch der Grundstock seiner Kunstsammlung war wohl geerbter Besitz. Die war umfangreich und füllte eindrucksvoll seine große Villa am Radebeuler Weinberghang. Über Bombenkrieg und kommunistische Kapitalistenverfolgung hinweggerettet, war sein Haus eines der wenigen noch vorhandenen Beispiele großbürgerlicher Lebens- und Wohnkultur im Dresdner Raum.

Mehrmals wurde ich zusammen mit meiner Frau Vera vom greisen Ehepaar Helbig zum Tee in seinem großräumigen Haus eingeladen, das sich offenbar nicht mehr richtig heizen ließ und in dem die beiden freundlichen Alten wie verloren wirkten. Dr. Helbig ließ es sich nicht nehmen, uns durch alle der etwa zwanzig Räume zu führen, die voller antiker Möbel, Skulpturen und Porzellane standen. Und keine Wand war ohne Bilder. Wie er es schaffte, unter Umgehung der strengen Kunstschutzgesetze der DDR diese umfangreichen Sammlungen außer Landes zu bringen, ist mir bis heute ein Rätsel. Die Helbigs oder aber ihr in Kufstein lebender Schwiegersohn mussten einen einflussreichen Fürsprecher in der Ostberliner Führungsspitze gehabt haben, der ihnen eine Sondergenehmigung verschaffte. Sicher ist, dass dabei der für delikate Ost-West-Geschäfte zuständige Berliner Staranwalt Vogel seine Hände im Spiele hatte.

So fuhr ich eines Tages zusammen mit Uhlitzsch nach Radebeul hinaus und inspizierte mit ihm die Gemäldesammlung, welche ich ja schon lange kannte. Die Liste umfasste über 500 Werke. Das mühsame Geschäft des Schätzens überließ Uhlitzsch mir. Damit hing es bis zu einem gewissen Grad von mir ab, ob Dr. Helbig sein Eigentum würde mitnehmen dürfen oder nicht und was davon er etwa hier zurücklassen musste.

Ich entschloss mich, niedrig zu taxieren, und da der größere Teil der Bilder zweitrangig war, konnte ich das jederzeit begründen. Aber auch bei den bedeutenderen Namen wie Graff, Dahl, und Rayski setzte ich bewusst niedrige Werte an.

Ich verabscheute diesen staatlich legitimierten Terror, welcher letztlich auf die unrechtmäßige Aneignung privaten Eigentums hinauslief und wollte Walter Helbig helfen. Viele Monate vergingen. Ich hatte die Affäre schon vergessen, als ich eines Tages im Jahr 1972 einen Brief von ihm aus Salzburg erhielt, wo er, der große Mozartliebhaber, sich im Alter niedergelassen hatte. Schon vier Jahre später aber kam die Nachricht von seinem Tod.

Schließlich gilt es, noch eines Mannes zu gedenken, der als Kunstfreund und Sammler schon kurz nach meiner Übersiedlung nach Dresden in mein Blickfeld trat. Das war Friedrich Pappermann. Er lebte als Junggeselle in einer großen Wohnung auf der Frankenstraße in Blasewitz. Als ich ihn Anfang der sechziger Jahre besuchte, ging es mir um einige Arbeiten meines Favoriten Julius Scholtz, über den ich meine Dissertation schreiben wollte. Pappermann, ein damals etwa 50-jähriger weißhaariger Herr mit schmalem Schädel und starker Brille, empfing mich mit großer Freundlichkeit und zeigte mir nicht nur seine fünf Scholtzgemälde, sondern seine ganze große Sammlung, die sämtliche Wände seiner fünf Wohnräume einschließlich des Schlafzimmers und dazu noch des großen Vorsaals in dichter Reihung neben- und übereinander bedeckte. Zu jedem Bild konnte er Interessantes über seine Erwerbung und über den Künstler erzählen, und so wurde aus meinem geplanten Kurzbesuch ein halber Tag.

Friedrich Pappermann hatte schon als junger Mann begonnen, Kunst zu sammeln. Nach dem Krieg gelang es ihm, bei bescheidenster Lebensführung durch Neuerwerbungen zu mäßigen Preisen seinen Kunstbesitz, der zum überwiegenden Teil aus Werken Dresdner Meister bestand, immer mehr zu erweitern. Thiele und Graff, Oehme, Gille und Rayski, Bantzer und Sterl hießen die großen Namen dieser über 300 Gemälde umfassenden, exzellenten Sammlung. Von Pappermann ging eine Aura hohen Menschentums aus. Er lebte mit den Künsten, war hochgebildet, feinsinnig und bescheiden. Für ihn war Kunstbesitz keine Kapitalanlage, sondern Freude und Verantwortung.

Aber inzwischen gab es in Ostberlin den Devisen-Wundermann Schalck-Golodkowski, der zusammen mit Staatssicherheit und Steuerfahndung Raubzüge auf Kunsthändler und Sammler veranlasste. Um der dahinsiechenden DDR belebende Westmark zu verschaffen, ließ er unter dem Vorwand fadenscheiniger Steuerforderungen privaten Kunstbesitz einfach beschlagnahmen.

Mitte der achtziger Jahre hatte der Staatliche Antikhandel Pirna schon längst sein begehrliches Auge auf Pappermanns Kunstschätze geworfen. Die Kampagne gegen ihn begann um 1985 mit einem wohnungsamtlichen Räumungsbefehl. Man hatte festgestellt, dass er als Einzelperson mit seiner Fünfzimmerwohnung zu viel Wohnraum besitze. Da gab es nur eine Rettung: Wir – Galeriedirektor Zimmermann und ich – bescheinigtem ihm ebenfalls amtlich, dass seine Sammlung »von großem gesellschaftlichem Interesse« sei, dass er sie dem Publikum öffentlich zugänglich mache und außerdem die Absicht habe, sie der öffentlichen Hand als Schenkung zu vermachen. Das hatte Wirkung. Man ließ den alten Herrn in Ruhe.

Ich bedaure es bis heute, dass seine Sammlung später nicht wie von Pappermann beabsichtigt, in den Besitz der Galerie Neue Meister gelangte, sondern nach Freital abwanderte. Sie hätte in Dresden den Grundstock einer speziellen »Galerie Dresdner Kunst« bilden können. Jetzt widmet sich die Städtische Galerie dieser Aufgabe.

1981: »Kunst im Aufbruch«
1983: »Edvard Munch«

Es hatte in den siebziger Jahren im Albertinum eine Anzahl hervorragender Ausstellungen gegeben, die allerdings allesamt zurückliegende kunstgeschichtliche Epochen betrafen: 1971 Deutsche Kunst der Dürerzeit, 1974 Caspar David Friedrich und sein Kreis, 1979 Gottfried Semper. Sie hatten internationales Aufsehen erregt. Es scheint, dass seitens der SED ein gewisser Mangel an politischer Aktualität unseres Ausstellungsprogramms kritisiert worden war. Auch hatte Max Seydewitz auf einer Konferenz schon 1966 als Schwerpunkte unserer Forschung die Entwicklung des Sozialistischen Realismus seit 1945 und die Kunst der zwanziger Jahre in Dresden vorgegeben. Geschehen war seitdem in dieser Richtung allerdings nichts.

Uhlitzsch hatte sich nun plötzlich dieser Seydewitz'schen Forderung erinnert. Seine Idee war, den künstlerischen Aufbruch in Dresden zwischen den beiden Weltkriegen in einer den genannten Unternehmungen vergleichbaren Ausstellung zu zeigen. Eine solche Aufarbeitung einer großen Epoche der Dresdner Kunst und Kulturgeschichte war allerdings ein wichtiges, notwendiges und begrüßenswertes Unterfangen. Der Mann zeigte Mut, dass er ein so heißes Eisen anzupacken wagte. Doch ich bemerkte schon im Vorfeld, dass das Projekt mit unzulänglichen Mitteln begonnen und mit politisch-tendenziöser Einseitigkeit betrieben wurde und verweigerte deshalb meine Mitarbeit. Es fehlte der Forschungsvorlauf für eine gründliche wissenschaftliche Darstellung des Themas. Dafür arbeitete Uhlitzsch mit klassenkämpferischer »Parteilichkeit« und ideologischer Klassifizierung und Vereinnahmung der Künstler, die sich dagegen nicht mehr wehren konnten.

Nachdem die Ausstellung Ende September 1981 eröffnet worden war, erfuhr sie daher geteilte Aufnahme in der Presse, in der Fachwelt aber vorwiegend Ablehnung. Kenner der Epoche wie Fritz Löffler und Erhard Frommhold schonten Kurator Uhlitzsch nicht. Löffler bescheinigte ihm in einem Brief völlige wissenschaftliche Ahnungslosigkeit und totale Konfusion der Hängung. Es war schade um das großartige Thema, das damit zunächst verschenkt erschien. Über die Kritik geriet er in große Wut. Nichtsdestotrotz schlug er siegessicher sich selbst und sein Mitarbeiterkollektiv für den Kunstpreis der DDR vor. Die peinliche Ablehnung dieses Antrags in Ostberlin gab er in einer Arbeitsbesprechung bekannt. So außer Fassung hatte ich ihn noch nie erlebt.

Blättere ich heute in dem umfangreichen Katalog, kann ich trotz aller Mängel dem mutigen Unternehmen meine Achtung nicht versagen. Was die Macher damals allein an kunst- und gesellschaftsgeschichtlichem Material zusammenbrachten, war und bleibt bedeutsam.

Ende 1983 machten die Norweger ihr Versprechen wahr, uns im Gegenzug für unsere Leihgaben zu ihrer Ausstellung »Dahl's Dresden« (1980) eine Edvard-Munch-Ausstellung zu schicken. Die Präsentation von 36 Gemälden, darunter der berühmte »Schrei«, sowie 30 Zeichnungen und grafischen Blättern wurde zu einem kulturellen Höhepunkt. Endlich war damit in Dresden wieder einmal ein Künstler der klassischen Moderne von internationalem Rang zu erleben. Der Essay, den Uhlitzsch dem Katalog voranstellte, hatte Niveau, zeugte von erfreulicher Auseinandersetzung mit dem Gegenstand. Die Verbiegung durch die Brille marxistischer Parteilichkeit hielt sich in Grenzen.

Als Kunstbotschafter in Italien

1982: Dresda sull' Arno

In Verhandlungen mit einer damals links orientierten Verwaltung der Region Toskana war es der DDR gelungen, einen Kulturaustausch zu vereinbaren. Hier im Herzen Italiens sollten »Tage der Deutschen Demokratischen Republik« stattfinden. Dabei war unserer Stadt unter dem Motto »Dresda sull' Arno« eine prägende Rolle zugedacht. Hauptschauplatz der Präsentation war natürlich Florenz, jener legendäre Sitz der Künste und Gelehrsamkeit, mit dem Herder die sächsische Residenz einstmals so rühmlich verglichen hatte. Da sollte es neben einer Informationsschau der Dresdner Wirtschaft auch ein Konzert des berühmten Siering-Quartetts der Dresdner Philharmonie und ein Fußballspiel von »Dynamo Dresden« gegen eine italienische Mannschaft geben. Das zentrale Ereignis aber sollte eine Ausstellung im Palazzo Pitti sein, die unter dem Titel »100 Meisterwerke von Cranach bis van Gogh« einen Querschnitt durch die beiden Dresdner Gemäldegalerien zu geben versprach.

In das Team von Wissenschaftlern und Restauratoren, die vor Ort tätig werden sollten, hatte man mich einbezogen. Um Inhalt und Auswahl sowie organisatorische Abläufe brauchte ich mich diesmal nicht zu kümmern. Mein Auftrag war begrenzt auf Transportaufgaben und den Aufbau der Ausstellung.

Die Überführung der Bilder war eine umständliche und aufwändige Sache, denn aus politischen und verkehrstechnischen Gründen musste »mit

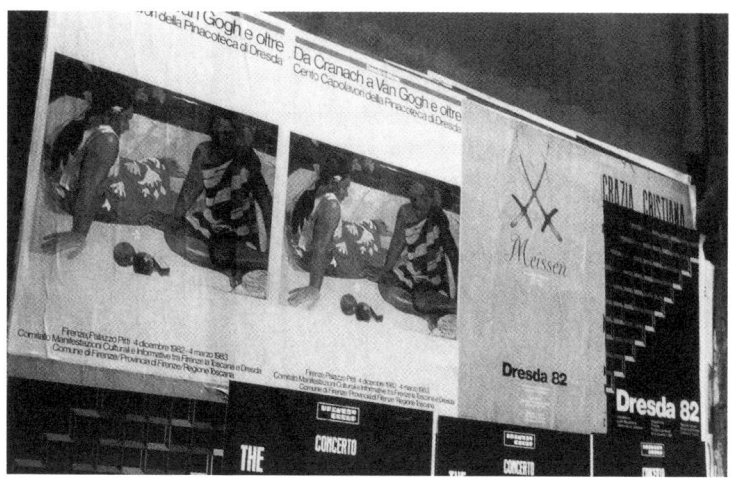

Plakatwand in Florenz: »Dresden am Arno«, 1982

der Kirche ums Dorf« geflogen werden: Zunächst bewegte sich der Transport mit Fahrzeug nordwärts nach Kopenhagen, dann auf dem Luftweg nach Brüssel, von dort weiter nach Mailand und nach neuerlichem Umladen per Achse bis Florenz.

Der erste Tag meiner Reise Mitte November war trübe und regnerisch. Den Volvo-Lastzug mit Bilderkisten hatte ich zunächst nach Rostock zu begleiten. Am nächsten Morgen – es war finster, stürmisch und kalt – fuhr ich mit meiner Bilderladung in den Warnemünder Zollhafen und dort nach langer Wartezeit in den Bauch eines dänischen Fährschiffes ein. Die zweistündige Schiffspassage über die Ostsee nach Gedser war alles andere als eine lustige Seefahrt. Stürmischer Wind wühlte hohe Wellen auf, sodass mir speiübel wurde. Ich wankte auf das Oberdeck hinauf, legte mich trotz des Sturms flach auf eine Sitzbank und fixierte starren Blicks einen Punkt am Himmel. Das half.

Von Gedser ab fuhr unser Lastzug auf glatter Asphaltpiste bis zum Kopenhagener Frachtflughafen. Das Verladen, Palettieren und Deponieren ging schnell, aber das nächtliche Warten in einem winzigen Speditionsbüro, auf aneinandergeschobenen Stühlen liegend, war ganz und gar nicht erholsam.

Gegen ein Uhr morgens endlich wurde das Flugzeug beladen. Ich bekam meinen Platz im Cockpit hinter den beiden Piloten. Schon achtzig Minuten später landeten wir in Brüssel. Hier wurde unsere wertvolle Fracht in eine Linienmaschine der belgischen Gesellschaft SABENA umgeladen. Erst am späten Nachmittag starteten wir in Richtung Süden, überquerten die Alpen bei sinkender Sonne und landeten in Mailand bei einbrechender Dunkelheit. Ich war erleichtert, als ich hier die vertraute Gestalt unseres Gemälderestaurators Weber erblickte, der sich von da an um das Kunstgut kümmerte. Im Hotel konnte ich mich endlich nach dreitägiger Abstinenz einmal wieder duschen, bevor ich erschöpft einschlief. Als ich erwachte, schien die Sonne in mein Hotelzimmer. Es war Sonntag, und da passiert in Italien überhaupt nichts. Für uns ein freier Tag, den wir ganz den Sehenswürdigkeiten der norditalienischen Metropole widmen konnten.

Der kunstreich gebildete Dom aus weißem Marmor strahlte im blendenden Licht. Auf dem hohen Dachumgang konnten wir die Feinheit und Vielfalt der gotischen Zierformen aus der Nähe bewundern. Später wanderten wir durch die Säle der Pinacoteca Brera in einem Palazzo aus dem 17. Jahrhundert. Da gab es wunderbare Bilder der italienischen Renaissance und des Barock, aber auch von Modigliani und Giorgio Morandi zu sehen.

Lange suchte ich nach der Kirche San Ambrogio, der berühmten Gründung des heiligen Bischofs gleichen Namens aus dem 4. Jahrhundert. Bis heute hat das Bauwerk die Gestalt der frühchristlichen Basilika bewahrt. Der schlichte Innenraum spricht durch Maß, Klarheit und Würde. Es war die Stunde des abendlichen Messopfers mit Orgelklang und liturgischem Gesang. In der Krypta unter dem Altar liegen in gläsernen Särgen die Skelette der Heiligen im Bischofsornat: Ambrosius, Bischof von Mailand im vierten Jahrhundert, einer der großen Denker der frühen Christenheit, war nicht nur klug, sondern auch weise. Von ihm stammt das zeitlos gültige

Wort: »Tapferkeit ohne Gerechtigkeit ist ein Hebel des Bösen.« Hier bei den ehrwürdigen Reliquien in den vergoldeten Schreinen, diesen Schädeln und Knochen unter verblichenen Prachtgewändern, fühlte ich mich in unserer abendländischen Geschichte angekommen. Hier wehten der Geist und die Glaubenskraft, die diesen Halbkontinent Europa geprägt haben. Die Stunde blieb mir in Erinnerung.

Als am nächsten Morgen unser Transport südwärts rollte, lagerte dichter Nebel über der Po-Ebene. Er lichtete sich erst in der Höhe von Bologna, wo der Anstieg auf die Apenninen beginnt. Die Autobahn biegt hier nach Süden ab und führt in weiten Serpentinen bis auf die Passhöhe bei Roncobilaccio. Von hier windet sich die Straße oft durch lange Tunnel wieder abwärts. Rot versank die Sonne im Dunst über dem Horizont, als wir Florenz erreichten.

Es war ein denkwürdiger Augenblick. War ich nun doch im Herzen Italiens angekommen. Ich musste an Goethe denken, der sich, zwanzig Jahre jünger noch als ich, mit 37 schon als ungewöhnlich alter Italienfahrer empfand. Lebte er heute, hätte der Weimarer Bürger wohl erst mit 65 auf einer Rentnerreise sein gelobtes Land erblicken dürfen. Für Florenz hatte er sich übrigens damals, im Oktober 1786, gerade mal drei Stunden Zeit genommen, weil es ihn »auf Flügeln der Ungeduld« nach Rom zog. Ich aber sollte einen ganzen Monat in der Stadt der glorreichen Medici verbringen dürfen. Das war großes Glück, und ich dachte an Wilhelm Waetzoldts Wort: »Um die Auseinandersetzung mit dem italienischen Erlebnis kommt keiner herum, dem Bildung noch ein Ziel ist.«

Es war der Abend des fünften Tages nach meinem Aufbruch in Dresden, als wir endlich in den Hof des Palazzo Pitti einfuhren. Ein Autodreh-

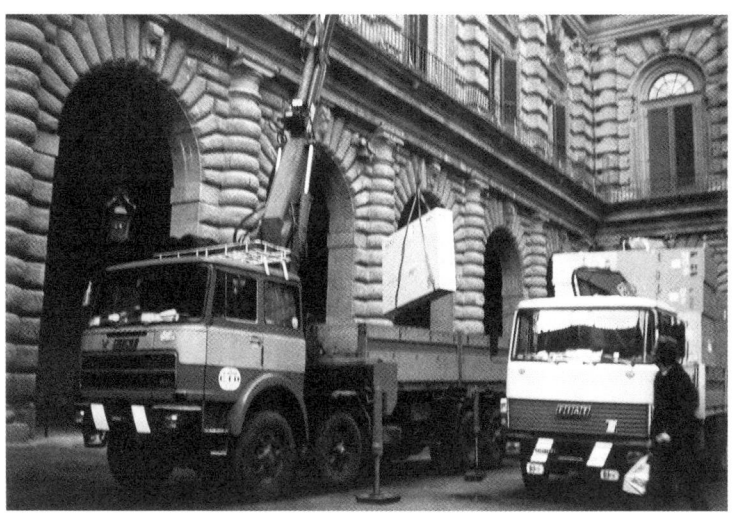

Ausladen der Gemälde im Hof des Palazzo Pitti in Florenz

kran hob die Kisten auf den Balkon der ersten Etage, von wo aus sie in einen Depotraum gerollt wurden. Erst vier Tage später traf der letzte Transport in Begleitung meines Kollegen Heiner Protzmann ein. Die Sala Bianca des Pitti-Palasts ist gewiss einer der nobelsten Orte für die Präsentation von Kunstwerken in Florenz. Die italienischen Handwerker ließen sich viel Zeit mit dem Aufbau der Installationen. Endlich konnte ich mit dem Stellen der Gemälde beginnen. Drei Tage später war die »Mostra« fertig. Professor Luciano Berti, Generaldirektor der Uffizien, ein eher unscheinbarer kleiner Mann in Lodenmantel und Schlapphut, ging mit uns durch die Räume und zeigte sich hochzufrieden.

Der Tag der Eröffnung überraschte mit wolkenlosem Himmel. Florenz badete in Sonne. Eine repräsentative Delegation mit einem Minister Dr. Toeplitz war aus der DDR eingeflogen. Dazu gehörten Dresdens Bezirksparteichef Modrow, Oberbürgermeister Schill und der Generaldirektor der Dresdner Kunstsammlungen, Manfred Bachmann.

Eine Schar prominenter Redner, darunter Italiens Kulturminister, würdigte unsere Ausstellung als Höhepunkt der »Tage der DDR« in der Toskana. In geradezu weihnachtlichem Glanz erstrahlten die großen Glaslüster im festlichen Weißen Saal, und kostbar schimmerten unsere goldgerahmten Gemälde auf den farbig getönten Hängewänden. Die italienischen und deutschen Gäste der Eröffnung waren des Lobes voll. Der Pferdefuß waren jene sechs Pflichtbilder der DDR-Gegenwartskunst, die gegenüber den übrigen in der Qualität so peinlich abfielen. Einige von ihnen hatte ich »aus Platzgründen« gleich in ihren Kisten gelassen. Nicht zu verhindern war die Präsentation von Willi Sittes Kriegstriptychon »Die Überlebenden – Niemals wieder«. So schlecht war es ja eigentlich gar nicht, aber es zerschlug die Harmonie der Räume. Vielleicht aber war das Schockerlebnis dieser Dissonanz inmitten so viel Schönheit auch ganz gut.

Ich fand, dass Ausstellungen wie die unsere im Grunde weniger für das politische System der DDR warben, als vielmehr den Westeuropäern klarmachten, dass abendländische Kultur nicht an der Trennmauer, die Deutschland teilte, endete. Ihre Botschaft an die freie Welt war: Man konnte und durfte uns nicht abschreiben. Auch wir im Osten gehörten zu Europa und wollten auch künftig dazugehören. Natürlich sahen das die eingeflogenen Staatsfunktionäre anders. Sie zeigten sich wohl beeindruckt von der Schönheit dieser Stadt, hatten aber ansonsten ihr Klassenkampfkonzept stets im Kopf. Der Dresdner SED-Parteichef Hans Modrow, ein agiler, schmaler, fast jungenhaft wirkender Norddeutscher, stellte mir vor den Gemälden der Uffizien intelligente Fragen und schien an Kunstgeschichte interessiert zu sein. Wenige Jahre später würden die Genossen in Ostberlin über seine Absetzung nachdenken, weil er als Anhänger von Gorbatschows Perestroika Wirtschaftsreformen und die Liberalisierung des DDR-Systems anstrebte.

Gerhard Schill, langnasiger und langjähriger Oberbürgermeister von Dresden und Bühlauer Kleingärtner der Sparte »Am Heiderand«, hatte offenbar seine Schwierigkeiten mit der erdrückenden Fülle sakraler Kunst. In der Kirche San Miniato al Monte sagte er zu mir mit einer gewissen Hochachtung: »Wemmer will, gammer sich hier drei Schdundn an eener Gerche festhaldn.« Und da war dem Genossen diesmal nicht zu widersprechen. Als wir später vom Fortezza di Belvedere oberhalb des Boboli-Gartens auf Florenz hinunterschauten, wies ich ihn auf die Wichtigkeit der Domkuppel für das Stadtbild hin und zog die Parallele zur Dresdner Frauenkirche, um deren gänzliches Verschwinden oder Wiederaufbau damals gerade diskutiert wurde. Und er stimmte mir zu.

Mit der Eröffnung unserer Ausstellung war der arbeitsintensive Teil meiner Aufgabe erfüllt. Jetzt konnte ich entspannter den nächsten Wochen entgegensehen. Als Repräsentant des Leihgebers vor Ort hatte ich nun nichts weiter zu tun, als täglich einmal einen Kontrollgang durch die Räume zu machen. So war mir viel freie Zeit beschert zum Studium der herrlichen Stadt und ihrer Kunstschätze.

Florenz im Dezember – das bedeutete ständig wechselnde Wetterlagen mit vielen Regenwolken, die am Südabhang der Apenninen ihre nasse Last abluden. Die wenigen sonnigen Abschnitte aber beeindruckten mit zauberhaften Lichtstimmungen. An solchen Tagen stürmte ich durch die Straßen, über die Plätze und auf die umliegenden Hügel, um all diese Schönheit mit der Kamera festzuhalten.

Was in dieser Stadt wie an keinem anderen Ort anhand einer Perlenkette architektonischer Meisterwerke studiert werden kann, ist die Herausbildung des Renaissancestils aus der Baukunst des Mittelalters. Mir schien, dass er keimhaft schon in San Miniato al Monte angelegt ist, dieser zauberhaften Schöpfung des 12. Jahrhunderts. Sie war mir die liebste aller Florentiner Kirchen. Der frühromanische Bau liegt auf der Höhe inmitten von Pinien und dunkelgrünen Zypressen. Von hier hat man einen weiten Blick über die Stadt und das Arnotal. Die Ruhe und Harmonie des fünfschiffigen Innenraums erlebte ich fast körperlich. Es tat wohl, an diesem Ort der Geschichte und der Stille zu verweilen.

Großartig dann in ihrer neuartigen tektonischen Klarheit: Santa Maria Novella und vor allem – die Bauten Brunelleschis: Santo Spirito! Wie er hier Last und Stütze in den Säulenreihen mit den darüber gespannten Halbkreisbögen zu gleichgewichtigem Schweben gebracht hat! Die Kapelle für die reiche Familie Pazzi atmet absolute Harmonie. So ganz diesseitig und in sich ruhend kann ein christlicher Andachtsraum sein. Hier ist kein Gedanke mehr an Höhendrang und Mystik der Gotik. Alles ist edles Maß, Proportion, Würde und Wohlklang.

In den Uffizien, einer der großen Schatzkammern der Weltkunst, überwältigt die Fülle italienischer Meisterwerke von Cimabue bis Tiepolo. Mein Lieblingsbild aber war ein Niederländer, der sich in der Umgebung so vieler lateinischer Madonnen und schmachtender Heiliger einigermaßen fremd ausnahm: der Portinari-Altar des Hugo van der Goes. Bisher kannte ich ihn nur von Abbildungen und war jetzt überwältigt von der ergreifenden Gewalt dieses Meisterwerks mit seinen lebensgroßen Gestalten und der kostbaren, wie Edelstein leuchtenden Farbigkeit. Wie kam das Werk aus dem Norden hierher? Der in Brügge lebende Agent des Bankhauses Medici, Tommaso Portinari, hatte es bei dem Meister bestellt.

Von den Italienern rührte mich besonders einer der Quattrocentisten, der in Florenz gewirkt hatte: Fra Angelico. Deshalb besuchte ich auch das alte Kloster San Marco, in dem der sanfte, malende Mönch zuletzt Prior war. Hier schmückte er die Klausur und die kleinen Mönchszellen mit Fresken aus, und noch etwa fünfzehn seiner Gemälde hingen im ehemaligen Pilgersaal. Eine kindlich fröhliche Inbrunst des Glaubens spricht aus diesen Visionen in Blau, Gold und Rosa. Schon die Zeitgenossen nannten ihn den Seligen. Später lebte hier auch der fanatische Mönch Savonarola, den die Florentiner auf ihrem Marktplatz verbrannten. Über einer Zellentür steht geschrieben, dass sich der Stammvater des mächtigen Geschlechts der Medici, Cosimo der Alte, zur inneren Sammlung und Gewissensprüfung hierher zurückzuziehen pflegte. Eine heilsame und nachahmenswerte Sitte für Machthaber und Verantwortungsträger dieser Welt.

Am tiefsten aber ergriff mich die Begegnung mit dem größten aller Florentiner: Michelangelo Buonarroti. Sein Werk ist hier gegenwärtiger als in Rom, der Stadt seiner Triumphe. Sein Haus, die Casa Buonarroti, fand ich erst nach langem Suchen. Außer vier Kleinplastiken von seiner Hand gibt es hier lediglich des großen Mannes winzigen Holzabort zu bewundern, wobei Zweifel an dessen Authentizität wohl erlaubt sein dürfen.

Wer den genialen Bildhauer sucht, findet ihn in der Galleria dell'Accademia. Nicht weniger als sieben mächtige Marmorskulpturen machen die Tribuna zu einem Heiligtum der Weltkunst. Vor den »Gefangenen« des Juliusgrabes, den »Prigioni«, dem Evangelisten Matthäus und der Pieta Palestrina möchte man in die Knie sinken. Diese Werke lassen das titanenhafte Ringen des Einsamen mit dem Stein ahnen, aus dem er seine Gestalten herausriss. Welch ein Menschenbild trug er als Vision in sich! Wie armselig nimmt sich dagegen das meiste aus, was man heute an zeitgenössischer Kunst – Hrdlicka und wenige andere ausgenommen – als »bedeutend« anpreist.

Mit Heiner Protzmann, dem Archäologen und späteren Direktor der Dresdner Skulpturensammlung, besuchte ich das Skulpturenmuseum im alten Polizeigefängnis Bargello, einem der schönsten gotischen Palazzi. Neben wundervollen Donatellos findet man auch hier Arbeiten Michelangelos. Sein bedeutendstes Alterswerk, die Pieta Rondanini, bewahrt aber das Dommuseum. Es ist eigentlich eine Kreuzabnahme und trotz ihres »Infinito« das Ergreifendste, was ich je von ihm sah.

Zu den Gipfelleistungen der florentinischen Hochrenaissance gehören seine Auftragsarbeiten für San Lorenzo mit dem Familienmemorial der Medici. Die Sagrestia Nuova, Gesamtkunstwerk aus Architektur und Plastik, ist bei aller Monumentalität doch von menschlichem Maß. Die weißmarmornen Grabskulpturen der so gegensätzlichen Brüder Lorenzo und Giuliano, umgeben von den Allegorien der Tageszeiten; Hinweis auf die Vergänglichkeit allen Menschenlebens, das sich gebunden weiß in Gottes Ordnung.

Diese Florentiner Wochen waren ein Geschenk. Mein Zimmer mit Frühstück betrachtete ich bald als Basis zu weiteren Unternehmungen, im Hinterkopf immer den Gedanken, dass ich nicht erwarten durfte, diese elysischen Gefilde jemals im Leben noch einmal wiederzusehen. Ich schaute mir die Karte von Mittelitalien an, studierte Reise- und Kunstführer und machte meine Pläne. Anfangs führten meine Exkursionen nur in die nähere Umgebung, später wagte ich Tagestouren mit der Eisenbahn nach Pisa, Siena und Ravenna. Schon am Tag nach unserer Ausstellungseröffnung besuchte ich Fiesole, das nordöstlich von Florenz auf einem Berg liegt. Das kräftige Grün der sanften Hänge, die weißen Villen zwischen Olivenhainen und dunklen Zypressen leuchteten im Morgenlicht.

Vom hochgelegenen Klösterchen San Francesco bot sich ein weiter Blick über die Arno-Niederung bis hin nach Florenz, das jetzt hinter Nebelbänken nur zu ahnen war.

In den winzigen, durch Holzwände getrennten Zellen schien mir noch nach 600 Jahren der Geist franziskanischer Einfalt und Askese lebendig. Ich empfand Sympathie und einen Anflug von Seelenverwandtschaft mit den armen Mönchen, die hier einst gelebt hatten. Und ich dachte dabei an jene protzigen Landsitze der Reichen, an denen ich auf dem Weg hierher vorübergekommen war. Festungsartig lagen sie in der lieblichen Landschaft, und ihre Besitzer müssen sich mit hohen Mauern vor dem Neid der Armen schützen. An den verschlossenen Toren fehlten nie die Sprechanlagen, das Fernsehauge und das angstmachende Warnschild »Cane mordace!«

Der Himmel blieb grau und mit Wolken verhangen. Die Nächte waren kalt, die Tage nass. Ich war halb krank, zwang mich aber immer wieder, die Zeit zu nutzen.

In der näheren Umgebung der Stadt entdeckte ich südlich der Porta Romana auf einem Bergplateau das Kloster der »Certosa«, das von Zisterziensermönchen bewohnt wird. Es macht fast den Eindruck einer Festung. Ich stieg den Berg hinan und fand oben das Haupttor verschlossen. Doch ein Alter öffnete mir. Als er hörte, dass ich ein »Tedesco« sei, ließ er mich ein und verschwand wieder. Kein Mensch war weit und breit zu sehen, die Gebäude lagen wie ausgestorben. Wo waren die Mönche? Ich ging zögernd, öffnete Türen, stand in dunklen Kirchenräumen, wandelte durch verlassene Bogengänge und gelangte in Arkadenhöfe. Beklemmende Stille. Der Himmel von tiefem, schwärzlichem Blau. Ich schreckte zusammen, als es vom Campanile direkt über mir drei schlug. Schließlich gelangte ich in einen großen, von Kreuzgängen umgebenen Hof. Die Rundbogenarkaden in der Art Brunelleschis waren in den Bogenzwickeln mit Terrakottaköpfchen verziert.

Endlich tauchte in weißer Kutte ein Zisterzienserpater auf. Er zeigte mir freundlich sonst verschlossene Innenräume und auch eine noch im alten Zustand erhaltene Zelle der einst hier lebenden Kartäusermönche. Jede hatte einen kleinen Aufenthalts- und einen Schlafraum mit winzigem Gärtchen zwischen weißen Mauern.

Es war nicht eben schwierig, mit dem Schnellzug nach Pisa zu gelangen. Der Morgen war frostkalt und neblig, eine dicke Wolkenwand verdeckte die Sonne, und der Arno wälzte lehmige Fluten durch sein hochgemauertes Bett. Doch als ich am berühmten Domplatz anlangte, schien vom blauen Himmel die Sonne und tauchte die drei, werbewirksam »Miracoli« getauften Sakralbauten aus weißem Marmor in blendendes Licht. Die steinernen Wunderwerke Dom, Baptisterium und Campanile stammen aus dem 11., 12. und 13. Jahrhundert. Welch ein Gegensatz zur gleichzeitigen romanischen Architektur des Nordens mit dem Ernst ihrer geschlossenen Mauerflächen. Hier herrscht die Heiterkeit dekorativer Pracht und spielerischer Fantasie. Dazu passen die prächtigen Marmorkanzeln der Pisano. Durchschreitet man den fünfschiffigen Dom, geht man wie durch einen Wald von Säulen. Der weiße Stein speicherte die Sonnenwärme, sodass ich mich, auf Stufen sitzend, dem Anblick der Domfassade hingeben konnte.

So unglaublich schief hatte ich mir den berühmten Glockenturm nun doch nicht vorgestellt. Ich erfühlte die Neigung beim Hinaufsteigen. Es ist, als habe man eine Gleichgewichtsstörung und taumelt immer wieder zu einer Seite. Oben dann schweift der Blick weit von den Gebirgen bis zum Meer bei Livorno.

Lange hielt ich mich im legendären Campo Santo auf, der berühmtesten Begräbnisstätte Italiens. Einen unauslöschlichen Eindruck machten die Fresken auf den Umfassungsmauern, besonders jener berühmte »Triumph des Todes«, eine Figurengruppe von starkem Realismus, geschaffen von einem unbekannten Meister zur Zeit des großen Peststerbens im 13. Jahrhundert.

Am letzten Adventssonntag machte ich mich auf den mühsamen Weg nach Ravenna. Der Zug hielt – so schien es mir – an jedem Apenninendorf und fuhr durch lange Tunnel. Auf der Höhe des Gebirges verhinderten Nebel und Schneetreiben die Sicht. Als ich in Ravenna eintraf, regnete es. Sant'Apollinare Nuovo ist die größte und räumlich eindrucksvollste der frühchristlichen Basiliken. Wenig Licht drang durch den wolkenverhangenen Himmel. Zum Glück begann gerade der Sonntagsgottesdienst. So war die Chorapsis ausgeleuchtet und offenbarte in Grün, Gold und Blau das Wunder ihrer Farbigkeit Die Mosaiken haben in eineinhalb Jahrtausenden nichts eingebüßt von ihrem gleichsam überirdischen Glanz: Ausdruck einer Frömmigkeit, die das Feierliche mit heiterer Helligkeit verbindet.

Die mittägliche Kirchenschließung, für den eiligen Touristen höchst ärgerlich, nutzte ich zu einem Pilgergang an das Grab des Gotenkönigs Theoderich. Das monolithische Grabmal unseres einst mythisch verehrten Jugendidols, des germanischen Eroberers und Staatenlenkers, liegt vor der Stadtmauer in der Nähe störender Gleisanlagen inmitten eines kleinen Haines von Pinien und Zypressen.

Nach einigem Suchen fand ich auch den berühmten Zentralbau San Vitale zwar geöffnet, jedoch im Inneren stockfinster. Erst langsam gewöhnte sich das Auge an die Dunkelheit, und nun erkannte ich die prächtigen Mosaiken des Chorraums, darstellend den Kaiser Justinian und die Kaiserin Theodora mit ihrem Gefolge. Ich war der einzige Besucher und verweilte lange in dem feierlichen Kuppelbau.

Wenige Meter davon befindet sich die außen schlichte, innen aber prächtig ausgestattete Grabkapelle der Kaiserin Galla Placidia, deren Leichnam schon lange nicht mehr hier liegt, sondern in Rom bestattet ist. Am Nachmittag endlich öffnete auch wieder Sant'Apollinare Nuovo, die arianische Kathedrale Kaiser Theoderichs, ihre Türen. Für 200 Lire konnte man die prächtige Heiligen- und Märtyrerprozession auf den Langhauswänden für drei Minuten im Licht erstrahlen lassen.

Heraustretend aus der feierlichen Stille dieser ergreifenden Bildwelt, umbrandete mich das Gewühl in den Gassen des Basar-Viertels. Jetzt schien die ganze Stadt auf den Beinen. Hier gab es alles zu kaufen, was Orient und Okzident handwerklich produzieren und jemals produziert haben, vor allem Antiquitäten und kunstgewerbliche Erzeugnisse aus Ton, Fayence, Porzellan, Kupfer, Messing, Bronze, Silber und Holz.

Weihnachten in Rom

Es war mein eigener kühner Entschluss, Florenz über Weihnachten zu verlassen und die Hauptstadt der Christenheit zu besuchen. So bestieg ich am Tag vor Heiligabend den Rom-Express und fuhr südwärts. Bekannte Namen grüßten von den Stationsschildern: Arezzo, Cortina, Chiusi. Es war das alte Etrurien, das ich da passierte. Links der Bahnlinie erstreckte sich der Trasimenische See. Hinter der Gemeinde Orte waren die Flüsse über ihre Ufer getreten, Felder und Gärten standen unter Wasser. In der Ferne ragten dunkel die Abruzzen empor.

Anders als Ludwig Richter, der 1823 aus seiner Reisekutsche schon von weitem die Kuppel von St. Peter aus der weiten Ebene der Campagna aufsteigen sah, näherte ich mich der Ewigen Stadt. Auf dem Eisenbahnweg kündigt sie sich durch hässliche Mietskasernen mit Flachdächern und einem Wald von Fernsehantennen zu beiden Seiten der Bahnlinie an. Auf einer grauen Betonwand versicherte man dem Ankömmling unter einem riesigen Hammer-und-Sichel-Symbol: »Roma e rossa!« Das Herz schlug mir schneller, als ich mit umgehängter Reisetasche die Stazione Centrale Termini verließ.

»Ja, ich bin endlich in dieser Hauptstadt der Welt angelangt«, hatte Johann Wolfgang von Goethe am 1. November 1786 in sein Tagebuch geschrieben. Jetzt durfte ich ihn zitieren. Überquert man nur den Bahnhofsvorplatz, so fällt man sogleich mitten in die Kunstgeschichte: Es grüßen die gewaltigen Thermen des Kaisers Diokletian aus dem 4. Jahrhundert, in deren Mauern Michelangelo die Kirche Santa Maria degli Angeli hineinbaute. Solche Symbiosen von Antike und Christentum findet man allerorten auf dem Boden Roms. Schon Goethe hatte es empfunden: »Besonders liest sich Geschichte von hier aus ganz anders, als von jedem Ort der Welt.«

Leider war das Thermenmuseum, eine der größten Antikensammlungen Europas, wegen Umbaus geschlossen. Gewaltsam riss ich mich los vom überwältigenden Eindruck dieser mächtigen Ruinen, um erst einmal das Wichtigste zu tun: mein Quartier zu suchen. Ich fand das Hospiz der Suore Grice, der Grauen Schwestern vom Orden der Heiligen Elisabeth – ein Geheimtip Friedrich Pappermanns –, kaum 100 Meter von Santa Maria Maggiore in einer ruhigen Seitenstraße, der Via Olmata.

An der Pforte erregte ich Aufsehen. Mit meinem blauen DDR-Pass konnte die Schwester Pförtnerin nichts anfangen und wendete ihn hin und her. Dergleichen hatte sie wohl noch nie gesehen. Endlich hatte sie die Inschrift »Deutsche Demokratische Republik« entziffert und rief: »Jesus Maria,

Sie kommen ja von den Russen!« Ihre Stimme erhob sich zu erschrecktem Diskant. So exotische Wesen wie einen, der von den Russen kam, hatten sie hier wohl noch nie zu Gast gehabt. Die in ihrer Mehrzahl deutschsprechenden Ordensfrauen begrüßten mich freundlich. Sie gaben mir ein Zimmer im dritten Stock. Das hatte einen Balkon, war asketisch eingerichtet, aber blitzsauber. Ein Blick auf den Stadtplan zeigte mir, dass mein Quartier am südöstlichen Rand der Innenstadt zu Füßen des Esquilin-Hügels lag. Ich hatte also in den nächsten Tagen strapaziöse Fußmärsche einzuplanen. Doch auch hier, im engeren Umkreis des Klosters, gab es Sehenswürdiges zu besuchen.

Über stille, malerische Plätze mit kleinen Kirchen erreichte ich den Lateranpalast, wo sich einstmals das Zentrum des christlichen Rom befand. Kaiser Konstantin ließ hier 313 die erste christliche Basilika errichten, und die römischen Bischöfe hatten anfangs hier ihren Sitz. Dort sah ich das noch erhaltene Baptisterium Kaiser Konstantins, San Giovanni in Fonte, und daneben die riesige fünfschiffige Bischofskirche San Giovanni in Laterano, die durch Borromini barockisiert und mit mächtigen Pfeilern und Apostelstatuen zu kalter Pracht hochmonumentalisiert worden war.

Was mich aber an diesem Nachmittag am stäksten bewegte, waren zwei in ihrer Wirkung äußerst gegensätzliche Bauwerke, nämlich San Clemente und Santa Maria Maggiore. Hinter der unscheinbaren Renaissancefassade der kleinen Kirche des Heiligen Clemens an der Via San Giovanni in Laterano verbirgt sich ein kunst- und religionsgeschichtliches Kleinod. Den Eintretenden umfängt die Atmosphäre des frühen Mittelalters. Einzigartig und denkwürdig für den Besucher aber ist: Hier ist geschichtliche Abfolge in der Vertikalen ablesbar. Ein Stockwerk unter dem Bau des Frühmittelalters liegt nämlich der frühchristliche Vorgängerbau aus dem 4. Jahrhundert, und steigt man über eine Treppe noch tiefer, so steht man in einem flachgewölbten Raum mit einem Altarstein aus römischer Zeit: Ein heidnisches Mithras-Heiligtum in den Mauern eines römischen Hauses. Mir verschlug es den Atem. Da hörte ich von oben die Klänge eines deutschen Weihnachtsliedes. Auf der Orgel spielte ein junges Mädchen »Stille Nacht, heilige Nacht«.

Und dann das ganz andere: die Kirche Santa Maria Maggiore, die als eine der prächtigsten Roms gilt. Sie ist zugleich eine der ältesten. Angezogen von strahlendem Licht und mitgezogen von einem andächtigen Besucherstrom, gelangte ich sogleich in eine wundervolle Kapelle, die in sich schon groß wie eine Kirche war. Vor dem in Gold, Rot und allen Farben leuchtenden Altar zelebrierten in goldbestickten weißen Gewändern vier Priester die Heilige Messe. Im Mittelpunkt stand die Verehrung einer Reliquie, die in diesen Tagen ganz besondere Aufmerksamkeit genoss: die hier bewahrte Krippe von Bethlehem. Der ganze Raum dieser Cappella Sistina war in strahlendes Licht und zugleich in brausende Orgel- und Chorklänge getaucht. Die katholische Kirche feierte das Wunder der Erscheinung Gottes auf Erden als Fest der Sinne. Noch nie hatte ich einen so prächtigen, glänzenden, ja berauschenden Gottesdienst erlebt wie diesen, dargebracht dem Kind, das nackt und arm in einer Futterkrippe liegt.

Der nächste Tag begrüßte mich mit strahlendem Sonnenschein. Es war Heiligabend, und ich bescherte mir St. Peter und den Vatikan. Unter Michelangelos Kuppel wird der Mensch klein und kreatürlich. Wie im Traum schritt ich durch das riesige Langhaus nach Osten auf Berninis Hauptaltar zu. Unter dessen hoch aufragendem Bronzebaldachin befindet sich das Grab des Heiligen Petrus, von dem sich bis heute alle Päpste herleiten. Mit dem Fahrstuhl fuhr ich dann hinauf in die Kuppel und blickte von der Galerie unterhalb der Wölbung hinab in das Innere dieses mächtigen Raumes. Welch ein Geist, welch ein Anspruch, welche Vision stehen hinter solcher Monumentalität. Eine schmale Treppe brachte mich weiter hinauf bis zur Laterne, von wo ich den herrlichsten Blick über Rom und weiter bis zu den Albaner Bergen genoss.

Stundenlang wanderte ich dann durch die Vatikanischen Sammlungen, deren Reichtum und Schönheit unbeschreiblich sind. Fast erdrückend schon ist die Fülle an Werken der ägyptischen, griechischen und etruskischen Kunst, die man erst mal zu passieren hat, um bis zur frühchristlichen Epoche vorzudringen. Man würde Wochen und Monate benötigen, um diese Schätze zu studieren. Das größte aller Wunder aber tut sich auf, wenn man die schöne Loggia Raffaels durchschritten hat: die Sixtinische Kapelle mit den Fresken Michelangelos. Der Eindruck überwältigte mich. Lange stand ich und konnte mich nicht losreißen von diesem Wunderwerk menschlicher Schöpferkraft. Alles andere, selbst Raffael, verblasst dagegen. »Wie will man sich aber«, so schrieb Goethe in sein römisches Tagebuch, »klein wie man ist und ans Kleine gewöhnt, diesem Edlen, Ungeheuren, Gebildeten gleichstellen?«

Ermüdet lief ich bei einsetzender Dämmerung quer durch Rom nach Hause, wo um sieben ein gemeinsames Essen die Hospizgäste vereinen sollte. Heiliger Abend im Kloster. Erwartungsvoll trat ich ein – und war enttäuscht. Es kam keine weihnachtliche Stimmung auf. Keine Musik erklang, kein Lied wurde gesungen, kein gutes Wort gesprochen, und keine der frommen Frauen ließ sich bei ihren Gästen blicken. Die Deutschen, die hier zusammensaßen und -aßen fanden zu keiner Gemeinsamkeit trotz des illuminierten Christbaums in einer Ecke des Speisesaals. So gingen um neun alle auseinander. Da kam ich zuletzt mit einem älteren Zunftkollegen, Hans Georg Schmidt aus München, ins Gespräch, der mich noch ein Stündchen mit in sein Zimmer nahm. Er erzählte mir, dass er sich hier jeden Winter einzumieten pflege, bis er im April wieder in die nördliche Heimat zurückkehre. Schmidt war sozusagen in der Bibliotheca Hertziana zu Hause und kannte sich in Rom aus. Als wir auseinandergegangen waren, lag ich eine Stunde noch allein in meiner »Einzelzelle« und dachte an meine Lieben daheim in Pillnitz, die diesmal ohne mich feiern mussten.

Halb zwölf ging ich los, um die mitternächtliche Weihnachtsmesse mitzuerleben, die der Papst traditionell im Petersdom halten sollte. Die Metro würde mich in 15 Minuten dorthin bringen. Doch als ich zur Station kam, war der Eingang mit einem Gitter verschlossen. Niemand hatte mir gesagt, dass der öffentliche Verkehr in der Weihnachtsnacht eingestellt wird. Zu Fuß aber war der Weg nicht mehr zu schaffen. So lief ich traurig zurück zu den Grauen Schwestern und legte mich zu Bett. Um Mitternacht läuteten von allen Türmen die Glocken. Böllerschüsse krachten. Ich blickte auf den winzigen Tannenzweig mit drei Lamettafäden und einem Strohstern auf dem Tisch an meinem Bett. Der Stern bewegte sich, weil es von der Tür her zog.

Enttäuschung brachte auch der Weihnachtstag: Das antike Rom hatte geschlossen. Kaiserforen und Palatin waren durch Eisentüren versperrt. Ich hätte es mir denken können. So beeilte ich mich, um Mittag wenigstens den traditionellen Auftritt des Papstes mit seinem Segen »urbi et orbi« zu erleben. Als ich eintraf, war der Petersplatz schon schwarz von Menschen. Mit klingendem Spiel zog die Schweizergarde auf. Punkt zwölf Uhr betrat unter den Klängen der Papsthymne Christi Stellvertreter auf Erden in weißem Gewand, das Haupt mit der weißgoldenen Mitra bedeckt, die in Rot und Violett festlich drapierte Benediktionsloggia. Es war der polnische Papst Johannes Paul. Er trat ans Geländer vor, grüßte die aufjubelnde Menge aus aller Herren Länder und segnete sie mit dem Zeichen des Kreuzes. Nach kurzer Predigt in italienisch folgten die Weihnachtsgrüße an die Völker der Welt in ihren Sprachen, am Ende die an sein eigenes Volk in der Muttersprache. Gewiss nahmen sie auch Bezug auf den Kampf der Solidarnosc-Bewegung gegen das kommunistische Regime. Da wollte der Applaus kein Ende nehmen. Die Menge klatschte minutenlang. Ich verstand nur Bruchstücke und war dennoch tief ergriffen.

Am Nachmittag wanderte ich quer durch die Stadt bis zu Berninis Fontana di Trevi und von da nach Norden zur Spanischen Treppe, die eigentlich von den Franzosen erbaut worden ist, genau wie die »Französische Kirche« Trinita dei Monti, zu der sie hinführt. Hier flutete das römische Leben. Vor allem das junge Volk, einheimisches und fremdes, pflegt sich hier zu versammeln. Heute am Weihnachtstag saßen sie zu Hunderten auf den Stufen in der warmen Sonne: Gammler und Touristen, Schnellzeichner von Karikaturen und Porträts, Kastanienröster und Andenkenverkäufer, Händler mit Ledertaschen und Tonpfeifen. Die Treppe, welche wie eine Kaskade vom Pincio-Hügel herunterfließt, gönnt sich Pausen mit Podesten. Auf dem größten war eine Weihnachtskrippe, eine Presepio, aus lebensgroßen bemalten Figuren aufgebaut. Daneben standen zwei Pifferari in ihrer Hirtentracht und spielten auf Dudelsack und Hirtenflöte ihre schwermütigen Lieder zum Preisen des Christkindes. Es war wie zur Zeit der Nazarener in Rom.

Der zweite Feiertag beschenkte die Römer wieder mit strahlender Sonne am tiefblauen Himmel. Diesmal hatte ich einen Cicerone im kundigen Kollegen Hans Georg Schmidt gefunden. Wir lenkten unsere Schritte zum Lateran-Hügel und standen bald vor einem kleinen, fast wie eine Wehrkirche auf dem Hügel thronenden Gotteshaus. Tatsächlich hatte Santi Quattro Coronati häufig als Zufluchtsort bedrohter Päpste gedient zu jenen mittelalterlichen Zeiten, als Petri Nachfolger auf dem Lateran residierten. Heute beherbergt die alte malerische Anlage mit den meterdicken Mauern Augustinerinnen, die sich der Armen und Hilfsbedürftigen Roms annehmen.

Unser eigentliches Ziel war indessen die unweit davon gelegene Villa Massimo, in welcher sich die berühmten Nazarener-Fresken befinden. Die drei um 1820 ausgemalten Räume sind nicht groß. Erst vor vier Jahren waren die Wand- und Deckenbilder Kochs, Overbecks, Veiths, Führichs und Schnorrs restauriert worden und leuchteten nun in altem Glanz. Am stärksten beeindruckten mich die Arbeiten meines Leipziger Landsmannes Julius Schnorr von Carolsfeld. Er hat hier etwas so Überzeugendes, Berührendes geschaffen, wie es ihm später nie wieder gelungen ist.

Endlich konnte ich nun auch die antiken Stätten bestaunen. Mehrere Stunden brachte ich zu inmitten der Reste jener ehrwürdigen Hochkultur, die auf dem Boden der Urbs Roma über ein Jahrtausend lebendig gewesen war. Im Gegensatz zum imperialen Repräsentationsanspruch der Kaiserforen bezaubert der Palatium genannte Komplex auf dem Palatin-Hügel durch den zivilisatorischen Komfort der hier angesiedelten aristokratischen Luxusvillen und Kaiserpaläste. Von hier oben aus, wo man weit über Rom und die Campagna blickt, regierten sie ihr Weltreich.

Der kleine protestantische Friedhof liegt zu Füßen der hier so fremd wirkenden kleinen Pyramide für den römischen Volkstribunen Cestius. Die Begräbnisstätte für nichtkatholische Ausländer berührte mich besonders durch die Gräber vieler Deutscher, die hier liegen. Ich fand die von Carstens und Fohr, der im Tiber ertrank. Lange stand ich vor dem Grabmal von August Goethe, der 1830 hier beerdigt wurde. Der frustrierte Sohn des Genies hatte Alkoholprobleme und sich wohl am Rotwein übernommen. Er starb an Leberzirrhose.

Als es schon dämmerte, erstieg ich den Kapitol-Hügel und hatte einen wunderbaren Blick über das Forum Romanum. Obwohl die Sonne bereits hinter den Horizont gesunken war, strahlte der helle Marmor der Piazza del Campidoglio noch Licht aus. Zur Ruhe und Besinnung kam ich endlich in der uralten Franziskanerkirche Santa Maria in Aracoeli. Man gelangt zum Eingang über eine lange Treppe, auf der zu Weihnachten ein ununterbrochener Pilgerzug von Gläubigen wandert, die zur Presepio, dem Kind in der Krippe, pilgern, um es anzubeten.

An meinem letzten Romtag war ich vom Pech verfolgt. Der Kirchen war ich müde, und die Museen hatten montags geschlossen. So gedachte ich etwas mehr Abstand von der Stadt zu gewinnen, indem ich den Monte Pincio erklomm. Von der Brüstung des Belvedere aus sah ich hinunter auf die Piazza del Popolo und über das im Morgenlicht schimmernde Rom bis hinüber nach St. Peter. Auf der Hochfläche hinter mir erstreckte sich ein weites Parkgelände mit den berühmten Villen der Medici und der Borghese. Ich wanderte durch die schattigen Gärten, konnte die Villa Giulia nicht finden, verlief mich, endete in einer Sackgasse und stand plötzlich an der Ponte Flaminio, der nördlichsten der Tiberbrücken. Hier gab es eine Metrostation. Ich erinnerte mich plötzlich an Tischbeins Bildnis des vor antiken Resten ruhenden Goethe und beschloss, den Nachmittag in der stillen Campagna zwischen den Trümmern alter Römergräber zu verträumen. Aber auch das gelang mir nicht.

Nach langer Fahrt mit Metro und Bus von Nord nach Süd quer durch ganz Rom stieg ich hinter dem Grabmal der Caecilia Metella aus, wo laut Reiseführer »der ruhigere, romantische Teil der Via Appia mit Blick über die friedvolle römische Landschaft« beginnen sollte. Was ich indessen unter den Füßen hatte, war mitnichten das ehrwürdige Steinpflaster, das schon die Stiefel römischer Legionäre getreten hatten, sondern schlicht eine asphaltierte Verkehrsstraße, gesäumt von drahtzaunumfriedeten Gewerbegrundstücken. Vor dem lebhaften Autoverkehr musste ich mich immer wieder an den Straßenrand flüchten. Als sich das nach einer halben Stunde Fußmarsch nicht änderte, kehrte ich enttäuscht um und gelangte endlich zu den Katakomben von San Sebastiano. Der Eingang befindet sich unter einer schlichten Basilika. In der Tiefe, wo im Labyrinth zahlreicher Gänge etwa 175 000 frühe Christen bestattet sind, war es heiß, und mir wurde übel. So war ich froh, als ich wieder oben im kalten Wind der Via Appia stand.

In Florenz hatte man mich über die Weihnachtstage nicht vermisst. Doch hatte es Schwierigkeiten mit meiner Rückflugbuchung gegeben, sodass ich noch vier Tage länger als geplant in der Stadt bleiben musste. Meine Rückreise fiel nun auf den letzten Tag des Jahres. Ein Dienstwagen der Comune di Firenze brachte mich bei schönstem Sonnenschein über das Appenin-Gebirge und durch die Po-Ebene zum Mailänder Flughafen. Die IL 134 der DDR-Linie Interflug startete erst am Nachmittag. Bei klarer Bodensicht flogen wir am Südrand der Alpen entlang in Richtung Osten. Weit bis zum Horizont breiteten sich linkerhand die im weißen Schneekleid erglänzenden Hochgebirgsketten. Nach einiger Zeit glitzerte unter uns Wasser; eine Stadt, ins Meer hinausgebaut, wurde erkennbar – Venedig! Jetzt nahm die Maschine Kurs nach Norden. Tief unter uns schwebten Wolkenfelder. Die Sonne neigte sich gegen Westen. Der Himmel strahlte in allen Farben des Spektrums. Dazu servierte Interflug ein üppiges Silvesterfestmahl. Und zur Feier des Tages gab es Sekt. Nach und nach flimmerten unten Lichter auf; die ersten Silvesterraketen blitzten. Wie ein schimmernder Lichterteppich lag Dresden unter uns. Doch der Flug endete leider erst in Berlin-Schönefeld, wo wie üblich der härteste Teil der Reise begann. Vier Stunden musste ich auf kaltem Bahnsteig warten. Erleichtert bestieg ich endlich den Zug Richtung Dresden. Unter dem Zischen und Krachen der Neujahrsraketen fuhr ich am 1. Januar 1983 um acht Minuten nach Mitternacht im Neustädter Bahnhof ein. Ich bin der einzige Fahrgast, der den Zug verlässt. Der Bahnsteig ist wie leergefegt. Aber da erblicke ich in dunklem Mantel eine vertraute Gestalt, die mir entgegeneilt. Da bin ich zu Hause.

Von Caspar David Friedrich zu Ludwig Richter

Schon um das Jahr 1980 herum hatte ich Uhlitzsch auf das Richter-Jubiläumsjahr 1984 aufmerksam gemacht und eine ähnlich große Ausstellung seines Werkes vorgeschlagen wie sie Friedrich 1974 bekommen hatte. Freilich war auch Ludwig Richter kein Künstler nach dem Herzen der SED-Kulturpäpste, sondern galt ihnen als Verfechter kleinbürgerlich-reaktionärer Ideen, als Ignorant des sozialen Elends der Arbeiter und Bauern und beschränkter Christ.

Doch der überraschende Publikumserfolg der Caspar-David-Friedrich-Ausstellung 1974 und des Künstlers ideologische Rehabilitierung hatten offenbar ein Umdenken in der Bewertung der deutschen Romantik in Gang gesetzt, das jetzt auch Richter zugutekam. Im Übrigen war man inzwischen in der Zentralen Kulturkommission der SED eifrig bestrebt, möglichst alle großen Deutschen des »kulturellen Erbes« in die Vorgeschichte der »sozialistischen deutschen Nation« zu integrieren und nicht der Deutungshoheit der Bourgeoisie zu überlassen. Selbst an Martin Luther und Friedrich dem Großen hatten die roten Historiker jetzt »progressive« Seiten entdeckt. Da eine große Ludwig-Richter-Ausstellung erneut internationale Resonanz versprach, hatte ich bald schon Uhlitzsch auf meiner Seite. Und weil auch Generaldirektor Bachmann, der Volkskundler, dem volksverbundenen Sachsen zugetan war, wurde der entsprechende Antrag nach Ostberlin abgeschickt, denn das Kulturministerium und das Zentralkommitee der Einheitspartei mussten zustimmen, sonst lief nichts, und gab es keine Gelder. Diesmal ließ die Antwort nicht lange auf sich warten: Ja, wir durften Richter mit einer Ausstellung ehren.

Wie schon vor Jahren bei Caspar David Friedrich war ich zunächst ganz auf mich allein gestellt. Die an das Kupferstich-Kabinett gerichtete Bitte um Mitarbeit wurde von dessen Direktor Werner Schmidt erst einmal abgelehnt. Seiner Expertin für das 19. Jahrhundert, Gertraude Lippold, die gern bereit war, mitzumachen, verbot er, Zeichnungen und Grafiken für den Katalog zu bearbeiten: Die Ausstellung sei allein Sache der Neuen Meister, ließ er verlauten. Das änderte sich erst, als nach einiger Zeit abzusehen war, dass auch dieses Projekt zu einem spektakulären Ereignis werden würde und ich locker anbot, das Kabinett als Mitveranstalter im Ausstellungstitel zu nennen. Damit hatte ich den richtigen Nerv bei Schmidt getroffen, der sich jetzt selbst um den umfangreichen Grafik-Teil kümmerte und einen profunden Aufsatz für den Katalog schrieb. Seine Mitwirkung war dem Unternehmen unentbehrlich.

Schließlich fanden sich auch weitere Mitstreiter und Autoren bis hin nach Berlin, die den verschiedenen Seiten dieses facettenreichen Künstlerlebens aus heutiger Sicht nachgingen. Mitnichten aber durfte ich als Kurator in Erscheinung treten. Vielmehr nennt der Katalog als Leitung der Ausstellung die Namen von Bachmann, Uhlitzsch, Goldhammer und Schmidt. Ich erschien nur als »wiss. Sekretär«. Eine vermutlich politisch motivierte Lüge.

Alle wesentlichen Werke kamen aus Sammlungen der DDR, wichtige Gemälde aber auch aus Riga, Breslau, Basel und Hannover. Wie schon bei Friedrich 1974 bezog ich den Kreis der Lehrer, Freunde und Schüler ein, weil ich das Aufzeigen von Einflüssen und kreativen Wechselwirkungen mit vielen Künstlerpersönlichkeiten seines Umfeldes für wichtig hielt.

Gleichzeitig mit der Eröffnung am 6. März 1984 begann im Schloss Siebeneichen bei Meißen eine von der Universität Greifswald organisierte viertägige wissenschaftliche Konferenz. In den 20 Fachvorträgen ging es nicht nur um einige neue Aspekte zu Richters Schaffen, sondern darüber hinaus um ein zeitgemäßes, neues Richter-Bild, um Stellenwert und Einordnung seines Werkes in die deutsche Kunstgeschichte.

Die Ausstellung »Ludwig Richter und sein Kreis« – sie umfasste 785 Arbeiten – hatte einen überwältigenden Erfolg. Ähnlich wie bei ihrer Vorgängerin »Caspar David Friedrich und sein Kreis« drängten sich die Besucher vor dem Eingang auf der Brühlschen Terrasse. Das »werktätige Volk« stimmte mit den Füßen ab und kümmerte sich nicht um Peter H. Feists marxistische Kassandra-Rufe, dass es »schlimm sei für die Deutschen«, wenn sie Richter (noch immer) schätzten. Die Leute lassen sich nun einmal nicht vorschreiben, welche Kunst sie zu lieben haben und welche nicht. Nach 15 Wochen hatten 310 000 Menschen die Ausstellung besucht. Die hatte sich zu einem wahren Volksfest entwickelt. »Kunst ist fürs Volk. Was nützt sie sonst?«, hatte der alte Ludwig Richter einmal geschrieben. Vor dem »Brautzug im Frühling« sangen junge Besucher vom berühmten Dresdner Kreuzchor nach einer Führung spontan »Wer hat dich, du schöner Wald, aufgebaut so hoch da droben«, dass es durch das ganze Albertinum bis ins feierliche Grüne Gewölbe hinein schallte. Konnte es vielleicht sein, dass gerade die gehetzten, geistig heimatlosen Menschen unserer zerrissenen Zeit in dieser Kunst etwas fanden, was sie entbehrten, was ihnen verloren gegangen war?

Und auch in der bundesdeutschen Medienlandschaft gab es ein lebhaftes, überwiegend freundliches Echo. So schrieb Peter Sager, der mich im Albertinum interviewt hatte, im »Zeit Magazin« einen umfangreichen Essay unter dem Titel »Aus deutscher Seele« mit einer Fotomontage, welche Honecker und Kohl vor Richters »Brautzug im Frühling« zeigte. Dazu der politisch optimistische Kommentar: »Vor Richters heilem Wald einigen sich irgendwann die deutschen Oberförster auf gemeinsame Umweltschutzmaßnahmen«.

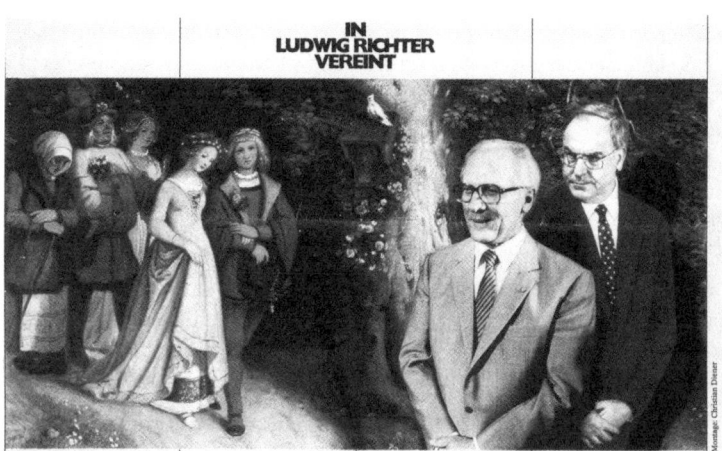

Aufsatz von Peter Sager, »Aus deutscher Seele«,
im Zeit Magazin Nr. 38, 14.9.1984, Titelbild

Auch Kollege Werner Grohn, der die Ausstellung im Herbst nach Hannover in sein Landesmuseum übernahm, zeigte sich mit dem lebhaften Publikumsinteresse hochzufrieden. Zudem feierte man das Gastspiel des Dresdner Romantikers in Niedersachsen als Politikum und nachahmenswertes Beispiel kultureller Zusammenarbeit zwischen DDR und Bundesrepublik. Die stand nun auf der Tagesordnung.

Deutsche Romantiker in Bern

Die Richter-Bilder waren kaum wieder nach Dresden zurückgekehrt, da kündigte sich schon eine neue Unternehmung an: eine Romantiker-Ausstellung in der Schweiz unter dem Namen »Traum und Wahrheit – Deutsche Romantik aus Museen der Deutschen Demokratischen Republik«. Ihr Kurator Jürgen Glaesemer hatte schon in der Vorbereitungsphase mit Generaldirektor Bachmann und mir im Albertinum, aber auch bei Werner Schmidt, Gespräche geführt. Schmidt hatte den Kulturaustausch mit dem Kunstmuseum Bern wesentlich gefördert. Bisheriger Höhepunkt dieser Kontakte war 1984 eine von ihm initiierte Paul-Klee-Ausstellung im Albertinum gewesen, die von einer wissenschaftlichen Konferenz begleitet worden war. Schmidts Eintreten für Klee und andere Meister der Moderne im Herrschaftsgebiet des Sozialistischen Realismus wird dem Kollegen immer zur Ehre gereichen.

Glaesemer aber war es, der wenig später die gedankliche Brücke schlug zwischen dem tiefgründigen Deutschschweizer und den Malern und Dichtern der Romantik. Hier wie dort sah er ein zeitenübergreifendes, verwandtes Weltverhalten am Werk.

Unsere Berner Ausstellung von 1985 umfasste etwa 300 Werke aus zwölf Sammlungen der DDR und war die größte und bedeutendste Präsentation deutscher Romantik im Ausland seit der spektakulären Schau, die 1976 in Paris zu sehen gewesen war. Sie wurde von einem opulenten Katalogband begleitet und dank Glaesemers intelligentem Konzept zu einem in Mitteleuropa weithin beachteten Kunstereignis.

Ich gelangte Anfang Mai als Begleiter unseres Leihgabentransports nach Bern. Die Fahrt in einer Wolga-Limousine älterer Bauart war abenteuerlich, denn die Heizung funktionierte nicht. Bei dichtem Schneetreiben durchquerten wir das Fichtelgebirge und froren jämmerlich in unserem Begleitfahrzeug. Erst hinter Heilbronn riss das graue Gewölk öfter auf, und die Sonne beleuchtete sanfte Hügel, Weinhänge, schmucke badische Dörfer und die sich lange Zeit zur Linken hinziehenden Höhenzüge des Schwarzwaldes. Im Grenzort Weil am Rhein erwarteten uns Direktor und Chefrestaurator des Berner Museums Christoph von Tavel und Dr. Weddigen.

Bern, Kantonshauptstadt und Sitz der Bundesregierung dieser eigenartigen Föderation, war im hohen Mittelalter Freie Reichsstadt gewesen. Ihre traditionsbewussten Bürger erschienen mir urwüchsig, behäbig und unaufgeregt, was sich auch in ihrer Sprache äußerte.

Das freie Wochenende nutzte ich zu einem Besuch der altehrwürdigen Humanistenstadt Basel und seines Kunstmuseums. Die Namen berühmter Männer waren mit dieser Stadt verbunden: Holbein, Reuchlin und Erasmus von Rotterdam; später auch Jacob Burckhardt, Friedrich Nietzsche und der von mir verehrte Heinrich Wölfflin. Sein Werk über »Kunstgeschichtliche Grundbegriffe« war dem Novizen der Kunstgeschichte eine wesentliche Hilfe dabei gewesen, eine ordnende Strukturierung in die Fülle des Lernstoffs zu bringen. Da taten sich Geisteswelten auf.

Um die überwältigende Natur der Schweiz zu erleben, muss man im Berner Oberland wandern. So fuhr ich tags darauf mit der Bahn südwärts nach Thun am Thunersee. Das kleine Motorschiff, das ich bestieg, glitt gemächlich aus der Aaremündung auf den spiegelglatten See hinaus. Unzählige Chalets bedecken den flachen Hang über dem Nordufer. Auf der anderen Seite ragt der Bilderbuchberg Niesen 2000 Meter empor. Ich verließ das Schiffchen in Spiez und fuhr mit der Bergbahn hinauf ins Kandertal bis nach Frutigen. Von da lief ich immer an dem schnellfließenden Gebirgswasser entlang in Richtung Kandersteg am Eingang des Gemmipasses. Ich wanderte auf des jungen Richters Spuren, der 1825 in umgekehrter Richtung vom Wallis über die Gemmiwand nordwärts gepilgert war.

Nach mehreren Arbeitstagen im Museum mit unseren Leihgaben besuchte ich mit unserer Grafikrestauratorin Christa Hädrich Paul Klees Sohn Felix und seine kleine rundliche Frau Livia. Der freundliche alte Herr hatte uns eingeladen. Er war munter und vital wie ein fröhlicher großer Junge und erzählte uns viel aus seinem und des berühmten Vaters Leben. Höhe-

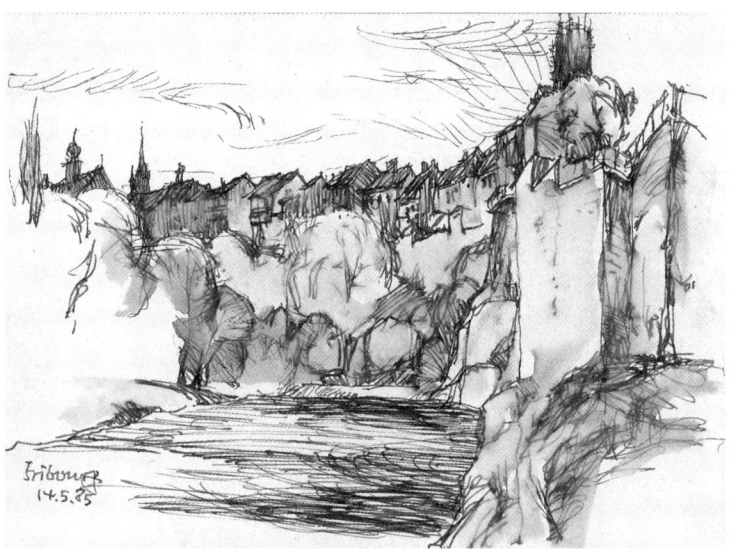

Hans Joachim Neidhardt, Fribourg in der französischen Schweiz, 1985

punkt unseres Besuchs war die Besichtigung seiner Kunstsammlung, die neben vielen Werken Klees auch solche von Jawlensky, Kandinsky, Marc, Feininger und anderen berühmten seiner Zeitgenossen enthielt.

Zwischen Anlieferung unserer Leihgaben, deren Begleiter ich war, und der Eröffnung unserer Ausstellung, an der ich mit einem Abendvortrag teilnehmen sollte, lag mehr als eine Woche. Glaesemer riet mir, mich in der schönen Umgebung der Hauptstadt weiter umzuschauen. Erst die letzten drei Tage vor der Eröffnung brauche er mich beim Aufbau.

Zum Beispiel wäre Freiburg (Fribourg) mit dem Städteexpress in 20 Minuten zu erreichen. Wenn eine Stadt Charme haben kann, dann ist es diese schon sehr französisch wirkende, kleine Kantonshauptstadt über dem Flüsschen Saane, das in einer malerischen Schleife die Altstadt umfließt. Mich zog es hinunter in das Flusstal, wo ich zeichnend einen Nachmittag verbrachte.

Am Himmelfahrtstag, der hier kurz »Auffahrt« heißt, hatte mich Felix Klee mit seinem Volvo zu einer Herrenpartie eingeladen, die zuerst nach Payerne führte, wo die frühromanische Stiftskirche der Benediktinermönche, ein tonnengewölbter Bau von kraftvoller Klarheit, beeindruckte. Auf dem Mont Pèlerin über dem Genfer See saßen wir bei gebratenen Forellen auf einer Freiterrasse. Unten sah man Vevey liegen. Über die berühmte Bischofsstadt Lausanne ging unsere Fahrt nordwärts nach Yverdon zum Lac de Neuchâtel, dessen Ufer wir folgten bis Neuchâtel (Neuenburg). Bei sinkender Sonne genossen wir den Blick auf den See hinaus. Am Abend empfing uns die gute Frau Klee mit köstlichen Raclettes.

Noch ein freies Wochenende! Ich wollte es mit einem zweiten, ausführlicheren Besuch des Berner Oberlandes krönen. Als ich das Jürgen Glaesemer erzählte, rief der sogleich seine freundliche Sekretärin an, welche Judith hieß und eine Ferienwohnung in Mürren besaß. Eine Stunde später hatte sie mir mit genauer Ortsbeschreibung den Türschlüssel in die Hand gedrückt. Was Glaesemer wohl über mich erzählt haben mag, dass sie mir so gastfreundlich vertraute? Ich könne dort wohnen, sagte sie, solange ich wolle.

Da packte ich das Nötigste in eine kleine Reisetasche und fuhr mit dem Zug über Interlaken nach Lauterbrunnen, wo mich das Donnern des berühmten Staubbachfalls begrüßte. An den Ufern der Lütschine entlang wanderte ich frohen Sinnes durch das schöne Lauterbrunnertal, das in saftigem Maiengrün prangte. Die Sonne schien heiß vom Himmel, und von den fast senkrechten, hunderte Meter hohen Felswänden zu beiden Seiten stäubten Wasserbäche hernieder. Der gewaltigste, der des Trümmelbachs, ist nur zu hören, denn er stürzt durch Felslöcher und -schluchten im Berginnern in die Tiefe. Es sind die Schmelzwässer der Gletscher von Eiger, Mönch und Jungfrau, die mit 20 000 Litern in jeder Sekunde zu Tale donnern.

Angenehm kühl war es im Berg bei den Wasserstürzen, draußen aber heiß und schwül. Ich war ermattet und winkte am Straßenrand den vorüberfahrenden Autos. Ein junger Franzose nahm mich alten Tramper mit bis zum Fuß einer Gondelseilbahn, mit der ich nach Mürren hinaufschwebte.

Der höchste Ferienort im Berner Oberland liegt 1665 Meter hoch auf einem Wiesenplateau in unmittelbarer Nähe der hochalpinen Eisregion. Ich atmete tief die reine, kräftige Luft und fand sogleich das Haus »Niedrimatten«, einen Neubau mit mehreren Wohnungen. Diejenige, welche ich nun aufschließen durfte, lag ebenerdig und zeigte sich mit allem Komfort eingerichtet. Durch große Fenster blickte ich auf die gegenüber emporragenden Steilwände von Mönch und Jungfrau.

Zwei Tage vor der Vernissage trafen »die drei grauen Herren« ein, wie Jürgen Glaesemer sie nannte. Es waren die Direktoren der beteiligten Museen aus der DDR: Bachmann aus Dresden, Gleisberg aus Leipzig und Geismeier aus Ostberlin. Glaesemer führte sie durch die wunderbar gehängte Ausstellung und wunderte sich, dass sie keinen Ton sagten. Tags darauf hielt ich meinen Abendvortrag über »Koch und Friedrich«. Auch die Kollegen aus Zürich, Tina Grütter und Bernhard von Waldkirch, waren gekommen.

Am Abend des 23. Mai dann die feierliche Eröffnung im überfüllten Hodler-Saal mit Ansprachen von Bachmann, Glaesemer, von Tavel und mir sowie des DDR-Botschafters. Danach gab es in einem Altberner Gasthaus ein Festmahl für über hundert geladene Gäste. Ein Ferkel wurde am Spieß gebraten, der Wein floß in Strömen, und der Stimmungspegel ging hoch. Höhepunkt aber war der Anschnitt einer »Romantikertorte« mit Friedrichs »Drei Eichen am Meer« in Zuckerguss!

Nach meiner Eröffnungsrede hatte Bachmann mich euphorisch gelobt, jedoch, wohl im Hinblick auf die seit Uhlitzschs Pensionierung vakante Direktorenstelle, hinzugefügt, dass mir eben doch etwas Entscheidendes fehle. Ich wusste wohl, was er meinte. Ich sagte ihm, dass mir nichts fehle, und das solle auch so bleiben.

Den letzten Tag meines Aufenthalts widmete mir Jürgen Glaesemer, der mir in der kurzen Zeit zum Freund geworden war. Schon früh am Morgen holte er mich mit seinem Auto ab zu einer Fahrt ins Wallis. Die Route führte erst zum Genfer See, vorüber an Montreux und Chillon, dem malerisch gelegenen romanischen Wasserschloss. Bei Villeneuve verlässt die Autostraße den See und folgt von da dem Lauf der Rhone, die bei Martigny, einer alten Römersiedlung, einen scharfen Knick nach Nordosten macht. Das Rhonetal ist breit und fruchtbar. Weingärten dehnen sich bis zum Fuß des Gebirgsstocks. Ein mildes Klima bringt eine fast mediterrane Flora hervor: In Sion, der Kantonshauptstadt, »parkierten« wir, traten in kühle Kirchen ein und aßen an einem Tisch an der Straße in heißer Sonne zu Mittag. In unendlichen Serpentinen fuhren wir den Nordhang hinauf bis in die Schneeregion, rasteten auf einem Stein, schauten in die Weite und hatten gute Gespräche.

Am Nachmittag dann die Rückfahrt wieder rhoneabwärts bis nach Martigny. Hier wurde am Abend im »Kunstbunker« der »Fondation Pierre Gianadda« eine Klee-Ausstellung eröffnet mit Reden auf Französisch und Felix Klee natürlich als Ehrengast. Viele Künstler und die Hautevolee der Westschweiz waren versammelt zur Gartenparty mit Wein und Champagner. Über Martigny blinkten die Schneegipfel des fernen Mont Blanc mit den spitzen Aiguilles de Chamonix. Caspar David Friedrich hatte sie vor langer Zeit in Dresden gemalt, ohne sie je gesehen zu haben. Freund Carus hatte die Vorlage geliefert.

Mit Christoph von Tavel fuhr ich nach Bern zurück. Die Felswände des Rhonetals lagen im warmen Abendlicht. Über dem Genfer See ging die Sonne unter. Jürgen Glaesemer habe ich nie wiedergesehen. Er ist drei Jahre später in Bern an Leukämie gestorben.

Und wieder Direktorenwechsel

Im April 1984 war Uhlitzsch »wegen Erreichens der Altersgrenze« – wie das offiziell hieß – aus dem Dienst ausgeschieden. Da ein Amtsnachfolger nicht in Sicht war, setzte man den Kollegen Günter Johne als kommissarischen Direktor ein. Der war kein Kunsthistoriker, sondern ein parteitreuer Funktionär, aber ein freundlicher Mensch und Kollege, der seiner SED schon in verschiedenen Ämtern, zuletzt als Bezirkssekretär des Verbands bildender Künstler, gedient hatte und vor Jahren den Kunstsammlungen zugeteilt worden war.

Indessen zog sich die Suche nach einem linientreuen Nachfolger fast ein Jahr lang hin, ohne dass ein geeigneter »Parteikader« gefunden worden wäre. Ich kam dafür aus politischen Gründen nicht in Frage, das hat mir Bachmann nach der Friedlichen Revolution 1989 in einem Gespräch bestätigt. Immerhin lief der Betrieb während der Zeit ohne Direktor effektiver und geräuschloser als während der 20 Jahre mit Uhlitzsch.

Als ich erfuhr, dass Horst Zimmermann vielleicht wiederkommen würde, war ich höchst erfreut. Ihn hatte ja Uhlitzsch 1963 vom Posten des Galeriedirektors verdrängt. So fand ich es gerecht, wenn gerade er, mit dem ich immer ein gutes Verhältnis gehabt hatte, den leeren Sessel im Albertinum wieder einnähme. Zimmermann kam Anfang 1985. Er packte an, was wir schon 25 Jahre zuvor einmal geplant hatten: die Erarbeitung eines Bestandskatalogs der Gemäldegalerie Neue Meister. Der erschien 1987 mit einer verdienstvollen Sammlungs- und Erwerbungsgeschichte aus seiner Feder.

Dabei erwies sich, dass wir trotz unseres Abgetrenntseins vom internationalen Kunstmarkt einige bedeutsame Zugänge wie etwa von Carl Gustav Carus und Ferdinand von Rayski, vom Berliner Franz Krüger und vom Düsseldorfer Nazarener Eduard von Steinle zu verzeichnen hatten. Dazu kamen später kapitale Gemälde von Hans Thoma, Max Liebermann und vor allem jene fünf Schmidt-Rottluffs, die den Grundstock unserer neuen »Brücke«-Kollektion bildeten. Hauptwerke von Conrad Felixmüller, Hans Grundig und Carl Lohse bereicherten die moderne Abteilung. Am erstaunlichsten aber war wohl der Zugewinn jener drei kleinen Bilder von Caspar David Friedrich, mit denen Dresden nach der Berliner Nationalgalerie nun wieder den umfangreichsten Bestand an Werken des Meisters besaß.

Intermezzo an der Moskwa

Endlich hatte die Romantikwelle auch die Hauptstadt des Sowjetreichs erfasst. Im Puschkin-Museum zeigte man im Zusammenhang mit internationalen Musikfestspielen die Ausstellung »Europäische Romantik«. Schon erstaunlich war es, dass sie gerade hier begriffen hatten: Die Romantik war eine europäische Angelegenheit gewesen, die nicht allein Briten, Franzosen und Deutsche vereinte, sondern auch bis nach Warschau, Prag und St. Petersburg ausgestrahlt hatte.

Ich musste unsere Leihgaben Ende November 1985 mit dem Flugzeug nach Moskau bringen und nach zehn Wochen, also im Februar 1986, wieder abholen. In jenen späten Jahren der DDR waren Dienstreisen in östliche Richtung zu lästigen Pflichtübungen geworden, um die sich niemand riss. Alle wollten anstatt in die verödenden kommunistischen »Bruderländer« lieber westwärts in die attraktiveren Gefilde des Klassenfeindes ausschwärmen. Und da machten die Genossen keine Ausnahme.

Ich kannte Moskau flüchtig. Vor einem Jahrzehnt hatte ich die Stadt im Rahmen meines Volkshochschulkurses »Berühmte Galerien« mit einer Studiengruppe besucht. Meine damaligen Eindrücke vertieften sich jetzt: Moskau – das war ein gesichtsloser Moloch, eine 14 Millionenstadt mit endlosen Hochhausblocks, zerschnitten von breiten Verkehrsschluchten, durch die der eisige Wind blies. Imponierend war noch immer die Metro, auf die die Moskauer mit Recht stolz waren. Lange Rolltreppen trugen den nie abreißenden Menschenstrom tief unter die Erde, wo in schneller Folge die Züge ein- und abfuhren. Manche U-Bahn-Stationen waren in poliertem Marmor prächtig gestaltet und mit bunten, kitschigen Agitprop-Mosaiken geschmückt. Die unterirdische Halle des Bahnhofs »Revoluzija« war ein fast sakraler Ort sozialistischer Heiligenverehrung. Hier standen sie als lebensgroße Statuen, die neuen Heldinnen und Helden des Aufbaus der Sowjetgesellschaft: der Ingenieur, die Melkerin, der Dreher, der Sportler und der Grenzpolizist – 80 Figuren insgesamt. Für eine Rubelmünze konnte man einen Tag lang in Moskau umherfahren. Und alles funktionierte erstaunlicherweise reibungslos.

Der Kult der Revolutionshelden bestimmte auch das Straßenbild. Wo man hinsah: Denkmäler, Wandbilder, Mosaiken zur Verherrlichung des Systems – Lenin und kein Ende. Nur die Stalinbilder waren verschwunden. Die Schlange von Menschen vor dem rotgranitenen Mausoleum, die trotz schneidender Kälte die einbalsamierte Leiche des toten Staatsgründers sehen wollten, schätzte ich auf 500 Meter Länge. (Ich habe mich nie zur Besichtigung der Staatsmumie am Roten Platz überwinden können.) Die Fußgänger in den Straßen, die »Sowjetmenschen«, bilden nur auf den ersten Blick eine gesichtslose, graue Masse. Bei näherem Kontakt erscheinen die Moskauer sympathisch und bescheiden. Geduldig und diszipliniert stehen sie nach Lebensmitteln an. In Läden mit dem Schild »Produkti« fand ich außer einigen Konserven nur Bonbons, Seife und Mineralwasser. Betrunkene sah ich nicht, aber viele Alte, die stolz ihre Orden aus dem »Großen Vaterländischen Krieg« auf der Brust trugen.

Die jungen Russinnen, oft von großer Schönheit, waren gepflegt und betont weiblich gekleidet. Wenige trugen Hosen, kaum jemand Jeans. Ein großes Erlebnis war der Besuch des berühmten Staatlichen Volkstanzensembles, das den Namen seines Begründers Moissejew trägt. Hier erlebte ich ein Spitzenballett voller Kraft und Charme, dessen Darbietungen sich bis zur Akrobatik steigerten. Die 120 Künstler, darunter ausgesucht schöne Mädchen, glänzten in herrlichen Kostümen, besonders beim »Tanz der Unionsrepubliken«. Der agitatorische Zeigefinger fehlte freilich auch hier nicht, besonders im »Tanz der Arbeit« und – wohl aus aktuellem Anlass – der »Höllenvision des Alkoholikers«, einem dionysischen Dämonensabbat mit Teufeln und höchst lasziv tanzenden, nackten Hexen. Ob solch faszinierend vorgetragene Warnung die Russen vom Wodkasaufen abzuhalten vermochte?

In meinem Hotel – es war das riesige »Rossja« – saß ich abends bei einem Glas Wein und kam ins Gespräch mit einem Herren, der überraschenderweise sächsisch sprach. Es war ein Spezialist aus Dresden, der hier von uns gelieferte Maschinen einzurichten und ihre Bedienung zu erläutern hatte. Später gesellte sich ein Russe, ein »Towarischtsch« zu uns. Er zog ein Bündel 100-Rubel Scheine aus der Tasche, bestellte Sekt und Kaviar für uns alle und bald erfolgte unausweichlich die lautstarke Verbrüderung. Zwei Stunden später schleppten wir den total Betrunkenen auf sein Zimmer und legten ihn auf sein Bett. Drushba!

Die Reise nach Amerika

Im Januar Moskau, im Oktober New York – was für ein Kontrastprogramm! Zu dieser Reise kam ich durch eine Ausstellung, die das New Yorker Museum of Modern Art 1986 unter dem Titel »Vienna 1900 – Art, Architecture and Design« veranstaltet hatte. Sie bestand im Wesentlichen aus österreichischen Leihgaben. Irgendjemand aber musste Kirk Varnedoe, dem Ausstellungskurator, suggeriert haben, dass ein bestimmtes Bild von Klimt aus der Dresdner Gemäldegalerie die Ausstellung erst perfekt machen würde. Der »Buchenwald« war übrigens das einzige Werk, das wir von dem Wiener Jugendstilmaler besaßen. Ich sollte die Leihgabe wieder zurück nach Dresden holen.

Mein Transatlantikflug mit einer Boeing 747 begann in Kopenhagen, berührte die Südspitze Islands und erreichte nach Stunden die Küste von Neufundland. Dann überquerten wir den Osten von Labrador: Tief unten erstreckten sich verschneite Wälder und Felsengebirge, durchschnitten von breiten Strömen, ein weißer Subkontinent ohne die Spur einer menschlichen Siedlung.

Auf dem Kennedy-Airport wurde ich von zwei Herren erwartet, die ein Schild mit meinem Namen hochhielten. Sie setzten mich in ihr Auto und brachten mich über eine breite Autostraße an der imposanten Hudson-River-Front Manhattans vorüber zu meinem Hotel. Das lag ganz zentral unweit der berühmten Fifth Avenue und zeigte sich ein wenig altmodisch-verschlissen, aber nicht unkomfortabel.

Noch am Abend machte ich einen Bummel über den Broadway zum Times Square, wo sich Schmutz und Glamour eng beieinander zeigten. Neben seriösen Theatern und Kinos hat sich das Showgeschäft mit Sex, Peep und Porno sowie das Prostitutionsgewerbe etabliert. Und noch um Mitternacht flutet hier das Leben im Rausch von Farben und Kaskaden von Lichtreklamen!

Das Museum of Modern Art befand sich keine zehn Minuten entfernt. In der Restaurierungswerkstatt zeigte man mir unser einst in Dresden hängendes Bild »Um den Fisch« von Paul Klee, das die Nazis 1937 mit zweiundfünfzig anderen kostbaren Werken der klassischen Moderne als »entartete Kunst« aus der Dresdner Galerie und dem Stadtmuseum geraubt hatten. Das Werk gelangte damals wohl über die berüchtigte Auktion in Luzern an die Rockefeller-Sammlung. Als ich das zauberhafte Gemälde vor mir sah, bewegten mich Zorn und Trauer. Auf seiner Rückseite befand sich noch das Metallschild mit der Inschrift »Eigentum der Stadt Dresden«.

Westdeutsche Museen waren schon in den fünfziger Jahren in der Lage, Teile ihrer verlorenen Moderne-Sammlungen zurückzukaufen. Für uns war dieser Weg verschlossen und im Sinne des »Formalismus«-Verdikts wohl auch nicht gewollt. Bis heute erscheint in Dresden der damalige Verlust in der Galerie Neue Meister als schmerzliche Lücke.

In der hervorragend gestalteten Ausstellung »Wien 1900« mit rekonstruierten Räumen aus jener Epoche beobachtete ich ein besonderes Bildungspublikum, aber auch versnobte Typen aus der Schickeria. In einem original nachgebildeten Wiener Caféhaus konnten die Amerikaner echten Gugelhupf mit Melange genießen.

New York, »The Big Apple«, kann den Besucher, der sich ihm zum ersten Mal naht, erschlagen, und leicht verfällt einer, der gerade mal sechs Tage Zeit hat für die Begegnung mit dieser Konzentration von Superlativen, in schizophrene Hektik. Das bedenkend, beschloss ich, mich überlegt auf einige wenige Erlebnisobjekte zu beschränken.

Mit amerikanischer Coolness hatte mir eine Sekretärin des Museums ein Bündel Hundertdollarnoten in die Hand gedrückt und mir freundlich lächelnd gesagt, ich möge mich doch am Tag vor der Abreise wieder melden. Das war's. Niemand kümmerte sich um mich. Da stand ich also ein wenig verloren in dem Wahnsinnshexenkessel Manhattan und versuchte, mich erst mal zu orientieren über Standort, Ziele und Bewegungsmöglichkeiten. Das war für einen transmuralen Ostdeutschen so von heute auf morgen keine leichte Aufgabe, zumal ich das verschliffene American English der New Yorker kaum verstand.

Um mir ein Gefühl für die Stadt zu verschaffen, fuhr ich zunächst nordwärts zum Central Park bis zu Frank Lloyd Wrights rundem Guggenheim Museum, das ich mit seiner schiefen, umlaufenden Rampe für Ausstellungszwecke äußerst ungeeignet fand. Auf der Fifth Avenue, der »Straße der Museen«, bewegte ich mich südwärts und stand plötzlich vor dem Empire State Building. Das 443 Meter hohe »Achte Weltwunder« beschäftigte 16 000 Menschen unter seinem Dach. Der Blick vom Observation Deck in der 86. Etage in die Weite, aber auch in die tiefen Straßenschluchten hinab war überwältigend. Die säkulare »Cathedral of the Skies« wird begleitet von den beiden Türmen des World Trade Center, die es heute nicht mehr gibt, weil 2001 einige Verrückte des islamistischen Netzwerks al-Qaida mit dem Flugzeug hineingerast sind. Die Kirchtürme von St. Patrick und St. Thomas, neuere Nachbauten europäischer Gotik, bleiben dagegen mit etwa 100 Metern Höhe im niedrigen Bereich menschlichen Maßes.

Anderntags fuhr ich mit der Subway, deren Bahnhöfe sich schmutzig und verwahrlost zeigten, bis zum äußersten Südzipfel der Manhattan-Halbinsel, wo um den Battery Park und das alte Castle Clinton von 1810 noch etwas vom Atem amerikanischer Geschichte zu spüren ist. Von hier legte auch die South Ferry nach Liberty Island ab, die ich zusammen mit einer Gruppe junger, schwarzgekleideter Juden bestieg. Sie trugen auf geschorenen Köpfen schwarze Hüte oder Käppchen, unter denen gedrehte Locken seitlich herabhingen. Mir fiel auf, wie selbstbewusst sie sich gaben.

Die imposante Freiheitsstatue ist nationales Symbol und Touristenattraktion. Eindrucksvoll ist der Blick von hier auf die Skyline der Stadt. Am Nachmittag besuchte ich die einst berüchtigte Chinatown. Sie umfasst nicht mehr als fünf bis sechs Straßenzüge. In Miethäusern aus dem 19. Jahrhundert leben hier auf engem Raum die etwa 150 000 Chinesen New Yorks. Sie haben ihre kleinen Läden mit ostasiatischen Spezialitäten, ihre Teestuben und ihren buddhistischen Tempel und sind da ganz unter sich.

Ein Stück südlich davon überspannen zwei Brücken den hier ganz schmalen East River. Unterhalb der Brooklyn Bridge – 1867 von einem Ingenieur aus Thüringen entworfen – liegt das alte Hafenviertel South Street Seaport, eine halb verfallene Gegend mit niedrigen, alten Backsteinhäusern, schmutzig und nach Fisch stinkend, der hier jeden Morgen auf dem Fulton Fish Market verkauft wird. Am alten Hafenpier daneben lagen einige historische Dampfschiffe und ausgediente Ozeansegler vor Anker.

Da es Sonnabend war, erlebte ich Wallstreet mit der berühmten klassizistischen Börse menschenleer und durch eine seltsame Stille verfremdet. Obwohl die Sonne schien, erreichte kein Lichtstrahl den Grund der 100 Meter tiefen Häuserschluchten. Nebenan auf dem alten Friedhof von Trinity Church, einem neugotischen Sandsteinbau, verbrachte ich eine besinnliche halbe Stunde. Hier lagen viele der Pioniere der ersten Besiedlung und Gefallene des Unabhängigkeitskrieges begraben.

Altehrwürdige Architekturdenkmäler wie in Europa findet man in New York nur im Metropolitan Museum oder aber als moderne Nachahmung. Die Museen freilich überwältigen mit dem Reichtum ihrer Bestände. Sieben allein liegen an der Fifth Avenue. Die großartigsten Kunstsammlungen der Neuen Welt beherbergt das Metropolitan Museum of Art am Central Park. Es umfasst neunzehn Abteilungen mit etwa 3 300 000 Werken. Allein für die europäische Malerei nahm ich mir einen ganzen Tag Zeit, der natürlich überhaupt nicht ausreichte. Vor den Niederländern und den Italienern gehen einem die Augen über: Ich zählte etwa 20 Rembrandts, 15 Rubens', 4 Vermeers und 7 Tizians.

Noch stärker vertreten ist die französische Kunst des 19. und 20. Jahrhunderts. Hier bleiben keine Wünsche offen. Alle großen Meister sind mit Hauptwerken präsent.

Am Ende lief ich nur noch im Geschwindschritt durch die endlosen Raumfluchten. Immer wieder taten sich neue Säle und Enfiladen auf, in denen diese oder jene »Foundation« geschlossen präsentiert wird, oft auch in ihrer ursprünglichen Anordnung, in original übernommenen und eingebauten Räumen. Einen zweistöckigen Anbau füllt allein die Stiftung von Gemälden der Spitzenklasse des deutsch-amerikanischen Bankiers Robert Lehmann. Es schien mir, als hätten die Amerikaner während der letzten 100 Jahre die Hälfte des europäischen Kunstbesitzes aufgekauft und über den Atlantik geholt. Ich traf auf Gebäudeflügel, in denen ganze Paläste aus Venedig, Paris oder Salamanca im Original wiederaufgebaut waren.

Die Villa des Pittsburgher Stahlmagnaten Henry Frick liegt inmitten von Hochhäusern gegenüber dem Central Park. Wer das mächtige Portal des neoklassizistischen Baus passiert, betritt eine Oase der Stille und Kultur von feinstem europäischen Geschmack. Im glasgedeckten Innenhof, den Säulengänge umziehen, plätschert ein Springbrunnen. In der langen Gemäldegalerie sieht man sich einer Auswahl erlesener Meisterwerke gegenüber. Kaum ein großer Name fehlt: Vermeer, Rembrandt, Velázquez, Van Dyck, Hals, Turner, und so geht es weiter. Unverändert präsentieren sich die stilvollen Wohnräume voller Kostbarkeiten.

Am Tag vor meinem Rückflug, einem Sonntag, goss es in Strömen. Ich war ein wenig bildermüde und wusste nicht recht, wohin ich meine Schritte lenken sollte. Vor dem Regen flüchtete ich in die Halle des nahen Hilton Hotels. In einer Broschüre, die da lag, wurde das American Museum of Natural History angepriesen. Plötzlich hatte ich Lust darauf. Wie ich später merkte, war es ein guter Entschluss, den trüben Tag in dieser hellen, freundlichen Museumslandschaft zu verbringen. Das Naturkundemuseum gilt weltweit als das schönste, größte und beste seiner Art. In über 40 Sälen und Raumfolgen war hier die Geschichte des Weltalls, der Erde und der Natur aller Kontinente, schließlich aber auch die Menschheitsgeschichte in ihrer Entwicklung und ihren vielfältigen Kulturen fesselnd dargestellt.

Noch nie hatte ich ein so wunderbar gestaltetes, mit modernster Technik eingerichtetes Museum gesehen. In riesigen Hinterglaspanoramen waren Lebensräume illusionistisch nachgebaut, Menschen, Tiere und Pflanzen originalgroß plastisch abgeformt. Dazu kam eine raffinierte Lichtregie. Ich war verzaubert wie ein Kind und hätte mich tagelang in dieser Welt aufhalten können. Im großen Kinosaal erlebte ich schließlich atemberaubend hautnah auf riesiger Panoramaleinwand in 3D-Technik einen Raketenstart in Cape Canaveral mit anschließendem Weltraumflug.

Es regnete auch noch am Tag meines Rückflugs. Die Hochhäuser hatten Wolkenkragen um ihre Häupter wie Alpengipfel. Nachmittags fuhr ich mit dem Chef der Spedition und meiner Bildkiste im Transporter durch dichten Verkehr zum Kennedy Airport. Der Rest war Warten. Nach Stunden durfte endlich eingestiegen werden in die DC 10, die aber nicht abflog, sondern warten musste: 30, 45, 60 Minuten vergingen; die Maschine rollte und rollte übers Rollfeld, startete aber nicht. Es war längst dunkel geworden, als sie mit anderthalbstündiger Verspätung endlich abhob.

Nach einem anstrengenden Neun-Stunden-Flug in unbequemem Sessel landeten wir auf dem regennassen Flughafen von Helsinki. Hier war es jetzt kurz nach Mittag. Fünfzig Minuten später sollte meine Anschlussmaschine nach Berlin starten. Ich ahnte Schlimmes. Und tatsächlich bestätigten mir die Vertreter der Interflug und der Spedition »Deutrans«, die mich an der Gangway schon erwarteten, dass die Zeit zum Umladen nicht mehr reichen würde. Das war's.

Ich veranlasste, dass meine Gemäldekiste ins Sicherheitsdepot des Flughafens gebracht wurde, ließ mir ein Überbrückungsvisum ausstellen und fuhr mit dem Mann von der Spedition zur DDR-Botschaft. Dort behandelte man mich ausnehmend freundlich und zuvorkommend, zahlte mir ein Handgeld aus und stellte mir im Wohnhaus der Botschaftsangehörigen ein kleines Appartement zur Verfügung. Alsbald lag ich wohlig entspannt in der Badewanne. Unter mir übte ein Kind unablässig auf einer Spieltrompete das Lied »Kleine weiße Friedenstaube« Fast hatte ich es vergessen. Hier war ich ja auf DDR-Territorium.

Die nächste Interflug-Maschine nach Ostberlin ging erst drei Tage später. Der Kulturattaché der Botschaft hatte Dresden verständigt, und ich konnte die Wartezeit mit der Besichtigung der finnischen Hauptstadt ausfüllen, die ich noch nicht kannte.

Man sollte Helsinki nicht nach New York sehen. Es schrumpft zur provinziellen, geruhsamen Kleinstadt zusammen. Das Nationalmuseum war von bescheidener Größe. Das Beste war neben Trachtenpuppen der Lappen und Ugrier ein St.-Barbara-Altar des Meisters Bertram. Am Mittag des zweiten Tages brach die Sonne durch die Wolken, und alles, was gestern grau und farblos ausgesehen hatte, leuchtete nun im warmen Licht: der pittoreske Hafen mit vielen farbigen Schiffen und Booten und der belebte Wochenmarkt. Dieses schöne Bild nahm ich mit in mein graues Dresden.

DDR-Endzeit

Die späten achtziger Jahre

Auf dem Gebiet der Kultur zeigte das SED-Regime in den achtziger Jahren deutliche Zeichen einer Liberalisierung. Diese größere Freiheit wurde von den »Kulturschaffenden« wie man sie bezeichnete, gegenüber den Funktionären durchgesetzt, ertrotzt, erkämpft oder einfach praktiziert. Es war ein Nachgeben der Parteiideologen gegenüber dem Druck einer unaufhaltsamen Entwicklung. Das enge, restriktive Verständnis des Sozialistischen Realismus, der noch immer als kulturpolitischer Leitbegriff galt, wurde jetzt modifiziert durch den Slogan »Weite und Vielfalt«. Damit war nun freilich auch eine größere Toleranz gegenüber der bisher verteufelten Kunst des Westens verbunden. In Ost-Berlin fand 1988 sogar eine Beuys-Ausstellung statt. Man gab sich weltoffen, und auch im Verband Bildender Künstler griff eine gewisse Öffnung Raum. Der einzige, staatlich geleitete Berufsverband führte seit langem auch eine Sektion »Kunstwissenschaft«, in die einzutreten ich mich wegen der ideologischen Deformierung des Berufsbegriffs stets geweigert hatte. Als aber Anfang der achtziger Jahre Leute wie Erhard Frommhold und Diether Schmidt die Dresdner Verbandsleitung in die Hand bekamen und Fritz Löffler zum Ehrenmitglied ernannten, glaubte ich, jetzt guten Gewissens beitreten zu können. Viel geschah hier ohnehin nicht, aber ich genoss damit das Privileg, die verbandseigenen Ferienheime nutzen zu dürfen. So verbrachte ich mit Vera Urlaubswochen im Ostseebad Ahrenshoop und im thüringischen Schloss Großkochberg. Mehrmals hielten wir uns auch im ländlichen, einst den von Arnims gehörenden Schloss Wiepersdorf auf. Es liegt in der südlichen Mark Brandenburg inmitten einer flachen Sand- und Kiefernlandschaft und besitzt einen schönen Park von hohen, alten Laubbäumen, zwischen denen barocke Skulpturen und Ziervasen hell hervorleuchten. Das Schlösschen gehörte jetzt dem Künstlerverband, war gut gepflegt und geführt. Man konnte hier die Ruhe genießen und sich's wohl sein lassen oder auch geistig produzieren, wie das im Laufe der Jahre schon viele, besonders Berliner Schriftsteller, getan hatten.

Im Albertinum herrschte inzwischen nicht mehr der aus Gesundheitsgründen öfters abwesende Generaldirektor Bachmann, sondern sein Stellvertreter Genosse Winkler zusammen mit einem gewissen Mühle, Offizier der Staatssicherheit, der ein eigenes Dienstzimmer besaß. Mühle blieb zwar im Hintergrund, aber verkörperte die stets präsente, uns überwachende »Firma«, denn immerzu und in wachsendem Maße fühlte sich die Staatsmacht bedroht und zeigte Symptome von Verfolgungswahn.

Bezeichnend dafür ist die hübsche Geschichte, die unsere langjährige Sekretärin Margarete Zimmer anlässlich des Besuchs des damaligen bayrischen Ministerpräsidenten Franz Joseph Strauss im Herbst 1986 erlebte.

Als BRD-Verteidigungsminister war Strauß für die DDR-Machthaber lange Zeit die Verkörperung des »kriegslüsternen westdeutschen Imperialismus« gewesen. Ich erinnere mich noch jenes schwachsinnigen Schmähverses, den ich einst in einem Treppenhausflur unter einem Brandschutz-Schild mit »Feuerteufel Lodrian« fand:

> Blast ihr LODRIAN den Atem aus,
> schlagt ihr Kriegsbrandstifter STRAUSS!

Jetzt war aus dem Kriegsbrand- ein Segensstifter geworden, denn der ehemalige Bösewicht kam als Vermittler eines millionenschweren Westmarkkredits für die bankrotte DDR-Wirtschaft. Über Nacht war Strauss vom Klassenfeind zum hofierten Wirtschaftspartner mutiert, dem man eine Reise zusammen mit seiner Frau zum Besuch der Dresdner Gemäldegalerie und des Grünen Gewölbes nicht abschlagen konnte. Die Staatsschizophrenie griff sogleich auf die Dresdner Funktionäre der Partei und des Sicherheitsdienstes über. Sie hatten offenbar den allerhöchsten Befehl, diesen Besuch möglichst geheim und jedenfalls »unter dem Deckel« zu halten. Niemand außer den führenden Genossen und dem Direktor des Grünen Gewölbes durfte mit diesem gefährlichen Museumsbesucher in Kontakt treten. Das Albertinum wurde für den öffentlichen Verkehr gesperrt. In den Ausstellungsräumen flanierten Stasi-Leute in Zivil als Besucher. Kein Mitarbeiter durfte seinen Arbeitsraum verlassen. Das war tags zuvor mit Rundschreiben angewiesen worden. Frau Zimmer hatte aber diese Anweisung nicht

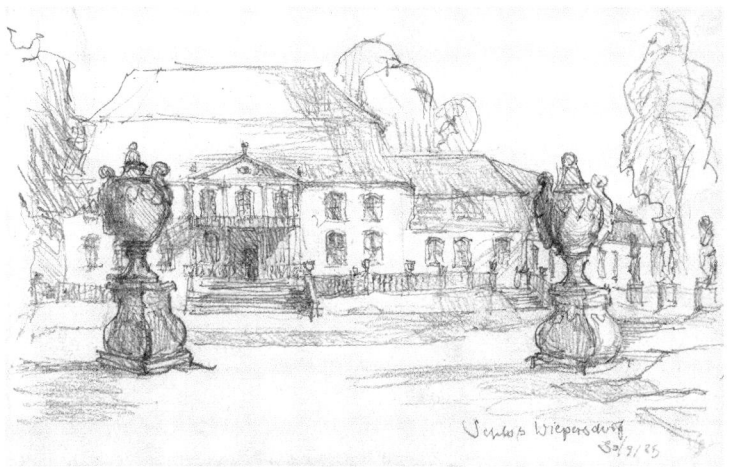

Hans Joachim Neidhardt, Schloss Wiepersdorf, 1985

erreicht. Als sie die Gruppe der prominenten Gäste auf dem langen Flur zur Generaldirektion sich nähern hörte, öffnete sie deshalb ihre Zimmertür, um den berühmten Mann zu sehen. Der kam spontan auf sie zu, sagte freundlich »Grüß Gott« und schüttelte ihr die Hand. Dieses staatsgefährdende Vorkommnis wurde später in zwei außerordentlichen Parteiversammlungen kritisch ausgewertet. Den Untergang der DDR konnte das nicht mehr aufhalten.

Überhaupt bröckelte das morbide Staatsgebilde seit Gorbatschows Machtantritt in Moskau und den Erfolgen der Solidarnosc-Bewegung in Polen Tag für Tag ein Stück mehr. Auch markige Sprüche wie Honeckers Verslein »Den Sozialismus in seinem Lauf hält weder Ochs' noch Esel auf« konnten den Verrottungsprozess nicht mehr bremsen. Das Volk, um das es ja angeblich ging, meinte dagegen, dieser Staat könne eigentlich nur noch eines, nämlich »Ruinen schaffen – ohne Waffen«.

Auch in den Kunstsammlungen begann es zu kriseln. Verkäufe von Kunstwerken über die staatliche Kunst- und Antiquitäten GmbH, von der Partei befohlen, sollten den Mangel an harter Währung lindern helfen. Als ich einmal als Vertreter Zimmermanns an einem sogenannten »Leitungskollektiv« teilzunehmen hatte, schockierte mich die naive Ahnungslosigkeit des Generaldirektors. Bachmann sprach von der ehr- und würdelosen Republikflucht einst so treuer Genossen wie des Kaderleiters Ringies und des Verwaltungsdirektors Rost und beklagte die Zunahme von Ausreiseanträgen unzufriedener Mitarbeiter. Keiner der versammelten Direktoren sagte dazu auch nur ein Wort. Dabei lagen doch die drängenden Fragen nach den Ursachen jedem auf der Zunge. Aber alle schwiegen, und dafür hatten sie ihre Gründe, denn zwei Drittel der Anwesenden dienten der Stasi als Spitzel – sie nannten es vornehm »Informanten«. Das konnte ich damals allerdings nicht ahnen.

Der Kampf um Dahl

Für mich jedoch gab es in jenen letzten DDR-Jahren, die zugleich auch meine letzten Dienstjahre waren, noch einmal wichtige Aufgaben. Drei große Maler waren zu ehren. Auf das Jahr 1988 fiel der 200. Geburtstag Dahls, 1989 der von Carus, 1990 Rayskis hundertster Todestag. Sie alle verdienten Würdigungen durch Ausstellungen mit repräsentativen Katalogen.

Was Friedrichs norwegischen Freund Johan Christian Dahl betraf, so lag die Schwierigkeit einer Ausstellung in Dresden darin, dass die hiesigen Sammlungen nur über wenige seiner Arbeiten verfügten. Dahls Werke befanden sich in Skandinavien, und obwohl dieser große Künstler vier Jahrzehnte lang in unserer Stadt gelebt hatte, besaß die Gemäldegalerie Neue Meister außer einigen Naturstudien gerade mal drei Gemälde von ihm. Allerdings war eine große norwegische Landschaft durch den Krieg verlorengegangen.

1986 erreichte mich die Nachricht, dass Marit Lange in der Nationalgalerie Oslo eine große Jubiläumsausstellung für den Künstler vorbereite, und ich dachte sogleich, wir sollten versuchen, sie ins Albertinum zu bekommen. Im Haus war man damit einverstanden. So hatten wir, Direktor Zimmermann und ich, bei den Norwegern angefragt. Doch unsere Briefe waren unbeantwortet geblieben. Auch waren uns dergleichen Eigenmächtigkeiten unter Umgehung des Dienstweges eigentlich gar nicht erlaubt. Das Ostberliner Kulturministerium aber schien an einer Übernahme der Ausstellung nicht interessiert zu sein, denn es reagierte auf unsere Bitten um Unterstützung zwei Jahre lang überhaupt nicht. Angeblich hätten die Norweger inakzeptable Bedingungen gestellt. Schließlich aber hatten sie in Berlin buchstäblich in letzter Minute beschlossen, Zimmermann und mich einfach nach Oslo zu schicken, um in persönlichen Gesprächen vor Ort vielleicht doch noch etwas zu erreichen.

Und so flogen wir gemeinsam Mitte April 1988 nach Norwegen. Das Wetter zeigte sich sonnig, als wir, von Kopenhagen her über dem Oslofjord einschwebten. Herzlich war nach acht Jahren das Wiedersehen mit Magne Malmanger und seiner Frau Marit Lange. Mit deutlich gedämpfter Sympathie begegnete uns der ruppig-joviale Knut Berg, noch immer Direktor der Nationalgalerie.

Die Dahl-Ausstellung, die schon zwei Monate stand, war für mich eine Offenbarung. Was man in Deutschland noch nicht so richtig begriffen hatte, wurde hier deutlich: Der kleine Dahl war ein großer Maler und auf seine Art seiner Zeit voraus gewesen. Und was jahrelange Politiker-Korrespondenz und das Kulturministerium nicht erreicht hatten, das ging jetzt ganz unproblematisch: Direktor Berg sagte uns unter bestimmten, durchaus erfüllbaren Bedingungen die Weitergabe des größten Teiles der Ausstellung nach Dresden zu.

Im Besitz dieser Zusage genossen wir entspannt zusammen mit dem Dahl-Experten Malmanger eine Autotour auf des Meisters Spuren durch die Provinz Telemark. Hier in jenem waldreichen Gebiet Südnorwegens war der Maler auf seinen Studienreisen unterwegs gewesen, die er seit den 1820er Jahren von Dresden aus in Abständen unternommen hatte.

Bald gelangten wir in höhere Regionen und damit in den Winter zurück. Hinter Drammen lagen Schneefelder und zugefrorene Seen unter tiefblauem Himmel. Es wurde kälter. Einsame Fichten- und Kiefernwälder zogen sich an den Berghängen hinauf. Einen großen Eindruck machte auf mich die Stabkirche von Heddal mit ihrem hölzernen Tragwerk, den mächtigen, dunkelbraunen Stützen und den geschnitzten Neidköpfen, über die ich vor Jahrzehnten als Student in Leipzig bei Ladendorf eine Semesterarbeit geschrieben hatte. An langgestreckten Seen entlang erreichten wir das Vestfjord-Tal, an dessen Ende der kleine Ort Rjukan liegt. Eine der schönsten Norwegenlandschaften des Meisters zeigt den Blick auf einen gewaltigen Wasserfall: »Rjukanfossen«. Den aber suchte ich vergeblich. Er war verschwunden, denn er wurde jetzt durch Röhren geleitet, damit er Strom erzeuge. Heute ist aus dem malerischen Dorf ein Industrieort geworden. Riesige Anlagen zur Gewinnung von Stickstoff aus der Luft haben das zu Dahls Zeiten so schöne, unberührte Tal verunstaltet. Während des Krieges betrieben die Deutschen hier unter strenger Geheimhaltung die Produktion von schwerem Wasserstoff für ihre Atombombe, die zum Glück nicht fertig wurde.

Während wir wieder in steilen Serpentinen nach oben fuhren, nahm uns ein Schneetreiben die Sicht. Über die alte Silberbergbaustadt Kongsberg fuhren wir zurück nach Oslo, wo uns zum Abendessen Marit, Verfasserin nicht nur eines profunden Aufsatzes im Dahl-Ausstellungskatalog, sondern auch italienischer Kochbücher, mit einer pasticcia siciliana erfreute.

Tags darauf verhandelten wir die Einzelheiten der Ausleihe mit Direktor Berg im Museum. Bei einem Lunch in der DDR-Botschaft wurden die Vereinbarungen festgeschrieben. Endlich also grünes Licht für Dahl in Dresden. Jetzt konnte ich aus der übergroßen Osloer Ausstellung jene Bilder auswählen, die mir für eine gültige Werkpräsentation in unseren kleineren Räumen als die wichtigsten erschienen.

Es war ein sonniger, frostklarer Morgen, an dem uns das Fährboot hinüber zur Halbinsel Bygdøy brachte. Wir wollten doch noch die »Highlights of Oslo« besichtigen (wie ein Werbeblatt versprach). Mir gefiel insbesondere das Dorfmuseum mit zahlreichen alten bäuerlichen Holzhäusern aus allen norwegischen Landschaften, vergleichbar dem schwedischen »Skansen« bei Stockholm.

Mehr noch als die Schweden aber sind die Norweger ein Seefahrervolk. Demzufolge liegt ihnen die Ausstellung ihrer berühmten historischen Schiffe besonders am Herzen. Als archäologische Kostbarkeiten gelten die aus dem Moorschlamm geborgenen drei Wikingerschiffe von Oseberg. Von ruhmreichen Entdeckungsfahrten zeugen das Expeditionsschiff Fridtjof Nansens und der Segler »Fram« des Südpolforschers Roald Amundsen. Hier befinden sich aber auch die nachgebauten Papyrusboote unseres Zeitgenossen Thor Heyerdahl.

Unsere Einstimmung auf den DDR-Alltag erlebten wir diesmal schon in Kopenhagen, als wir ein Flugzeug der rumänischen Fluggesellschaft Tarom besteigen mussten: Die alte, vernutzte Maschine sowjetischer Produktion mit zerschlissenen Polstern und defekter Innenausstattung kannte ich bereits. Eine ziemlich hässliche Stewardess verteilte an die Fluggäste mit mürrischem Gesicht ein Päckchen Waffeln und einen Plastebecher billiger Limonade. Auch hier die Zeichen des Niedergangs der sozialistischen DDR.

Die Termine waren eng. Von der nun erlangten Zusage bis zur Ausstellungseröffnung in Dresden blieben gerade vier Monate Zeit. Das bedeutete unter den Verhältnissen der schwerfälligen DDR-Planwirtschaft, dass es keinen Katalog geben würde. Damit musste ich mich abfinden. Der Öffentlichkeit war das allerdings schwer zu vermitteln. Doch wichtiger als der Katalog war am Ende die Ausstellung. Mit ihren 120 Gemälden war sie die erste, die Dahl überhaupt in Deutschland hatte, und sie wurde für Dresden zum glanzvollen Kunstereignis. Ich war glücklich, dass uns die Übernahme noch in letzter Minute gelungen war. Zur Eröffnung am 24. August 1988 im Albertinum waren hochrangige Gäste aus Norwegen und ein Minister aus Ostberlin erschienen. Ich hielt die Eröffnungsrede. Zimmermann hatte wegen Ärgers mit seinen Genossen einen längeren Urlaub nehmen müssen und war verreist. So lag nun auch die Leitung der Galerie auf mir.

Vom Dresdner Publikum wurde unsere Dahl-Ausstellung mit Begeisterung aufgenommen. Das spiegeln die Schlagzeilen in der Presse wie: »Erste Dahl-Ausstellung in der DDR«, »In der Stadt seines Wirkens fast unbekannt« oder »Dahls Romantik in exzellenter Exposition« und »Erstmals in der DDR Gesamtüberblick möglich«. Ganz besonderes Interesse erfuhren die in größerer Zahl gezeigten skizzenhaften Landschafts- und Himmelsstudien. Mitte Oktober wurde die Ausstellung nach München überführt, wo sie in der Neuen Pinakothek zu sehen war. Hier bekam sie unter der Ägide von Christoph Heilmann einen opulenten Katalog.

Dalmatien 1988

Erstaunlicherweise hatte ich schon im Vorjahr im Berliner Staatsreisebüro einen Antrag auf eine Jugoslawienreise einreichen dürfen, obwohl ich nicht zu den Privilegierten des Systems gehörte. War doch Titos Volksrepublik zum Westen offen und gehörte nicht zum »Hinter-Mauer-Kartell« der moskautreuen Staaten.

Und so flogen wir, Vera und ich, am 15. Mai mit einer Reisegruppe von Berlin-Schönefeld nach Zagreb. Von da ging die Fahrt mit dem Autobus weiter zur Adria, die wir bei Rijeka erreichten, und von da immer südwärts in den wundervollen Adriafrühling hinein. Es war genau die gleiche Strecke, die ich zwei Jahrzehnte früher schon einmal gefahren war. Da waren die mächtigen Krka-Wasserfälle, das schöne Zadar mit seiner karolingischen Doppelkapelle und das herrlich am Berg gelegene Šibenik mit seiner Kathedrale, die so auch in Venedig stehen könnte. An einem warmen Abend saßen wir in den Ruinen des alten römischen Diokletianspalasts von Split beim Wein.

Endlich am achten Reisetag erreichten wir unser Ziel, den kleinen Küstenort Gradac an der Makarska-Riviera, etwa in der Mitte zwischen Split und Dubrovnik. Das Seebad liegt an der Stelle des alten, römischen Labineca. So auch nannte sich unser komfortables Hotel, ein gelungener, moderner Bau direkt am Meer, hinter dem das Biokovo-Gebirge steil emporragt. Gleißend brannte die Sonne auf das helle Karstgestein, doch die Morgen waren noch angenehm kühl. An den Hängen blühten unzählige Frühlingsblumen, dominiert vom leuchtend gelben Ginster. Unten an der Küste aber zeigten zwischen hohen Zypressen und Palmen dunkelgrüne Oleanderbüsche ihre zinnoberroten Blüten.

Eines Tages besuchten wir Dubrovnik, die Perle der dalmatinischen Adria. Die Sonne strahlte schon heiß vom Himmel, als wir den berühmten Rundgang auf der Festungsmauer machten. Wer konnte ahnen, dass nur drei Jahre später Miloševićs serbische Artillerie die herrlichen Kirchen und Paläste in Trümmer schießen würde.

Budapester Episode

Einer kleinen Ungarnreise ist noch zu gedenken, die mir im heißen Juni 1988 zufiel, weil bei uns dafür vermutlich gerade kein leitender Genosse zur Verfügung stand. Ich hatte mit der Leitung der Nationalgalerie über die Entsendung einer Ausstellung zu verhandeln. »Tage der DDR-Kultur in Ungarn« würden im Frühjahr 1989 stattfinden, und unsere Galerie sollte Bilder der Dresdner Malerei des 20. Jahrhunderts an die Donau schicken. Noch ahnte niemand, dass schon ein Jahr später die Regierung des »Bruderlandes« für tausende ostdeutscher Ungarnurlauber die Grenzzäune nach Österreich öffnen würde. Mein Verhandlungspartner, ein sehr eleganter Herr Czorba, Vizedirektor der Nationalgalerie, versuchte jedenfalls, sein geringes Interesse an der angebotenen Ausstellung aus der ungeliebten DDR hinter höflichem Charme zu verbergen. Hier dachten sie offenbar längst schon prowestlich-europäisch. Im neuerrichteten Königlichen Barockschloss, das beim Ungarnaufstand 1956 russische Panzer zerschossen hatten, signalisierte eine exzellente Dauerausstellung der internationalen Moderne aus der Aachener Sammlung Ludwig ganz neue Horizonte kultureller Zusammenarbeit.

Ein Spaziergang führte mich am Abend über unendliche Treppen hinauf zum Burgbezirk. Lange noch blieb es hell an diesem längsten Tag des Jahres. Weit ging der Blick von der Fischerbastei über die in Dämmerung sinkende Stadt mit den nach und nach aufblitzenden Lichterketten ihrer Donaubrücken. Über dem neuen Hilton-Hotel stand eine schmale Mondsichel.

Natürlich besah ich mir anderntags das berühmte Museum der Bildenden Künste. Kernstück der Gemäldegalerie ist die Sammlung Esterházy mit wunderbaren Werken vor allem der großen Spanier wie Velázquez, El Greco und Goya und moderner Franzosen. Am Nachmittag wurde mir die sommerliche Hitze zu groß. Da fuhr ich mit der Tram hinaus zum berühmten Gellértbad, von dem ich schon viel gehört hatte. Ich weiß nicht, ob es einen Baedeker für Budapest gibt. Dort müssten diesem wunderbaren Lustort zu Füßen des Gellért-Berges drei Sterne vorangestellt sein. Es ist, als tauche man aus des Tages Lärm und Hitze in eine andere Welt ein. Man begibt sich in eine Zone beschaulicher Stille, benebelt von feuchten Dämpfen und angenehmen Gerüchen. In dieser exotischen Umgebung aus rotem Marmor, vergoldeten Säulen und türkisfarbenen Kacheln fühlte ich mich sogleich wohlig entspannt und segnete die von den Osmanen hinterlassene Bäderkultur.

Als ich zurückflog, blieben mir zwei der stärksten Gemälde vor allem in Erinnerung, die über die Jahrhunderte hinweg auf seltsame Weise miteinander korrespondieren: Pieter Bruegels des Älteren »Predigt Johannes des Täufers« von 1566 und Adolph Menzels »Predigt im Freien« von 1868, ein Jahr nach unserem »Tuileriengarten«. Da war es noch undenkbar, dass wir 17 Jahre später unseren schönsten Menzel durch Dummheit und feige political correctness verlieren würden.

Wohnungsprobleme

Ausgerechnet bei der Eröffnungsfeier der DDR-Kulturtage in Florenz und unserer Gemäldeausstellung im festlichen Palazzo Medici-Riccardi hatte Bachmann mir zugeflüstert, dass es einen Beschluss gäbe, wonach in Kürze alle Mieter des Pillnitzer Schlosses ausziehen müssten. Das beunruhigte mich in höchstem Maße. Die Absicht zur »Freilenkung« bestand seitens der Kunstsammlungen schon seit Jahren, konnte aber mangels alternativem Wohnraum bisher nie realisiert werden. Ab 1985 aber wurde mit dem Aussiedeln der Schlossbewohner Ernst gemacht, und der Verwaltungsdirektor begann mich zu bedrängen. Schon waren die ersten Familien in Gorbitzer und Prohliser Hochhäuser umquartiert worden. Das Ende unserer Pillnitzer Idylle war wohl jetzt unausweichlich. Das Problem vergällte uns fast ein Jahrzehnt unseres Lebens.

Immerhin fragte man uns nach unseren Vorstellungen und Wünschen und forderte uns auf, passenden Wohnraum selbst zu suchen und zu melden, unter DDR-Verhältnissen eine fast unlösbare Aufgabe. Um keinen Preis wollten wir nach Prohlis ziehen, sondern vielmehr am Elbhang bleiben, wo wir uns heimisch fühlten. Wurde doch in jenen Jahren zwischen Pillnitz und Loschwitz durch zunehmende Übersiedlung von DDR-Bürgern in die Bundesrepublik manche Wohnung, manches schöne Einfamilienhaus frei. Man sah es den Häusern an, wenn sie leer standen.

Anträge für Wohnungszuweisung waren an das Städtische Wohnungsamt oder an die KWV – die Kommunale Wohnungsverwaltung – zu richten.

Es müssen etwa um 15 Objekte gewesen sein, die wir im Lauf der Jahre den Behörden und der Direktion der Kunstsammlungen als unbewohnt und für uns interessant nachwiesen. Stets wurden unsere Anträge mit der Bemerkung abgelehnt, dass über eben diesen Wohnraum bereits »anders« oder »von anderer Stelle« verfügt worden sei. Natürlich! Wir kannten die »andere Stelle«.

Einmal hatten wir ein akzeptables Angebot des Wohnungsamtes, eine Erdgeschosswohnung in einem Bühlauer Zweifamilienhaus schließlich angenommen. Die neue Einbauküche war bereits angeliefert, als uns das anmaßende, schikanöse Auftreten des künftigen Mitmieters erschreckte. Der bullige, auftrumpfende Typ hatte uns von Anfang an nicht behagt. Gerade noch rechtzeitig erfuhren wir, dass es sich um einen wegen brutaler Menschenbehandlung und Sturheit berüchtigten SED-Genossen handelte, den man nach langem Armeedienst zum Schuldirektor gemacht hatte.

Da gab ich meine Wohnungszuweisung dankend zurück, holte meine Küche wieder ab, und wir hatten schlaflose Nächte. Diesen Rückzieher in letzter Minute dem Generaldirektor zu erklären, war nicht leicht.

Einige Jahre lang schien es dann, als habe man den Plan zur Evakuierung des Schlosses auf Eis gelegt. Wir atmeten schon auf, als er plötzlich durch einen Vorfall wieder aktuell wurde: Eine Mieterin im Neuen Schloss hatte mit ihrem Kohleofen einen Schwelbrand verursacht. Zur gleichen Zeit erschreckte die Nachricht von einem Großfeuer im Schloss zu Altenburg.

Jetzt hatten die Betreiber der Freilenkung den staatlichen Brandschutz auf ihrer Seite, und der setzte einen festen Termin. Natürlich waren sie ganz im Recht, denn alle Wohnungen im Schloss hatten Kohleheizung und waren damit für das alte Bauwerk mit seinem hölzernen Dachstuhl ständige Gefahrenherde.

So begannen wir wieder mit der Wohnungssuche, denn was uns die kommunale Wohnraumlenkung anbot, war unakzeptabel.

Das Carus-Jahr 1989

Eine Ausstellung zum 200. Geburtstag des sächsischen Universalgenies Carl Gustav Carus musste ich in kürzester Zeit auf die Beine stellen, weil mich Dieter Gleisberg, der Direktor des Leipziger Museums der bildenden Künste im Stich gelassen hatte. Schon 1986, als ich mit ihrer Vorbereitung beginnen wollte, hatte er mich dringend gebeten, diesmal ihm und Carus' Heimatstadt Leipzig die Ehre der umfassenden Retrospektive zu überlassen. Ich hatte das verstanden und es akzeptiert unter der Bedingung, dass wir seine Leipziger Ausstellung anschließend nach Dresden würden übernehmen können. Später hatte Gleisberg offenbar seine Pläne geändert und Carus abgesetzt, ohne mich davon zu informieren. Jetzt aber, Ende 1988, war es längst zu spät für die Vorbereitung einer großen Werküberschau, wie sie mir vorschwebte. Eine vertane Chance! Ich war wütend und musste nun versuchen, in der verbleibenden Zeit noch eine Ehrung des Künstlers zu organisieren. Man durfte ja wohl ein solches Jubiläum des bedeutenden Mannes in Dresden nicht ohne Würdigung in unserem Haus vorübergehen lassen.

Die Schau sollte keine Wiederholung der Carus-Ausstellung von 1969 werden, sondern des großen Mannes vielfältige Aktivitäten spiegeln. So kam neben dem Künstler jetzt auch der Arzt und Naturforscher zur Darstellung, und außer 87 Gemälden und Zeichnungen waren im Klingersaal des Albertinums informative Schautafeln, Manuskripte, Erstausgaben seiner Bücher und Teile seiner Schädelsammlung in Gipsabformungen zu betrachten.

Pressestimmen hoben hervor, dass hier erstmalig dem Dresdner Publikum »der ganze Carus« präsentiert werde. Insofern sei die Ausstellung »im besonderen Maße aufschlußreich und vielschichtig« (Ingrid Wenzkat in der Tageszeitung »Union«).

Ohne das kollegiale Zusammenwirken mit dem Medizinhistoriker Günter Heidel von der Medizinischen Akademie Carl Gustav Carus, den Kollegen des Museums für Völkerkunde, der Sächsischen Landesbibliothek, der Skulpturensammlung und des Kupferstich-Kabinetts hätte die Unternehmung in der Kürze der Zeit nicht gelingen können.

In meiner Eröffnungsrede am 12. Februar 1989 wies ich auf des Jubilars ganzheitliches Denken und seinen ontologischen Lebensentwurf hin, der darauf hinauslief, ein selbstbestimmtes »Lebenskunstwerk« im Goethe'schen Sinne zu gestalten.

Die Ausstellung hätte einen gewichtigen Katalog verdient. Doch war die wirtschaftliche Schwäche und paralytische Erstarrung des Regimes neun Monate vor seinem Untergang schon so weit fortgeschritten, dass daran überhaupt nicht mehr zu denken war. Jedoch wurde die Schau im Albertinum von Sonderpublikationen der »Dresdener Kunstblätter« und der »Dresdner Hefte« begleitet, in der sieben Autoren sich vor allem zur Bedeutung von Carus als Arzt, Geburtshelfer, Naturforscher, Naturphilosoph und als Präsident der Akademie der Naturforscher »Leopoldina« äußerten.

Dass das Geburtsjubiläum des großen Wahldresdners – er war im Revolutionsjahr 1789 in Leipzig zur Welt gekommen – wiederum mit einer Revolution zu Ende gehen würde, ahnte zu diesem Zeitpunkt noch niemand.

Paralyse der maroden DDR

Es gibt Lebensphasen, die sich im Rückblick mit ihrem täglichen Einerlei ereignislos hindehnen und dann wieder solche, in denen sich die Dinge überstürzen. Seit Mitte der achtziger Jahre hatten die Spannungen in der politisch lernunfähigen DDR ständig zugenommen, während sich in Moskau seit dem Erscheinen Michail Gorbatschows an der Spitze der KPdSU aufregende Veränderungen abzeichneten. Dessen revolutionierender Ausspruch auf einem Plenum seines Zentralkomitees im Januar 1987, »Wir brauchen die Demokratie wie die Luft zum Atmen«, hatte ich zusammen mit einem Porträtfoto des Mannes an die Glasscheibe meines Bücherschrankes an meinem Arbeitsplatz im Albertinum angeheftet, und die Genossen, mit denen ich gelegentlich zu tun hatte, ärgerten sich darüber.

Plötzlich schien die immer und immer wiederholte Staatsparole »Von der Sowjetunion lernen, heißt siegen lernen« nicht mehr zu gelten. Vielmehr meinte Kurt Hager, die graue Eminenz der DDR-Kulturpolitik, »Perestroika« und »Glasnost« in der Sowjetunion seien nur Zeichen eines »Tapetenwechsels« im Nachbarhaus, den wir ja in der DDR nicht nachmachen müssten. Der Mann hatte die Zeichen der Zeit nicht verstanden, hatte nicht begriffen, dass es hier nicht um äußerliche Kosmetik, sondern um das Legen neuer Fundamente für den Bau eines besseren Hauses ging. Wirkte doch längst »dieses vormundschaftliche System wie eine riesige Apathiemaschine bis in die Verästelungen der Gesellschaft hinein« (Rolf Henrich). Ich aber hatte die verwegene Hoffnung, dass sich im Land bald etwas ändern werde.

Am 7. Mai 1989 gab es eine letzte Kommunalwahl nach dem verlogenen Diktaturprinzip. Doch wir ließen uns den Betrug einfach nicht mehr gefallen, benutzten die immerhin aufgebauten Kabinen (was schon als höchst verdächtig galt) und stimmten gegen die von der Partei aufgestellte Einheitsliste. Das Ergebnis wäre erstmals ein deutliches Votum gegen die rote Diktatur gewesen, wurde aber wie üblich von der SED zu ihren Gunsten gefälscht. Die Wut und Empörung darüber waren groß, das Grollen nahm zu.

Der Sommer war aufregend. Mit der Grenzöffnung Ungarns nach dem freien Westen begann das letzte Kapitel der DDR-Geschichte, wenngleich wir das damals nicht im Entferntesten für möglich hielten. So war es durchaus nicht ungefährlich, als ich Ende August einen subversiven Aufruf einer Initiativgruppe zur Gründung einer Sozialdemokratischen Partei in der DDR kopierte und an einige Leute weitergab. Darin wurden offen die »Strukturen organisierter Verantwortungslosigkeit« kritisiert, welche »die moralischen Grundlagen in Gesellschaft und Staat zerstörten«. Und dann folgten fünf Seiten lang Forderungen nach demokratischen Reformen.

Sicher war es ein Fehler, dass ich ein Exemplar dieses Papiers, verfasst angeblich von »feindlich oppositionellen Kräften« (Wortlaut des Ministeriums für Staatssicherheit der DDR) meinem Kollegen Direktor zu lesen gab, dem ich vertraute. Ich wollte ihn motivieren, innerhalb seiner Partei einen Reformflügel zu gründen. Ihm traute ich das zu. Aber ich wurde enttäuscht, denn er hatte nichts Besseres zu tun, als damit zum Staatssicherheitschef der Staatlichen Kunstsammlungen zu gehen und das Papier dort abzuliefern. Heute weiß ich, dass er wie die Mehrzahl der damaligen Direktoren schon seit langem guten Gewissens auch für die Staatssicherheit arbeitete. Davon hatte ich damals keine Ahnung.

Sogleich wurde ich vor den amtierenden Generaldirektor und den Staatssicherheitschef zitiert, die mir mein subversives Tun klarzumachen versuchten. Ich wurde vergattert, das Pamphlet nicht weiter zu verbreiten und verließ den Raum mit ungutem Gefühlen, disziplinarische Folgen erwartend.

Immer lauter erhoben jetzt kirchliche Gruppen, die für Frieden, Menschenrechte und Bewahrung der Schöpfung eintraten, ihre Stimmen und forderten eine grundlegende Erneuerung des sozialistischen Staates. Auch die nichtkirchliche Opposition trat als »Neues Forum« und »Demokratie jetzt« auf den Plan und wurde sogleich als »illegal und staatsfeindlich« verteufelt. Inzwischen verließen Tausende über die ungarische Grenze oder über die BRD-Botschaften in Budapest, Warschau und Prag das Land in Richtung Westen. Es war eine spannende Zeit voller Hoffnung und zugleich Wut und Niedergeschlagenheit angesichts der Ignoranz und Tatenlosigkeit der senilen Betonköpfe in Ostberlin.

Heißer Herbst

Den Geschehnissen der Herbst- und Wintermonate 1989/90 eignet eine für mich bemerkenswerte Korrespondenz von biografischen und geschichtlichen Zäsuren. Im Januar 1990 wollte ich mit dem 65. Geburtstag mein Berufsleben beenden. Wenige Monate vorher jährte sich zum dreißigsten Mal mein Eintritt in die Staatlichen Kunstsammlungen. Aus diesem Anlass bereiteten mir Freunde und Kollegen am 2. Oktober im Caspar-David-Friedrich-Raum des Kügelgenhauses ein Ehrenkolloquium, was für hiesige Verhältnisse ein durchaus ungewöhnliches Ereignis war. Die Luft war spannungsgeladen. Alle waren bewegt von den aktuellen Ereignissen in der Prager Botschaft.

Wenn ich die Themenliste der 18 Referate überlese, bedaure ich noch heute, dass die Beiträge nicht in einer Festschrift zusammengefasst werden konnten. Daran war in jenen Tagen allerdings überhaupt nicht zu denken und zwar nicht allein wegen des Mangels an Papier und Druckkapazität, sondern vor allem aus politischen Gründen. Besaß ich doch nicht den Status eines Kaders, dem eine solche, von der Partei zu genehmigende Ehrung zugestanden hätte.

Zwei Tage danach begann in Dresden mit der nächtlichen Erstürmung eines aus Prag kommenden Reisezuges voll sogenannter Botschaftsflüchtlinge durch hiesige Ausreisewillige die »Schlacht auf dem Hauptbahnhof«. Am 5. Oktober wollte ich mit Vera zu Geburtstagsbesuchen meines Bruders und ihres Vetters in die Bundesrepublik fahren, was in der späten DDR möglich geworden war. Als wir morgens den Interzonenzug nach Hannover besteigen wollten, erblickten wir vor dem Hauptbahnhof die Spuren der nächtlichen Kämpfe zwischen renitenten DDR-Bürgern und Volkspolizisten: aufgerissenes Pflaster, zerschlagene Türscheiben, ein umgestürztes, ausgebranntes Polizeifahrzeug. Erst in den frühen Morgenstunden hatten Einsatzkräfte der Volkspolizei mit Tränengas die wütende Menge aufgelöst. Die Revolution hatte begonnen.

Wir waren aufgeregt, als sich unser Zug westwärts in Bewegung setzte. Ahnten wir doch, dass wir wichtige Dinge vor Ort verpassen würden. So ergab es sich, dass wir die sich überstürzenden Ereignisse in Dresden, Leipzig und Ostberlin nur aus Westsicht im Fernsehen verfolgen konnten. Als wir Mitte Oktober zurückkamen, hatte es in den genannten Städten mehrere spontane Massendemonstrationen gegeben. Doch am 8. Oktober war es nach einem gewaltlosen Massenprotest in Dresden zu Gesprächen zwischen Vertretern der Staatsmacht, der Kirchen und der Demonstranten gekommen. Das brachte die Wende. Noch in der Nacht hatten Kuriere die Nachricht von der Verhandlungsbereitschaft der Machthaber zusammen mit der von der Evangelischen Kirche ausgegebenen Losung »Keine Gewalt!« nach Leipzig gebracht, wo dann auch der entscheidende Protestzug der Hunderttausend am Tag danach ohne Knüppelei und Blutvergießen verlief. Wir erlebten das Wunder der Friedlichen Revolution.

Nach dem Rücktritt Honeckers am 18. Oktober und dessen Ersetzung durch Egon Krenz gingen die öffentlichen Proteste weiter. Die Opposition, die sich inzwischen formiert und organisiert hatte, trat immer selbstbewusster auf und forderte den Dialog mit den Herrschenden auf allen Ebenen mit dem Ziel, in unserem Land einen reformierten, demokratischen »Sozialismus mit menschlichem Antlitz« zu errichten.

Mir erschien angesichts der sich jetzt eröffnenden Möglichkeiten öffentlicher Einflussnahme ein Weglaufen in die Bundesrepublik als egoistisches, gegenüber den Zurückbleibenden verantwortungsloses Handeln. Besonders verwerflich fand ich es – wie auch schon im letzten Jahrzehnt der DDR –, wenn Ärzte und Pfarrer ohne in Bedrängnis zu sein, ihre Patienten und Gemeinden verließen, anstatt jetzt die Verhältnisse zum Wohl aller mitzugestalten.

In Dresden hatten Superintendent Christof Ziemer, Landesbischof Johannes Hempel und von Seiten der Staatsmacht Oberbürgermeister Wolfgang Berghofer durch ein Aufeinanderzugehen erreicht, dass die polizeiliche Gewaltherrschaft beendet und ein Dialog eröffnet werden konnte.

Während der folgenden Wochen gab es auf allen Ebenen des öffentlichen Lebens eine Art von demokratischem Frühling. Ein frischer Wind von Offenheit, wie wir ihn 40 Jahre lang vermisst hatten, wehte durch die Medien. Ein Damm war gebrochen, eine »Mauer der Lüge und Verdrängung« durchstoßen worden und »das freie, das wahre, das eigene Wort, so lange gestaut und eingemauert« (Uta Dittmann in der Tageszeitung »Union«) war endlich wieder zu hören. Alle möglichen Institute, Verbände, Parteien und Kultureinrichtungen wie der Verband Bildender Künstler, die Theater und die Sächsische Staatskapelle übten sich in freier Meinungsäußerung, verfassten Resolutionen, Stellungnahmen und Forderungskataloge.

Nur in den Kunstsammlungen herrschte gelähmtes Schweigen. Generaldirektor Bachmann, gesundheitlich schwer angeschlagen, hatte schon seit Herbst 1988 die Zügel nicht mehr in der Hand. Sein Stellvertreter Gerhard Winkler führte mehr schlecht als recht, aber selbstherrlich die Geschäfte im engen Kontakt mit Partei und Staatssicherheit. Wo waren die jungen Kräfte der Erneuerung? Im Nachhinein wird mir klar, dass aus dem Albertinum kein revolutionärer Impuls erwartet werden konnte, denn dieses Schatzhaus der Kunst, in dem ich 30 Jahre lang Seite an Seite mit Kollegen und SED-Genossen, die ich mir nicht hatte aussuchen können, zusammengearbeitet hatte, war eine Schlangengrube gewesen. In der Generaldirektion herrschte die Partei ungebrochen, die Direktoren aller drei Sammlungen Galerie Neue Meister, Grünes Gewölbe und Skulpturensammlung, waren Zuträger der Staatssicherheit. Die in der Mehrzahl aus Damen bestehenden Mitarbeiter in den drei Direktionen aber reagierten auf die revolutionären Ereignisse eher ängstlich und verschreckt.

Auch ich war kein mutiger Dissident. Aber ich hatte mir die Freiheit des Denkens und der politischen Meinung bewahrt. Niemals hatte ich mich der herrschenden Macht angedient. Es gab nur wenige Gleichgesinnte, denen man sich offenbaren konnte. Dazu gehörte neben zwei jüngeren Kolleginnen auch Conrad Berge, der Drucksachenbearbeiter der Staatlichen Kunstsammlungen. Zwischen uns hatte sich seit langem so etwas wie ein Gruppengeist systemkritischen Witzes und entkrampfender Satire herausgebildet.

Noch lange machte die Geschichte von Berges »Kunstwerk« die Runde, das er in eine Ausstellung von Gegenwartskunst eingeschmuggelt hatte. Es waren seine alten Stiefel, die er unter eine schwebende Scherwand gestellt hatte. Das machte den Eindruck, als wenn ein verborgener Lauscher hinter ihr stünde. Der Titel auf dem Exponatschild darüber lautete: »Aufsicht«, was eine deutliche Anspielung auf »Horch und Guck« – die allgegenwärtige Stasi – war. Da in den achtziger Jahren zunehmend auch westliche Kunstströmungen bei uns nachgeahmt wurden, nahmen manche Besucher Berges Stiefel ernst. Wenngleich der Gag für ihn nicht ungefährlich gewesen war, hatte sich doch nach Kurzem alles in allgemeinem Gelächter aufgelöst.

Auf der Straße nahm die »Friedliche Revolution« ihren Fortgang. Am Abend des 21. Oktobers nahm ich an einem Gedenkgottesdienst in der Kreuzkirche für die Opfer der staatlichen Gewalt gegen Demonstranten teil. Alle hatten Kerzen mitgebracht. Mit dem sich vor der Kirche formierenden Demonstrationszug marschierten wir zum Theaterplatz und von da über die Augustusbrücke zum Polizeigebäude. Viele schlossen sich an, sodass es zuletzt wohl Zehntausende waren. Ihre Kerzen stellten sie vor den Mauern der Zwingburgen staatlicher Gewalt ab, und niemand hinderte sie daran.

Drei Tage später wiederholte sich der eindrucksvolle Protest. In der überfüllten Kreuzkirche hingen Transparente von den Emporen, auf denen gegen die Errichtung einer Produktionsstätte für Reinstsilizium in Dresden-Gittersee mit ihren bösen Folgen für die Umwelt protestiert und die Bewahrung der Schöpfung gefordert wurde. Superintendent Ziemer sprach in klaren Worten systemkritische Wahrheiten aus, wie man sie zuvor nie gehört hatte. Wieder bildete sich nach dem Gottesdienst ein langer Zug, der sich zum Theaterplatz in Bewegung setzte. Ich bemerkte, wie eine junge Frau einem uniformierten Volkspolizisten auf der Thälmannstraße Blumen in die Hand drückte, der sie verblüfft und verlegen entgegennahm. Es bedeutete: Keine Gewalt! Waren wir nicht Brüder?

Auf dem Theaterplatz drängte sich eine unübersehbare Menge. Sie forderte in Sprechchören freie Wahlen. Und immer wieder: »Wir sind das Volk!« Viele waren auf das König-Johann-Denkmal geklettert. Von da oben aus verlas ein junger Mann Schilderungen über Polizeischikanen an Festgenommenen. Dann erscholl der Ruf nach Bezirksparteichef Hans Modrow und Oberbürgermeister Wolfgang Berghofer. Die beiden Funktionäre erschienen nach einiger Zeit in einem Lautsprecherwagen der Polizei, der in meiner Nähe hielt. Sie galten als potenzielle Reformer und hatten sich durch ihr Verhalten während der letzten Wochen ein gewisses Vertrauen bei den Dresdnern erworben. Über das Mikrofon antworteten sie auf kritische Fragen von Demonstranten. Dann formierte sich wieder der gemeinsame Zug über die beiden Elbbrücken. Die Menschen wirkten heiter, entkrampft und selbstbewusst.

Von da an fanden die Demos immer montags und donnerstags zur selben Zeit statt und sollten solange weitergehen, bis sie in Berlin Wirkung zeigen würden. Es war wichtig, dass der Druck auf die Regierenden nicht nachließ, die zwar allerlei versprochen, aber noch nichts tatsächlich verändert hatten.

Am 27. Oktober standen wir deshalb wiederum mit 100 000 Dresdnern auf der sogenannten »Cockerwiese« beim Hygienemuseum und protestierten gegen bloße Absichtserklärungen der Herrschenden für konkrete Reformschritte. Ein Redner rief: »Man hat fast den Eindruck, dass die Führung in Berlin sich jetzt mehr vor den Rufen fürchtet ›Wir bleiben hier!‹, als vor dem ›Wir wollen raus!‹«.

Am nachdrücklichsten ist mir die große Demonstration vom 7. November in Erinnerung. Obwohl es in Strömen regnete, hatten sich wieder etwa 60 000 Menschen vor der Kreuzkirche eingefunden und zogen entlang der inzwischen bewährten »Prozessionsstrasse« über die beiden Elbbrücken. Vor der Bezirksdirektion der Volkspolizei brach die Menge in ein wütendes Pfeifkonzert aus. Zuletzt sammelten sich alle auf dem Fučíkplatz. Sprechchöre skandierten: »Stasi in die Volkswirtschaft!«, »SED – Das tut weh!«, »Das ZK ins Altersheim«, »Egon Krenz – wir sind nicht deine Fans«. Vier junge Leute trugen eine Sargattrappe mit der Aufschrift »SED«. Und immer wieder »Gorbi, Gorbi«-Rufe, welche den russischen Reformer Gorbatschow meinten.

Tags darauf war in Ostberlin die DDR-Regierung zurückgetreten. Ihr folgte kurz darauf das SED-Politbüro. Einen Tag später war alles anders. Am Abend des 9. November verkündete Schabowski, Mitglied der neugewählten Parteispitze, Reisefreiheit für alle DDR-Bürger. Wir sahen und vernahmen es verblüfft und ungläubig im DDR-Fernsehen. Die Mauer öffnete sich, und noch in der Nacht strömten die Ostberliner massenhaft in den Westen der Stadt. Das Gefängnis DDR war offen. Ein einziger Jubelschrei ging durch das ganze Land. Ich war glücklich, aber nicht ohne Besorgnis. Noch immer konnte das Regime vielleicht mit Unterstützung sowjetischer Panzer die Grenze wieder sperren und »die Ordnung wieder herstellen«. Aber nichts dergleichen geschah. Die Rote Armee blieb in ihren Garnisonen.

Eine Woche später fuhr ich mit Vera nach Berlin zu meinem alten Freund Klaus Friedrich. Wir wollten die Luft der Freiheit riechen und uns mit eigenen Augen davon überzeugen, dass unsere Zwingherren die Wälle verlassen hatten. Es war wunderbar und unglaublich, was wir am Potsdamer Platz sahen: Die Leute gingen mit Hämmern, Meißeln und Spitzhacken der verhassten Mauer zu Leibe, und niemand hinderte sie daran. Wir konnten, wie hunderttausende unserer Landsleute, unbehelligt die aufgelassenen Grenzkontrollposten passieren und über den Westberliner Kurfürstendamm schlendern.

Schade, dass einige führende Dresdner Genossen das nicht mehr erlebten. 1986 war Weidauer, 1987 Seydewitz, im Februar 1989 Uhlitzsch gestorben. Bis zuletzt hatte er für die Stasi gearbeitet und sich gerühmt, ein treuer Stalinist zu sein. Hatte er an Realitätsverlust gelitten? Spätestens jetzt war doch ganz offensichtlich die Illusion von der heilsamen »Diktatur des Proletariats« durch die globale Entwicklung überholt worden.

Erst am 3. November 1989, vier Wochen nach Beginn des Aufruhrs am Dresdner Hauptbahnhof, trauten sich endlich auch die zehn Direktoren der Kunstsammlungen, ihre Stimme zu erheben. Auf die von der Partei angeordnete Neubesetzung des freigewordenen Generaldirektorenpostens durch einen höheren SED-Funktionär reagierten sie mit einem zahmen Protest. Und erst am 6. Dezember zog man endlich auch politische Konsequenzen. Auf einer Belegschaftsversammlung in der überfüllten Aula der Kunsthochschule am Sachsenplatz, von jungen Leuten unserer Bauabteilung initiiert, forderte man Rechenschaft und Konsequenzen systembelasteter Kollegen. Manfred Bachmann konnte man noch am ehesten eine ernsthafte, wenn auch blauäugige Überzeugtheit von der Güte des sozialistischen Systems zugutehalten. Auch war er ein Chef gewesen, der sich häufig schützend vor seine wissenschaftlichen Mitarbeiter gestellt hatte, wenn es politische oder ideologische Probleme gab. Nach Winklers Rücktritt als amtierender Generaldirektor am 12. Dezember übernahm Werner Schmidt, der Direktor des Kupferstich-Kabinetts, kommissarisch dessen Geschäfte. In das Amt gewählt wurde er am 7. März 1990. Er hatte sich selbst vorgeschlagen. Die Abstimmung durch die Belegschaft danach war nur noch eine Formsache, weil es keinen anderen Kandidaten gab.

Friedliche Revolution und Museumsarbeit

Indessen war neben den revolutionären Ereignissen unsere Arbeit in einer Zone relativer Normalität weitergelaufen. Ich hatte mich besonders mit dem großen Maler Ferdinand von Rayski zu beschäftigen, dessen 100. Todestag 1990 bevorstand und dem ich eine Ausstellung mit Katalog widmen wollte. Da stand Dresden in der Pflicht. Noch nie hatte es eine repräsentative Darstellung seines Gesamtwerks und schon gar nicht in dieser Breite und Fülle gegeben. Jetzt, nach dem Wegfall der politischen Barrieren, konnte ich die wunderbaren Werke aus München, Nürnberg und Würzburg problemlos einbeziehen.

Mit dieser Arbeit über den mir so sympathischen sächsischen Meister wollte ich mich von der Galerie und meinem Berufsleben verabschieden. Seit jener Exposition 1964 zur Geschichte der Dresdner Akademie anlässlich ihres 200-jährigen Gründungsjubiläums war es mein Bestreben gewesen, in Publikationen, Vorträgen, Ausstellungen und Katalogen sächsische Kunstgeschichte aufzuarbeiten und die Großen des 19. Jahrhunderts vorzustellen. Es war nicht leicht, dieses Konzept gegen die anfängliche Direktive der Partei durchzusetzen, die Galerie Neue Meister müsse sich vorwiegend mit dem Sozialistischen Realismus und seinen angeblichen Traditionen in der proletarisch-revolutionären Kunst des frühen 20. Jahrhunderts beschäftigen und damit politisch aktuelle Kulturpolitik betreiben. Später indessen fanden meine kunsthistorischen Ambitionen unter der Staatsdevise »Pflege des kulturellen Erbes« mehr und mehr Zustimmung.

Eigentlich ging meine Arbeitspflicht mit dem 31. Dezember 1989 zu Ende. Ich hatte mich aber entschlossen, noch drei Monate länger im Amt zu bleiben, um verschiedene Projekte abzuschließen und meinen Nachfolger Gerd Spitzer, einen verlässlichen Kollegen und seriösen Kunsthistoriker, einzuarbeiten. Er hatte über den Bildhauer Ernst Rietschel promoviert und von daher eine Beziehung und Affinität zum 19. Jahrhundert.

Indessen stand uns noch Ende 1989 ein erfreuliches Ereignis ins Haus. War es doch gelungen, mit dem Landesmuseum Mainz in Sachen Max Slevogt glücklich zu kooperieren. Schon im Sommer hatten die Mainzer seinen berühmten Ägypten-Zyklus für eine Präsentation von uns komplett erhalten. Nun revanchierten sie sich mit einer Gegengabe von Gemälden und Grafik des großen Pfälzers.

Am Abend des 19. Dezembers wurde die hochrangige Ausstellung im Albertinum mit Reden des Ministerpräsidenten von Rheinland-Pfalz und des damaligen Kulturministers der DDR eröffnet. Einen besonders freundlichen, fast verbrüdernden Akzent erhielt die deutsch-deutsche Veranstaltung durch den von unseren Gästen mitgebrachten Pfälzer Wein. Es war schon mehr als eine freundliche Geste, dass die Winzer der Genossenschaft »Südliche Weinstraße« jedem Besucher der Vernissage eine Flasche ihres Rebensaftes mit speziellem Slevogt-Etikett überreichten. Und natürlich wurde im Foyer des Albertinums »Freiwein« schon während der Eröffnungsreden ausgeschenkt, sodass die Leute immer fröhlicher und fröhlicher wurden, wozu sie ja auch Anlass hatten.

Zur gleichen Zeit ereignete sich keine 100 Meter entfernt Weltgeschichte. Helmut Kohl, ebenfalls Pfälzer und Bundeskanzler des anderen deutschen Staates, sprach an der Frauenkirchenruine zu den Dresdnern. Schon gegen Mittag war er auf dem Flughafen Klotzsche eingetroffen und danach mit Hans Modrow, dem neugewählten Ministerpräsidenten der DDR, zum Nobelhotel Bellevue gefahren. Dort hatten die beiden im Ludwig-Richter-Salon (!) eine lange Unterredung über anstehende Fragen geführt. Die Gespräche sahen die Erhaltung der Eigenstaatlichkeit der DDR vor und liefen auf eine deutsch-deutsche Konföderation hinaus.

Als die Kunde vom überraschenden Auftauchen Kohls an der Frauenkirche unter den Vernissage-Besuchern die Runde machte, war da kein Halten mehr. Alles stürzte hinaus. Um die angestrahlte Ruine hatte sich eine unübersehbare Menge versammelt. Viele trugen Transparente und schwarzrotgoldene Fahnen, aus denen das DDR-Emblem von Hammer, Zirkel und Ährenkranz herausgeschnitten war. Auch weißgrüne Sachsenfahnen waren nicht zu übersehen. Der schmächtige Modrow war neben dem Riesen aus Bonn kaum wahrzunehmen. An diesem Abend hatte er nichts zu sagen. Kohl war sehr ernst und sprach mit bewegter Stimme von der angestrebten »Vertragsgemeinschaft«. Sein Ziel aber bleibe, wenn die geschichtliche Stunde es zuließe, die Einheit der Nation. Er schloss unter dem Jubel der Versammelten mit den Worten: »Gott segne unser deutsches Vaterland«. Eine ungeheure Begeisterung hatte die Menge erfasst. Jetzt riefen die Tausenden nicht mehr »Wir sind das Volk!«, sie skandierten immer und immer wieder: »Wir sind ein Volk!«

Die Gunst der Stunde

Der Wiederaufbau der Frauenkirche

Noch aber hieß das politische Ziel der Veränderungen, eine »DDR mit menschlichem Antlitz« und wiederhergestellten Bürgerrechten zu schaffen, die dann vielleicht ein gleichrangiger Partner in einem Staatenbund mit der westdeutschen Republik würde sein können. Nach so langer Zeit der Lethargie schossen neue Ideen und Initiativen wie Pilze aus dem Boden.

Am 2. November 1989 – wir lebten noch in der Periode des großen Volkszorns und der Massendemonstrationen gegen das Gewaltsystem – erhielt ich ein Schreiben von meinem Zahnarzt Günter Voigt, dem die Kopie eines offenen Briefs an Landesbischof Johannes Hempel beigefügt war. Darin rief Dr. Voigt zu einer weltweiten Initiative für den Wiederaufbau der Frauenkirche auf und bat den Bischof und die sächsische Landeskirche um Unterstützung dieses Plans. Ich hielt das für eine wunderbare Idee und war sofort bereit, mitzumachen, denn mir war klar, dass es jetzt galt, den Impuls des Aufbruchs als Gunst der Stunde zu nutzen. Pfarrer Karl-Ludwig Hoch sprach von »Kairos«. Im Verteilerschlüssel von Voigts Brief vermisste ich die eigentlichen Fachleute, die Architekten mit denkmalpflegerischen Interessen. Deshalb rief ich die mir bekannten Herren Schölzel und Dr. Köckeritz an und bat sie um ihre Mitwirkung im Kreis der Initiatoren.

Eine erste Zusammenkunft Gleichgesinnter fand am 24. November in der Wohnung des Kunsthändlers Heinz Miech auf der Goetheallee 23 statt. Wir waren nur acht Personen, und Pfarrer Hoch, den ich von seinen Caspar-David-Friedrich-Studien her kannte, hatte den Entwurf eines »Rufes aus Dresden« dabei. Ich erbat mir den Text zur Überarbeitung und legte Ende November den Freunden eine Fassung vor, welche allgemeine Zustimmung erhielt. Auf die drängende Frage nach einer repräsentativen »Galionsfigur« für unsere Bürgerinitiative brachte ich Ludwig Güttler in Vorschlag, den berühmten Solotrompeter. Wir waren seit einem zufälligen Zusammentreffen während eines Ostseeurlaubs auf der Insel Rügen miteinander bekannt. Noch am gleichen Abend erhielten wir seine Zusage. Güttler machte mit. Schon zwei Tage später trafen wir im Hause Miech erneut zusammen. Da war Güttler schon dabei, und es erwies sich, dass er mit seinem Organisationstalent, seiner rhetorischen Begabung und Überzeugungskraft, seiner Intelligenz, Ausdauer und Willensstärke der richtige Mann war, um unser eigentlich tollkühnes, ja wahnwitziges Unterfangen ins Laufen zu bringen.

Ich hatte mich erboten, den Kontakt mit unserem Freund Johannes Hempel herzustellen. Der sächsische Landesbischof war sozusagen die Schlüsselfigur im Prozess der Entscheidungen für oder gegen den Wiederaufbau. Sein Votum würde weithin, besonders aber in der Kirchenleitung und der Landessynode gehört werden. Unser Gespräch in seinem Bühlauer Haus muss am 28. November stattgefunden haben. Dabei berichtete ich ihm von unserer Zusammenkunft bei Miech, unserem großen Plan und unseren Beweggründen. Am Ende fragte ich ihn, wie er und die Landeskirche sich zu einer Bürgerinitiative für den Wiederaufbau der Frauenkirche verhalten würden. Zu meiner Betroffenheit sagte er mir, dass die Kirche den Wiederaufbau ablehne und keinen Pfennig dafür auszugeben bereit sei, dass er sich aber einer Bürgerbewegung für die Wiedererrichtung der Kirche nicht entgegenstellen werde. Einem von mir überbrachten Ersuchen um ein Gespräch mit Ludwig Güttler und einigen Mitstreitern zeigte er sich offen.

Dieses entscheidende Treffen fand am 28. Dezember in Hempels Wohnung statt. Aus dem Protokoll ist zu schließen, dass der Bischof zu diesem Zeitpunkt bereits Zweifel an der prinzipiellen Richtigkeit der ablehnenden Position der Landeskirche hegte. Unser Gespräch hatte ihn wohl nachdenklich gemacht. Um die Wirkungskraft unseres »Rufes aus Dresden« zu optimieren, beschlossen wir, vor seiner Veröffentlichung noch weitere Persönlichkeiten und nun eben möglichst auch die Kirche als Institution »mit ins Boot zu holen« – wie Güttler es ausdrückte. Da sich dieser Klärungsprozess hinzog, wurde die Verkündung des »Rufes aus Dresden« auf den Vorabend des 13. Februar 1990 festgesetzt. Das war der 45. Jahrestag der Zerstörung der Stadt durch die alliierten Bomberflotten.

Die Pressekonferenz am 12. Februar fand im Hotel Bellevue am Neustädter Elbufer statt. Neben Güttler sprachen der Denkmalpfleger Heinrich Magirius, die Architekten Wolfram Jäger und Walter Köckeritz sowie der Kunsthistoriker Joachim Menzhausen. Der Bischof war nicht gekommen. Er hatte seinen Stellvertreter Folkert Ihmels geschickt, was ich verstehen konnte. Folkert, den ich aus Leipziger und Adorfer Tagen gut kannte, war ein überzeugter Gegner des Wiederaufbaus. Im Bellevue erklärte er sozusagen offiziell, dass die Kirche wegen der fehlenden Gemeinde keinen Bedarf für die Frauenkirche sähe. Auch sei das pompöse Bauwerk »nicht das Abbild dessen, was Menschen sich heute als Kirche vorstellen«. Ich sagte ihm beiläufig, dass ich solches Denken angesichts des globalen und einzigartigen Ranges der Frauenkirche für kleinkariert hielte, worauf er ziemlich erbost erwiderte: »Meinst du denn, unser Bischof denkt kleinkariert?«

Der »Ruf aus Dresden«, von zweiundzwanzig Persönlichkeiten unterzeichnet, wurde verlesen und fand nicht nur in unserer Stadt, sondern weltweit Beachtung und Resonanz. Aus dem Initiativkreis heraus folgte noch 1990 die Vereinsgründung der »Gesellschaft zur Förderung des Wiederaufbaus der Frauenkirche Dresden e.V.«, ein Jahr später die Bildung einer »Stiftung Frauenkirche Dresden«.

Nach dem enthusiastischen Beginn aber waren noch viele Hürden zu nehmen. Und auch zahlreiche Gegner des Wiederaufbaus traten jetzt auf den Plan. Das Landeskirchenamt begründete in einer öffentlichen Stellungnahme die ablehnende Haltung der Evangelischen Kirche und offerierte Pläne für ein begehbares Ruinenmahnmal. Zudem richtete Anfang Februar 1991 der Baudezernent der Landeskirche Ulrich Böhme eine in ihrer Unsachlichkeit fast bösartige Denkschrift gegen den Wiederaufbau. Zu den Ruinenfetischisten gesellte sich auch Superintendent Dietrich Mendt, der in der Zeitung schrieb, ihm gefalle die Ruine und er hänge an ihr, weil er sie

»für ein Mahnmal halte, das wir brauchen [...] Gestalt gewordene Erinnerung an die Opfer.« Das war eine damals durchaus nachvollziehbare, ehrenwerte und sehr verbreitete Meinung, aber eben doch zu kurzsichtig und zu eng gesehen.

Unter dem Eindruck einer offenbar sehr überzeugenden Rede Joachim Menzhausens stimmte die Landessynode am 18. März 1991 mehrheitlich für eine Kooperation beim Aufbau der Kirche, und Bischof Hempel machte den Synodalen ein gutes Gewissen mit seinem Wort, dass es nicht vordringlich Aufgabe der Christen sein könne, Wunden offen zu halten, sondern Wunden zu heilen.

Der Gegenwind aber nahm weiter zu. Architekturhistoriker wie Dieter Bartetzko von der »Frankfurter Allgemeinen« und der Kunsthistoriker und Exilsachse Friedbert Ficker polemisierten heftig gegen die Rekonstruktion der Frauenkirche. Bartetzko hätte dafür lieber »eine Glas-Stahl-Hülle, die, den einstigen Umriß wiederholend, die Trümmer bergen könnte«, und

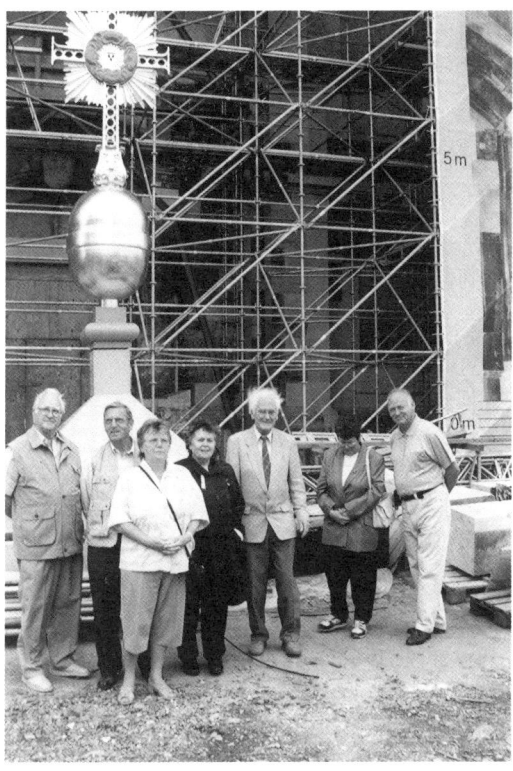

Unter dem neuen, aus England gespendeten Kuppelkreuz der Frauenkirche. Führung westdeutscher Sponsoren über die Baustelle, April 1997

Ficker meinte, an die Stelle der Kirche solle »ein zeitgemäßes Bauwerk treten, das den vielfachen Nöten und Sorgen unserer zerrissenen Jahre entspricht«.

Architektenideen zur Neugestaltung des Neumarkt-Areals gingen in die gleiche Richtung. So legte der Dresdner Stadtplaner und Architekt Helmut Trauzettel in der FAZ vom 20. Juli 1990 einen Entwurf für einen modernen Neumarkt vor, in dessen Mitte »aus der Gegenwart geboren, ein Kongreßzentrum zur vielseitigen Nutzung, ein Parlament des Friedens im Ruinenmahnmal mit einer gigantischen Kuppelhalle und einer Aussichtsplattform« aufwächst. Und in der »Weltbühne« setzte sich ein Herr Höhne ebenfalls für die sanierte Ruine ein. Die solle mit einer »Acrylglaskuppel überbaut und von Laserlichtquellen belebt« als »Frauen-Gedächtnis-Kirche« folgerichtig den Frauen gewidmet werden, die 1945 im Dresdner Feuersturm starben. Alle diese Ruinen-Fans und Moderne-Enthusiasten aber waren blind für das eigentlich unwiderlegbare Hauptargument des originalgetreuen Wiederaufbaus: Die Wiedergewinnung des wichtigsten, das Stadtbild krönenden Architekturdenkmals, eines identitätsstiftenden Symbols von Weltbedeutung, ohne das Dresden nie wieder Dresden sein würde.

Die schärfsten Einsprüche indessen kamen aus den Kreisen der westdeutschen Denkmalpflege. Der Landeskonservator von Schleswig-Holstein wandte sich in einem Protestbrief sogar an Ministerpräsident Biedenkopf. Doch die scheinheiligen, unerbetenen Belehrungen aus jenen Regionen, wo inzwischen zahlreiche zerstörte historische Denkmale und Ensembles mehr oder weniger originalgetreu längst wiederaufgebaut worden waren, blieben wirkungslos. Biedenkopf war selbst ein überzeugter Förderer der archäologischen Rekonstruktion, der verstanden hatte, worum es ging, nämlich dass man es im zerstörten Dresden – wie in Warschau – mit einem Sonderfall zu tun hatte, der alte Regeln und überholte Prinzipien außer Kraft setzte.

Als am 20. Februar 1992 auch das Dresdner Stadtparlament mehrheitlich dem Wiederaufbau zustimmte, wurde das große Werk mit allen Kräften in Angriff genommen.

Eine große, das ganze wiedervereinigte Deutschland erfassende Begeisterung für diesen neuen »Dom aller Deutschen« verschaffte unserem Unternehmen die Schubkraft und letztlich auch das ständig wachsende Spendenkonto zu seiner Finanzierung, dessen es bedurfte. In einigen Bundesländern bildeten sich Förderkreise und Frauenkirchen-Vereine. Ludwig Güttler mit seinem Blechbläserensemble Virtuosi Saxoniae gab unzählige Spendenkonzerte; andere warben mit Wort und Bild für den Wiederaufbau des großen Werkes.

Die einzelnen Phasen dieses weltweit beachteten und geförderten »Jahrhundertbaus« von der Enttrümmerung des Schuttkegels bis zum Aufsetzen des Kuppelkreuzes will ich hier nicht erzählen. Sie sind an anderer Stelle bis ins Detail dokumentiert.

Am Aufbaugeschehen habe ich als Mitglied der im Auftrag der Fördergesellschaft tätigen Arbeitsgruppe Archäologie-Kunstgeschichte-Denkmalpflege teilgenommen. Über 14 Jahre lang hat unser Team unter der Leitung von Heinrich Magirius das Wachsen des Baues beratend, kritisch und mitunter korrigierend begleitet, leider oft gegen den uneinsichtigen Widerstand der Bauleitung, des Stiftungsrates und der Landeskirche. Dabei ging es uns vor allem um die Einhaltung des Konzepts, für das wir angetreten waren: eine möglichst originalgetreue archäologische Rekonstruktion des alten Zustandes unter Einbeziehung der noch stehenden Mauerteile und zahlreicher noch vorhandener originaler Steinquader aus dem Trümmerberg. Denn wir wollten nicht nur die äußere Form wiederherstellen, sondern zugleich versuchen, etwas von der Aura des ehrwürdigen Baus wiederzugewinnen. Das war besonders bei der Rekonstruktion des aus originalen Teilen wiedergewonnen Altars wichtig, den wir nicht durch zu viel Goldbronze übertünchen lassen wollten. Wir hielten es für richtig, an dieser Stelle die Spuren der Versehrtheit sichtbar zu machen.

Für mich waren die Besuche auf der Baustelle, das hautnahe Erleben des Baugeschehens, die Zeugenschaft des allmählichen Wachsens dieses wunderbaren Bauwerks, bei Begehungen oft auf steilen Leitern und hohen Gerüsten bis hinauf in die Kuppel unvergessliche, mitunter atemberaubende Ereignisse.

Angekommen – Angekommen?

Wir sollten bald merken, dass die neue Freiheit nicht nur Chancen, sondern auch erhebliche Risiken und Nachteile für uns im Osten Zurück- und Armgebliebene gegenüber den längst im Westen Reichgewordenen mit sich brachte.

Nach der endgültigen Entscheidung zur »Freilenkung« des Pillnitzer Schlosses begann unsere Wohnungssuche von Neuem. Da fiel mir eines Tages in der Zeitung eines der üblichen Tauschangebote ins Auge. Jemand wollte eine große Etagenwohnung auf der Loschwitzer Schillerstrasse gegen zwei kleine Neubauwohnungen tauschen. Wir sahen uns die Sache an und waren gleich davon angetan. Die dreigeschossige Villa aus der späten Gründerzeit machte einen hochherrschaftlichen Eindruck und öffnete sich mit Balkonen, Gartenterrasse und herrlichem Fernblick zum Elbtal. Das prächtige Treppenhaus mit schöner Holzkunst hatte Denkmalswert. In ihm hing ein Schild mit der Information »Volkseigentum«. Infolgedessen zeigten sich überall die Spuren des Verfalls. Das große, helle Wohnzimmer in der Beletage mit der Aussicht zu den Elbschlössern überzeugte uns sofort. Hier würden wir gern bis zum Lebensende wohnen. Die Kunstsammlungen sicherten Hilfe bei Ausbau und Sanierung durch ihre Bauabteilung zu, und die Wohnraumvergabestelle gewährte die benötigten beiden Kleinwohnungen zum Tausch.

Freilich ahnten wir damals nicht, dass die Schäden so umfassend sein würden und die Ausbauphase sich über fast drei Jahre hinziehen würde. Bis zum Einzug waren unsägliche Schwierigkeiten zu bewältigen gewesen. Die Belastung war für uns während dieser Zeit unbeschreiblich groß. Wohnungsverwaltung und Kunstsammlungen erklärten mir wiederholt die Einstellung der Arbeiten wegen Mangels an Arbeitskräften und Material. Damit es dennoch weiterging, musste ich mich nun selber um Doppel-T-Träger und

Zement, um Statiker, Schornsteinmaurer, Parkettschleifer, Stukkateure, Klempner, Glaser und Maler kümmern. Und die Wochenend-Handwerker wollten mit meinem »Trabant« zu Hause in Freital abgeholt, tagsüber verpflegt, von Vera bekocht, mit Bier getränkt und abends wieder nach Hause gefahren werden.

Schließlich ließ ich auch noch das wundervolle, wenn auch verschlissene Treppenhaus mit erneuern, weil mir das schöne, alte Bauwerk so am Herzen lag. Wir hatten nicht allein unsere Etage in einen bewohnbaren Zustand gebracht, sondern die ganze Villa vor Einsturz, Hausschwamm und überhaupt vor gänzlichem Verfall gerettet.

Im denkwürdigen Frühling des Wiedervereinigungsjahres 1990 war endlich alles fertig. Als im Juni aus Schloß Pillnitz die Möbelwagen anrollten, waren wir erschöpft und glücklich. Vier Wochen nach unserm Einzug in das neue Heim stand ein älterer, gut gekleideter Herr vor unserer Tür und begehrte Einlaß. Er sei Bankdirektor und im westfälischen Hagen wohnhaft, so sagte er, und der Eigentümer dieses Hauses. Er sah sich gründlich in unserer Wohnung um, lobte deren guten Zustand und teilte uns mit, dass er nach der inzwischen beantragten Restitution seines Eigentums das Grundstück mit Villa baldmöglichst zu verkaufen gedenke. Da freuten wir uns alle sehr für unsere westdeutschen Brüder und Schwestern über die nun wiederhergestellte Gerechtigkeit. Wir hatten die Freiheit zurückgewonnen, sie die Grundstücke.

Friedrich in London

Obwohl ich im April meine Tätigkeit bei den Kunstsammlungen beendet hatte, wurden die Jahre 1990 und 1991 die turbulentesten meines Lebens. Nicht nur, dass die politischen Entwicklungen und Ereignisse uns alle in Atem hielten, auch im privaten Bereich, den ich vom öffentlichen und dienstlichen nicht so leicht zu trennen vermochte, stellten sich mir eine Reihe von Aufgaben, die alle meine Kräfte erforderten. Schaue ich aus dem Abstand des Fünfundneunzigjährigen auf jene Zeit zurück, so erscheint es mir fast unbegreiflich, wie ich alle diese Herausforderungen habe bewältigen können. Kaum jemals zuvor war meine Zeit mit Vorträgen, Studienreisen, Ausstellungen, Versammlungen und Bürgerinitiativen so dicht besetzt gewesen wie diese ersten Jahre in der neuen Freiheit, mit der umzugehen wir erst lernen mussten.

Im Sommer 1990 begehrte die National Gallery in London einige Friedrich-Gemälde als Leihgaben für eine Ausstellung, welche John Leighton anlässlich der Erwerbung seiner »Winterlandschaft mit Kirche« veranstaltete. Für die Engländer war dieser »Friedrich« insofern spektakulär, als es sich dabei um »the first of his paintings to enter any British public collection« handelte, wie es im Katalogvorwort hieß. Das Auftauchen dieser zweiten Fassung des berühmten Dortmunder Winter-Bildes hatte einen Streit über die Frage der Originalität ausgelöst. Leighton stellte das Problem von Original, Kopie und Replik in den Mittelpunkt seiner Ausstellung. Ich brachte unsere Bilder Mitte März vom Berliner Flughafen Tegel aus auf dem Luftweg nach London, hatte dort einige sehr angenehme Tage in der freundschaftlichen Begleitung von William Vaughan und erhielt eine Einladung zum wissenschaftlichen Symposium für Ende Mai.

Vorher aber galt es noch des Meisters an seinem 150. Todestag am 7. Mai zu gedenken. Mit der Einweihung des Denkmals von Wolf-Eike Kuntsche im Brühlschen Garten erhielt Friedrich endlich ein »Zeichen des Erinnerns«, das Dresden seinem großen Maler längst schuldig war. Der Platz, auf halbem Weg zwischen der Stätte seines Wohnens und der Kunstakademie, war gut gewählt. Das Bronze-Denkmal verzichtet auf eine porträthafte Nachbildung des Künstlers in corpore zugunsten von Bildzeichen, die aus Georg Friedrich Kerstings Gemäldedarstellung Friedrichs im Atelier abgeleitet sind.

Der »Study Day« der Londoner National Gallery – es war der 24. Mai – war den verschiedenen Aspekten von Friedrichs Kunst im Kontext der europäischen Romantik gewidmet. Die Rednerliste war hochkarätig besetzt. Neben den ausgewiesenen englischen Kollegen William Vaughan, Colin Bailey und John Gage sprachen Werner Hofmann aus Hamburg und Helmut Börsch-Supan aus Westberlin. Ich war der einzige Referent aus dem Ostblock. Das Interesse der Londoner Kunstfreunde war groß und der kleine Saal brechend voll.

In der Pause danach sprach mich eine Dame auf Deutsch an und lud mich zu einem Besuch ihrer Kunsthandlung auf der New Bond Street ein. Es war Hildegard Fritz-Denneville, eine Frau von Geist und Geschmack, wie ich sehr bald feststellte. Ich folgte der Einladung gern und fand eine sympathische kleine Galerie mit interessanten Arbeiten aus der deutschen Kunstszene des 19. und 20. Jahrhunderts, darunter einem kleinen Caspar David Friedrich. Später besuchte ich Frau Fritz-Denneville in München in ihrer eleganten Wohnung. Sie war von großer, schlanker Gestalt und sprach mit etwas rauer Stimme wie die Knef. Ihre dominierende Eigenschaft war vielmehr eine große menschliche Wärme, ja Herzlichkeit, die einem wohltat. Und sie begegnete mir hilfsbereit und großzügig.

Vom Berner Oberland zur Abano Terme

Die Straße wurde immer schmaler und steiler, als wir uns mit unserem Jetta von Meiringen kommend auf steilen Serpentinen am Westhang eines Gebirgsmassivs emporwanden, das über dem Tal der Aare bis zu zweieinhalbtausend Metern Höhe aufragte. Unser Ziel war die kleine Ansiedlung Hasliberg, in deren Nähe, einsam am Steilhang gelegen, die Heitmanns ihr ganz aus Holz gebautes Chalet besaßen. Und wir hatten den Schlüssel dazu.

Deren wunderbarer Gastfreundschaft hatten wir mehrere erholsame Aufenthalte an diesem einzigartigen Ort zu verdanken. Den Kontakt hatte die Züricher Opern- und Kammersängerin Charlotte Berthold hergestellt. Charlie war eine ehemalige Schulfreundin meiner Frau, mit der wir seit der politischen Wende in enger Verbindung standen. Für uns Ostdeutsche waren die Urlaubswochen im gemütlichen Ferienhaus ein großes Geschenk. Noch Anfang Juli war es hier oben angenehm kühl. Der Blick über das ganze weite Haslital hinüber zu den Gipfeln der Westschweizer Alpen war grandios. Während der zwei Wochen unseres Aufenthalts machten wir Touren in die höheren Regionen. Sessellifte brachten uns auf die schneebedeckten Gipfel, von wo wir einzigartige Rundblicke auf die Hochgebirgswelt genossen.

Da wir nun schon auf halbem Weg nach Italien waren, fuhren wir nach zwei Wochen weiter durch den Gotthard-Tunnel nach Süden. Über dem Comer See rauschten Regenfluten vom finsteren Himmel. In der Abano Terme bei Padua konnten wir uns aufwärmen und entspannen. Hier priesen sie ihren Heilschlamm an: »Il fango – per curarsi in modo naturale!«

Diese oberitalienische Region ist kunstgeschichtlich hoch interessant. Den Gardasee muss man schweren Herzens hinter sich lassen, um – schon im Vorfeld von Venedig – Padua und Vicenza zu erreichen. Paduas Ruhm hatte mit einem Franziskanermönch namens Antonius begonnen. Der wortmächtige Verkünder des Evangeliums wurde schon zu Lebzeiten Schutzheiliger der Armen, um die es ihm vor allem ging. Die kuppelreiche Basilika, die man ihm zu Ehren errichtete, ist im Äußeren wie im Inneren beeindruckend. Daneben ist noch manches architektonische Juwel zu entdecken, dessen Beschreibung ich mir versagen muss, um nicht in das procedere eines Kunstführers zu verfallen.

Ein Architekturerlebnis aber darf nicht unerwähnt bleiben und das sind die epochalen Schöpfungen des großartigen Baumeisters und Architekturtheoretikers Andrea Palladio im benachbarten Vicenza. Sie sind mit ihrer Klarheit und Schönheit der Proportionen ein Gegenentwurf zur ornamentfreudigen Spätrenaissance. Man empfindet, dass hier einer am Werk war, der seinen Vitruv und die antike Baukunst verinnerlicht hat.

Mitte Juli aus Italien zurückgekehrt, begab ich mich wieder auf die Spuren der Maler. So folgte ich wenige Wochen danach einer Einladung nach Dortmund zu einer Caspar-David-Friedrich-Tagung, die das Museum für Kunst und Kulturgeschichte veranstaltete. Anlass und Thema war – wie in London – der Expertenstreit um Original, Replik, Variante und Kopie im Blick auf die beiden Fassungen von Friedrichs »Winterlandschaft mit Kirche« in Dortmund und London. Die Veranstaltung stand unter der Leitung des Friedrich- und Rembrandt-Forschers Werner Sumowski und war nicht zuletzt durch die Teilnahme namhafter Restauratoren fundiert und ergebnisreich.

Die bewegenden Ereignisse des denkwürdigen 3. Oktobers 1990 im Zusammenhang mit der endlichen Wiedervereinigung der beiden so lange getrennten Teile unseres Vaterlands erlebten wir am Bildschirm. Noch im Ohr habe ich den schönen Satz, den Willy Brand am Brandenburger Tor ausrief: »Jetzt wächst zusammen, was zusammengehört!« Unsere Friedliche Revolution vom Herbst 1989 hatte ihr Ziel erreicht. Wir waren nun Bürger der Bundesrepublik Deutschland. Ich wusste freilich: Wir kamen nicht ins Paradies, aber wir waren jetzt freie Menschen in einem demokratischen Staat mit großen Gestaltungsspielräumen, die es zu nutzen galt. Und am

14. Oktober gab es Landtagswahlen in den fünf neuen Bundesländern: Wir durften wieder Sachsen sein.

Wenige Tage danach flog ich nach Rom. Auf dem Flughafen Leonardo da Vinci in Ostia erwartete mich Alfred Lentes. Der freundliche Schullehrer sanguinischen Temperaments aus dem Saarland hatte mich eingeladen, mit ihm zusammen den Spuren des Dresdner Malers Carl Wilhelm Götzloff nachzugehen, der wie viele sächsische Künstler in jungen Jahren nach Italien aufgebrochen war, aber nie wieder den Weg zurück in die Heimat gefunden hatte. Lentes hatte sich seit langem mit Götzloff beschäftigt. Ich nutzte seine Begeisterung für diesen begabten Schüler Dahls und Friedrichs, um ihn zu eigenen Recherchen zu ermuntern. War doch bisher zu diesem hervorragenden Landschaftsmaler nichts wirklich Substantielles geschrieben worden. Sein umfangreiches Œuvre hatte noch niemand zusammengetragen.

Wir wohnten in einem kleinen Hotel an der Via del Tritone, nahmen im legendären Café Greco unseren Kaffee und saßen bis in die Dunkelheit vor einem der zahlreichen Lokale an der Piazza della Repubblica beim Wein, denn die Abende waren noch mild. Einen Termin bei einer der Damen der Nationalgalerie für Moderne Kunst zu bekommen, erwies sich als unerwartet schwierig. Das Museum, welches Teile von Götzloffs Nachlass bewahrt, liegt oben auf dem Monte Pincio in der Nähe der Villa Borghese. Erst nach mehreren Anläufen gelang es uns, Einblick in das Konvolut zu erhalten.

Am nächsten Tag fuhren wir südwärts nach Sorrent. Im nahgelegenen Sant'Agnello besuchten wir einen Freund von Lentes, Heimatforscher und vorzüglicher Kenner der Gegenden um Neapel und Sizilien. Er war eine große Hilfe bei der Lokalisierung der Landschaftsmotive Götzloffs, der von 1825 bis 1866 in und um Neapel gelebt und gemalt hatte.

Die Frucht dieser Studien war eine stattliche Monografie, die Lentes 1996 herausbrachte. Drei Jahre später konnte ich seine Arbeiten im Schloss Moritzburg bei Dresden zeigen. Jetzt war der Künstler kein Unbekannter mehr.

Am 16. Dezember 1990 fand im Albertinum die Vernissage meiner Ferdinand-von-Rayski-Ausstellung statt. Sie hatte ein sehr positives Presseecho. Nach drei Monaten schickten wir sie nach München weiter. Bei der dortigen Eröffnung in der Städtischen Galerie Lenbachhaus gaben auch Münchens legendärer Bürgermeister Christian Ude und der sächsische Kulturminister Hans Joachim Meyer dem großen Sachsen die Ehre. In der Münchner Presse war die Rede von einem ersten Kunstaustausch zwischen den alten und neuen Bundesländern. Und wirklich hatten wir wenige Monate danach im Albertinum eine opulente Gegenausstellung mit 160 Werken des großen süddeutschen Romantiker-Zeitgenossen Johann Georg von Dillis zu bewundern. Sie kam aus der Neuen Pinakothek und war dem Münchner Kollegen Christoph Heilmann zu verdanken. Ich schrieb damals in einer Rezension: »Es ist ein Ergebnis der nun wieder engen Kontakte zwischen den Museen von ›Elbflorenz‹ und ›Isarathen‹, den beiden bedeutendsten Kunststädten Deutschlands, daß das Werk dieses hierzulande kaum bekannten Künstlers auch in Dresden vorgestellt werden kann«.

Die neue Freiheit: Auf Erkundungstour 1991

Nach der Rayski-Vernissage im März 1991 in München genossen Vera und ich die wiedergewonnene Freiheit und das fantastische Fahrgefühl in unserem neuen, gebrauchten VW Jetta. Welch ein Kontrast zum bisher gewohnten Trabant-Zweitaktergetucker! Auf glatten Autobahnen und schlaglochfreien Staatsstraßen nahmen wir für uns den schönen Südwesten unseres »einig Vaterlands« in Besitz. In Reutlingen hielt ich einen Vortrag über Burgenkult und Romantik, in Stuttgart sprach ich vor dem Freundeskreis der Staatsgalerie über Joseph Anton Koch und Caspar David Friedrich. Dann besuchten wir die Verwandten im Schwarzwald und die Freundin Charlotte Berthold in Zürich. Kurze Zeit wohnten wir in Heitmanns Chalet auf dem Hasliberg im Berner Oberland, und Anfang April fuhren wir über Basel, Colmar und das Saarland nach Sachsen zurück. Am 29. April hielt ich einen Vortrag im Leipziger »Coffe-Baum«, am 10. Mai eröffnete ich in Loschwitz eine Eduard-Leonhardi-Ausstellung und sprach 14 Tage später bei Lempertz in Köln über Dresdner Romantiker.

Mein Drang, die neu gewonnenen Kulturräume im Westen zu erkunden und für mich zu entdecken, war unersättlich. Der schöne Monat Mai lockte in die Ferne. Der freundlichen Einladung des sanften Pastors Peter Kemmether folgend, fuhr ich ins fränkische Ebrach mit seiner imposanten Zisterzienserabtei. Kemmethers hatten fünf Kinder zwischen fünf und 14 Jahren, die immer, auch zu den Mahlzeiten machten, was sie wollten, vor allem aber Lärm.

Eine Woche lang machte ich vom gastfreundlichen Ebracher Pfarrhaus aus im schönen Franken meine Entdeckungs- und Zeichentouren, besuchte Bamberg, Pommersfelden und Schweinfurt, Nürnberg, Wertheim und Miltenberg. Ich war vom Charme dieser malerischen Stadtkerne mit ihren alten Kirchen, den verwinkelten Durchblicken und Fachwerkhäusern bezaubert. Mein Herz schlug für bewegte Asymmetrie und krumme mittelalterliche Gassen. Wenn ich zeichnend auf einem Brunnenrand oder einer Rathausstufe saß, hatte ich Glücksgefühle. In meiner nostalgischen Vorliebe für die Zeugnisse der Vergangenheit wusste ich mich mit den frühromantischen Jünglingen Tieck und Wackenroder verbunden.

Im Juli packten wir wieder unsere Reisetaschen, und ich tankte unseren silbergrauen Jetta voll. Nun wollten wir uns den Norden unseres wiedergewonnenen Westens anschauen. Über Hannover und Hamburg fuhren wir auf der Autobahn hinauf bis zu dem malerischen Friedrichstadt am Flüsschen Eider.

Am nächsten Abend erreichten wir einen kleinen nordfriesischen Küstenort namens Dagebüll. Hier beschlossen wir, einige Tage zu bleiben, um die berühmte Nordsee pur zu erleben. Doch von ihr waren wir enttäuscht, denn sie zog sich alle zwölf Stunden ebbehalber zurück und hinterließ den hässlichen Anblick einer weiten Schlammfläche, in der sich eklige Würmer schlängelten. Und man schaute auf vorgelagerte Inseln. Eindrucksvoller war die Hallig Hooge, die nur aus wenigen, aber schönen alten Fischerhäuschen besteht. Um aber doch noch den Blick auf das große, weite Meer zu gewinnen und zugleich Veronikas Schulfreundin Charlotte zu überraschen, die dort Urlaub machte, fuhren wir eines Tages über den Hindenburgdamm auf die Insel Sylt. Unsere Freundin fanden wir nicht, das berühmte Seebad Westerland mit seinen betonklotzigen Hotels und der sterilen Promenade aber eher abstoßend. Eine Tasse Kaffee kostete vier Mark. Der Sandstreifen, auf dem sich tausend Strandkörbe drängten, war durch Gitterzäune abgesperrt und nur gegen Zahlung von zwei Mark zu betreten. Wir empfanden das als höchst unmoralische Wegelagerei. Diesen alltäglichen Kapitalismus in Aktion waren wir von unserer volkseigenen Ostseeküste her nicht gewohnt, und so verließen wir die Insel fluchtartig.

In Seebüll sahen wir uns Noldes Haus und seine faszinierenden Bilder an, passierten die dänische Grenze und erreichten auf glatten Asphaltstraßen Christiansfeld. Die schmucke Siedlung der Evangelischen Brüdergemeine liegt ziemlich weit an der Ostseite des schleswig-holsteinischen Landhalses. Vera bekam Heimatgefühle, weil ihre dänischen Großeltern Gormsen und deren Vorfahren hier gelebt hatten. Wir fanden ihre Gräber auf dem schönen, alten Gottesacker. Auf der Rückfahrt nach Süden machten wir in Flensburg nur kurze Rast, denn erst in Schleswig wollten wir wieder übernachten. Dort erwartete uns mein freundlicher Kollege Jan Drees, der im Landesmuseum Schloss Gottorf arbeitete. Wir wohnten idyllisch im alten St. Johannes-Kloster und waren zum Kaffee bei Drees' zu Gast.

In Kiel, einer hässlichen Nachkriegsneubaustadt, besuchten wir den verehrten Kollegen Jens Christian Jensen (1928–2013), einen der bedeutendsten Kunsthistoriker des 20. Jahrhunderts u. a. zur deutschen romantischen Malerei, sahen aber zu, dass wir bald weiterkamen, um in der berühmten Holsteinischen Schweiz zum Abend noch ein Quartier zu bekommen. Doch so oft wir auch anhielten und nachfragten: Alle Gasthäuser und Pensionen waren voll belegt. Es wurde schon dunkel, als wir endlich Erfolg hatten. Unser Hotel war freilich ein riesiges Hochhaus de luxe am Großen Plöner See mit sündhaft hohen Zimmerpreisen. Am nächsten Tag in Lübeck gab es ein ähnliches Problem. Das Touristenzentrum konnte uns nur eine Übernachtung in Travemünde vermitteln. So waren wir endlich doch noch in einem Ostseebad gelandet. Aber das war auch nicht schlecht.

Romantikseminar am Comer See

Zu Beginn des Herbstes hatte ich mir einen Fuß angebrochen, sodass ich monatelang an einer Krücke durch Haus und Flur hinken musste. Zwar heilte der Bruch, aber ich bekam einen seltsamen Dauerschmerz in das angeschwollene Bein. Die rätselnden Ärzte einigten sich auf Morbus Sudeck. Das Schmerzsyndrom quälte mich noch lange.

Da erreichte mich Ende Oktober vom Chef des Kunsthauses Mathildenhöhe in Darmstadt Klaus Wolbert die Anfrage, ob ich an einem deutsch-italienischen Seminar zur Romantik in Menaggio am Comer See teilzunehmen bereit wäre. Wegen meiner Gehbehinderung musste ich ihm absagen. Aber er ließ diesen Grund nicht gelten und bot mir an, für Flugzeug- und Taxitransport zu sorgen. Da sagte ich zu und erhielt sogleich die offizielle Einladung vom »Deutsch-italienischen Zentrum für Studienaufenthalte und Begegnungen in Wissenschaft, Bildung und Kultur« aus Menaggio. Was es in der freien Welt nicht alles Angenehmes und Förderliches gab, wovon wir keine Ahnung gehabt hatten – dachte ich und verkniff mir meine Schmerzen.

Als ich Ende November am Comer See eintraf, war ich von der Schönheit der Landschaft überwältigt. Tagungsort war eine prächtig mit antiken Möbeln und Kunstwerken ausgestattete, komfortable Villa in klassizistischem Stil. Sie lag in halber Höhe am Hang eines Gebirgszugs, der aus dem klaren Spiegel des Sees über seinem westlichen Ufer emporstieg. Das opulente, schon zur Biedermeierzeit von einer deutsch-italienischen Kaufmannsfamilie erworbene und bebaute Besitztum war erst vor wenigen Jahren vom letzten Eigentümer Don Ignazio Vigoni als Begegnungsstätte zur Pflege der abendländischen Kultur bestimmt und der Bundesrepublik übereignet worden.

Thema des Seminars war die europäische Geistesbewegung zwischen Sturm und Drang, Klassizismus und Romantik. Von den Damen und Herren, die sich unter dem Vorsitz des Professors Renato Barilli von der Universität Bologna in der Scuderia um den grün bespannten Konferenztisch versammelten, kamen sechs aus Italien und fünf aus Deutschland. Nur wenige davon waren mir bekannt: von den Italienern der Direktor der Modernen Galerie in Florenz, Ettore Spalletti, von den Deutschen Petra Maisak vom Frankfurter Goethe-Museum. Die zwei Tage des Seminars waren angefüllt mit Vorträgen und Diskussionsrunden zu einem Themenkreis, der den Südländern im Grunde wohl weniger liegt als gerade den Deutschen, nämlich der nordischen Romantik. Als ich an die Reihe kam, merkte ich, dass ich weder gedruckte Unterlagen noch eine Ausarbeitung dabeihatte. So sprach ich ex tempore, was mir so einfiel.

Da mein Rückflug erst am übernächsten Tag gebucht war, konnte ich noch entspannte Stunden unter strahlender Spätherbstsonne am Gestade des Comer Sees genießen. Das Gefieder südlicher Palmen, das dunkle Grün der Zypressen und das satte Rot der Granatäpfel standen vor einem tiefblauen Himmel. Nur mein Fuß schmerzte.

Eine berührende Episode vom letzten Tag meines Aufenthalts blieb mir in Erinnerung. Eine in Loveno di Menaggio lebende Deutsche, mit der ich ins Gespräch gekommen war, drängte mich, einen alten Landsmann von mir zu besuchen, der in einer Seniorenresidenz oberhalb des Ortes lebe und gern Menschen aus seiner alten Heimat empfange. Ich fand den bejahrten Herrn in einem schönen, geräumigen Zimmer mit wunderbarem Ausblick auf den Comer See. Wie überrascht war ich, als ich mich von ihm aufs freundlichste in waschechtem Leipziger Sächsisch angesprochen hörte. Es stellte sich heraus, dass er als junger Mann nur 20 Minuten von meinem Gohliser Vaterhaus entfernt, in der Kroch'schen Siedlung gewohnt und in einem Autogeschäft gearbeitet hatte. Bis zum 9. November 1938 dem Tag der Kristallnacht. Ein deutscher Polizeibeamter, der in seinem Haus wohnte, hatte ihm, dem Juden, das Leben gerettet. Der war an jenem Tag in sein Autogeschäft gekommen und hatte ihn beschworen, nicht nach Hause zurückzukehren, sondern zum Hauptbahnhof zu gehen, sich eine Fahrkarte zu kaufen und weit weg zu fahren. So hatte er es gemacht. Später war ihm die Flucht in die Schweiz und in die USA gelungen, wo er zu Wohlstand gelangt war. Wir tauschten Erinnerungen aus über Örtlichkeiten unserer gemeinsamen Heimat. Er äußerte weder Hassgefühle noch Verbitterung, nur einen freundlichen Sarkasmus

Die neunziger Jahre blieben aufregend. Vieles wurde jetzt möglich, woran unter dem dumpfen SED-Regime nicht zu denken gewesen war. Meine Lichtbildervorträge zur Malerei des 19. Jahrhunderts wurden in westdeutschen Städten weiterhin begehrt.

Im Gedächtnis geblieben ist mir eine mehrwöchige Erholungskur im Ostseebad Heiligendamm, das mit seinem berühmten spätklassizistischen Kurhaus wenige Jahre später zum teuren Nobelkurbad mutierte.

Ein längerer Studienaufenthalt im Herbst brachte mir die Museumsschätze der bayerischen Metropole München näher. Da war ich Gast des in Fachkreisen berühmten Zentralinstituts für Kunstgeschichte. Besonders nachhaltige Eindrücke aber hinterließ im Spätsommer 1992 eine STUDIO-SUS-Gruppenreise zu den Schlössern des Loiretales mit dem Höhepunkt Chambord.

Im Reisefieber: Griechenland und Großbritannien

Für die neuen Bundesbürger der Ostländer hatte STUDIOSUS spezielle Reiseangebote zu besonders günstigen Preisen. Zum Beispiel eine Woche Griechenland mit Flug nach Athen und Weiterfahrt im Omnibus. »Das Land der Griechen mit der Seele suchen« – wir wollten es nun auch mit allen Sinnen erleben. Die deutsch sprechende griechische Reiseleiterin war sympathisch und kulturgeschichtlich versiert.

Athen! Schon beim morgendlichen Frühstück auf der Hotelterrasse blickten wir auf den Burgberg mit der krönenden Akropolis. Ich zeichnete ihn aus dem Zimmerfenster. Die Sonne brannte heiß, als wir hinaufstiegen. Und dann standen wir vor dem Tempel der jungfräulichen Göttin Athena, dem Parthenon. Er dominiert die fast zur gleichen Zeit entstandenen Kultbauten des Erechtheions, des Niketempels und der Propyläen. Doch wurde der Athenakult schon tausend Jahre früher an diesem Ort ausgeübt. Hier standen wir an der Wiege der abendländischen Kultur.

Ihre steinernen Zeugen hatten eine abenteuerliche Geschichte. Die Christen nutzten sie als Kirchen, die Türken als Moscheen. Das Erechtheion wandelten sie in einen Harem um. Öfter wurde die Akropolis beschossen, ihre Tempel in die Luft gesprengt und wieder aufgebaut.

Das Faszinierende des Peloponnes ist, dass man hier auf dem Areal einer großen Insel durch verschiedene Zeitfenster abendländische Kulturgeschichte von fast dreitausend Jahren erleben kann. So etwa vermitteln die durch rustikale Monumentalität beeindruckenden Reste der Burg von Tiryns einen Blick in Griechenlands Vorgeschichte. Antike Mythologie ist an diesem Ort angesiedelt.

Auf einer Küstenstraße mit Blick auf den Argolischen Golf fuhr unsere Reisebusgesellschaft südwestwärts und durchquerte die ganze Insel. Wir bestaunten das Theaterrund von Olympia, die religiöse Orakelstätte von Delphi und saßen bei glühender Mittagshitze im Amphitheater von Epidauros. Wir erlebten einen Sonnenuntergang über dem Golf von Argolis und Morgensonne über dem Löwentor von Mykene.

Am Ende landeten wir mit einem gewaltigen Zeitsprung im hohen Mittelalter. Ein fränkischer Fürst hatte die Burg Mistra gegründet, bevor die Ansiedlung Hauptstadt und Zentrum des spätbyzantinischen Reiches wurde. Erstaunlicherweise gibt es in der heutigen Ruinenstadt eine Anzahl völlig intakter griechisch-orthodoxer Kirchen und Klöster mit ihren zahlreichen Kuppeln und Apsiden.

Ganz in der Nähe von Mistra liegt der dem Evangelisten Lukas geweihte Zentralbau der Klosterkirche Hosios Lukas. Seine gut ausgeleuchteten Innenkuppeln überwältigen mit farbigen Mosaiken aus dem 11. Jahrhundert. Eine Madonna mit segnendem Jesuskind auf Goldgrund blieb mir lange in Erinnerung.

Auch im folgenden Jahr gingen wir mit STUDIOSUS auf Reisen. Erkundungsziel war Großbritannien. Die Rundfahrt auf der Insel nach Norden sollte in London beginnen.

Dort trafen wir am 27. Mai nach zweiundzwanzigstündiger Busfahrt völlig erschöpft ein. Im komfortablen Hotel »New Barbican« erholten wir uns bald wieder, sodass wir am zweitägigen Hauptstadtprogramm ohne Abstriche teilnehmen konnten. London war immer wieder neu und faszinierend. Mein letzter Besuch der Metropole lag ja erst vier Jahre zurück. Da war mir manches schon vertraut, doch für Vera boten Westminster Abbey, British Museum und am folgenden Tag Windsor Castle erregende erste Eindrücke.

Die weiteren Stationen führten uns westwärts über Oxford nach Stratford-upon-Avon, direkt vor das Geburtshaus des großen Shakespeare, des gefeierten Vorbilds der deutschen Klassik. Vor allem der jugendliche Goethe begeisterte sich für den genialen Briten, dessen Dramen er später am Weimarischen Hoftheater aufführen ließ.

Als wir im nordenglischen Lake District eintrafen, trübte sich das Wetter ein, sodass wir uns bei einer Bootsfahrt über den Lake Windermere warm anziehen mussten. Wir genossen dennoch die Stille und einmalige Schönheit dieser Landschaft, die von vielen Dichtern besungen und von Malern gemalt worden war. Da erinnerte ich mich meiner englischen Brieffreundin Jeane Hall, die hier zu Hause war und die mir in den Nachkriegshungerjahren Pakete mit Lebertran in die damalige »Ostzone« geschickt hatte, um mir schwer Lungenkrankem zu helfen. Wir haben uns nie gesehen, aber ich bewahre dankbar ihr Foto auf.

Endlich erreichten wir mit unserem Reisebus Glasgow. Jetzt waren wir nicht mehr in England, sondern – die Leute legten großen Wert darauf – in Schottland, das bekanntlich mal ein eigenes Königreich gewesen war.

Weite, unbewaldete, steppenähnliche Landschaften, von größeren und kleineren Seen unterbrochen und eingerahmt von Gebirgsketten, in deren Gipfelzonen Schneefelder blinkten: Das war das schottische Hochland, das wir auf einer langen Fahrt durchquerten, wo wir in dem kleinen Ort Aviemore übernachteten und tags darauf die tiefen Bergseen Loch Lomond und Loch Ness bestaunten. Das berüchtigte Ungeheuer ließ sich nicht blicken. Stattdessen blies ein urig gekleideter Schotte auf seinem Dudelsack schwermütig monotone Melodien.

Hauptstadt und kultureller Mittelpunkt Schottlands ist Edinburgh. Es war der vorletzte Tag unserer Reise, als wir diese Metropole des Nordens, angelegt zu Füßen des dominanten Burgfelsens, auf einem Rundgang bestaunen konnten. Leider blieb keine Zeit zur Besichtigung der bedeutenden National Gallery of Scotland sowie der modernen Sammlung. Das bedaure ich bis heute.

Unser Schottlandtrip wurde passenderweise beendet mit dem Besuch einer Whisky-Destille. Es war die kleinste, und die einzige, die noch handwerklich arbeitete. Wir waren natürlich zum Probieren eingeladen, und bald wurden alle recht fröhlich – trotz des miserablen Wetters. Wenige Stunden später standen wir im kalten Wind auf einer kahlen Hochebene neben einem Mauerrest. Das war ein Stück des berühmten Limes, der Mauer also, mit der vor 2000 Jahren die Römer ihr Weltreich gegen sogenannte Barbarenstämme geschützt hatten. Das war eindrucksvoll, doch ich fror jämmerlich.

Selbst der letzte Tag auf der Insel brachte noch überwältigende Kunsterlebnisse: die Kathedralen von Durham und York. Im Münster zu York betritt man einen hochgotischen Innenraum von stilistischer Geschlossenheit, wie sie selten anzutreffen ist. Durham ist älter. Der Bau geht auf normannische Zeit zurück, auf die Jahrzehnte nach 1100. So wirkt der Innenraum eher spätromanisch-schlicht.

Das große Passagierschiff der Linie North Sea Ferries lag im Hafen von Kingston-upon-Hull vor Anker. Das Wetter war schön und die See war ruhig. Unsere Kabine lag am Unterdeck. Erschöpft ließ ich mich aufs Bett sinken. Ich war krank, hatte einen heißen Kopf und einen dicken Schnupfen. Schuld waren die alten Römer. Warum mussten wir unbedingt und bei solchem Wetter ihren Limes sehen!

Lehrauftrag und Kunstreisen

Professor Jürgen Paul, der als Kunsthistoriker an der Technischen Universität Dresden lehrte, fragte gegen Ende des Sommers bei mir an, ob ich bereit sei, ab dem Wintersemester 1994 kunstgeschichtliche Lehrveranstaltungen zu übernehmen. Wegen zu geringer Personalausstattung des Fachs müsse auf sogenannte Lehrbeauftragte zurückgegriffen werden. Da ich durch meine jahrelange Vorlesungstätigkeit an der Volkshochschule auf dieser Strecke kein Neuling war, sagte ich meine Bereitschaft gern zu und freute mich auf die Arbeit mit den jungen Leuten.

In der Ankündigung der Vorlesungspläne des Fachs Kunstgeschichte hieß es: »Die Lehrveranstaltung gibt einen Einblick in die deutsche Malerei der Romantik mit ihren diversen Richtungen und Hauptmeistern von Philipp Otto Runge bis Moritz von Schwind. Obligatorische Seminarreferate der Teilnehmer, welche schriftlich auszuarbeiten sind, sollen teils im Institut, teils vor den Originalwerken in der Gemäldegalerie Neue Meister gehalten werden. Dabei wird besonderes Gewicht auf die Ikonographie gelegt.«

Die Lehrtätigkeit vor etwa 20 bis 30 Studenten machte mir viel Freude. Als sich aber nach dem zweiten Semester die kritische Situation an der Fakultät entspannte, gab ich meine Verpflichtung gern zurück. Die Terminbindung der Vorlesungen war mir zum Problem geworden, denn sie behinderte unsere Reisepläne.

Wenn eine Stadt das Prädikat »prächtig« verdient, dann ist es Venedig. Durch Vermittlung unseres Freundes Albrecht Scholz erhielten wir im Monat März das Angebot, eine Woche als Gäste des Centro Tedesco di Studi Veneziani in deren venezianischem Palazzo Barbarigo della Terrazza zu wohnen. Der spätgotische Palast liegt mit einer Seite am Canal Grande und ist – wie sein Name sagt – Sitz eines deutschen Forschungsinstituts. Wir durften ein opulentes Gästezimmer bewohnen und waren zu dieser Zeit fast allein im Haus.

Leider spielte gerade das Wetter nicht mit, die Sonne ließ sich kaum blicken, und Winterkleidung war angesagt. Das hinderte uns nicht daran, uns von der »Perle der Adria« bezaubern zu lassen und täglich auf Erkundungstour zu gehen. Und wir sahen alles, das Große und das Kleine, vom Dogenpalast und der Kirche San Marco bis hin zu den malerischen Inseln Torcello, Murano und Burano mit ihren kleinen knallfarbigen Häusern an einem Kanälchen. Und was war Goethe bei seinem Besuch der Lagunenstadt im Herbst 1787 besonders aufgefallen? Man kann es kaum glauben. Es waren die Gondolieri, die sich oft über Entfernungen hinweg Verse von Ariost und Tasso zusangen.

Nach Italien folgte Spanien. Und das war für uns die wunderbare Entdeckung eines uns bisher gänzlich unbekannten Kontinents künstlerischen Reichtums. Wenngleich es schon Mitte Oktober war, als wir auf dem Flughafen Madrid-Barajas landeten, schien es, als kämen wir in den Hochsommer zurück. Wir wohnten in einem zehnstöckigen Hotel an der verkehrsreichen Gran Via. Doch bei uns im neunten Stock kam vom Verkehrslärm kaum etwas an.

Schon am nächsten Morgen Punkt zehn Uhr betraten wir den Prado. Wir standen inmitten einer der größten und bedeutendsten Gemäldesammlungen der Welt. Wie sollten wir uns ihr nähern? »Niemand ist zur Kunstgeschichte verpflichtet. Wir besehen die Galerien gar nicht um der Maler Willen, sondern um unsertwillen; wir sollen uns glücklich schätzen, Bereicherung für unser eigenes Fühlen und Schauen zu finden«. Der große Jacob Burckhardt hat uns mit diesen Worten für ein voraussetzungsloses Herangehen an die Schätze der Kunstmuseen Mut gemacht. Wir versuchten, seinem Rat zu folgen. Nachdem wir uns einen ersten Überblick verschafft hatten, machten wir einen Dreitageplan für den Prado.

Aus der Woge an wunderbarer Malerei, die da über uns hereinbrach, sind mir bis heute einige wenige Bilder fest in Erinnerung geblieben. So die »Kreuzabnahme« von Rogier van der Weyden, ein Haupt- und Meisterwerk dieses altniederländischen Malergenies. Vor allem aber beeindruckten mich die großen Spanier: Die »Meninas« des Hofmalers Diego Velázquez, das die Prinzessin mit ihren Hoffräulein in des Meisters Atelier zeigt. Dann natürlich El Greco, der Wahlspanier aus Griechenland mit seinen manieristisch überlängten Gestalten in der nächtlichen »Anbetung des Christkindes durch die Hirten«. Und nicht zu vergessen Goya mit seiner bezaubernden nackten Maja; und als Kontrasterlebnis »Die Erschießung der Aufständischen«.

Von den sonstigen Eindrücken, die in Madrid auf uns einstürmten, sind fast alle in das Dunkel der Vergessenheit gesunken, wären da nicht meine Fotos und eine Kugelschreiberskizze von der Plaza Major mit dem Reiterdenkmal König Philipps III. Da steigt Erinnerung wieder hoch. Und natürlich hielt es uns nicht in der heißen Hauptstadt. Mit dem Bus fuhren wir hinaus in den kühlen Park von Aranjuez, wohin im Sommer auch die Königsfamilie entfloh. Steinerne Nymphen und helle Ziervasen standen vor dunkelgrüner Laubkulisse. Unter dem Schattendach gewaltiger Platanen und im Sprühregen kühler Fontänen ließ sich selbst die Mittagshitze ertragen.

Hoch über dem Flusstal des Tajo sitzt im Schatten einer Zypresse auf einer Bank Veronika. Der Blick geht weit in die flache Flussebene hinaus. Vor mir liegt dieses alte Foto von unserer denkwürdigen Exkursion nach Toledo. Die heute eher kleine, malerische Stadt war bereits 200 Jahre vor Christus eine bedeutende Römersiedlung, später Hauptstadt des Westgotenreiches, danach 350 Jahre unter maurischer Herrschaft und endlich spanische Königsresidenz bis 1559. Diese interessante Geschichte spiegelt sich auch in seinen Baudenkmälern mit starken maurischen Einflüssen. Wir bewunderten die gewaltige gotische Kathedrale, waren fasziniert vom Schmuckreichtum der Portale und der spätgotischen Seitenkapellen. Und wir genossen die Kühle des riesigen Innenraums.

Dresdner Geschichten: Der Historische Neumarkt

Mitte Oktober 1997 erhielt ich einen Brief von einem jungen Mann namens Stefan Hertzig, der sich als Student der Kunstgeschichte vorstellte und mich im Namen seiner beiden Architektur studierenden Freunde bat, mich für die Verhinderung eines modernistischen Neubaus neben dem rekonstruierten Coselpalais, also in der unmittelbaren Umgebung der wieder entstehenden Frauenkirche, einzusetzen. Ich hatte die offenbar unkontrollierte Entwicklung der beginnenden Bautätigkeit im Umfeld der Frauenkirchenbaustelle schon lange mit Besorgnis verfolgt. Jetzt wurde mir schlagartig klar, dass sich hier ein viel größeres Problem ankündigte als nur die Verhinderung eines unpassenden Neubaus. Es ging um die generelle Weichenstellung zur Durchsetzung einer verantwortungs- und qualitätvollen Rekonstruktion des alten Neumarktes und der Abwendung modernistischer Billigbauweise oder eitler Architekturexperimente an diesem sensiblen Ort. Ich bat die drei jungen Leute zu mir, und wir berieten, wie man künftig provokant gewollte, leichtfertig genehmigte oder vom Druck des investierenden Kapitals erpresste Geschmacklosigkeiten im Bereich des historischen Stadtkerns verhindern könnte. Wir waren uns sicher, dass wir bei unserem Bestreben, den zerstörten und später völlig abgeräumten Neumarkt möglichst historisch getreu wiederherzustellen, in Dresden nicht allein stehen würden. Denn jedem war die schlichte Wahrheit einsichtig: Die wiedererstandene Frauenkirche braucht ihr wiederaufgebautes Umfeld.

Man musste die Kräfte, die dafür eintraten, nur sammeln und bündeln, ergo in einem Verein organisieren. Aber vor einer Vereinsgründung musste sich erst einmal eine Interessengruppe bilden, sozusagen der Embryo, der bis zur »Vereinsgeburt« schon ein gewisses Profil entwickeln sollte. Ich sprach darüber mit Hans-Peter Lühr, dem Geschäftsführer des Dresdner Geschichtsvereins, zu dessen Vorstand ich seit seiner Entstehung 1991 gehörte. Er war sogleich einverstanden mit der Gründung eines Arbeitskreises »Neumarkt« innerhalb des Vereins. Wir waren anfangs nicht mehr als sieben, acht Leute. Gewichtige Persönlichkeiten wie Jürgen Paul, der Ordinarius des kunstgeschichtlichen Instituts der Technischen Universität, der Architekt Dieter Schölzel und der Kunsthändler Fritz Reimann stärkten bald unsere Reihen und äußerten ihre Gedanken für eine Vereinssatzung.

Die Idee, den Neumarkt in seinen alten Proportionen und Straßenfluchten unter Einfügung einiger maßstabsetzender »Leitbauten« als Rekonstruktionen der wertvollen alten Bürgerhäuser aus dem 18. Jahrhundert wiederherzustellen, kam schon zu DDR-Zeiten auf. Damals hatte sich Denkmalpfleger Hans Nadler dafür eingesetzt. Als es mit dem Wiederaufbau der Frauenkirche voranging, dachte zu meiner Verwunderung jahrelang niemand an den Neumarkt. Erst Mitte der neunziger Jahre wurde über die Medien bekannt, dass sich eine Architektengruppe im Auftrag des Dezernats für Stadtentwicklung mit der Ausarbeitung einer Gestaltungssatzung für den Neumarkt beschäftigt hatte. Es hieß, diese Satzung wolle die Stadtverwaltung künftigen Bauherren »an die Hand geben«. Ob die sich danach richteten, sollte ihnen überlassen bleiben. Das Gros der Häuser sollte ohnehin »die architektonische Handschrift des 20. Jahrhunderts« tragen. Aber auch die originalgetreue Rekonstruktion einiger Leitbauten sollte von der Geneigtheit und den finanziellen Möglichkeiten der Investoren abhängen. Diese Satzung war somit nicht mehr als ein bloßer Wunschzettel, ein »Papiertiger«, der keinen Investor zu irgendetwas verpflichtete. Deshalb war es die erste, unabdingbare Forderung unserer am 4. Mai 1999 gegründeten »Gesellschaft Historischer Neumarkt« an die Stadt, der ansonsten vernünftigen Neumarktsatzung Gesetzeskraft und damit Wirkung zu verleihen. Was sollte sie sonst nützen? Wohl in Erkenntnis dieser papierenen Machtlosigkeit hat später der Stadtrat eine sogenannte Gestaltungskommission für den Neumarkt berufen, welche die eingereichten Projekte kritisch und ratgebend begleiten sollte. Wie der damalige Baubürgermeister, ein

Westimport bescheidener Potenz, wirkten ihre Mitglieder allerdings mehrheitlich gegen die Ziele der Neumarktgesellschaft.

Unsere Forderungen, denen sich bei einer Volksbefragung im Jahr 2001 über 63 000 Dresdner anschlossen, haben unsere gewählten Volksvertreter damals lange Zeit ignoriert. Diese den Bürgerwillen missachtende, leichtfertige Indolenz und Leitungsschwäche der städtischen Behörden hat einem qualifizierten Wiederaufbau des Areals immer wieder und in besonders sensiblen Bereichen geschadet.

Nach der Vereinsgründung im historisch rekonstruierten Kanzleihaus und dem damit verbundenen Gang in die Öffentlichkeit gab es viel Zustimmung aus der Dresdner Bevölkerung. Gebaute Unglücksfälle wie der moderne Anbau am wiederhergestellten Coselpalais mitsamt der benachbarten, monströsen Tiefgarageneinfahrt warben ungewollt für den historischen Neumarkt. Noch Schlimmeres verbrach ein Wiener »Stararchitekt« mit dem sogenannten Advanta-Riegel hinter dem wiederhergestellten Taschenbergpalais. Er ist mit der Ödnis seiner am Computer entworfenen 200 Meter langen Lochfassaden eine Zumutung für Dresden, besonders aber an diesem Ort zwischen Residenzschloss und Zwinger.

Und natürlich ging es anfangs vor allem um das Grundsätzliche der Richtigkeit und Berechtigung, verlorene Bauwerke originalgetreu wiederzuerrichten. Es gab glühende Verfechter und wütende, hasserfüllte Gegner besonders aus den Reihen der jüngeren Architekten und der Denkmalpfleger sowie von einigen sogenannten Architekturkritikern. In Dresden wirkte eine Gruppe von ihnen, die die leere Fläche des Neumarktes am liebsten als Experimentierfeld für postmoderne Architekturideen genutzt hätte.

Die öffentliche Diskussion eskalierte in den Jahren 2000 bis 2002. Um die lang dauernde Meinungsabstinenz der Frauenkirchengesellschaft zum

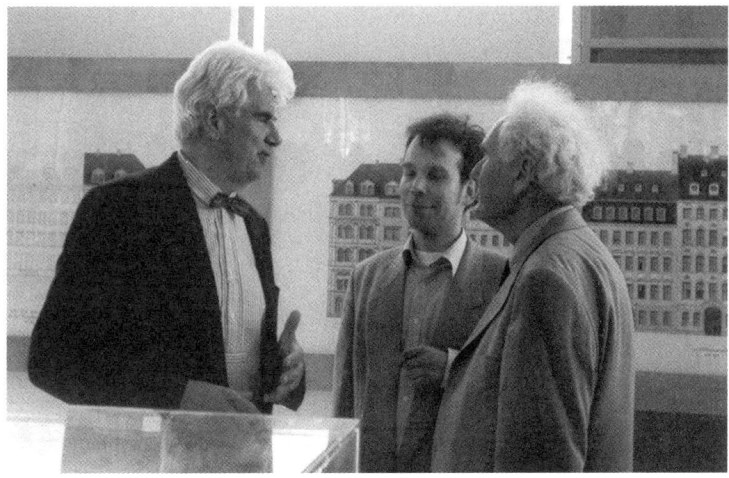

Im Gespräch mit Günter Blobel im Pavillon der »Gesellschaft Historischer Neumarkt«

historischen Neumarkt zu beenden, hielt ich auf der Jahreshauptversammlung im Oktober 1999 vor 600 Mitgliedern eine Rede. Sie wurde mit großem Beifall bedacht und bewirkte wenig später ein öffentliches Bekenntnis des Vorstandes zu unseren Zielen. Das war uns wichtig. Einen großen Aufschwung nahm unsere Bürgerbewegung durch die Website-Präsenz des Vereins im Internet und die Eröffnung eines Informationspavillons im Mai 2001 in Anwesenheit unseres Freundes Günter Blobel, des berühmten Wissenschaftlers und Nobelpreisträgers aus den USA, der den Bau mit einer größeren Geldsumme unterstützt hatte. In der Folgezeit begrüßten viele bedeutende Persönlichkeiten unsere Initiative und unterstützten uns durch ihr Votum. Darunter waren die Denkmalpfleger Hans Nadler, Hermann Krüger und Heinrich Magirius, die Architekten Stefan Braunfels, Manfred Wagner, Andreas Hummel, Rüdiger Patzschke und Elke Nadler, die Publizisten Dankwart Guratzsch und Friedrich Dieckmann sowie Alexander Prinz von Sachsen und unser Freund Alan Russell aus Großbritannien.

Am 18. Oktober 2008 wurde der Dresdner Neumarkt von der Philippe-Rotthier-Stiftung in Brüssel als »beste Rekonstruktion eines historischen Zentrums« mit dem Prix Européen ausgezeichnet. 2009 folgte die Verleihung des Nationalpreises für integrierte Stadtentwicklung und Baukultur. Jetzt wurde Dresden mit seinem wiedererstandenen Neumarkt und der wiedererrichteten Frauenkirche zum bewunderten Vorbild für andere deutsche Städte.

Der Kampf um eine Städtische Kunstgalerie

Die Tatsache, dass Dresden nicht nur eine monumentale Schatztruhe zur Aufbewahrung historischer Kunstwerke, sondern über 250 Jahre auch eine lebendige und bedeutende Künstlerstadt gewesen ist, hatte mir 1959 meine Übersiedlung von Leipzig doppelt sympathisch gemacht. Meine beruflich motivierte Beschäftigung mit der Malerei des 19. Jahrhunderts und der zeitlich angrenzenden Kunstepochen hatte schwerpunktmäßig stets die Dresdner Szene im Auge gehabt. Wie ich bald bemerkte, gab es hier kunstgeschichtlich noch vieles aufzuarbeiten. Wenn ich mich während der sechziger Jahre in unseren Pillnitzer Gemäldedepots im Bergpalais umsah, stieß ich immer wieder auf erstaunlich qualitätvolle Bilder und auf Namen vergessener Künstler, die in Dresden gewirkt hatten. Ich machte deshalb eines Tages Anfang der siebziger Jahre in einer unserer Arbeitsbesprechungen bei Direktor Uhlitzsch den Vorschlag, diese Dresdner Malerei mit dem Untertitel »Bilder aus unseren Depots« öffentlich zu zeigen. Die Ausstellung fand große Resonanz, und im Gästebuch äußerten Besucher den dringenden Wunsch nach einer ständigen Präsentation dieser hochrangigen Werke. Seitdem ging mir der Gedanke an eine eigene Galerie für Dresdner Kunst unter der Ägide der Stadt nicht mehr aus dem Sinn.

1985 stellte ich gemeinsam mit Horst Zimmermann einen entsprechenden Antrag beim Rat der Stadt Dresden. Zu unserer großen Überraschung wurde er von der Stadtverordnetenversammlung genehmigt und das Stadtmuseum verpflichtet, eine »Galerie Dresdner Kunst« einzurichten. Weil damals Räume und Mittel zur Realisierung fehlten, blieb es bei dieser nie umgesetzten Absichtserklärung.

Kurze Zeit nach der Wiedervereinigung mit der westdeutschen Republik machte ich einen neuen Vorstoß. In einem Aufsatz zur Entwicklung der Dresdner Museumslandschaft warb ich in der Zeitung »Union« für meinen Vorschlag, den ich gleichzeitig in einem Schreiben dem Oberbürgermeister zur Kenntnis gab. Darin wies ich auch darauf hin, dass der hochgeehrte Fritz Löffler vor Jahrzehnten schon eine ähnliche Idee gehabt hatte. Zu Weihnachten 1995 erschien dann in den Dresdner Neuesten Nachrichten mein Grundsatzartikel »Warum Dresden eine Städtische Galerie Dresdner Kunst braucht.« Er fand große Resonanz.

Wiederum gründeten Hans-Peter Lühr und ich eine Arbeitsgruppe innerhalb des Dresdner Geschichtsvereins und versuchten, auf diese Weise Mitstreiter zu gewinnen und für das Projekt zu werben. Das gelang uns in erfreulichem Maße, denn viele Sammler, Kunsthistoriker, Künstler und Kunstfreunde folgten unserer Einladung zu einem ersten Gedankenaustausch im Frühjahr 1997. Doch in den folgenden Jahren wuchsen große Zweifel an der Realisierbarkeit des Vorhabens wegen fehlender Mittel und Möglichkeiten. Dazu kam Gegenwind vom Generaldirektor der Staatlichen Kunstsammlungen Werner Schmidt und sogar vom Stadtmuseumsdirektor Matthias Griebel. Selbst zwei Jahre später noch faselten anlässlich einer Podiumsdiskussion zornige Gegner und Moderne-Experten wie Eckhart Gillen und Harald Kunde von »Ghettoisierung«, »Anachronismus« und »Dresdner Mief und Heimatkitsch«.

Von entscheidender Bedeutung war da die Unterstützung unseres Plans durch den damaligen Kulturbürgermeister Jörg Stüdemann, der das Projekt nachhaltig förderte und durch sein engagiertes, kluges und zielstrebiges Handeln endlich zum Erfolg führte. Anfang Juli 2005 konnte nach langer Ausbauphase die Städtische Galerie Dresden im Landhaus, in dem auch das Stadtmuseum untergebracht ist, eröffnet werden. Heute ist sie als Ort dezidierter »Dresden-Kompetenz« für Sammlung und Forschung aus dem Kulturleben dieser Stadt nicht mehr wegzudenken.

Auf Ludwig Richters Pfaden in Italien

Immer schon hatte mich die filmische Umsetzung von Künstlerviten interessiert. Noch zu DDR-Zeiten hatte ich als Fachberater von Filmemachern wie Werner Kohlert, Ernst Hirsch und Waltraud Kranich in Dokumentationen zu Malern der Dresdner Romantik mitgewirkt. Am 24. September 1994 kam ich bei einer Feierstunde am Ludwig-Richter-Denkmal mit dem Fotografen, Kameramann und Filmemacher Ernst Hirsch erneut ins Gespräch. Mit ihm zusammen hatte ich vor Jahren an Peter Schamonis Caspar-David-Friedrich-Film »Grenzen der Zeit« mitgewirkt. Dieses eindrucksvolle Filmwerk, 1987 an des großen Malers Wirkungsstätten in Sachsen und an der Ostsee aufgenommen, hatte in beiden deutschen Staaten großes Aufsehen erregt und in Dresden sogar eine lebhafte Pressediskussion hervorgerufen.

Hirsch war nach Jahren des Exils im Westen nach Dresden zurückgekehrt. Er zeigte sich offen für neue Unternehmungen. Ich weiß nicht mehr, wer von uns die Idee aufbrachte, den Spuren des jungen Ludwig Richters in Italien einmal nachzugehen. Es erschien uns beiden außerordentlich reizvoll, und wir beschlossen, es eines Tages zu tun.

Fast auf den Tag genau zwei Jahre später fuhren wir, begleitet von unseren Frauen und Sohn Conrad Hirsch im geräumigen VW-Bus südwärts. In meinem Gepäck befand sich eine Zusammenstellung von Fotos der Zeichnungen und Skizzen, die der Studiosus der Landschaftsmalerei zu Beginn des 19. Jahrhunderts im Umkreis von Rom gemacht hatte. Viele davon waren weder signiert noch lokalisiert.

Wir nahmen die traditionelle Italienroute über München, Innsbruck und den Brennerpass. Im »Fleckerhof«, einer Pension im Südtiroler Eggental, blieben wir zwei Nächte. Am dritten Tag fuhren wir weiter. Unser Weg führte lange Zeit an der Etsch entlang über Trient, Verona und Bologna bis nach Perugia. Von dort ist es nicht weit bis zu dem Städtchen Assisi, dem Wirkungsort des mir so sympathischen Heiligen Franziskus. Schon ab 1228,

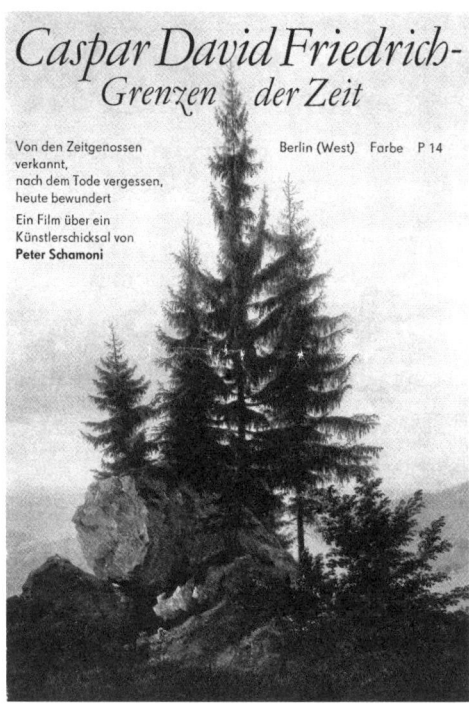

Plakat zu Peter Schamonis Film »Grenzen der Zeit«, 1987

dem Jahr seiner Heiligsprechung, wurde über seinen Gebeinen die reich ausgemalte Basilika errichtet. Wir sahen sie noch in alter, unversehrter Pracht. Im Jahr darauf wurde sie von einem Erdbeben zu großen Teilen zerstört.

Der Tag war regnerisch. Es wurde schon dunkel, als wir bei Montepulciano die große Autobahn erreichten, die von Rom nach Neapel führt. Lange noch war zur Rechten ein Schein des Tageslichts über dem flachen Horizont zu sehen, hinter dem man das Mittelmeer ahnte. Die Dunkelheit war schon hereingebrochen, als wir bei Colleferro die Schnellpiste verließen und auf gewundener, enger Straße die Hänge des Gebirges der Aequer erklommen, das man zu Richters Zeiten Sabinergebirge nannte. Unser Hotel in Olevano fanden wir erst nach einigem Suchen. Es führte den Namen »Il Boschetto«, was so viel wie »Lustwäldchen« bedeutet. Örtlichkeit und Leistungsangebot blieben freilich hinter den Verheißungen des Namens merklich zurück. Die gefliesten Zimmer waren kalt und die Bettdecken dünn.

Das Bergstädtchen Olevano liegt 600 Meter hoch rund um einen Bergkegel. Die Altstadt ganz oben auf der Höhe mit ihren in- und übereinander geschachtelten, flach gedeckten Steinhäusern macht nicht nur selbst einen höchst malerischen Eindruck; von ihrer Höhe aus hat man auch die schönsten Blicke in die abwechslungsreiche Umgebung. So war der Ort mit seinem Umland schon ein berühmtes Künstlerparadies, als der junge Richter und seine Freunde ihn 1824 besuchten. Vor allem die Landschaftsmaler, die in den Steinmassen Roms vergeblich nach Motiven für Stift und Pinsel suchten, fanden hier jene großartige Natur, die sie zum Schaffen anregte.

Der nächste Morgen war frisch, und die Luft war klar. Das Städtchen durchquerend, stiegen wir hinauf zur Casa Baldi. Die geräumige Villa steht auf einem kleinen Plateau hoch über der Stadt. Der Landschaftsmaler Joseph Anton Koch genoss als erster die Gastfreundlichkeit der Familie Baldi, deren Landhaus danach viele Jahrzehnte lang den aus Rom anreisenden deutschen Malern Einkehr und Herberge bot. Auch heute sind die Deutschen hier präsent. Die Villa gehört der Bundesrepublik Deutschland und bietet Stipendiaten der Deutschen Akademie zu Rom/Villa Massimo Unterkunft. Wie viele Maler haben nicht von hier aus den Blick auf das aus dem Felsen wachsende, pyramidenförmig sich auftürmende Olevano vor fernen Gebirgszügen gezeichnet?

Tags darauf besuchten wir die Serpentara, jenen legendären Eichenhain an der sich schlangenhaft zwischen Olevano und Bellegra (ehemals Civitella) windenden Straße, von dem schon die Künstler zur Zeit der Romantik schwärmten. Zwischen verstreuten Felsbrocken wachsen knorrige Eichen, Ginster und Wacholder. Dieses pittoreske Wäldchen kaufte 1873 der preußische Staat und verhinderte damit seine Verarbeitung zu Bahnschwellen. Als wir den so oft dargestellten Hain betraten, verfinsterte sich der Himmel. Das Dämmerlicht unter dem Blätterdach ließ die urig aufragenden, mächtigen Stämme wie geisterhafte Wesen erscheinen. Als plötzlich ein Gewitterguss niederging, flüchteten wir in eine Hütte am Rand des Wäldchens, die ein altes Paar bewohnte: »Philemon« und »Baucis« begrüßten uns mit landesüblicher Herzlichkeit. Die zahnlose Greisin redete ununterbrochen, lachte mit den hundert Fältchen ihres guten Gesichts und bot uns von ihrem Fladengebäck an. Er mit Brille unterm verbeulten Hut wurde nicht müde, uns immer wieder vom selbstangebauten und -gekelterten Wein einzuschenken. Obwohl keiner den anderen verstand, verstanden wir uns prächtig.

Einer, der all die Bilder virtuell gesammelt hatte, die in dieser durch Schönheit gesegneten Landschaft von alters her entstanden sind, war der Dottore Domenico Riccardi, Präsident des Museumsvereins, der ein vorzügliches Deutsch sprach. Um die Erforschung der lokalen Kunstgeschichte hatte er sich verdient gemacht. Wir besuchten ihn in der Morgenfrühe auf seinem Weinberg östlich von Olevano, den er fachmännisch pflegte.

Zwischen Weinstöcken voller blauer und grüner Trauben hindurch führte er uns zu einer Stelle am Westhang, von wo der Blick zum mächtigen Monte Serrone hinüberging. Riccardi meinte, Richter müsse von hier aus den Entwurf zu seinem späteren Gemälde »Gewitter am Monte Serrone« gezeichnet haben, das sich heute im Städel Museum in Frankfurt befindet. Die Dramatisierung der Naturszene durch die Gewitterstimmung erwies

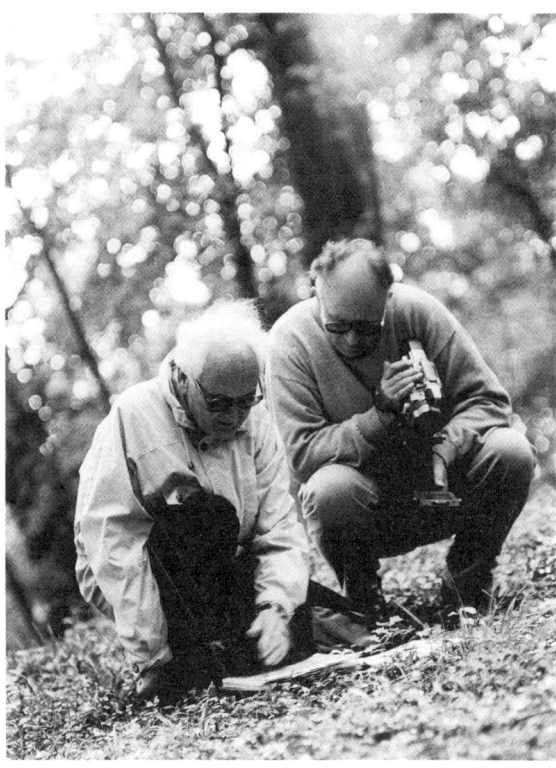

Mit Ernst Hirsch in der Serpentara

sich als durchaus realistisch beobachtet. Wir erlebten später, wie sich gerade über diesem Gipfel des öfteren Unwetter zusammenbrauten.

Einen besonderen Platz in Ludwig Richters Biografie nimmt aber jenes Städtchen Civitella ein, das nur vier Kilometer von Olevano entfernt liegt und 1825 für den Künstler mehrere Monate lang zur Zuflucht während einer körperlichen und seelischen Krise wurde. Es liegt noch einmal 200 Meter höher als Olevano auf steilem Felskegel, dessen »bleiche Steinmasse« (Ludwig Richter) heute von üppiger Vegetation überwuchert ist. Wir besuchten es immer und immer wieder, und es gelang uns, geführt von Richters Tagebuchnotizen, die alten Häuser, Kapellen, Stadttore und auch sein damaliges Domizil wiederzufinden.

Immer wieder überraschten Landschaft und Himmel mit neuen, wunderbaren Farben und Lichtstimmungen. Vor der Porta San Francesco liegt hinter einer leichten Senke ein langgestreckter, nach den Seiten steil abfallender Felsrücken, der Sasso Corci, was so viel wie Rabenfelsen heißt. Wir kletterten in den Kalksteinklippen zwischen Gestein und Gestrüpp umher, im Rucksack die Mappe mit Fotos der Skizzen und Zeichnungen Richters, und wir fanden viele seiner Motive wieder.

Schaut man von Civitella aus nach Norden, so erblickt man am Horizont den wunderbaren Doppelberg Rocca di Mezzo als höchste Erhebung der Monti Ruffi. »Mammellen« nennt ihn der Volksmund, da die beiden Rundkuppen an die Brüste eines liegenden Weibes erinnern. Richter hat dem markanten Gebirgspanorama mit seinem noch in Rom entstandenen, heute in Leipzig befindlichen Gemälde ein großartiges Denkmal gesetzt. Doch niemand hatte bisher den Standort des Malers gefunden. Wir hatten eine Kopie jener Naturstudie bei uns, die dem Bild zugrunde lag. Und eines schönen Morgens begaben wir uns auf die Suche. Sie führte uns auf abenteuerlichen, ungebahnten Pfaden quer über Weinberge auf eine Höhe unweit von Civitella, das heute Bellegra heißt. Wir fanden den exakten Standort vor einem alten, steinernen Weinberghäuschen und gedachten des jungen Mannes, der vor 172 Jahren hier zeichnend gesessen hatte.

Magdalena von Bonin lernten wir im Gasthaus kennen. Sie war beileibe keine deutsche Edeldame, wie ihr Name vermuten ließ, sondern vielmehr ein mediterranes Naturereignis. In gebrochenem Deutsch schrie sie durch den ganzen Raum, wir möchten uns doch bitteschön endlich an ihren Tisch setzen. Und dann fragte sie uns ungeniert nach allem aus, was ihr so in den Sinn kam und hörte gar nicht wieder auf zu fragen. Magdalena war eine dunkelhäutige Portugiesin, die längere Zeit in Deutschland gelebt hatte und dort wohl durch Heirat zu ihrem edlen Namen gekommen war. Wir fragten nicht nach den Umständen. Jetzt nun war sie mit Enrico verheiratet, der unweit von Olevano eine Landwirtschaft mit Weinberg betrieb. Dorthin waren wir alle am folgenden Nachmittag und Abend eingeladen.

Und da ging es nun hoch her. Fast brach die Tischplatte unter der Last von Speisen und Getränken. Jetzt begann eine rustikale Schlemmerei wie auf den Bildern der alten Niederländer. Küche und Keller gaben das Beste: Schinken, Käse und Fladenbrot, Feigen, Äpfel und Weintrauben. Und dazu flossen Rotwein und der scharfe Grappa in Strömen. In vorgerückter Stunde war Dionysos entfesselt. Magdalena und Enrico mit ihren Söhnen begannen zu singen und zu tanzen. Und wir wurden von solch elementarer Fröhlichkeit angesteckt und tanzten und sangen mit. Erst um Mitternacht konnten wir uns endlich losreißen. Über den Weinbergen schien der bleiche Vollmond, und die Grillen zirpten laut, als wir auf engen Feldwegen langsam zur Stadt zurückfuhren

Der Ludwig-Richter-Film »Mir war unendlich wohl«

Viele Gegenden des Latium hatten wir im Herbst 1996 aufgesucht, hatten Ludwig Richters Spuren verfolgt von Olevano und Civitella bis nach Subiaco mit seinen Felsenklöstern, zum Albaner Gebirge mit den malerischen Seen und den Städtchen Frascati, Albano und Ariccia. Überall hatte Ernst gefilmt. Wir hatten nun eine Vorstellung von des jungen Richters Erlebnisraum und einen Begriff von der Landschaft. Aber um den Film zu drehen, mussten wir noch einmal hinfahren, und zwar mit einem festen Konzept und Szenarium im Gepäck. Ich machte einen Entwurf. Wir packten es gemeinsam an und beschlossen, unseren Film auf Richters Civitella-Aufenthalt im Spätsommer 1825 zu beschränken.

Wir begannen unsere zweite Italienfahrt Ende April 2000. Ernst hatte diesmal eine Route gewählt, die hinter Trient ostwärts abbiegend, über unzählige Serpentinen durch eine Hochgebirgswelt von atemberaubender Schönheit zu einer Passhöhe hinauf und endlich über Vicenza in die Po-Ebene hinabführte. Bei Rimini erreichten wir das Mittelmeer, übernachteten in einem Küstenort namens Porto Sant' Elpidio, wandten uns am nächsten Tag westwärts und durchquerten die Abruzzen in Richtung Rom.

Diesmal bezogen wir ein auf der Höhe zwischen Olevano und Civitella gelegenes Quartier. Das einzeln stehende Haus, eine Pension von ländlicher Einfachheit, belohnte mit einem prächtigen Blick nach allen Seiten über das halbe Latium. Die Vermieterin war von herzlicher Gastfreundschaft und lud uns zum Abendessen mit Landwein ein.

Wir kannten nun genau die Motive, die es zu filmen galt. Da jedoch das Wetter sich trübe und neblig zeigte, besuchten wir zunächst einmal das nahe Tivoli mit seinen prächtigen Gärten, von wo aus unser Held 1824 auf einer nächtlichen Fußwanderung, von einem Packesel begleitet, erstmals nach Olevano herübergekommen war.

Erst nach einer Woche brach endlich die Sonne durch die wallenden Nebel, und wir konnten nun bei schönstem Fotolicht all die Richter-Motive filmen, die wir inzwischen aufgespürt hatten. Domenico Riccardi, der sich uns wiederum als sehr freundlich und nützlich zeigte, half uns, Don Vincenzos Haus in Civitella zu finden, in dem Richter mit seinem Freund Ludwig von Maydell seinerzeit untergekommen war und von dessen Fenstern er eine – nach seinen Worten – »unvergleichliche Aussicht über das ganze großartige Gebirge« genoss.

Das Bergstädtchen besaß noch viele der alten Häuser aus jener Zeit, als sich die Freunde über drei Monate »in dem ganz originellen Nest« aufgehalten hatten. Richters Lieblingsplatz aber war eine Stelle in jenen Sasso Corvi genannten Kalksteinfelsen vor dem nördlichen Stadttor, zu der er in den Abendstunden hinüberzusteigen pflegte. In der Verborgenheit dieser Felsenklause mit dem weiten Blick über die Bergwelt war ihm »unendlich wohl« – wie es in seinen Lebenserinnerungen heißt.

Es kann nicht weit von jenem Ort gewesen sein, an dem ich am letzten Abend unseres Aufenthalts stand und nach Norden schaute, wo in der Ferne die Stadt auf dem Berg im warmen Licht lag. Die Hügelketten warfen blaue Schatten, und flache Nebelbänke lagen über den Tälern. Vor mir fiel der Felsen steil ab. In den Abgrund führte kein Weg hinab. Aber hinter mir, am Horizont, lag im Schein der sinkenden Sonne das Gebirgsmassiv der Rocca di Mezzo. Richter hatte es täglich aus der Ferne gesehen, oft gezeichnet und mehrmals gemalt, aber nie betreten. Ich hob ein Stück Kalkstein auf und steckte es in meine Tasche. Vielleicht hatte damals sein Schuh es berührt. Ich wollte den Stein nach unserer Heimkehr nach Dresden auf sein Grab legen.

FINIS

Impressum

© 2020 Sandstein Verlag, Dresden
und Hans Joachim Neidhardt

Redaktion
Uta Neidhardt

Korrektorat
Uta Neidhardt,
Adrienne Heilbronner
Sandstein Verlag

Satz und Reprografie
Annett Stoy und Jana Neumann
Sandstein Verlag

Druck und Verarbeitung
FINIDR s.r.o., Český Těšín

Schrift
Minion Pro

Papier
Munken Pure Rough
100 g/m^2

Die Deutsche Nationalbibliothek verzeichnet diese Publikation in der Deutschen Nationalbibliografie; detaillierte bibliografische Daten sind im Internet über http://dnb.dnb.de abrufbar.

Dieses Werk einschließlich seiner Teile ist urheberrechtlich geschützt. Jede Verwertung außerhalb der engen Grenzen des Urheberrechtsgesetzes ist ohne Zustimmung des Verlages unzulässig und strafbar. Das gilt insbesondere für die Vervielfältigung, Übersetzungen, Mikroverfilmungen und die Einspeicherung und Verarbeitung in elektronischen Systemen.

www.sandstein-verlag.de
ISBN 978-3-95498-568-5